Die neue Vergleichsordnung

Gesetz über den Vergleich zur Abwendung des Konkurses

vom 5. Juli 1927

Mit Einleitung, allen wesentlichen Teilen der amtlichen Begründung und Kommentar

von

Hermann Lucas
Ministerialrat im Preußischen Justizministerium

Springer-Verlag Berlin Heidelberg GmbH 1927

ISBN 978-3-662-32339-7 ISBN 978-3-662-33166-8 (eBook)
DOI 10.1007/978-3-662-33166-8
Softcover reprint of the hardcover 1st edition 1927

Vorwort.

Die Vergleichsordnung hebt die Geschäftsaufsicht auf und setzt an ihre Stelle ein neues konkursabwendendes Vergleichsverfahren, dessen rechtliche Gestaltung zwar in vielem teils derjenigen des Vergleichsverfahrens der bisherigen Geschäftsaufsicht, teils derjenigen des Zwangsvergleichs im Konkurse ähnelt, daneben aber auch manches völlig Neue bringt. Zur Einführung eines so bedeutsamen Gesetzes kann es nur nützlich sein, wenn es von mehr als nur einem Kommentar begleitet wird. Mich veranlaßt zur Herausgabe eines solchen der Umstand, daß ich an dem Werdegang des Gesetzes vom Entwurf bis zum Abschluß der Beratung im Reichstag als Referent des preußischen Justizministeriums ständig mitgearbeitet und eine Reihe von Anregungen gegeben habe, die angenommen worden und in das fertige Gesetz übergegangen sind.

Für die Anwendung eines jeden neuen Gesetzes ist die Kenntnis seiner Materialien wichtig. Aus diesem Grunde habe ich die amtliche Begründung des Gesetzentwurfs (Reichstagsdrucksache 1924/1926 Nr. 2340) fast lückenlos wiedergegeben[1]). Außer ihr gibt über die Absichten des Gesetzgebers weiteren Aufschluß insbesondere der Bericht des Rechtsausschusses des Reichstags (Reichstagsdrucksache 1924/1927 Nr. 3430)[2]), der sich zum Abdruck nicht eignete, inhaltlich aber in dem Kommentar weitgehend berücksichtigt worden ist.

Eine ausführliche Einleitung stellt den Anlaß, den wesentlichen Inhalt und die wirtschaftliche Bedeutung des Gesetzes dar. Besonders dieser Teil des Buches ist auch für Nichtjuristen bestimmt, denen er in gemeinverständlicher Ausdrucksweise einen schnellen Überblick verschaffen soll.

---

[1]) Fortgelassen sind nur solche Stellen, die infolge Abweichung des fertigen Gesetzes von dem Entwurf zu ersterem nicht passen, und einige wenigen Bemerkungen rein formalen Inhalts. Die Ziffern der in der Begr. zitierten §§ sind dem fertigen Gesetz angepaßt; ferner siud Druckfehler berichtigt.

[2]) Mit Vorsicht zu gebrauchen, weil vieles enthaltend, was sich auf nicht Gesetz gewordene Fassungsvorschläge bezieht.

Der nachfolgende Kommentar mußte sich einige Beschränkung auferlegen. Eine Reihe der wohlbekannten juristischen Probleme aus dem Recht der Konkursordnung kehrt in dem Recht der Vergleichsordnung wieder. Ein erschöpfender Kommentar zur VO. müßte daher vielfach Fragen behandeln, die bereits im Schrifttum zur KO. ausführlich erörtert sind. Hiervon habe ich im allgemeinen abgesehen; teils mit Rücksicht auf den Umfang des Buches, teils auch, weil es mir richtig erscheint, daß die Erörterung dieser Dinge ex professo auch künftig den Kommentaren zur KO. vorbehalten bleibt. An einigen Stellen, z. B. bei den Vorschriften über die Aufrechnung im Vergleichsverfahren und über die Anfechtung im Anschlußkonkurse, waren freilich etwas ausführlichere Ausblicke auf das Recht der KO. unumgänglich. Im übrigen habe ich meine Aufgabe darin erblickt, nicht unterschiedslos sämtliche Paragraphen der VO., sondern nur das Neue und Wichtige aus ihnen, Zusammengehöriges nach Möglichkeit in zusammenhängender Darstellung an einer Stelle, an der Hand der Entstehungsgeschichte unter Aufzeigung der in der Einleitung hervorgehobenen leitenden Grundsätze und der Zusammenhänge mit dem materiellen Recht zu erläutern. Daß dieser Versuch seine Schwächen haben muß, ist mir bewußt; bei einem neuen Gesetz von der Tragweite der VO. kann es nicht ausbleiben, daß manche Schwierigkeiten und Zweifel dem Blick des Gesetzgebers wie des Erläuterers verborgen bleiben und erst in der Praxis sich herausstellen.

Die VO. ist bereits während ihres Werdeganges ein Gegenstand lebhaften Interesses und kritischer Würdigung der Fachkreise gewesen. Das ist gut so, denn begleitende sachliche Kritik kann dem Fortschreiten eines Gesetzgebungswerks nur nützlich sein. Befremdlich wirkt es aber, daß diese Kritik in einzelnen Stimmen den Ton ironischer Überlegenheit angeschlagen hat. Wer die Entstehung dieses Gesetzes selbst mit erlebt hat, der weiß, wieviel ernste und verantwortungsbewußte Arbeit darauf verwandt worden ist. In erster Linie von dem dem Reichsjustizministerium angehörigen Verfasser des Entwurfs, der in diesem ein Werk geschaffen hat, das zweifellos an sachlichem Gehalt und technischer Durcharbeitung erheblich über den Durchschnitt unserer Gegenwartsgesetzgebung emporragt; aber auch von den Mitarbeitern an diesem Gesetz, nicht zum mindesten auch von den Mitgliedern des Rechtsausschusses des Reichstags, der dem Entwurf eine vorbildlich eingehende und sorgfältige Beratung gewidmet hat.

Wie manche der Gedanken, die jene Kritiker mit kurzen Worten als unfehlbare, unbegreiflicherweise von dem Gesetzgeber nicht erkannte Heilmittel wirtschaftlicher Schäden bezeichnet haben, sind in eingehender Prüfung gewogen, aber zu leicht befunden worden. Wer dies alles aus eigener Anschauung kennt, der kann sich des Eindrucks nicht ganz erwehren, daß jene Art der Kritik vielleicht weniger überlegen als überheblich war. Damit soll nicht gesagt sein, daß die Regelung des Präventivakkords in der VO. die Patentlösung sei. Eine solche gibt es für schwierige volkswirtschaftliche Probleme, bei denen der Gesetzgeber widerstreitende Interessen berücksichtigen muß, wohl überhaupt nicht, und besonders in unserer wirtschaftlich schnell lebenden Zeit können die Dinge rasch ihr Gesicht ändern und anderen Rat heischen.

Berlin, im Juni 1927.

Hermann Lucas.

Inhaltsverzeichnis.

Verzeichnis der Abkürzungen.

A. oder Abs. = Absatz.
Abl. = Ablehnung.
AG. = Aktiengesellschaft.
AnschlK. = Anschlußkonkurs.
Anspr. = Anspruch.
BGB. = Bürgerliches Gesetzbuch.
Begr. = Begründung (amtliche Begr. zu dem Entwurf dieses Gesetzes).
Bek. = Bekanntmachung.
Bem. = Bemerkung (in diesem Kommentar).
Bericht = Bericht des 13. Ausschusses (Rechtspflege) über den Entwurf dieses Gesetzes (Reichstagsdrucksache 1924/27 Nr. 3430).
Best. = Bestätigung.
E. = Entwurf (dieses Gesetzes, Reichstagsdrucksache 1924/26 Nr. 2340).
EG. GVG. = Einführungsgesetz zum Gerichtsverfassungsgesetz.
Einl. = Einleitung.
Einst. = Einstellung.
Eröffn. = Eröffnung.
Fdg. = Forderung.
GA. = Geschäftsaufsicht.
GAV. = Verordnung über die Geschäftsaufsicht zur Abwendung des Konkurses.
GAVerf. = Geschäftsaufsichtsverfahren.
GBO. = Grundbuchordnung.
Gen. = Genossenschaft.
GenG. = Gesetz betr. die Erwerbs- und Wirtschaftsgenossenschaften.
Gen. m. u. b. H. = Genossenschaft mit unbeschränkter Haftpflicht.
Gen. m. b. H. = Genossenschaft mit beschränkter Haftpflicht.
Gen. m. u. N. = Genossenschaft mit unbeschränkter Nachschußpflicht.
GKG. = Deutsches Gerichtskostengesetz.
Gl. = Gläubiger.
GlA. = Gläubigerausschuß.
GlVers. = Gläubigerversammlung.
GlVerz. = Gläubigerverzeichnis.
G. m. b. H. = Gesellschaft mit beschränkter Haftung.
G. m. b. H. G. = Gesetz betr. die Gesellschaften mit beschränkter Haftung.
GSch. = Gemeinschuldner (Schuldner im Konkurse).
GVG. = Gerichtsverfassungsgesetz.
HGB. — Handelsgesetzbuch.
JW. = Juristische Wochenschrift.
KG. = Kommanditgesellschaft.
KGaA. = Kommanditgesellschaft auf Aktien.
K. = Konkurs.
KFdg. = Konkursforderung.
KGl. = Konkursgläubiger.
KO. = Konkursordnung.
KVerf. = Konkursverfahren.
oHG. = offene Handelsgesellschaft.
RG. = Entscheidungen des Reichsgerichts in Zivilsachen.
RGBl. = Reichsgesetzblatt.
RV. = Reichsverfassung.
S. = Satz.
Sch. = Schuldner.
StGB. = Strafgesetzbuch.
V. = Vergleich.
VO. = Vergleichsordnung (dieses Gesetz).
Verf. = Verfahren.

VVerf. = Vergleichsverfahren.
Verordn. = Verordnung.
VP. = Vertrauensperson.
Verw. = Verwerfung.
Vollstr. = Vollstreckung.
VollstrSp. = Vollstreckungssperre.
ZPO. = Zivilprozeßordnung.
ZVG. = Gesetz über die Zwangsversteigerung und die Zwangsverwaltung.
ZwV. = Zwangsvergleich.
ZwVollstr. = Zwangsvollstreckung.

Zitierte Werke aus der Literatur.

BGB. RGR. = Das bürgerliche Gesetzbuch mit besonderer Berücksichtigung der Rechtsprechung des Reichsgerichts, erläutert von Busch u. a., Reichsgerichtsräten und Senatspräsidenten am Reichsgerichts, 5. Aufl. 1923.
Jaeger = Jaeger: Kommentar zur Konkursordnung, 5. Aufl. 1916/14.
Mentzel = Mentzel: Kommentar zur Reichskonkursordnung. 1926.
Planck = Planck: Kommentar zum bürgerlichen Gesetzbuch, 4. Aufl., bearbeitet von André u. a., 1913—1926.
Staub = Staub: Kommentar zum Handelsgesetzbuch. 12. u. 13. Aufl., bearbeitet von Koenige u. a. 1926.
Stein-Jonas = Stein: Die Zivilprozeßordnung für das Deutsche Reich, 12. Aufl., bearbeitet von Jonas. 1925/26.

Allgemeine Begründung zum Entwurf des Gesetzes.

Die GA. ist nicht selten von Sch. dazu mißbraucht worden, um bei rückläufiger Konjunktur ein Moratorium zu erlangen. Durch einen an allgemein gehaltene Voraussetzungen geknüpften Antrag kann der Sch. sich einen tatsächlichen Zahlungsaufschub von einem Monat verschaffen; gelingt es ihm während dieser Frist, eine Mehrheit der Gl. für die Verhandlung über einen V.-Vorschlag zu gewinnen, so kann er mit einem weiteren Zahlungsaufschub rechnen. Auf diese Weise ist es mehrfach Unternehmungen, die auf ungenügender wirtschaftlicher Grundlage aufgebaut waren, gelungen, zum schweren Schaden ihrer Gl. den doch unabwendbaren und deshalb wirtschaftlich frühmöglichst zu wünschenden Zusammenbruch um Monate hinauszuzögern. So hat die GA. mit dazu beigetragen, die Ausscheidung der in der Nachkriegszeit zahlreich entstandenen lebensunfähigen Unternehmungen zum Schaden der Allgemeinheit zu verzögern. Andererseits wirkt, wie zahlreiche Äußerungen aus Wirtschaftskreisen erkennen lassen, die bloße Möglichkeit der Anordnung einer GA. hemmend auf die Kreditbeschaffung auch bei gesunden, erhaltungswerten Betrieben und hat im Ausland dem Ansehen des deutschen Kaufmanns Abbruch getan. Daß diese Mißstände am wirksamsten beseitigt würden, wenn man auf jeden Schutz eines in Schwierigkeiten geratenen Sch. verzichtete, also die GA. ersatzlos wegfallen ließe, kann nicht zweifelhaft sein. Dies ist aber unter den gegenwärtigen Schwierigkeiten unserer Wirtschaftslage nicht möglich. Der Gesetzgeber muß daher versuchen, einen Mittelweg zu finden, der den Gl. gestattet, nachdrücklicher als bisher ihre Rechte zu wahren, dem in Schwierigkeiten geratenen Sch. aber, wenn er es wirtschaftlich verdient, gleichwohl noch eine Möglichkeit läßt, der mit dem K. drohenden Vernichtung zu entgehen.

Der E. sieht den Mittelweg in dem Ausbau eines Gedankens, der schon lange Zeit vor dem Kriege in der Öffentlichkeit und von den gesetzgebenden Körperschaften erörtert worden ist und zahlreiche

Befürworter gefunden hat, in dem sogenannten Präventivakkord. Die Beobachtung des Wirtschaftslebens zeigt, daß Sch., die dessen nach ihrer Person und ihrem Vermögensbestande wert erscheinen, für eine schwierige Lage, in die sie geraten sind, bei ihren Gl. regelmäßig Verständnis und Entgegenkommen finden. Kommt es gleichwohl nicht zu einer Einigung, so liegt dies gewöhnlich an einzelnen Gl., die aus bösem Willen, aus Eigensinn oder aus volkswirtschaftlicher Einsichtslosigkeit einem sachgemäßen Ausgleich widerstreben und den Sch. in den K. treiben. Den Einfluß solcher Vergleichsstörer zu beseitigen, der Mehrheit der vergleichsbereiten Gl. ihnen gegenüber das Übergewicht zu verschaffen, dazu soll ein besonderes gerichtliches Verf. dienen. Der E. läßt dieses gerichtliche Verf. aber erst eintreten, wenn die Unterlage für einen V. wenigstens im großen und ganzen von dem Sch. bereits außergerichtlich beschafft worden ist. Das unterscheidet die Regelung des E. von früheren Anregungen, die auf diesem Gebiete vorliegen und denen der V. der GAV. Rechnung trägt; nach ihnen werden die gesamten V.-Verhandlungen in den Rahmen eines gerichtlichen Verf. eingefügt. Noch weiter entfernt sich der E. von dem Gedanken der GA. als solcher. Sie stellt sich dar als ein Sanierungsverfahren, das auch ohne V. zum Erfolge führen kann und in dem erst ermittelt werden soll, welche Sanierungsmöglichkeiten bestehen, insbesondere ob ein V. erreichbar ist. Der E. will demgegenüber nichts weiter, als dem Sch. helfen, ein bestimmtes von ihm ins Auge gefaßtes Sanierungsmittel, nämlich einen V. mit den Gl., zustande zu bringen.

Von dieser Grundeinstellung ausgehend fordert der E., daß der Sch. bereits mit dem Antrag einen bestimmten V.-Vorschlag vorlegt und nachweist, daß die Mehrheit seiner Gl. auf Grundlage dieses Vorschlags mit ihm verhandeln will; nur ganz ausnahmsweise, insbesondere dann, wenn der Sch. von einem K.-Antrag überrascht wird, kann das Gericht gestatten, daß der Vorschlag binnen bestimmter kurz bemessener Frist nachgereicht wird. Strenge Anforderungen an den V.-Vorschlag, an die Persönlichkeit des Sch. und an seine wirtschaftliche Leistungsfähigkeit sollen dafür sorgen, daß das Verf. nicht von böswilligen Sch. zum Nachteil der Gl. ausgenutzt wird. Kurze Fristen für die Entscheidungen des Gerichts und den V.-Termin, enge Beschränkung der Anfechtbarkeit der Beschlüsse des V.-Gerichts drängen das Verf. zusammen und wirken auf möglichste Beschleunigung hin. Die Eröffn. des VVerf. hat von Rechts wegen keine

Verfügungsbeschränkung des Sch. zur Folge, wie sie für den K. bezeichnend ist. Der E. sichert vielmehr die Gl. durch eine weitgehende Öffentlichkeit des ganzen Verf., durch die Pflicht des Sch., seiner Firma einen auf das VVerf. hindeutenden Zusatz beizufügen, durch die Bestellung einer VP. und eines GA. sowie durch die Möglichkeit, das Verf. bei jeder irgendwie bedenklichen Pflichtverletzung des Sch. mit der Folge der K.-Eröffnung einzustellen; für alle Fälle gestattet er auch dem V.-Gerichte, Verfügungsbeschränkungen bis zum allgemeinen Veräußerungsverbot anzuordnen. Eine auf dreißig Tage vor dem V.-Antrage zurückwirkende Vollstr.-Beschränkung soll dem Sch. die nötige Zeit zur Vorbereitung seines V.-Vorschlags gewähren und die Gesamtheit der Gl. davor schützen, daß sich einzelne im letzten Augenblicke Sondervorteile sichern. Daß während der Dauer des Verf. die K.-Eröffnung und jede ZwVollstr. der am Verf. beteiligten Gl. unzulässig sein muß, ist selbstverständlich. Führt das VVerf. nicht zum Erfolg, erweist sich die Hoffnung des Sch. auf ein Entgegenkommen der Gl. als trügerisch oder verdient der Sch. nach seiner Person oder nach seiner Vermögenslage kein wirtschaftliches Vertrauen mehr, so muß sich an das VVerf. unmittelbar das KVerf. anschließen, wenn seine Voraussetzungen vorliegen. Der gegenwärtige Rechtszustand, wonach ein Sch., dem die Unmöglichkeit einer Verständigung mit den Gl. durch eine ergebnislose GA. zum Bewußtsein gebracht worden ist, gleichwohl wieder die freie Verfügung über sein Vermögen zurückerhält, hat sehr begründete Beschwerden ausgelöst; er reizt den Sch. geradezu an, seine letzten Aktiven für sich beiseite zu bringen, da der Zusammenbruch doch unvermeidlich ist. Der E. behandelt daher den Antrag des Sch. auf Eröffnung des VVerf. als bedingten K.-Antrag; wird das VVerf. abgelehnt oder eingestellt oder ein V. verworfen, so ist zugleich mit dieser Entscheidung über die Eröffn. des K. zu befinden.

Zu einer besonderen Beschwerde gegen die GA. haben die hohen Kosten des Verf. Anlaß gegeben. Der E. setzt die Gerichts- und Anwaltsgebühren wesentlich herab und sucht darauf hinzuwirken, daß sich die Vergütung der Aufsichtsperson in angemessenen Grenzen halte.

Das VVerf., das der E. vorschlägt, fordert ein starkes Verantwortlichkeitsgefühl des Sch. gegenüber seinen Gl.; es wird nur einem Sch. helfen, den K. zu vermeiden, der nach seiner Geschäftsführung das Vertrauen seiner Gl. besitzt. Lehnt der E. hiermit also den Gedanken eines einseitigen Sch.-Schutzes ab, so konnte er sich auch nicht dazu verstehen, in dem Interesse der Gl. des einzelnen Sch. die allein maßgebende Richtschnur der zu treffenden Regelung zu sehen. Das Ziel, zu dessen Erreichung der E. beitragen will, ist vielmehr die Festigung der Gesamtwirtschaft, insbesondere die Schaffung eines gesunden, auf Treu und Glauben ruhenden Kreditverkehrs. Diesem Ziele dient es nicht, wenn leichtfertigen und unredlichen Sch. durch einen V. die Fortführung ihres Geschäfts ermöglicht wird, mögen auch die beteiligten Gl. im Einzelfalle bei dem V. besser abschneiden als bei dem das volkswirtschaftlich schädliche Unternehmen beseitigenden K. Der E. hält es deshalb nicht für richtig, den Gl. die Alleinherrschaft in dem Verf. einzuräumen und den Richter auf eine rein prozeßleitende Tätigkeit zu beschränken; denn die Gl. werden der Natur der Sache nach ihre Entschließungen stets nach ihren einzelwirtschaftlichen Interessen treffen. Ebenso lehnt der E. es ab, bereits die V.-Vorbereitung unter richterlichen Schutz zu stellen und den Sch. während dieses Vorverfahrens schlechthin vor den Zugriffen seiner Gl. zu sichern. Damit würde nichts anderes erreicht werden als die Wiederherstellung der GA. mit ihrem Zwangsmoratorium.

Einleitung.

Anlaß, wesentlicher Inhalt und wirtschaftliche Bedeutung des Gesetzes.

Die GA. in ihrer ursprünglichen Gestalt (Bek. v. 8. 8. 1914, RGBl. S. 363) war als vorübergehende Kriegseinrichtung gedacht und diente einseitig nur dem Sch.-Schutz. Sie bedeutete einen Ersatz für ein gesetzliches allgemeines Moratorium derart, daß die Gerichte ermächtigt wurden, den infolge des Krieges zahlungsunfähig werdenden Sch. im Einzelfall die GA. und damit Vollstr.-Schutz, also tatsächlich ein Moratorium, zu bewilligen. Die Bek. v. 14. 12. 1916 (RGBl. S. 1363) brachte außer näherer Ausgestaltung der technischen Einzelheiten des Verf. eine Verbindung des Gedankens der GA. mit einem anderen, der schon vor dem Kriege lebhaft propagiert worden war, und zwar nicht nur im Sch.-, sondern auch im Gl.-Interesse, dem des Präventivakkords oder des ZwV. zur Abwendung des K. Dem Sch. wurde die Möglichkeit eröffnet, das GAVerf. in ein dem ZwV. außerhalb des K. zustrebendes VVerf. überzuleiten. In dieser Gestalt diente die GA. zwar nicht mehr ganz ausschließlich, aber doch noch weit vorwiegend dem Sch.-Schutz; die GA. konnte auch ohne Überleitung in ein VVerf. geführt werden und selbst nach Erfolglosigkeit eines VVerf. fortbestehen. In der ersten Nachkriegszeit ließen die verworrene Wirtschaftslage und eine den Schutz des Schwachen in den Vordergrund stellende sozialpolitische Tendenz es ratsam erscheinen, diesen Sch.-Schutz einstweilen unverändert weiter bestehen zu lassen; auch sorgte bald die Scheinblüte der Wirtschaft während der Inflationsperiode dafür, daß die Zahl der GA. ebenso wie die die der K. gering blieb und so dem Problem erhebliche aktuelle Bedeutung nicht zuzukommen schien. Hierin brachte die Deflationskrise einen völligen Umschwung. Die Zahl der GA. und auch der K. schnellte sprunghaft hoch empor[1]); in einem bisher niemals dagewe-

[1]) Es betrug im ganzen Reich in den Jahren 1923, 1924 und 1925 die Zahl der K.Eröffnungen 270, 6187 und 11214, die der K.-Ablehnungen mangels Masse 227, 1847 und 3439, die der neuen GAVerf. 163, 7111 und 5987.

senen Umfange flüchteten zusammenbrechende Unternehmungen in die GA., erlangten dadurch Moratorien und schnürten so wieder zahlreichen anderen Unternehmungen das Betriebskapital ab, so daß auch diese in den Zusammenbruch mit hereingerissen wurden. Dies veranlaßte den Gesetzgeber zum Eingreifen. Die Verordn. v. 8. 2. 1924 (RGBl. I S. 51) brachte zum ersten Mal eine grundsätzliche zeitliche Begrenzung der GA., und zwar auf 1 Jahr, zu dem allerdings noch eine Nachfrist hinzutreten konnte. Schärfer griffen das Gesetz v. 12. und die Verordn. v. 14. 6. 1924 (RGBl. I S. 641) ein, die insbesondere folgende Neuerungen brachten:

1. Einführung öffentlicher Bek. in das Verf.;
2. den Grundsatz, daß die Mehrheit einer GlVers. die Aufhebung des Verf. verlangen konnte;
3. Abkürzung der Höchstdauer des Verf. in der Regel auf 3 Monate;
4. Herstellung einer inneren Verbindung zwischen den Gedanken der GA. und des V. außerhalb des K. an Stelle der bisherigen rein äußerlichen. Der V. sollte jetzt das von vornherein feststehende Ziel des ganzen Verf., die reine GA. nur noch ein Vorstadium des VVerf. sein, das in der Regel nur einen Monat dauern durfte; nach Ablauf dieser Frist war das GAVerf. entweder in das VVerf. überzuleiten oder einzustellen.

Diese Neuerungen sind keineswegs wirkungslos geblieben; ihnen ist es wohl zu verdanken, daß die GA.-Zahlen von 1924 auf 1925 das weitere starke Ansteigen der K.-Zahlen nicht mitmachten, sogar zurückgingen. Immerhin blieben sie erschreckend hoch und der Schade am Wirtschaftskörper war nicht geheilt. Es war dabei geblieben, daß der Schuldner sich einseitig ohne Mitwirkung seiner Gl. durch einen leicht zu stellenden Antrag an das Gericht Vollstr.-Schutz und damit ein Moratorium auf einen Monat verschaffen konnte. Dieser Zustand schädigte nicht nur die innerdeutsche Wirtschaft, sondern erwies sich auch als Hemmung für die Kreditbeschaffung der deutschen Wirtschaftskreise im Auslande.

Die VO. unternimmt es, ihm abzuhelfen. Sie stellt den Schritt dar, durch welchen die bisher grundsätzlich immer noch als vorübergehende Zeiterscheinung betrachtete GA. endgültig in den dauernden Bestand des deutschen Vollstr.-Rechts übernommen, dabei aber gleichzeitig grundlegend umgestaltet wird. Ersteres, die Übernahme in den dauernden Bestand der Rechtsordnung, kommt darin zum Ausdruck, daß nicht mehr davon die Rede ist, daß die die Voraussetzung des Verf. bildende Vermögenslage „infolge des Krieges oder der aus ihm erwachsenen wirtschaftlichen Verhältnisse" entstanden sein müsse. Die mit der Übernahme verbundene Umgestaltung, deren Grundzüge nachstehend dargestellt werden, muß unter zwei leitenden Gesichtspunkten gewürdigt werden. Zunächst unter dem, daß der Zweck der Einrichtung nicht mehr vorwiegend Sch.-Schutz, sondern gleichmäßig Sch.- und Gl.-Schutz sein soll; es soll nichts mehr geschehen einseitig im Interesse und auf Antrag des Sch., sondern alles erfordert ein Zusammenwirken zwischen Sch. und Gl. und geschieht im beiderseitigen Interesse. Vielleicht noch wichtiger ist aber der zweite Gesichtspunkt, der sich dahin ausdrücken läßt: im Vordergrund steht überhaupt nicht so sehr das Interesse der Gl. und des Sch. des einzelnen Falles als vielmehr das Interesse der Gesamtwirtschaft. Das Gesetz bezweckt nicht lediglich, repressiv im Einzelfall für die Gl. möglichst viel herauszuholen und dabei den Sch. möglichst zu schonen, sondern bei aller Wichtigkeit dieses Zweckes steht doch darüber noch der andere, präventiv die Gesamtwirtschaft vor den mit der bisherigen GA. verbundenen Übeln nach Möglichkeit zu bewahren. Diesem Präventionszweck dienen eine Reihe von Vorschriften, die teils versuchen, auf das dem Zusammenbruch vorangehende wirtschaftliche Verhalten des Sch. einen erzieherischen Einfluß auszuüben, teils die Auffassung erkennen lassen, daß es besser sei, lebensunfähige Unternehmungen im Interesse der Allgemeinheit durch den K. verschwinden zu lassen, als sie durch einen V. zwar vielleicht zum größeren augenblicklichen Vorteil der unmittelbar Beteiligten, aber auf die Gefahr einer Wiederholung des Zusammenbruchs und damit einer erneuten Wirtschaftsschädigung hin aufrechtzuerhalten.

I.

Die wichtigste Neuerung, geradezu das Kernstück des ganzen Gesetzes, ist die Vorschrift des § 16 A. 1 Nr. 4. Das Gesetz verweist den bisherigen ersten Teil des ganzen Verf., die das VVerf. vorbereitende GA., in ein außergerichtliches Vorstadium; das gerichtliche Verf. beginnt künftig erst da, wo bisher die reine GA. endigte und das VVerf. beginnen sollte. Der Sch. muß, um die Eröffnung eines gerichtlichen Verf. überhaupt zu erreichen, schon einen bestimmten VVorschlag machen und die Zustimmung der Mehrheit seiner Gl. zur Eröffnung des VVerf. beibringen. Diese Zustimmungen muß er vorher selbst ohne Hilfe des Gerichts werden. Während dieses außergerichtlichen Vorverfahrens genießt er zwar Schutz gegen K.-Anträge; solchen gegenüber kann er dadurch einen Aufschub erreichen, daß er ihnen mit dem Antrage auf VVerf. entgegentritt. Aber er genießt keinen Vollstr.-Schutz; dieser setzt vielmehr erst mit der Eröffn. des VVerf. ein, die unter allen Umständen die Zustimmung der Gl.-Mehrheit voraussetzt. Damit ist der Zustand, daß der Sch. sich einseitig ohne Mitwirkung seiner Gl. Vollstr.-Schutz und damit ein Moratorium verschaffen kann, beseitigt.

Würde das Gesetz sich hiermit begnügen, so würde es allerdings sein Kind, das neue VVerf., schon in der Geburt töten. Wenn ein Sch. sich seinen Gl. als zahlungsunfähig offenbaren und sie um Zustimmung zur Einleitung eines VVerf. angehen muß, ohne dabei Schutz gegen ZwVollstr. zu genießen, so werden im allgemeinen die Gl. nicht sehr bereitwillig sein, diese Zustimmung zu geben; allzu nahe liegt für jeden von ihnen die Versuchung, sich möglichst schleunigst mit ZwVollstr. auf den Sch. zu stürzen, um anderen zuvorzukommen und das eigene Schäflein ins Trockene zu bringen; ein solches Verhalten der Mehrzahl der Gl. würde aber nicht zum VVerf., sondern in aller Regel zum völligen Zusammenbruch des Sch. und damit zum K. führen. Um dieser Gefahr vorzubeugen, konnte das Gesetz nicht dem Sch. einen alsbaldigen und direkten Vollstr.-Schutz schon während des außergerichtlichen Vorstadiums gewähren; damit wären alle Nachteile der bisherigen GA. wieder dagewesen. Aber das Gesetz gewährt dem Sch. einen indirekten Vollstr.-Schutz; es schreckt die Gl. von ZwVollstr. in letzter Stunde dadurch ab, daß es diese in aller Regel später unwirksam werden läßt, so daß sich dann herausstellt, daß sie dem Gl. nichts genützt und nur Kosten verursacht haben. Den Antrag auf VVerf. kann der Sch. immer stellen; er soll dabei zwar die Zustimmung der Gl.-Mehrheit beibringen, aber wenn diese fehlt, so kann dies — abgesehen davon, daß eine Frist zur Nachbringung gewährt werden kann — höchstens dazu führen, daß der Antrag abgelehnt wird. Stellt der Sch. aber auch nur den Antrag, so ist die weitere Entwicklung die folgende. Entweder die Eröffn. des Verf. wird abgelehnt, insbesondere weil die Zustimmung der Gl.-Mehrheit fehlt. Oder diese Zustimmung beizubringen gelingt und das Verf. wird eröffnet; dann kann es enden entweder mit der Best. eines zustande gekommenen V. oder mit Verw. eines beschlossenen V. oder mit Einst. Erfolgt Abl. der Eröffn. des

Verf. oder Verw. des V. oder Einst., so ist nach einem alsbald zu erwähnenden weiteren Grundsatze des Gesetzes in aller Regel die automatische Folge dieses Ausganges die K.-Eröffn. (sog. Anschl.-K.). Das Gesetz bestimmt nun, daß die innerhalb einer gewissen Sperrfrist vor der Entscheidung über die Eröffn. des Verf. — sie umfaßt 29 Tage vor dem Tage der Antragstellung, diesen Tag selbst und die Folgezeit bis zur Entscheidung über den Antrag — vorgenommenen ZwVollstr. sowohl im Falle der Best. des V. wie in jedem der 3 Fälle der Eröffn. des AnschlK. unwirksam werden, also dem Gl. nichts nützen. Einsichtige Gl. müssen hiermit rechnen und hiernach ihr Verhalten einrichten.

Das Gesagte bezieht sich nur auf die gewöhnlichen (nicht bevorrechtigten) persönlichen Gl., die an dem VVerf. beteiligt sind. Dies ist die normale Gläubigerstellung, die die Regel bildet. Daneben gibt es noch Gl. besonderen Rechts, die an dem Verf. nicht beteiligt sind, wie z. B. die Inhaber von Absonderungsrechten und von K.-Vorrechten. Auf diese finden, da sie ja von dem Verf. überhaupt nicht betroffen werden, die in Rede stehenden Vorschriften naturgemäß keine Anwendung; weder kommt es für die Eröffn. des Verf. auf ihre Zustimmung an, noch sind sie, von einer geringfügigen Ausnahme abgesehen, hinsichtlich der ZwVollstr. Beschränkungen unterworfen.

Ob der indirekte Vollstr.-Schutz gegenüber den beteiligten Gl., mit dem das Gesetz das außergerichtliche Vorverf. ausstattet, wirklich genügen wird, um die Gl. im allgemeinen, soweit nicht aus der Persönlichkeit des Sch. oder aus der Eigenart seines Unternehmens sich besondere Bedenken ergeben, vergleichsgeneigt zu machen und so dem neuen VVerf. zu wirklichem Leben zu verhelfen, kann erst die Zukunft lehren. Möglich ist natürlich eine Entwicklung dahin, daß trotz seiner bei den Gl. das Bestreben vorherrschen wird, mit ZwVollstr. vorzugehen, anstatt der Einleitung des VVerf. zuzustimmen. Ein Gl., der sich so verhält, muß darauf hoffen, daß entweder der Sch. den Antrag auf VVerf. schließlich doch nicht stellen wird oder daß er ihn erst so spät stellen wird, daß bei seiner Anbringung die ZwVollstr. bereits 30 Tage oder länger zurückliegen wird, oder endlich darauf, daß die Antragstellung zu einer Abl. der Eröffn. oder zu einer erfolglosen Beendigung des eröffneten Verf. führen wird, bei der ausnahmsweise aus einem besonderen Grunde keine K.-Eröffnung erfolgt, z. B. weil dann überhaupt keine ausreichende Masse mehr vorhanden ist. Aber von diesen Möglichkeiten ist keine groß und verläßlich, und ihnen steht die große Gefahr gegenüber, daß durch ein Drängen zur ZwVollstr. der Sch. zwangsläufig in den K. getrieben wird, bei dem die Gl. erfahrungsgemäß immer erheblich weniger und auch dieses Wenige noch erheblich später erhalten als bei einem den K. vermeidenden Akkord. Indem das Gesetz es den Gl. selbst überläßt, diese Gesichtspunkte gegeneinander abzuwägen und danach ihr Verhalten einzurichten, bringt es — das läßt sich nicht verkennen — ein hohes Maß von Vertrauen der wirtschaftlichen Einsicht und auch dem Solidaritätsgefühl der Gläubigerkreise entgegen. Dieses Vertrauen kann sich darauf stützen, daß bisher schon im Wirtschaftsleben sogar ohne GA. völlig außergerichtlich durchgeführte Akkorde eine erhebliche Rolle gespielt haben. Sollten die Erwartungen des Gesetzes aber dennoch sich nicht erfüllen, so würden künftig allerdings erfolgreiche VVerf. eine seltene Ausnahmeerscheinung, die Regel der K. sein. Dann würde aber immer noch die Frage bleiben, ob nicht im Interesse der Gesamtwirtschaft selbst ein derartiger Zustand vor dem bisherigen, durch die GA. mit ihrer moratorischen Wirkung hervorgebrachten immer noch den Vorzug verdient.

Die indirekte VollstrSp. dient nicht allein dem Interesse des Sch., sondern daneben auch dem gemeinsamen Interesse der beteiligten Gl. Auch in deren Interesse soll verhindert werden, daß einzelne besonders ungeduldige Gl. sich in letzter Stunde durch Zwangszugriffe Sondervorteile verschaffen. Dies ist derselbe Zweck, den im K. die Anfechtung verfolgt, soweit sie sich auf § 30 KO. stützt. Von dieser unterscheidet sich die VollstrSp. der VO. in zweifacher Hinsicht. Die konkursmäßige Anfechtung ergreift grundsätzlich Sicherungen und Befriedigungen jeder Art, mögen sie durch ein Rechtsgeschäft des Sch. oder durch Vollstr.-Akt erfolgt sein. Die VO. dagegen verzichtet auf jegliche Antastung von Rechtsgeschäften, da diese praktisch in der Regel nicht ohne Prozesse durchführbar sein würde, die sich in den Rahmen des schleunigen VVerf. nicht einfügen lassen; sie ergreift nur Vollstr.-Akte. Diese aber greift sie, und das ist das zweite, weit schärfer an, als dies im K. die Anfechtung tut; die tatsächlichen Voraussetzungen des Unwirksamwerdens von Vollstr.-Akten nach der VO. gehen viel weiter als diejenigen der Anfechtung nach § 30 KO. Da die in Rede stehenden Vorschriften der VO., wie bereits erwähnt, nicht nur für das VVerf. selbst gelten, sondern auch für alle Fälle des sog. AnschlK., so enthalten sie einen unmittelbaren Eingriff in das Anfechtungsrecht der KO. Künftig gilt danach im K. für die Frage, inwieweit Vollstr.-Akte aus der letzten Zeit vor der K.-Eröffnung rückgängig gemacht werden können, verschiedenes Recht, je nachdem ob der K. im Anschluß an einen erfolglosen Antrag auf VVerf. oder ein zwar eingeleitetes, aber erfolglos gebliebenes VVerf. eröffnet worden oder ohne ein solches Vorspiel zustande gekommen ist.

II.

Weitere wichtige Grundsätze des Gesetzes, die gegenüber dem bisherigen Rechtszustande einen Abbau des Sch.-Schutzes zugunsten der Gl.-Interessen enthalten, sind die folgenden vier. Von ihnen dient der an vierter Stelle aufgeführte den Interessen der Gl. des einzelnen Falles; Nr. 2 und 3 verfolgen mehr den oben gekennzeichneten allgemeinen Präventionszweck; Nr. 1 dient beiden Zwecken gleichmäßig.

1. Jeder Antrag auf VVerf. gilt kraft Gesetzes zugleich für den Fall, daß es zu einem V. nicht kommt, als K.-Antrag. Immer, wenn es zum V. nicht kommt — das sind im einzelnen die Fälle der Abl. der Eröffn. oder der Einst. des Verf. oder der Verw. des V. —, ist, wie das Gesetz sagt, zugleich über die Eröffn. des K. zu entscheiden. Da der Antrag auf VVerf. bereits dieselbe Vermögenslage — in der Regel Zahlungsunfähigkeit, bisweilen daneben oder statt dessen Überschuldung — voraussetzt, die auch zur K.-Eröffnung genügt, so bedeutet dies in aller Regel die K.-Eröffnung. Nur in besonderen Ausnahmefällen unterbleibt diese; etwa wenn die Zahlungsunfähigkeit oder Überschuldung inzwischen wieder behoben ist oder — das umgekehrte Extrem — sich herausgestellt hat, daß nicht einmal eine zur Kostendeckung ausreichende Masse vorhanden ist. Kein Sch. darf es also künftig wagen, mit dem Antrage auf VVerf. ein nicht ernst gemeintes Spiel zu treiben, denn er würde sich damit in der Regel selbst in den K. stürzen.
2. Das Gesetz überläßt nicht mehr, wie die GAV., die Entscheidung über die Eröffn. des Verf. grundsätzlich dem freien Ermessen des Gerichts, sondern es stellt, abgesehen von dem Erfordernis der Zustimmung der Gl.-Mehrheit, weiter bestimmte Tatbestände auf, bei deren Vorliegen die Eröffn des Verf. abgelehnt werden muß (§ 22), und andere, bei deren Vorliegen sie abgelehnt werden kann (§ 23); soweit keiner dieser Ablehnungsgründe vorliegt, muß das Verf. eröffnet werden. Von diesen

Ablehnungsgründen sind einige (§ 22 Nr. 2, 3 und teilweise auch Nr. 4, § 23 Nr. 2, 3) solche, welche das wirtschaftliche Verhalten des Sch. betreffen und das Erfordernis einer gewissen Würdigkeit des Sch. aufstellen. Würdigkeit nicht im sittlichen, sondern nur im wirtschaftlichen Sinne; die Vorschriften, die besagen, daß bei gewissen Vorkommnissen im wirtschaftlichen Leben des Sch. seine Zulassung zum VVerf. teils unterbleiben muß, teils wenigstens unterbleiben kann, wollen damit kein sittliches Werturteil über einen solchen Sch. fällen, sondern nur die Tatsache feststellen und mit Rechtsfolgen ausstatten, daß ein solcher Sch. wirtschaftlich des Vertrauens seiner Gl. nicht würdig erscheint oder doch wenigstens in dieser Hinsicht erhebliche Bedenken bestehen. Sie unternehmen damit den — hinsichtlich seines praktischen Erfolges freilich zweifelhaften — Versuch, das ganze wirtschaftliche Gebahren der Sch. nach der Richtung hin erzieherisch zu beeinflussen, daß die als Gründe zur Abl. des VVerf. geltenden Vorkommnisse nach Möglichkeit vermieden werden. Teilweise haben die hier in Rede stehenden Ablehnungsgründe Bedeutung nicht nur für die Entscheidung über die Eröffn. des Verf., sondern auch für das weitere Verf., indem — wie bereits gesagt, nur für einige, nicht für alle — vorgeschrieben ist, daß auch ein bereits eröffnetes Verf. einzustellen oder in ein ihm bereits beschlossener V. zu verwerfen ist, wenn einer dieser Gründe erst nachträglich eintritt oder bekannt wird (§ 68 A. 1 Nr. 2, § 79 A. 1 Nr. 2).

3. Besonders wichtig sind die Vorschriften über die Mindestquote. Will der Sch. nicht nur Stundung, sondern einen teilweisen Erlaß erreichen, so muß er den Gl. mindestens 30% bieten; auch dann noch, wenn er zwar 30 oder mehr, aber weniger als als 50% bietet, kann die Eröffnung des Verf. abgelehnt werden, wenn die amtliche Berufsvertretung (Handels-, Landwirtschafts- oder Handwerkskammer) diesen Satz als unangemessen niedrig begutachtet; ganz sicher, zum VVerf. zugelassen zu werden, ist der Sch. also nur dann, wenn er mindestens 50% bietet (§ 6, § 23 Nr. 1). Durch diese Vorschrift, die übrigens naturgemäß nur auf V. mit ziffermäßig bestimmtem Erlaß, nicht auf die sog. Liquidationsvergleiche anwendbar ist, soll im Interesse der Gesamtwirtschaft erreicht werden, daß in Vermögensverfall geratende Sch. rechtzeitig an ihre Gl. herantreten, solange sie

noch einen immerhin erheblichen Prozentsatz zu bieten imstande sind, anstatt bis zum völligen Zusammenbruch zu warten. Um dieses Zweckes willen wird in Kauf genommen, daß im einzelnen Fall möglicherweise eine Benachteiligung der beteiligten Gl. eintritt; denn es ist natürlich leicht möglich, daß im Einzelfall die Gl. auch durch einen V. unter 30% immer noch mehr erhalten würden als im K., der in der Regel die Folge der Unzulässigkeit eines solchen V. sein wird.

4. Bei dem ZwV. des K., wenn er auf teilweisen Erlaß lautet, hat sich der folgende Übelstand herausgestellt. Nicht selten kann der Sch. den V. nicht erfüllen und fällt schließlich abermals in K. Dann erleiden die Gl., die schon an dem ersten K. teilgenommen haben, eine zweimalige Herabsetzung ihrer Fdg.; sie sind durch den ZwV. bereits auf die V.-Rate beschränkt, können in dem zweiten K. nur diese anmelden und erhalten darauf abermals nur die K.-Dividende. Dieser Unbilligkeit kann im K. nur dadurch vorgebeugt werden, daß in den ZwV. ausdrücklich die sog. kassatorische Klausel aufgenommen wird, die besagt, daß bei künftiger K.-Eröffnung der vergleichsweise bewilligte Erlaß wieder fortfallen soll. Eine Erweiterung dieser Klausel ist es, wenn bestimmt wird, daß der Erlaß auch schon dann wieder fortfallen soll, wenn der Sch. auch nur, ohne in K. zu geraten, mit der Erfüllung seiner Verpflichtungen aus dem V. in Verzug kommt; dadurch wird auf den Sch. ein Druck ausgeübt, sich mit der pünktlichen Erfüllung des V. die größtmögliche Mühe zu geben. Die VO. bestimmt nun im § 7, daß bei dem im VVerf. zustande gekommenen V. die kassatorische Klausel, und zwar in der erweiterten Form, im Zweifel als vereinbart anzusehen ist; sie gilt also hier immer, wenn sie nicht ausgeschlossen wird.

III.

Zu erwähnen sind, um einen Überblick über die Grundzüge des Gesetzes zu geben, noch die folgenden Grundsätze, die weniger das Problem der Abwägung zwischen den Gesichtspunkten des Sch.- und des Gl.-Schutzes als die prozeßrechtliche Ausgestaltung des Verf. betreffen.

1. Das Verf. setzt, wie bisher die GA., dieselbe Vermögenslage voraus, die auch den K. rechtfertigt, in der Regel also Zahlungs-

unfähigkeit. Über die Gründe, aus denen das Gesetz es abgelehnt hat, das VVerf. schon bei einer bloßen Zahlungsschwierigkeit oder Zahlungsstockung zuzulassen, vgl. die Begr. zu § 1. Dem dort Gesagten ist noch hinzuzufügen, daß eine derartige Erweiterung der Voraussetzung des Verf. es unmöglich gemacht haben würde, den Grundsatz durchzuführen, daß der V.-Antrag zugleich als bedingter K.-Antrag gilt.

2. Den V.-Antrag stellen kann, wie bisher den GA.-Antrag, nur der Sch. Auch den Gl. das Antragsrecht einzuräumen, würde kaum einen Zweck haben; denn wenn der Sch. nicht vergleichswillig ist, könnte das Verf. ja doch nicht durchgeführt werden.

3. Die VO. räumt in erheblich weiterem Umfange als die GAV. der Mehrheit der beteiligten Gl. in dem Verf. ein Mitwirkungs- und Bestimmungsrecht ein. Dennoch ist es nicht so, daß jede sachliche Bestimmung der Gl.-Mehrheit überlassen und das Gericht nur auf eine prozeßleitende Tätigkeit beschränkt wäre; vielmehr sind wichtige Entscheidungen auch dem Ermessen des Gerichts anvertraut. Dies zu dem Zwecke, um sicherzustellen, daß neben der Gl.-Mehrheit auch die Gl.-Minderheit und der Sch. gebührende Berücksichtigung ihrer Interessen finden. Der Typ des Verf. ist also ein Gemisch von Gl.-Autonomie und Gerichtsfürsorge.

4. Notwendig ist die Bestellung einer VP., die nur in besonderen Ausnahmefällen unterbleiben kann. Ein GlA. ist fakultativ; ebenso GlVers., abgesehen von dem V.-Termin, der natürlich in jeder Sache stattfinden muß.

5. Wie die GAV., so sieht auch die VO. davon ab, mit der Eröffn. des Verf. eine unmittelbar kraft Gesetzes eintretende Verfügungsbeschränkung zu verbinden. Es soll nicht jeder Sch., der in das VVerf. geht, mit dem Makel behaftet werden, über sein Vermögen nicht mehr frei verfügen zu können. Aber das Gericht kann jederzeit auf Antrag oder auch von Amts wegen Verfügungsbeschränkungen anordnen, und zwar sowohl allgemeine wie nur auf bestimmte einzelne Gegenstände bezügliche besondere. Solche Anordnungen haben die Wirkung, die von ihnen betroffenen Verfügungen an die Zustimmung der VP. zu binden, können indessen Verfügungen auch gänzlich verbieten. Dritte, die mit dem Sch. Geschäftsverkehr pflegen, sollen wissen, daß er sich im VVerf. befindet, also zahlungsunsicher ist. Dafür

sorgt außer der öffentlichen Bek. der Eröffn. des Verf. noch die weitere Vorschrift, daß Kaufleute (Vollkaufleute) während des Verf. ihrer Firma den ausgeschriebenen Zusatz „im Vergleichsverfahren" beizufügen haben. Diese Bestimmung ist trotz ihrer unverkennbaren Härte für den Sch. gleichwohl zur Vermeidung von Täuschungen Dritter, insbesondere im Wechsel- und Scheckverkehr, für notwendig erachtet worden.

6. Das VVerf. kann seinen wirtschaftlichen Zweck nur erfüllen, wenn es im Gegensatz zu dem langsamen KVerf. schleunig ist und eine schnelle Klärung der Verhältnisse bringt. Deshalb verordnet die VO. an mehreren Stellen kurz bemessene Fristen und schränkt ferner die Anfechtung der in dem Verf. ergehenden gerichtlichen Entscheidungen sehr stark ein.

7. Im Gegensatz zu der GAV. (§ 60) kehrt die VO. (§ 73 A. 1) wieder zu dem der KO. (§ 193) entsprechenden Grundsatze zurück, daß der zustande gekommene und bestätigte V. für und gegen alle an dem Verf. beteiligten Gl. wirkt, auch für und gegen solche, die in dem vom Sch. vorgelegten GlVerz. ausgelassen waren und die Anmeldung ihrer Anspr. versäumt haben.

Text des Gesetzes mit dem besonderen Teil der amtlichen Begründung und mit Kommentar.

Gesetz über den Vergleich zur Abwendung des Konkurses (Vergleichsordnung). Vom 5. Juli 1927.

(RGBl. I S. 139.)

Erster Abschnitt.

Allgemeine Vorschriften.

§ 1. Ein Schuldner, der zahlungsunfähig geworden ist, kann zur Abwendung des Konkurses bei dem für die Eröffnung des Konkursverfahrens zuständigen Gerichte die Eröffnung eines gerichtlichen Vergleichsverfahrens beantragen.

Die Eröffnung des Vergleichsverfahrens kann auch im Falle der Überschuldung beantragt werden, wenn das Konkursverfahren im Falle der Überschuldung eröffnet werden könnte.

Ist gegen den Schuldner ein Antrag auf Eröffnung des Konkursverfahrens gestellt worden, so kann der Schuldner bei seiner nach § 105 Abs. 2, 3 der Konkursordnung vorgeschriebenen Anhörung die Eröffnung des Vergleichsverfahrens beantragen.

Begründung zu § 1: „Das VVerf. ist unter den gleichen Voraussetzungen wie die Eröffn. des K. zulässig. Mehrfach ist angeregt worden, das VVerf. auch einem noch nicht konkursreifen Sch. zur Verfügung zu stellen und sich daher für seine Eröffn. mit einer drohenden Zahlungseinstellung oder einer vorhandenen oder zu erwartenden Zahlungsstockung zu begnügen. Der E. folgt diesem Gedanken nicht. Der Begriff der drohenden Zahlungseinstellung ist ebensowenig faßbar wie der Begriff der bloßen Zahlungsstockung. Die Möglichkeit, schon bei drohender Zahlungseinstellung oder gar bei jeder Zahlungsstockung ein Verf. herbeizuführen, das einen weitgehenden Vollstreckungsschutz gewährt, kann von dem Sch. allzu leicht mißbraucht werden, um besonders lästige Gl. abzuschütteln.

Die Zahlungsunfähigkeit, deren nach außen hin sichtbares Merkmal die allgemeine Zahlungseinstellung ist, rechtfertigt stets die Einleitung des VVerf. Für die Überschuldung gilt dies nur, wo auch das KVerf. im Falle der Überschuldung eröffnet werden kann. Eine Pflicht, die Eröffn. des VVerf. zu beantragen, besteht nicht, auch dann nicht, wenn eine Pflicht zum K.-Antrage besteht. Andererseits ist davon auszugehen, daß der Pflicht zum K.-Antrag auch durch Stellung des V.-Antrags genügt wird.

Den Antrag auf Eröffn. des VVerf. kann nur der Sch. stellen; denn nur der Sch. kann ermessen, ob er noch in der Lage ist, zu einem V. zu gelangen und den K. zu vermeiden.

Nach dem in der allgemeinen Begr. Bemerkten geht der E. davon aus, daß der Sch. das Zustandekommen eines V. in weitem Umfange durch Verhandlungen mit seinen Gl. vorbereitet hat, ehe er sich an das Gericht wendet. Wenn eine solche außergerichtliche Vorbereitung des Verf. verlangt wird, so muß der Sch. auch dagegen geschützt werden, daß ihn ein Gl., dem er seine Lage offenbart hat, mit Zwangsmaßnahmen überrascht, während die Erörterungen mit den übrigen Gl. noch schweben.

Soweit es sich dabei um Akte der Einzelvollstr. handelt, gewährt der § 33 diesen Schutz. Im § 1 A. 3 wird der Fall behandelt, daß der Gl. nicht im Wege der Einzelvollstr. vorgeht, sondern einen Antrag auf K.-Eröffn. stellt. Nach § 105 der KO. ist hier der Sch. vor der Entscheidung über die Eröffn. des KVerf. zu hören. Diese Anhörung soll der Sch. dazu benutzen können, dem Antrag auf Eröffn. des K.-Verf. mit einem Antrag auf Eröffn. des VVerf. zu begegnen; daß er dem K.-Antrag auch schon früher einen Antrag auf Eröffn. des VVerf. entgegensetzen kann, ist selbstverständlich. Stellt der Sch. einen solchen Antrag, so wird, wie § 31 ergibt, die Erledigung des K.-Antrags zunächst ausgesetzt und darüber erst und nur entschieden, wenn der Antrag auf Eröffn. des VVerf. abgelehnt oder das VVerf. eingestellt oder einem abgeschlossenen V. die Best. versagt worden ist. Kommt es zum V., so gilt der Antrag als nicht gestellt (§ 69 A. 3 S. 2)."

I. Die des VVerf. fähigen Personen. II. Gesamt- und Sonder-VVerf. III. Die konkursmäßige Vermögenslage als Voraussetzung des VVerf. IV. Die Vorschrift des A. 3. V. Einfluß der VO. auf gesetzliche K.-Antragspflichten. VI. Form der Antragstellung. VII. Das zuständige Gericht.

I. In das VVerf. gehen können alle Sch., die konkursfähig sind. Es sind dies:

a) alle physischen Personen (Menschen), nicht etwa nur Kaufleute und sonstige Gewerbetreibende;

b) grundsätzlich auch alle juristischen Personen, insbesondere AG., KGaA., G.m.b.H. und eingetragene Gen. Soweit bei juristischen Personen des öffentlichen Rechts nach Landesrecht ein KVerf. nicht stattfindet, ist auch das VVerf. nicht zulässig.

c) nach §§ 209, 213 KO., §§ 88, 89 VO., obwohl nicht juristische Personen, die oHG., die KG. und der nicht rechtsfähige Verein;

d) nach §§ 214, 236 KO., §§ 92, 93 VO. der Nachlaß und das Gesamtgut der fortgesetzten Gütergemeinschaft.

Abweichend von der Regelung der KO. (§§ 207, 209, 213) und der GAV. (§ 72) ist in den Fällen b) und c) das VVerf. nur bis zur Auflösung zulässig, nachher nicht mehr, mag auch die Liquidation noch schweben (§§ 88, 89, 91).

Ausnahmsweise sind zwar konkursfähig, aber nicht des VVerf. fähig private Versicherungsunternehmungen (§ 94). Nicht konkursfähig und daher auch nicht des VVerf. fähig sind insbesondere die Gesellschaft des BGB. und die Reederei, selbstverständlich auch nicht die stille Gesellschaft des HGB.

II. die Fälle unter Ia) und b) einerseits, c) und d) andererseits sind nicht ganz gleichartig. Auch bei der oHG., dem Nachlaß usw. ist Gegenstand des Verf. das Vermögen physischer oder juristischer Personen, nämlich der Gesellschafter, des oder der Erben usw. Der Unterschied liegt darin, daß das Verf. in den Fällen a) und b) das gesamte Vermögen, in den Fällen c) und d) nur ein Sondervermögen betrifft. K.- wie VVerf. umfassen grundsätzlich das gesamte Vermögen des Sch. Ausnahmsweise gibt es aber Fälle, in denen das Verf. nur ein Sondervermögen ergreift, das einer gesonderten Haftung unterliegt. Die einzigen Fälle dieser Art, welche die KO. und die VO. ausdrücklich erwähnen, sind diejenigen unter Ic) und d); die analoge Anwendung dieser Vorschriften auf rechtsähnliche Fälle ist aber nicht ausgeschlossen. Im einzelnen muß hier auf die Lehre vom Gesamt- und Sonderkonkurse verwiesen werden, die für das VVerf. entsprechend gilt. Hervorzuheben ist, daß danach auch für Familiengüter bis zur Auflösung die Möglichkeit eines besonderen K.- oder VVerf. anzuerkennen ist.

III. Voraussetzung der Einleitung des VVerf. ist Eintritt der konkursmäßigen Vermögenslage, jedoch mit der Maßgabe, daß Zahlungsunfähigkeit stets genügt. Die konkursmäßige Vermögenslage besteht entweder in Zahlungsunfähigkeit oder in Überschuldung. Bei physischen Personen, der oHG. und der KG. setzt der K. Zahlungsunfähigkeit voraus (§§ 102, 209 KO.). Ebenso bei eingetragenen Gen. bis zur Auflösung[1]); bei Gen. m. b. H. genügt indessen auch Überschuldung der noch bestehenden Gen., sofern sie $1/4$ des Betrages der Haftsummen aller Genossen übersteigt (§§ 98, 140 Gen.G.). Bei allen anderen juristischen Personen, insbes. bei AG., KGaA. und G.m.b.H., sowie bei dem nicht rechtsfähigen Verein genügen zur K.-Eröffn. Zahlungsunfähigkeit oder Überschuldung (§§ 207, 209, 213 KO.); bei dem Nachlaß und dem Gesamtgut der fortgesetzten Gütergemeinschaft dagegen setzt der K. Überschuldung voraus (§§ 215, 236 KO.). Was hiernach K.-Grund ist, ist auch Grund zum VVerf.; soweit aber das KVerf. nur bei Überschuldung stattfindet, also bei dem Nachlaß und dem Gesamt-

[1]) Nach der Auflösung der Gen. ist auch Überschuldung Konkursgrund. Dies kommt hier nicht in Betracht, weil nach der Auflösung der Gen. ein VVerf. nicht mehr stattfindet (§ 91 Nr. 1).

gut der fortgesetzten Gütergemeinschaft, findet das VVerf. sowohl bei Überschuldung wie bei Zahlungsunfähigkeit statt. Dies geht aus dem Wortlaut der A. 1, 2 des § 1 hervor und ist auch in der Begr. als beabsichtigt bezeichnet. Für die Zahlungsunfähigkeit gilt auch für das VVerf. die Regel des § 102 A. 2 KO., daß sie insbes. dann anzunehmen ist, wenn Zahlungseinstellung erfolgt ist. Eine bloße Zahlungsstockung genügt dagegen nicht.

Fortgefallen ist die Bestimmung der GAV. (§ 1), daß die konkursmäßige Vermögenslage „infolge des Krieges oder der aus ihm erwachsenen wirtschaftlichen Verhältnisse" entstanden sein müßte. Vgl. Einl. S. 6.

IV. Den Antrag auf VVerf. stellen kann nur der Sch., nicht ein Gl. Die Gl. haben ein Anrecht nur auf den K., nicht auf ein VVerf. Beantragt ein Gl. gemäß § 103 KO. die K.-Eröffn., so kann der Sch. diesem Antrage seinerseits mit einem Antrage auf VVerf. entgegentreten (§ 1 A. 3). Solchenfalls ist zuerst über den Antrag des Sch. zu entscheiden. Die Entscheidung über den K.-Antrag des Gl. bleibt ausgesetzt, und zwar zunächst bis zur Rechtskraft der Entscheidung über den V.-Antrag des Sch., falls aber das VVerf. eröffnet wird, darüber hinaus bis zur Rechtskraft der Entscheidung, die das eröffnete Verf. beendigt. Näheres hierüber bei § 31.

Anstelle des Sch. kann den Antrag natürlich auch sein gesetzlicher oder bevollmächtigter Vertreter stellen. Über die Besonderheiten der Antragsbefugnis bei Sch., die juristische Personen sind, und in den Fällen des VVerf. über ein Sondervermögen vgl. §§ 88ff.

V. Nach einer Reihe von gesetzlichen Vorschriften besteht in gewissen Fällen bei Eintritt der konkursmäßigen Vermögenslage eine Verpflichtung, den K. zu beantragen; und zwar:

a) für die Vorstandsmitglieder und Liquidatoren einer AG., für die persönlich haftenden Gesellschafter und Liquidatoren einer KGaA. und für die Geschäftsführer und Liquidatoren einer G.m.b.H., überall bei Zahlungsunfähigkeit oder der aus einer Bilanz sich ergebenden Überschuldung der Gesellschaft (§§ 240 A. 2, 241, 298 A. 2, 315, 320 A. 3, 325 HGB.; §§ 43, 64, 71, 84 G.m.b.H.G.);

b) für die Vorstandsmitglieder und Liquidatoren einer eingetragenen Gen. bei Zahlungsunfähigkeit der Gen.; ferner auch bei Überschuldung, falls diese sich bei oder nach Auflösung der Gen. ergibt; bei Gen. m. b. H. auch bei Überschuldung während bestehender Gen., sofern sie $^1/_4$ des Betrages der Haftsummen aller Genossen übersteigt (§§ 34, 99, 118, 140, 148 Gen. G.);

c) für die Vorstandsmitglieder und Liquidatoren aller anderen juristischen Personen des bürgerlichen und, soweit bei ihnen überhaupt ein K. stattfindet, auch des öffentlichen Rechts bei Überschuldung der juristischen Person (§§ 42 A. 2, 48 A. 2, 53, 86, 88, 89 A. 2 BGB.);

d) bei Überschuldung eines Nachlasses oder des Gesamtguts einer fortgesetzten Gütergemeinschaft für den Erben oder den überlebenden Ehegatten oder den etwa bestellten Nachlaß- oder Gesamtgutsverwalter (§§ 1980, 1985, 1489 A. 2 BGB.).

Die Verpflichtung ist überall durch eine Schadensersatzpflicht, in den Fällen a) und b) auch durch eine Strafvorschrift sanktioniert. Die Vorschriften über die Verpflichtung und die Folgen ihrer Verletzung sind indessen zur Zeit für einen erheblichen Teil ihres Anwendungsbereichs außer Kraft gesetzt, nämlich:

a) insoweit, als die Verpflichtung an die Zahlungsunfähigkeit geknüpft ist (Bek. v. 8. 8. 1914, RGBl. S. 365);

b) soweit sie an Überschuldung geknüpft ist, dann, wenn die Überschuldung auf in ausländischer Währung oder in Gold eingegangenen Verbindlichkeiten in Verbindung mit der Entwertung der früheren deutschen Währung beruht (Verordn. v. 28. 4. 1920 u. Gesetz v. 24. 12. 1922, RGBl. 1920 S. 696, 1923 I S. 21). Vgl. hierzu ferner § 14 der Verordnung über Goldbilanzen vom 28. 12. 1923 (RGBl. I S. 1253); diese Vorschrift gilt nur für die Dauer der noch nicht überall beendeten Goldumstellung.

Soweit hiernach die Verpflichtung zur K.-Beantragung zur Zeit noch in Kraft ist, wird sie durch die Einführung des VVerf. inhaltlich beeinflußt und verändert. Wie, sagt das Gesetz nicht; auch die Bemerkung in A. 2 Satz 3 und 4 der Begr. schafft keine Klarheit. Man wird folgendes annehmen müssen. Soweit die Verpflichtung zum K.-Antrag bei oder nach Auflösung einer juristischen Person entsteht, insbesondere also für die Liquidatoren, bleibt sie unverändert; denn in diesem Stadium ist ein VVerf. nicht mehr zulässig und es kommt allein der K. in Frage. In allen anderen Fällen kann dagegen eine uneingeschränkte Pflicht zum K.-Antrag nicht mehr bestehen; denn durch sie würde der Sch. des VVerf. verlustig gehen, das ihm das neue Gesetz doch gerade eröffnen will. Man muß hier entweder die Pflicht zum K.-Antrage als durch die Einführung des VVerf. fortgefallen ansehen oder sie dahin umdeuten, daß sie künftig alternativ dazu verpflichtet, entweder den K. zu beantragen oder das VVerf. zu betreiben. Mir erscheint letzteres richtig. Dabei ist aber „betreiben" des VVerf. nicht dasselbe wie „beantragen". Eine sofortige Antragstellung wird in der Regel gar nicht möglich sein, weil der Antrag auf VVerf. nach § 16 eine gewisse Vorbereitung, insbesondere die Beibringung von Zustimmungserklärungen der Gl., erfordert. Daher kann von dem Sch. nur verlangt werden, daß er entweder unverzüglich die Vorbereitung des V.-Antrags aufnimmt und bis zur Antragstellung durchführt oder, wenn er dies nicht will oder damit scheitert, sofort den K. beantragt. Mit diesem alternativen Inhalt kann die Verpflichtung auch außerhalb der Fälle, in denen sie bei oder nach Auflösung einer juristischen Person entsteht, als zivilrechtliche mit zivilrechtlichen Folgen wohl aufrechterhalten werden. Dagegen kann außerhalb der erwähnten Fälle für die so inhaltlich veränderte Verpflichtung die strafrechtliche Sanktion nicht mehr als in Kraft befindlich angesehen werden. Denn Strafvorschriften erfordern gesetzliche Normierung ihres Tatbestandes; eine solche liegt aber nur für die uneingeschränkte Antragspflicht vor; die Strafvorschriften gelten daher nur noch insoweit, als diese uneingeschränkte Pflicht noch in Kraft ist; für die Fälle, in denen die geänderte Pflicht platzgreift, fehlt es an einer Strafnormierung. Übrigens sind alle diese Fragen zweifelhaft und ihre gesetzliche Klarstellung wäre sehr erwünscht.

VI. Der Antrag ist bei dem Gericht schriftlich einzureichen oder mündlich zum Protokoll des Gerichtsschreibers anzubringen (§ 8 VO., § 496 ZPO.). Die durch § 16 A. 1 erforderten Anlagen des Antrags bestehen zum Teil (Nr. 4 und die in Nr. 5 erwähnte Bürgschaftserklärung) in Erklärung dritter Personen, die schriftlich eingereicht werden müssen. Aber auch bezüglich derjenigen Anlagen, die in Erklärungen des Sch. bestehen, braucht sich der Gerichtsschreiber auf eine Erklärung zu Protokoll nicht einzulassen, sondern kann schriftliche Einreichung verlangen. Dies ist aus der Ausdrucksweise des § 16: „Dem Antrage sind beizufügen" sowie daraus zu folgern, daß die Aufnahme umfangreicher Gl.- und Sch.-Verzeichnisse und Vermögensübersichten (§ 16 A. 1 Nr. 1 u. 2) durch den Gerichtsschreiber zu Protokoll praktisch gar nicht ausführbar ist.

VII. Zuständig ist dasjenige Amtsgericht, das für den K. zuständig sein würde. Die Regelung der Zuständigkeit, die hiernach aus der KO. übernommen wird, enthält zugleich die Abgrenzung des Bereichs der deutschen Gerichtsbarkeit. Darnach kann im Deutschen Reich ein VVerf. geführt werden:

a) wenn der Sch. im Inlande eine gewerbliche Niederlassung hat. Ist die gewerbliche Niederlassung die einzige, die der Sch. hat, oder seine Hauptniederlassung, so ist stets das Gericht zuständig, in dessen Bezirk sie sich befindet. Ist dagegen die Niederlassung nur eine Zweigniederlassung (Filiale), hat also der Sch. eine Hauptniederlassung im Auslande, so begründet die Zweigniederlassung eine Gerichtszuständigkeit nur dann, wenn der Sch. im Inlande keinen allgemeinen Gerichtsstand hat. In allen Fällen, in denen der Sch. im Inlande nur eine gewerbliche Niederlassung, Haupt- oder Zweigniederlassung, dagegen keinen allgemeinen Gerichtsstand hat, umfaßt das in Deutschland geführte VVerf. nur das im Inlande befindliche Vermögen. Vgl. §§ 71, 238 A. 1 KO. und Jaeger Anm. 10, 12 zu § 71 u. Anm. 1 zu § 238.

b) wenn der Sch. im Inlande seinen allgemeinen Gerichtsstand hat (§ 71 KO.). Dies ist der Fall (§§ 13—19 ZPO.):

1. bei physischen Personen, wenn sie im Inlande ihren Wohnsitz haben oder wenn sie überhaupt keinen Wohnsitz haben, sich aber im Inlande aufhalten oder ihren letzten Wohnsitz im Inlande gehabt haben. Dagegen haben keinen inländischen allgemeinen Gerichtsstand solche physische Personen, die ihren Wohnsitz im Auslande haben, mögen sie sich auch in Deutschland aufhalten; ebenso wenig solche, die keinen Wohnsitz haben, ihren letzten Wohnsitz im Auslande hatten und sich auch gegenwärtig im Auslande aufhalten.

2. bei juristischen Personen, oHG., KG. und nicht rechtsfähigen Vereinen, wenn sie ihren Sitz im Inlande haben. Als Sitz gilt im Zweifel der Ort, an dem die Verwaltung geführt wird.

Hat der Sch. seinen allgemeinen Gerichtsstand im Inlande, so umfaßt das hier geführte VVerf. grundsätzlich sein gesamtes Vermögen. Das Amtsgericht, bei welchem der allgemeine Gerichtsstand besteht, ist für das VVerf. dann zuständig, wenn der Sch. eine gewerbliche Niederlassung überhaupt nicht oder nur im Auslande oder seine Hauptniederlassung im Auslande und im Inlande nur eine Zweigniederlassung hat. Hat dagegen der Sch. im Inlande sowohl seinen allgemeinen Gerichtsstand als auch seine einzige gewerbliche Niederlassung oder seine Hauptniederlassung, so ist das Gericht des Niederlassungsortes zuständig.

c) wenn der Sch. im Inlande weder eine gewerbliche Niederlassung noch einen allgemeinen Gerichtsstand hat, nur dann, wenn er im Inlande ein mit Wohn- und Wirtschaftsgebäuden versehenes Gut als Eigentümer, Nutznießer oder Pächter (persönlich oder durch einen Vertreter) bewirtschaftet. Für das Verf., das sich auch hier auf das im Inlande befindliche Vermögen beschränkt, ist das Gericht zuständig, in dessen Bezirk das Gut liegt (§ 238 A. 2 KO.).

d) über einen Nachlaß, wenn der Erblasser, über das Gesamtgut einer fortgesetzten Gütergemeinschaft, wenn der verstorbene Ehegatte zur Zeit seines Todes den allgemeinen Gerichtsstand im Inlande hatte, bei dem Amtsgericht, bei dem dieser Gerichtsstand bestand (§§ 214, 236 KO.).

Unerheblich ist dagegen die Staatsangehörigkeit des Sch. Auch ein Ausländer kann in Deutschland ein VVerf. beantragen, wenn nach den vorstehend wiedergegebenen Bestimmungen die Zuständigkeit eines deutschen Gerichts begründet ist.

§ 2. An dem Vergleichsverfahren beteiligt und von dem Vergleiche betroffen werden die Gläubiger, die nicht bevorrechtigte Konkursgläubiger wären, wenn statt des Vergleichsverfahrens das Konkursverfahren eröffnet worden wäre. Die Vorschriften der §§ 5, 64 bis 70 der Konkursordnung finden entsprechende Anwendung.

Begründung zu § 2: „Dem Gedanken, daß das Verf. nur den Abschluß eines schon weit vorbereiteten V. ermöglichen soll, entspricht es, daß an ihm nur beteiligt und von ihm nur betroffen werden die Gl., die der Sch. zu der Zeit der Eröffn. des Verf. hat. Rechtsgeschäfte, die der Sch. nach Eröffn. des Verf. eingeht, werden von dem V. nicht betroffen; die Gl. aus ihnen sind daher an der Abstimmung über den V. nicht beteiligt. Sache der von dem Verf. betroffenen Gl. wird es sein, zu erwägen, ob die Bedeutung dieser neuen Rechtsgeschäfte so groß ist, daß die Verpflichtungen aus ihnen die Erfüllung des V. gefährden. Wird die Frage bejaht, der V. deshalb abgelehnt und infolgedessen das K.-Verf. eröffnet, so haben diese neuen Gl., von dem Sonderfalle des § 86 abgesehen, in dem anschließenden K. keine bevorzugte

Stellung. Andererseits nehmen sie aber auch an dem K. mit dem gleichen Rechte teil, wie die von dem VVerf. betroffenen Gl. Von manchen Seiten ist dies beanstandet und verlangt worden, daß sich der Kreis der Gl. des an ein VVerf. sich anschließenden KVerf. nach dem Kreise der am VVerf. beteiligten Gl. bestimme. Der E. lehnt eine soche Rückwirkung der K.-Eröffnung ab. Sie würde eine große Unsicherheit in das Wirtschaftsleben hineinbringen und dem Sch. schlechthin die Möglichkeit nehmen, sein Geschäft während der Dauer eines VVerf. weiterzuführen. Der Zweck des VVerf. ist aber gerade, dem Sch. die Fortführung seines Unternehmens zu ermöglichen.

Am VVerf. beteiligt und von ihm betroffen sollen nur die Gl. sein, die nicht bevorrechtigte KGl. wären, wenn statt des VVerf. das KVerf. eröffnet worden wäre. Hiernach sind am Verf. nicht beteiligt und werden von einem V. nicht betroffen die Gl., die im K. ein Aussonderungsrecht hätten oder abgesonderte Befriedigung beanspruchen könnten, sowie Gl., die nach § 61 Nr. 1 bis 5 der KO. oder auf Grund anderer Vorschriften (zu vgl. z. B. § 24 der KO., § 7a des Gesetzes, betreffend die Pflichten der Kaufleute bei Aufbewahrung fremder Wertpapiere, in der Fassung der Verordnung vom 21. November 1923 — RGBl. I S. 1119 —) eine Vorzugsstellung genießen würden, wenn statt des VVerf. das KVerf. eröffnet worden wäre. Die Gl., die nach § 3 A. 2 und nach § 63 der KO. am KVerf. nicht teilnehmen, sind auch nicht am VVerf., insbesondere nicht an der Abstimmung über den V. beteiligt, werden aber nach Maßgabe des § 74 des E. in gewissem Umfang von dem V. betroffen. Dieser Vorschlag entspricht dem Gedanken, der bereits in § 33 A. 2, § 62 der GAV. Ausdruck gefunden hat.

Ausländische Gl. stehen auch im VVerf. inländischen Gl. gleich (§ 2 A. 1 S. 2 des E. in Verbindung mit § 5 der KO). Die in den §§ 64 bis 70 der KO. für besondere Fdg. gegebenen Vorschriften gelten auch für das VVerf."

I—IV: Die Kreise der beteiligten und der nicht beteiligten Gl. V: Übersicht über die Rechtsstellung der beteiligten Gl. VI: Übersicht über die Rechtsstellung der nicht beteiligten Gl. VII: Zusammenhang des § 2 mit §§ 3, 4.

I. Die VO. unterscheidet 2 Klassen von Gl.: an dem Verf. beteiligte und nicht beteiligte. Anders als im K. gibt es innerhalb der beteiligten Gl. keinen Unterschied zwischen bevorrechtigten und einfachen; diejenigen Gl., die im KVerf. bevorrechtigte KGl. sind, sind im VVerf. nicht beteiligt.

Beteiligt sind diejenigen Gl., die einfache (nicht bevorrechtigte) KGl. wären, wenn statt des VVerf. das KVerf. eröffnet worden wäre. Es ist also auf die in § 3 A. 1 KO. enthaltene Begriffsbestimmung der KGl. zurückzugehen. KGl. sind danach alle persönlichen Gl., die einen zur Zeit der Eröffn. des Verf. begründeten Vermögensanspruch an den Sch. haben. Aus dem Kreise der an dem VVerf. beteiligten Gl. scheiden zunächst alle diejenigen aus, auf welche diese Begriffsbestimmung nicht zutrifft (unten Nr. II). Es scheiden ferner aus diejenigen Gl., denen ohne Rücksicht darauf, inwieweit auf sie die Begriffsbestimmung der KGl. zutrifft, durch besondere Vorschriften der KO. die Teilnahme am KVerf. und folgeweise auch am VVerf. stets verwehrt ist (Nr. III), und endlich diejenigen, die im K. bevorrechtigte KGl. oder Massegläubiger sein würden (Nr. IV).

Ausländische Gl. stehen inländischen gleich, soweit nicht durch Anordnung des Reichskanzlers mit Zustimmung des Reichsrats in Ausübung eines völkerrechtlichen Retorsionsrechts anderes bestimmt ist (§ 5 KO., § 2 A. 1 S. 2 VO.). Zur Zeit besteht eine solche Anordnung nicht.

II. Für die Begriffsbestimmung der KGl. sind folgende Merkmale wesentlich:

a) Es muß sich um einen Anspr. handeln. Anspr. in diesem Sinn sind alle Rechte, kraft deren der Berechtigte (Gl.) eine Leistung von dem Sch. fordern oder aus einem dem Sch. gehörigen Vermögensgegenstande beitreiben kann. An sich fallen darunter nicht nur alle Anspr. im Sinn des BGB. (§ 194 dort), sondern auch die dinglichen Verwertungsrechte; doch scheiden die letzteren aus dem Grunde aus, weil sie keine „persönlichen" Anspr. sind (unter b). Nicht Anspr. sind insbesondere die dinglichen Nutzungsrechte und alle Mitgliedschaftsrechte; die Inhaber solcher Rechte, z. B. der Nießbraucher eines dem Sch. gehörigen Grundstücks oder der Aktionär im VVerf. der AG., sind weder beteiligte noch unbeteiligte Gl., sondern überhaupt nicht Gl. Anspr. sind dagegen die aus solchen Rechten entstehenden Anspr.; z. B. der Anspr. wegen Beeinträchtigung eines dinglichen Nutzungsrechts auf Beseitigung der Beeinträchtigung oder auf Schadensersatz, der Anspr. aus einem Mitgliedschaftsrecht auf einen ordnungsgemäß festgesetzten Gewinnanteil.

Der Anspr. braucht nicht notwendig auf einem Rechtsgrunde des bürgerlichen Rechts zu beruhen; es kann sich vielmehr auch um einen solchen des öffentlichen Rechts handeln. Die wichtigsten öffentlichrechtlichen Anspr. sind indessen teils durch § 61 Nr. 2, 3 KO. im K. bevorrechtigt, teils durch § 63 Nr. 3 KO. von der Geltendmachung im K. ausgeschlossen; diese Anspr. scheiden also im VVerf. aus.

b) Der Anspr. muß ein persönlicher sein. Damit soll nicht eine Beschränkung auf Forderungsrechte (Schuldverhältnisse) im Sinn des BGB. ausgesprochen werden; vielmehr können auch Anspr. aus Sachenrechten, familien- oder erbrechtlichen Rechtsverhältnissen persönliche Anspr. sein. Gemeint ist: es muß eine persönliche Haftung des Sch. stattfinden, nicht nur eine dingliche Haftung eines Vermögensgegenstandes. Damit scheiden aus alle Aussonderungsrechte (Ansprüche auf Aussonderung eines dem Sch. nicht gehörigen Gegenstandes) und alle Absonderungsrechte (Ansprüche auf Vorwegbefriedigung aus bestimmten dem Sch. gehörigen Gegenständen). Der Begriff dieser Rechte ist im VVerf. genau derselbe wie im K. Aussonderungsrechte sind nicht nur alle Herausgabeanspr. aus Eigentum oder dinglichen Nutzungsrechten (nicht aber der Anspr. aus dem Eigentum oder einem dinglichen Nutzungsrecht auf Beseitigung einer nicht in Vorenthaltung des Besitzes bestehenden Beeinträchtigung, dieser ist persönlicher Anspr.), sondern auch gewisse Herausgabeanspr. aus Schuldverhältnissen, wie aus Vermietung, Verpachtung, Verleihung, Hinterlegung. Die Erweiterungen der §§ 44, 46 KO. und die Einschränkung des § 45 KO. für die Ehefrau des Sch. gelten auch im VVerf.; ebenso der § 392 A. 2 HGB. Absonderungsrechte sind nicht nur die dinglichen Verwertungsrechte (Reallast, Hypothek, Grund- und Rentenschuld, Pfandrecht an beweglichen Sachen und an Rechten), sondern alle Anspr., denen in den §§ 47—52 KO. oder in anderen gesetzlichen Vorschriften (vgl. z. B. § 157 des Gesetzes über den Versicherungsvertrag vom 30. 5. 1908) Absonderungskraft zuerkannt ist. Aussonderungsberechtigte sind niemals KGl. Absonderungsberechtigte können zugleich auch KGl. und damit auch am VVerf. beteiligt sein. Sie sind es dann, wenn für ihren Anspr. außer der dinglichen Haftung des Gegenstandes, die die abgesonderte Befriedigung begründet, noch eine persönliche Haftung des Sch. stattfindet. So z. B. der Hypothekengl. im K. oder VVerf. des Eigentümers, wenn dieser auch der persönliche Sch. ist; dagegen anders, wenn Eigentümer und persönlicher Sch. verschiedene Personen sind. Ist der Absonderungsberechtigte zugleich KGl., so kann er seinen Anspr. auch in dem K. oder VVerf. geltend machen, mit ihm aber dort nur den Betrag verlangen, in dessen Höhe er entweder auf die abgesonderte Befriedigung verzichtet oder bei ihrer Durchführung ausfällt (sog. Ausfallgläubiger; § 64 KO., § 2 A. 1 S. 2 VO.).

Den Aus- und Absonderungsrechten stehen gleich die durch Vormerkung im Grundbuch oder Schiffsregister gesicherten Anspr. Diese sind vermöge der Vormerkung nicht mehr rein persönliche Anspr.; ihre Gl. sind im K. nicht KGl. (§ 24 KO.) und daher auch am VVerf. nicht beteiligt.

Solche Gl., die durch ZwVollstr. eine Sicherung (Pfandrecht, Beschlagnahme oder Vormerkung) erlangt haben, haben unter bestimmten Umständen gleichwohl kein Absonderungsrecht und sind dann beteiligte Gl. Das Nähere hierüber in § 3.

c) Der Anspr. muß ein Vermögensanspr. sein. Dahin gehören alle Anspr., die einen Vermögenswert haben und aus dem Vermögen des Sch. beitreibbar sind. Es scheiden aus nur die Anspr., die entweder auf eine Leistung ohne jeden Vermögenswert gerichtet sind oder nur durch eine persönliche Tätigkeit des Sch., die sich nicht unter Verwendung von Mitteln seines Vermögens irgendwie ersetzen läßt, erfüllt werden können. Letzteres ist wohl nur der Fall bei den Anspr. auf sog. unvertretbare Handlungen, die nur durch den Sch., nicht durch einen Dritten vorgenommen werden können (z. B. auf Auskunfterteilung, auf Rechenschaftslegung), und bei allen Anspr. auf Unterlassung.

Nicht notwendig ist, daß der Anspr. auf Geld gerichtet ist. Im K. wie im VVerf. werden alle beteiligten Anspr. wie Geldfdg. behandelt; Anspr., die nicht auf einen Geldbetrag gerichtet sind (sog.

Individualanspr.), sind nach ihrem Schätzungswerte in Geld geltend zu machen (§ 69 KO., § 2 A. 1 S. 2 VO.). So z. B. auch der Anspr. auf Lieferung und Übereignung einer Sache aus einem Kaufvertrage oder einem sonstigen Rechtsgrunde, der Anspr. aus Eigentum oder einem dinglichen Nutzungsrecht auf Beseitigung einer in etwas anderem als Vorenthaltung des Besitzes bestehenden Beeinträchtigung des Rechts. Vgl. Bem. II zu § 73.

d) Der Anspr. muß zur Zeit der Eröffn. des Verf. begründet sein. Damit scheiden aus alle Gl., deren Anspr. erst später entstehen, insbesondere aus Rechtsgeschäften, die der Sch. nach Eröffn. des Verf. eingeht; solche Gl., sog. Neugläubiger, sind nicht beteiligt, stimmen über den V. nicht mit ab, werden aber auch durch seine Wirkungen nicht betroffen. Vgl. hierzu Abs. 1 der Begr. — Es scheiden ferner aus alle Gl., deren Anspr. zur Zeit der Eröffn. des Verf. bereits befriedigt sind. Eine Ausnahme hiervon enthält § 3.

§ 2 A. 1 S. 2 in Verbindung mit §§ 65—67 KO. ergibt folgendes. Als zur Zeit der Eröffn. des Verf. begründet sind auch solche Anspr. anzusehen, die in diesem Zeitpunkt noch aufschiebend bedingt oder befristet sind. Aufschiebend befristete (betagte)[1]) Anspr. gelten als fällig; bei betagten unverzinslichen Anspr. ist der Zwischenzins abzuziehen. Aufschiebend bedingte Anspr. berechtigen nur zu einer Sicherung; auflösend bedingte werden wie unbedingte geltend gemacht. Vgl. Bem. II zu § 73.

III. Nach der KO. sind gewisse Anspr. stets von der Geltendmachung im K. ausgeschlossen. Es sind dies:

a) nach § 3 A. 2 KO. die gesetzlichen Unterhaltsanspr. (unter Ehegatten, früheren Ehegatten, Verwandten und des unehelichen Kindes gegen seinen Vater), sowie die Anspr. der unehelichen Mutter gegen den Vater ihres Kindes (insbes. auf Entbindungs- und Sechswochenkosten), soweit alle diese Anspr. für die Zukunft geltend gemacht werden und der Sch. nicht als Erbe des Verpflichteten haftet. Streitig ist, was hier „für die Zukunft" bedeutet, ob der Anspr. für den vollen Vorauszahlungsabschnitt, in den die K.-Eröffnung hineinfällt, als bereits vor ihr fällig geworden ohne weiteres geltend gemacht werden kann oder nur für den Teil dieses Abschnitts bis zum Zeitpunkt der K.-Eröffnung. Vgl. Jaeger Anm. 35 zu § 3 KO.

b) nach § 63 KO.:
1. die seit der Eröffnung des Verf. laufenden Zinsen;
2. die Kosten, welche den einzelnen Gl. durch ihre Teilnahme an dem Verf. erwachsen;

---

[1]) Dies ist dasselbe; die verbreitete Ansicht, die bei Fdg. und sonstigen Anspr. einen Unterschied zwischen aufschiebender Befristung oder Anfangstermin (Hinausschiebung der Entstehung) und Betagung (Hinausschiebung der Geltendmachung) machen will, ist als gekünstelt und wirtschaftsfremd abzulehnen. Vgl. Enneccerus, Lehrbuch des Bürgerl. Rechts Allgem. Teil, 18.—21. Aufl., § 186 II S. 512.

3. Geldstrafen;
4. Forderungen aus einer Freigebigkeit des Sch.[1]).

Alle diese Anspr. (a und b) können auch im VVerf. nicht geltend gemacht werden; ihre Gl. sind (insoweit) an dem Verf. nicht beteiligt. Vgl. indessen unten Nr. VI.

IV. Nicht beteiligt an dem Verf. sind ferner diejenigen Gl., die im K. nicht einfache, sondern bevorrechtigte KGl. sein würden. Es gibt 2 Arten von K.-Vorrechten:

a) allgemeine, die sich auf die ganze Masse beziehen. So bevorrechtigt sind die in § 61 Nr. 1—5 KO. bezeichneten, sowie die durch andere gesetzliche Vorschriften diesen gleichgestellten Anspr. Vorschriften der letzteren Art sind § 28 Abs. 3 der Reichsversicherungsordnung[2]) und § 212 Abs. 3 des Angestelltenversicherungsgesetzes[3]). Zu § 61 Nr. 1 KO. vgl. § 75e HGB. (Gesetz vom 10. 6. 1914, RGBl. S. 201).

b) Besondere K.-Vorrechte, die sich nur auf einen Teil der Masse beziehen, insoweit aber sogar den allgemeinen Vorrechten vorgehen. Solche Vorrechte haben die Schuldverschreibungsgl. im K. der Hypothekenbank (§ 35 Hypothekenbankgesetz)[4]) und bei der Einkaufskommission über Wertpapiere der Kommittent im K. des Kommissionärs (§ 7a Depotgesetz)[5]). Die gleichartige Bestimmung in § 61 Abs. 3 des Gesetzes über die privaten Versicherungsunternehmungen vom 12. 5. 1901 in der Fassung des Gesetzes vom 19. 1. 1923 (RGB. 1901 S. 139, 1923 I S. 684) kommt nur für den K., nicht auch für das VVerf. in Betracht, da ein solches bei privaten Versicherungsunternehmungen nicht stattfindet (§ 94 VO.).

Die Inhaber allgemeiner Vorzugsrechte (unter a) sind im VVerf. nicht beteiligte Gl. Die Rechtsstellung der Inhaber besonderer Vorzugsrechte ist eine doppelte: in Ansehung ihrer Befriedigung aus denjenigen Gegenständen, auf welche sich ihr Vorrecht bezieht, sind sie nicht beteiligte Gl., in Ansehung ihrer Befriedigung aus dem sonstigen Vermögen des Sch. dagegen beteiligte Gl. Befriedigung aus dem sonstigen Vermögen können sie wie Absonderungsberechtigte nur als sog. Ausfallgläubiger verlangen, d. h. zu dem Betrage, in dessen Höhe sie ent-

---

[1]) D. h. einer Freigebigkeit unter Lebenden; die Worte „oder von Todeswegen" in § 63 Nr. 4 KO. haben durch die besonderen Vorschriften über den Nachlaß-K. ihre Bedeutung verloren (Jaeger, Anm. 7 zu § 63 KO.).

[2]) Vom 19. 7. 1911 in den Fassungen der Bek. vom 15. 12. 1924 (RGBl. I S. 779, Bücher 1, 2 und 4) und 9. 1. 1926 (RGBl. I. S. 9, vgl. S. 100, Bücher 3, 5, und 6); dazu noch zahlreiche spätere Änderungen.

[3]) Vom 20. 12. 1911 in der Fassung der Bek. vom 28. 5. 1924 (RGBl. I S. 563); gleichfalls mit zahlreichen späteren Änderungen.

[4]) Vom 13. 7. 1899 (RGBl. S. 375) in der Fassung der Gesetze vom 14. 7. 1923 (RGBl. I S. 635) und 26. 1. 1926 (RGBl. I S. 97).

[5]) Gesetz, betr. die Pflichten der Kaufleute bei Aufbewahrung fremder Wertpapiere, vom 5. 7. 1896 (RGBl. S. 183 und 194) in der Fassung der Verordnung vom 21. 11. 1923 (RGBl. I S. 1119).

weder auf die Befriedigung aus den ihrem Vorrecht unterworfenen Gegenständen verzichten oder bei ihrer Durchführung ausfallen.

Nicht einfache KFdg. und daher auch nicht am VVerf. beteiligt sind auch diejenigen Anspr., die im K. Massekosten oder Masseschulden sein würden. Die hierher gehörigen Anspr. (§§ 58, 59 KO.) können teils, weil aus den Besonderheiten des KVerf. sich ergebend, im VVerf. überhaupt nicht vorkommen. Zu einem anderen Teil scheiden sie aus dem Kreise der beteiligten Anspr. schon deshalb aus, weil sie nicht schon zur Zeit der Eröffnung des Verf. begründet waren. Dies gilt z. B. von dem Anspr. der VP. auf Vergütung und Auslagenersatz (§ 46). Dagegen trifft dieser Grund nicht zu auf die Gerichtsgebühr des VVerf. (§ 99); denn diese wird nach § 74 Abs. 1 GKG. schon mit der Stellung des Antrags auf Eröffn. des Verf. fällig, ist also zur Zeit der Eröffn. bereits begründet. Auch sie scheidet aber aus, weil sie im K. zu den Massekosten und damit nicht zu den nicht bevorrechtigten KFdg. gehören würde. Für die Anspr. aus schwebenden zweiseitigen Vorträgen, die nach der Eröffn. des Verf. noch zur Erfüllung oder weiteren Erfüllung gelangen (§ 59 Nr. 2 KO.), besondere Regelung in § 4 und §§ 28—30.

V. Die Rechtsstellung der beteiligten Gl.

a) Die beteiligten Gl. haben in dem Verf. weitgehende Mitwirkungsrechte. Schon die Eröffn. des Verf. setzt schriftliche Zustimmung der Mehrheit der beteiligten Gl. nach Köpfen und nach Forderungsbeträgen voraus (§ 16 A. 1 Nr. 4). Wird das Verf. eröffnet, so sind sie, soweit aus dem vom Sch. eingereichten GlVerz. ersichtlich, zu dem V.-Termin unter Bekanntgabe des Eröffnungsbeschlusses zu laden (§ 27 A. 2). Eine Forderungsanmeldung ist nicht zwingend vorgeschrieben, aber zulässig und dringend anzuraten, weil das Gericht seinem Verf. das vom Sch. eingereichte GlVerz. zugrunde legt und dessen Ergänzung oder Berichtigung nur durch Anmeldung herbeigeführt werden kann. Über die Anmeldung vgl. § 60. Besonders zuzustellen sind den beteiligten Gl. diejenigen Beschlüsse, die als Folge der Abl. der Eröffn. des Verf., der Verw. des V. oder der Einst. des Verf. die K.-Eröffn. aussprechen (§ 111 A. 3 KO.); ferner die Beschlüsse über Verw. des V. und Einst. des Verf. auch dann, wenn der K. nicht eröffnet wird (§§ 72, 81); dagegen wird der Beschluß über Best. des V. und Aufhebung des Verf. nur verkündet und öffentlich bekannt gemacht, nicht zugestellt (§§ 67 A. 3, 69), derjenige über Abl. der Eröffn. des Verf. ohne K.-Eröffn. nur dem Sch. zugestellt. Formlos mitzuteilen ist allen beteiligten Gl. der Name der VP. (§ 42). Jeder einzelne beteiligte Gl. hat ein Recht, die Bestellung einer VP. zu fordern (§ 40 A. 2 S. 2), den Erlaß einer Verfügungsbeschränkung anzuregen (§ 50 A. 2) und im V.-Termin von dem Sch. den Offenbarungseid zu verlangen (§ 61 A. 3). Die Mehrheit der beteiligten Gl. nach Köpfen und nach Forderungsbeträgen hat ein Recht, die Bestellung einer bestimmten VP., die Entlassung der bestellten VP. und die Einsetzung eines GlA. zu verlangen (§§ 41 A. 2, 45 A. 2 S. 2, 48 A. 1 S. 2). Nur beteiligte Gl. oder ihre Vertreter können Mitglieder des GlA. sein (§ 48 A. 1 S. 1). Allein die beteiligten Gl. sind im V.-Termin stimmberechtigt (§§ 59 ff.); jeder von ihnen kann Verw. des V. aus einem der Gründe des § 68 A. 2 beantragen. Alle beteiligten Gl. haben ein Recht auf Akteneinsicht nach Maßgabe des § 13.

b) Die beteiligten Gl. werden von den Wirkungen des zustande gekommenen und bestätigten V. betroffen. Sämtlich ohne Ausnahme; auch wenn sie gegen den Vergleich gestimmt haben; auch dann, wenn sie an dem Verf. nicht teilgenommen haben; selbst dann, wenn sie von dem Verf. gar nichts erfahren haben, weil sie in dem vom Sch. eingereichten GlVerz. ausgelassen waren, daher keine Ladung erhalten haben und die öffentliche Bek. (§ 27 A. 1) ihrer Aufmerksamkeit entgangen ist (§ 73). Andererseits bildet auch nur für die beteiligten Gl. der bestätigte V. in Verbindung mit einem Auszug aus dem GlVerz. einen Vollstreckungstitel; aber nur für diejenigen, deren Anspr. im V.-Termin weder von dem Sch. noch von der VP. noch von einem anderen beteiligten Gl. bestritten und daher als anerkannt vermerkt worden sind (§ 75, vgl. § 62).

c) Während des Verf. gelten zugunsten der beteiligten Gl. gewisse besondere Schutzvorschriften. Die Verjährung ihrer Anspr. ist gehemmt (§ 39). Die VP. und die Mitglieder des GlA. sind für die Erfüllung ihrer Pflichten allen beteiligten Gl. verantwortlich (§§ 44, 48 A. 3). Werden dem Sch. Verfügungsbeschränkungen auferlegt, so gelten sie nur zugunsten der beteiligten Gl.; nur diesen gegenüber sind verbotswidrige Verfügungen unwirksam (§§ 54 A. 1, 55 A. 1).

d) Andererseits sind die beteiligten Gl. während des Verf. in der Verfolgung ihrer Anspr. außerhalb des Verf. weitgehenden Beschränkungen unterworfen. Sie können gegen den Sch. Klage erheben, unter Umständen fallen ihnen aber dann trotz Obsiegens die Prozeßkosten zur Last (§ 35). Jede ZwVollstr. einschließlich der Vollziehung eines Arrests oder einer einstweiligen Verfügung ist den beteiligten Gl. während des Verf. verwehrt, auch die Fortsetzung solcher ZwVollstr., die bei Eröffnung des Verf. schon anhängig waren (§§ 32 S. 1, 33 A. 1 S. 1). Auch die Umwandelung des Verf. in den K. können sie nicht herbeiführen; sie können zwar K.-Anträge stellen, die Entscheidung über solche Anträge bleibt aber bis zur Beendigung des Verf. ausgesetzt (§ 31) und im Falle der Aufhebung des Verf. nach Best. eines V. werden die Anträge rückwirkend unwirksam (§ 69 A. 3 S. 2).

VI. Die Rechtsstellung der am Verf. nicht beteiligten Gl. ist nicht ganz einheitlich.

a) Mitwirkungsrechte in dem Verf. haben die nicht beteiligten Gl. nur in sehr geringem Umfange. Nach § 59 S. 2 sind auch sie zum Erscheinen im V.-Termin berechtigt und dort auf ihr Verlangen zu hören; dies wird auf GlVerf. außerhalb des V.-Termins entsprechend anzuwenden sein. Aber die nicht beteiligten Gl. haben im V.-Termin kein Stimmrecht. Die Beschlüsse, welche eine K.-Eröffnung aussprechen, sind auch ihnen zuzustellen (§ 111 A. 3 KO.). Auch sie haben das Akteneinsichtsrecht gemäß § 13.

b) Die nicht beteiligten Gl. werden von den Wirkungen des V. grundsätzlich nicht betroffen. Hiervon gilt aber eine Ausnahme gemäß § 74. Auch einen Vollstreckungstitel erlangen die nicht beteiligten Gl. durch den V. nicht. Dies gilt auch insoweit, als sie nach § 74 ausnahmsweise von dem V. betroffen werden. Die im § 74, insbesondere im Abs. 1, bezeichneten Fdg. werden im V.-Termin nicht erörtert, da die Erörterung nach § 62 sich auf die Fdg. der beteiligten Gl. beschränkt; sie können daher auch nicht zu einem Anerkennungsvermerk und damit auch nicht zur Vollstreckbarkeit gelangen. Vgl. Bem. III b zu § 75.

c) Die unter V c bezeichneten Schutzvorschriften haben für die nicht beteiligten Gl. keine Geltung. Ihnen gegenüber sind die VP. und die Mitglieder des GlA. nur insoweit verantwortlich, als der Tatbestand einer unerlaubten Handlung vorliegt.

d) Hinsichtlich der Rechtsverfolgung durch K.-Antrag sind die nicht beteiligten Gl. in gleicher Weise beschränkt wie die beteiligten (§ 31). Im übrigen ist aber ihre Rechtsverfolgung außerhalb des Verf. grundsätzlich ungehindert; sie können insbesondere während des Verf. den Sch. verklagen, ohne besondere Kostennachteile befürchten zu müssen, und auch gegen ihn mit ZwVollstr. vorgehen. Hiernach können insbesondere ungehindert vollstrecken die Gl., deren Anspr. erst nach der Eröffnung des Verf. begründet worden sind (sog. Neugläubiger), die Gerichtskasse wegen der Gerichtskosten des Verf., ferner die Aus- und Absonderungsberechtigten, letztere, soweit es sich um die Realisierung des Absonderungsrechts, nicht einer etwa daneben bestehenden persönlichen Haftung des Sch. handelt. Ungehindert sind auch die Inhaber allgemeiner K.-Vorrechte (oben Nr. IVa); die Inhaber besonderer K.-Vorrechte (oben Nr. IVb) können nur in die ihrem Vorrecht unterworfenen Gegenstände vollstrecken, nicht in sonstiges Vermögen des Sch., da sie insoweit beteiligte Gl. sind. Hinsichtlich derjenigen Anspr., die durch besondere Vorschriften von der Geltendmachung im K. und folgeweise auch im VVerf. ausgeschlossen sind (oben Nr. III), ist zu unterscheiden zwischen den im § 63 KO. und den im § 3 A. 2 KO. genannten. Für erstere gilt nach §§ 32 S. 2, 33 A. 1 S. 2, eine Ausnahme: ihnen ist danach, obwohl sie nicht beteiligte Gl. sind, während des VVerf. die ZwVollstr. einschließlich der Vollziehung von Arresten und einstweiligen Verfügungen verwehrt, auch die Fortsetzung bereits begonnener ZwVollstr. Diese Anspr. stehen also im VVerf. theoretisch noch schlechter als im KVerf.; denn im K. steht ihnen wenigstens der Zugriff auf das konkursfreie Vermögen frei, im VVerf. ist ihnen dagegen jeder Zugriff verwehrt, da es hier eine Unterscheidung zwischen Masse und freiem Vermögen nicht gibt. Praktisch hat diese Verschiedenheit wohl nicht viel zu bedeuten. Für die in § 3 A 2 KO. bezeichneten Anspr., insbesondere die für die Zukunft geltend zu machenden gesetzlichen Unterhaltsansprüche, bewendet es dagegen bei der Regel ungehinderter Vollstr-Freiheit. Soweit die nicht beteiligten Gl. Vollstr.-Freiheit genießen, schließt diese nicht aus, daß von ihnen vorgenommene ZwVollstr. unter Umständen in einem an das VVerf. sich anschließenden K. nach § 30 KO. angefochten werden können (vgl. Bem. IX zu § 32, § 87 und die Bem. dort).

VII. Der nach § 2 sich bestimmende Kreis der am Verf. beteiligten Gl. erfährt eine Erweiterung gemäß § 3 infolge der dem VVerf. eigentümlichen sog. rückwirkenden VollstrSp., eine Einschränkung gemäß § 4 durch die besondere Behandlung der schwebenden, beiderseits noch nicht voll erfüllten gegenseitigen Verträge.

§ 3. Für Gläubiger, die später als am dreißigsten Tage vor der Stellung des Antrags auf Eröffnung des Vergleichsverfahrens durch Zwangsvollstreckung eine Sicherung oder Befriedigung erlangt haben, gelten die folgenden Vorschriften.

Ist der Gläubiger ohne die innerhalb der Frist vorgenommenen Vollstreckungsmaßregeln an dem Vergleichsverfahren beteiligt, so bleibt er an dem Verfahren beteiligt und wird von dem Vergleiche betroffen.

Ist der Gläubiger ohne die innerhalb der Frist vorgenommenen Vollstreckungsmaßregeln nur aus dem Grunde an dem Verfahren nicht beteiligt, weil sein Anspruch nach § 63 der Konkursordnung im Konkursverfahren nicht geltend gemacht werden kann, so bleiben gleichwohl die innerhalb der Frist vorgenommenen Vollstreckungsmaßregeln für das Vergleichsverfahren und einen sich anschließenden Konkurs (§ 82) außer Betracht (§§ 32, 33, 70, 74, 84).

Der Tag der Stellung des Antrags auf Eröffnung des Vergleichsverfahrens wird in die Frist nicht eingerechnet. Zwangsvollstreckung ist auch die Vollziehung eines Arrestes oder einer einstweiligen Verfügung.

Begründung zu § 3[1]): „Die Vorschrift des Abs. 3 dehnt den Kreis der am Verf. beteiligten und von einem V. betroffenen Gl. aus. Gl., die vor der Eröffn. des Verf. befriedigt worden sind, können naturgemäß am Verf. nicht mehr teilnehmen; das gleiche gilt nach Abs. 1 für solche Gl., die vor der Eröff. des Verf. aus dem Kreise der nicht bevorrechtigten KGl. dadurch

---

[1]) Die §§ 3, 33, 70, 84 sind gegenüber dem E. zwar nicht im Inhalt, aber in der Fassung erheblich verändert worden. Im E. war der jetzige § 3 ein Abs. (3) des § 2, enthielt von den Vorschriften, die jetzt § 3 A. 2 u. 3 sind, nur die erstere, und auch diese in anderer Fassung; es wurde hier auf § 70 und in § 70 wieder auf § 33 verwiesen. Vgl. auch die Begr. zu § 33.

ausgeschieden sind, daß sie für ihre Fdg. eine besondere Sicherung, insbesondere ein Recht auf abgesonderte Befriedigung erlangt haben. Der § 70 bestimmt nun aber aus Gründen, die später darzulegen sein werden, daß Gl., die ihre Befriedigung oder Sicherung ausschließlich einer ZwVollstr.-Maßnahme verdanken, unter gewissen Umständen das als Befriedigung Erlangte herausgeben müssen und sich auf die Sicherung nicht berufen dürfen, wenn ein V. zustande kommt und die gerichtliche Best. erhält. Die notwendige Folge davon ist, daß diese Gl. trotz der Befriedigung oder der Sicherung am VVerf. teilnehmen und von einem V. betroffen werden. Dies sagt der Abs. 3. Damit stellt er zugleich klar, daß die Fdg. eines Gl., der das als Befriedigung Erlangte herausgeben muß, als nicht erloschen zu behandeln ist."

I. Die VollstrSp. für die Dauer des VVerf. gemäß § 32. II. Die rückwirkende VollstrSp. gemäß §§ 3, 70, 84 im allgemeinen. III. Tragweite und Wirkungen der rückwirkenden VollstrSp. im einzelnen. IV. Formelle Berücksichtigung ihrer Wirkungen im VVerf. V. Verhältnis der rückwirkenden VollstrSp. des VVerf. zur Anfechtung des K.

I. Nach § 32 begründet die Eröffn. das VVerf. für die Zukunft eine VollstrSp. mit der Wirkung, daß gleichwohl während der Dauer des VVerf. erfolgende Maßregeln der ZwVollstr. (darunter hier, wie überall in der VO., auch Vollziehung eines Arrestes oder einer einstweiligen Verfügung verstanden) nichtig sind, für die folgenden beiden Klassen von Gl.:

a) die an dem VVerf. beteiligten;

b) Gl., die nur deshalb am VVerf. nicht beteiligt sind, weil ihre Anspr. nach § 63 KO. im KVerf. nicht geltend gemacht werden können. Die in § 63 KO. genannten Anspr. sind grundsätzlich an dem VVerf. nicht beteiligt (Bem. III zu § 2). Der VollstrSp. unterliegen sie insoweit, als sie nur aus diesem und nicht außerdem noch aus einem anderen Grunde an dem VVerf. nicht beteiligt sind. Dies bedeutet nicht, daß die VollstrSp. überall da gänzlich wegfällt, wo noch irgendein anderer Grund für die Nichtbeteiligung in Betracht kommt; vielmehr kommt es darauf an, ob dieser andere Grund neben dem des § 63 KO. wirklich selbständige Bedeutung hat und wie weit er reicht. Die beiden wichtigsten Fälle sind wohl die folgenden:

1. Ein Gl. einer Fdg. der im § 63 KO. bezeichneten Art hat eine vom Sch. rechtsgeschäftlich bestellte dingliche Sicherung (Hypothek, Pfandrecht), ist also Absonderungsberechtigter. Dann ist er zwar aus noch einem anderen Grunde an dem VVerf. nicht beteiligt, dies aber nur in seiner Eigenschaft als Absonderungsberechtigter. Daher unterliegt zwar die Geltendmachung des Absonderungsrechts der VollstrSp. nicht, wohl aber die Verfolgung des persönlichen Anspr. gegen den Sch.

2. Ein Grund für Nichtbeteiligung am VVerf. ist es grundsätzlich auch, wenn der Anspr. erst nach Eröffn. des Verf. entstanden ist

(Bem. IId zu § 2). Aber nur für solche Anspr., die sonst — bei früherer Entstehung — beteiligt sein würden; dagegen bedeutet die Entstehung während des Verf. keinen besonderen und selbständigen Grund der Nichtbeteiligung für solche Anspr., die ohnehin schon ihrer Natur nach nicht beteiligt sind. Die Anspr. des § 63 KO. unterliegen also der VollstrSp. auch insoweit, als sie erst während des VVerf. entstehen. Daß dies richtig ist, ergeben auch folgende Erwägungen. Die in § 63 KO. Nr. 2 genannten Anspr. — den Gl. durch die Teilnahme am Verf. entstehende Kosten — entstehen ihrer Natur nach immer erst nach der Eröffn. des Verf.; dieser Umstand kann also unmöglich ein Hindernis für die diesen Anspr. auferlegte Beschränkung sein. Die gleiche Erwägung trifft auf die seit der Eröffn. des Verf. laufenden Zinsen (§ 63 Nr. 1 KO.) mindestens insoweit zu, als es sich um gesetzliche Zinsen handelt. Von den Fdg. aus einer Freigebigkeit des Sch. (§ 63 Nr. 4 KO.) werden auch solche, die erst nach Eröffn. des Verf. entstehen, gemäß § 74 von dem V. betroffen (vgl. Bem. IIb zu § 74); damit wäre es nicht vereinbar, ihnen während des VVerf. die ZwVollstr. zu gestatten. Auf die Geldstrafen (§ 63 Nr. 3 KO.) treffen diese beiden Erwägungen zwar nicht zu; aber auch bei ihnen würde es jedes rechtfertigenden inneren Grundes entbehren, für die Zulassung zur ZwVollstr. während des VVerf. zwischen vor der Eröffn. des Verf. rechtskräftig gewordenen und erst später rechtskräftig werdenden Strafen einen Unterschied zu machen.

II. Wie in der Einl. unter I näher ausgeführt, stellt die VO. neben diese für die Dauer des VVerf. von der Eröffn. an geltende VollstrSp. eine andere sog. rückwirkende VollstrSp. für die letzte Zeit vor der Entscheidung über die Eröffn. des Verf. Von dieser rückwirkenden VollstrSp. gilt folgendes:

a) Sie bezieht sich auf den Zeitraum (Sperrfrist); vom 29. Tage (einschließlich) vor dem Tage der Beantragung des VVerf. bis zur Entscheidung über die Eröffn. des Verf. Ist also z. B. der Antrag am 23. Oktober gestellt, so ist der letzte Tag, dessen ZwVollstr.-Akte vor jeder Antastung sicher sind, der 23. September.

b) Sie besteht während der Sperrfrist zunächst noch nicht, was ja auch bei der Anknüpfung der Frist an den Tag der Antragstellung gar nicht durchführbar wäre, sondern sie wird erst durch spätere Ereignisse rückwirkend in Kraft gesetzt; und zwar teils durch die Eröffn. des VVerf., teils durch die Best. des zustande gekommenen V. oder durch die mit einer Abl. der Eröffn., Einst. des Verf. oder Verw. des V. sich verbindende Eröffn. des AnschlK. Überhaupt nicht in Wirkung tritt die rückwirkende VollstrSp., wenn auch nur der Antrag auf VVerf. gestellt wird, nur in den Fällen, daß der Antrag vor der Entscheidung über ihn zurückgenommen oder die Eröffn. des Verf. abgelehnt und dabei der K. nicht eröffnet wird.

c) Sie betrifft dieselben beiden Klassen von Gl. wie die unter I erwähnte VollstrSp. des § 32, die von der Eröffn. des VVerf. an für die Zukunft gilt; also die beteiligten Gl. und die nur auf Grund des § 63 KO. nicht beteiligten. Diese Gl. können durch innerhalb der Sperrfrist vorgenommene ZwVollstr.-Akte ihre Rechtsstellung im VVerf. wie im AnschlK. nicht verbessern; die zu ihren Gunsten innerhalb der Sperrfrist vorgenommenen ZwVollstr.-Akte bleiben außer Betracht. Diesen allgemeinen Grundsatz spricht § 3 A. 3 für die Gl. des § 63 KO. aus; die in der Klammer beigefügten §§ sind diejenigen, für deren Anwendung der Grundsatz hauptsächlich von Bedeutung ist. Denselben Grundsatz stellt § 3 A. 2 für die andere in Betracht kommende Klasse von Gl., die der beteiligten Gl., in der etwas spezielleren Form auf, daß er alsbald die hauptsächlichste Folge ausspricht, die das Außerbetrachtbleiben der ZwVollstr.-Akte für diese Gl. hat, nämlich die, daß sie beteiligte Gl. bleiben; dadurch werden diese Gl. allen für beteiligte Gl. geltenden Vorschriften unterworfen. Man kann den Inhalt des § 3 auch in den Satz zusammenfassen: niemand kann für das VVerf. und für den AnschlK. durch innerhalb der Sperrfrist vorgenommene ZwVollstr.-Akte aus dem Kreise der beteiligten Gl. oder aus dem Kreise der nur auf Grund des § 63 KO. und nicht noch aus einem anderen Grunde nicht beteiligten Gl. ausscheiden.

III. Im einzelnen sind Tragweite und Wirkungen der rückwirkenden VollstrSp. die folgenden.

a) Ein Gl. hat innerhalb der Sperrfrist durch ZwVollstr. Sicherung (Pfändungspfandrecht, Sicherungshypothek gemäß §§ 866, 867 ZPO., Beschlagnahme in der Zwangsversteigerung oder Zwangsverwaltung, Vormerkung), aber noch nicht Befriedigung erlangt.

1. Der Gl. würde ohne die in der Sperrfrist vorgenommenen ZwVollstr.-Akte beteiligter Gl. sein. Dieser Fall bildet die Regel; es gehören dahin alle innerhalb der Sperrfrist vorgenommenen ZwVollstr. gewöhnlicher persönlicher Gl. Die ZwVollstr.-Akte der Sperrfrist bleiben außer Betracht für das VVerf. wie für den AnschlK., dagegen unberührt, wenn es weder zum VVerf. noch zum AnschlK. kommt. Wird die Eröffn. des VVerf. abgelehnt und gemäß § 24 der AnschlK. eröffnet, so wird die ZwVollstr. unwirksam (§ 84); der Gl. hat also im AnschlK. kein Absonderungsrecht, sondern ist KGl. Wird die Eröffn. des VVerf. abgelehnt und gleichwohl ausnahmsweise der AnschlK. nicht eröffnet, so bleibt die ZwVollstr. voll wirksam und kann fortgesetzt werden. Wird das VVerf. eröffnet, so tritt damit keine endgültige, wohl aber eine vorläufige Unwirksamkeit der ZwVollstr. für das VVerf. ein. Diese äußert sich nach doppelter Richtung: einmal darf die begonnene ZwVollstr. nicht fortgesetzt werden, sondern ist für die Dauer des VVerf. einstweilen einzustellen (§§ 32 S. 1, 33 A. 1 S. 1); sodann hat sie — und zwar unabhängig davon, ob die vorgeschriebene Einst. erfolgt oder aus irgend einem Grunde unterbleibt — dem Gl. auch für das VVerf. kein Absonderungsrecht und damit nicht die Stellung eines nicht beteiligten Gl. verschafft, sondern der Gl. bleibt beteiligt und wird von dem V. betroffen (§ 3 A. 2). Über die endgültige

Wirksamkeit oder Unwirksamkeit der ZwVollstr. entscheidet im Falle der Eröffn. des VVerf. erst dessen Ausgang (abgesehen davon, daß in dem VVerf. eine Aufhebung der ZwVollstr. gemäß § 33 A. 2 erfolgen kann). Kommt es zur Best. eines V., so wird die ZwVollstr. endgültig unwirksam (§ 70). Dasselbe gilt, wenn bei Einst. des VVerf. oder bei Verw. des V. der AnschlK. eröffnet wird (§ 84); der Gl. ist also auch in diesen Fällen des AnschlK. einfacher KGl., nicht Absonderungsberechtigter. Endigt dagegen das VVerf. ausnahmsweise mit Einst. oder mit Verw. des V. ohne Eröffn. des AnschlK., so fällt damit die nur für das VVerf. geltende vorläufige Unwirksamkeit der ZwVollstr. wieder fort; diese ist jetzt endgültig wirksam und kann fortgesetzt werden. Soweit der Ausgang des VVerf. endgültige Unwirksamkeit der ZwVollstr. bewirkt, tritt auch diese Rechtsfolge unabhängig davon ein, ob die nach § 33 A. 1 S. 1 gebotene Einst. erfolgt oder unterblieben ist.

2. Der Gl. würde auch ohne die in der Sperrfrist vorgenommenen ZwVollstr.-Akte nicht beteiligter Gl. sein, aber dann nur aus dem Grunde, weil sein Anspr. zu den im § 63 KO. bezeichneten gehört. Auch bei solchen Gl. bleiben die ZwVollstr.-Akte der Sperrfrist für VVerf. wie AnschlK. außer Betracht (§ 3 A. 3); der Gl. bleibt zwar nicht beteiligt, aber es bleibt auch dabei, daß seine Nichtbeteiligung nur auf dem Grunde des § 63 KO. und auf keinem anderen beruht. Er wird, wenn die Voraussetzungen des § 74 vorliegen, von dem V. betroffen; unabhängig davon unterliegt er in jedem Falle ganz wie ein beteiligter Gl. sowohl der VollstrSp. des § 32 wie auch der rückwirkenden VollstrSp., und letztere hat für ihn im übrigen (d. h. abgesehen davon, daß er nicht beteiligter Gl. bleibt) genau dieselben Wirkungen wie für die unter 1. erwähnten Gl. Also bei Eröffn. des VVerf. vorläufige Unwirksamkeit der ZwVollstr. mit den Folgen der Einst. (§ 33 A. 1 S. 2) und des Nichtbestehens eines Absonderungsrechts; endgültige Unwirksamkeit bei Best. eines V. (§ 70), sowie in allen Fällen der Eröffn. des AnschlK. (§ 84); dagegen Unberührtbleiben der ZwVollstr., wenn bei Abl. der Eröffn. des VVerf., Einst. des VVerf. oder Verw. des V. ausnahmsweise der AnschlK. nicht eröffnet wird.

3. Der Gl. würde auch ohne die in der Sperrfrist vorgenommenen ZwVollstr.-Akte nicht beteiligter Gl. sein, und zwar nicht (oder: nicht nur) aus dem Grunde des § 63 KO., sondern aus einem anderen (oder: aus einem noch anderen) Grunde. Solche Gl. werden von der rückwirkenden VollstrSp. nicht betroffen; ihre innerhalb der Sperrfrist vorgenommenen ZwVollstr. bleiben voll wirksam, sind nicht einzustellen, können fortgehen und werden auch bei keinem Ausgange des VVerf. unwirksam. Hierhin gehören insbesondere die Inhaber allgemeiner K.-Vorrechte; die Inhaber besonderer K.-Vorrechte insoweit, als sie ihre Befriedigung aus den ihrem Vorrecht unterworfenen Gegenständen suchen; ferner diejenigen Gl., die auch ohne die ZwVollstr.-Akte der Sperrfrist Absonderungs-

berechtigte sind, soweit sie die abgesonderte Befriedigung betreiben. Hat z. B. ein bevorrechtigter Lidlohngl. (§ 61 Nr. 1 KO.) in der Sperrfrist gepfändet, so geht diese ZwVollstr. ungestört weiter. Hat ein Hypothekengl. in der Sperrfrist wegen der persönlichen Fdg. bei dem Sch. gepfändet, so unterliegt diese ZwVollstr. der rückwirkenden VollstrSp.; dagegen unterliegt es ihr nicht, wenn der Hypothekengl. in der Sperrfrist auf Grund der Hypothek das Grundstück beschlagnahmt hat.

Aus dem Gesagten geht bereits hervor, daß hierher — unter 3 — auch Gl. des § 63 KO. gehören können, nämlich wenn und soweit sie auch ohne die ZwVollstr.-Akte der Sperrfrist nicht nur aus dem Grunde des § 63 KO., sondern aus noch einem anderen Grunde nicht beteiligt sind. Soviel ich sehe, kann dies aber nur in der Form vorkommen, daß ein Gl. des § 63 KO. eine dingliche Sicherung und damit ein Absonderungsrecht erlangt hat entweder überhaupt nicht durch ZwVollstr., sondern durch Rechtsgeschäft, oder zwar durch ZwVollstr., aber bereits vor Beginn der Sperrfrist. Z. B. der zu einer Geldstrafe rechtskräftig verurteilte Sch. hatte deren Stundung gegen Eintragung einer Sicherungshypothek erwirkt. Hier liegt die Sache, was die rückwirkende VollstrSp. angeht, genau ebenso wie in dem vorhin gebildeten Beispiel eines anderen Hypothekengl.

b) Ein Gl. hat innerhalb der Sperrfrist durch ZwVollstr. Befriedigung erlangt. Dann kommt es zunächst darauf an, wie weit die ZwVollstr. zu Beginn der Sperrfrist gediehen war. Hatte sie damals schon zu einer Sicherung des Gl. (Pfändungspfandrecht usw.) geführt, so bleibt auch ihre Fortsetzung während der Sperrfrist unberührt und damit die Befriedigung des Gl. unangetastet. Denn in diesem Falle ist der Gl. niemals ein solcher, der ohne die ZwVollstr.-Akte der Sperrfrist beteiligt oder nur aus dem Grunde des § 63 KO. nicht beteiligt sein würde; er war ja bereits bei Beginn der Sperrfrist Absonderungsberechtigter und als solcher nicht beteiligt, die Fortsetzung der ZwVollstr. während der Sperrfrist war nur die Realisierung seines Absonderungsrechts. Hatte dagegen der Gl. durch die ZwVollstr. zu Beginn der Sperrfrist noch keine Sicherung erlangt, so gelten — da die rückwirkende VollstrSp. grundsätzlich Zwangsbefriedigungen ebenso ergreift wie Zwangssicherungen — die unter a) dargestellten Grundsätze entsprechend. Es ist also auch hier zunächst zu fragen, welche Stellung der Gl. ohne die ZwVollstr.-Akte der Sperrfrist haben würde. Würde er ohne diese beteiligt oder nur aus dem Grunde des § 63 KO. nicht beteiligt sein, so unterliegt er der VollstrSp. und verbleibt kraft ihrer in dieser Rechtsstellung; die ZwVollstr.-Akte der Sperrfrist und damit die Tatsache, daß der Gl. ja an sich durch Befriedigung aus dem Kreise der Gl. überhaupt ausgeschieden ist, bleiben für das VVerf. wie für den AnschlK. außer Betracht. Im einzelnen ist die Durchführung der rückwirkenden VollstrSp. hier, wo sie eine Befriedigung rückgängig macht, dieselbe wie in den Fällen unter a 1 und 2, wo sie eine Sicherung rückgängig macht, jedoch mit 2 aus der Natur der Sache sich ergebenden Modifikationen. Einmal kann hier bei Eröffn. des VVerf. eine Einst. der ZwVollstr. nicht mehr stattfinden, da diese ja bereits beendigt ist. Die Wirkung der mit der Eröffn. des VVerf. verbundenen vorläufigen Unwirksamkeit der ZwVollstr. beschränkt sich also hier darauf, daß der Gl. trotz seiner Befriedigung im VVerf. weiter als Gl. gilt, und zwar entweder als beteiligter Gl., der stets von dem V. betroffen wird, oder als nur aus dem Grunde des § 63 KO. nicht beteiligter Gl., der unter den Voraussetzungen des § 74 von dem V. betroffen wird. Sodann nimmt die in den Fällen der Best. des V. und der Eröffn. des AnschlK. eintretende endgültige Unwirksamkeit hier die besondere Form an, daß die ZwVollstr.-Akte der Sperrfrist nicht dinglich unwirksam werden, aber ihr Rechtsgrund fortfällt und der Gl. daher die durch ZwVollstr. erlangte Befriedigung als ungerechtfertigte Bereicherung herauszugeben hat (§§ 70, 84).

IV. Da die rückwirkende VollstrSp. bedeutsame Wirkungen für das VVerf. hat, muß die Führung dieses Verf. sich auch formell auf die aus diesen Wirkungen sich ergebende Rechtslage einstellen. Bleibt z. B. ein Gl., der durch ZwVollstr. innerhalb der Sperrfrist Befriedigung erhalten hat, gemäß § 3 A. 2 gleichwohl beteiligt, so muß er natürlich auch in dem Verf. als solcher behandelt werden und gehört in das GlVerz. als beteiligter Gl. hinein; seine Fdg. ist als nicht erloschen, also als noch bestehendes Passivum zu behandeln, andererseits aber auch der bei Best. des V. entstehende Herausgabeanspr. aus ungerechtfertigter Bereicherung bereits als Aktivum. Korrekterweise muß der Sch. bereits die von ihm mit der Antragstellung gemäß § 16 A. 1 Nr. 1 und 2 einzureichenden Schriftstücke (GlVerz. und Vermögensübersicht) so einrichten, daß sie all diesem Rechnung tragen. Dies wird ihm aber häufig gar nicht möglich sein, wenn er nicht über juristisch geschulte Hilfe verfügt. Daher ist nichts dagegen zu erinnern, wenn der Sch. bei der Aufstellung der in § 16 A. 1 Nr. 1 und 2 bezeichneten Anlagen des Antrags die Wirkungen der rückwirkenden VollstrSp. außer Betracht läßt, dafür aber in einem besonderen Schriftstück die bei ihm innerhalb der letzten 29 Tage vor der Antragstellung vorgekommenen ZwVollstr. ausführlich darlegt und es dem Gericht überläßt, welche Folgen daraus für eine Berichtigung der Verzeichnisse und der Vermögensübersicht zu ziehen sind.

V. Die rückwirkende VollstrSp. besteht nicht ausschließlich im Interesse des Sch., sondern auch im Interesse der Gesamtheit der am VVerf. beteiligten Gl. als teilweiser Ersatz für die im K. mögliche, dem VVerf. jedoch fremde Anfechtung. Der Ersatz ist nur ein teilweiser, weil er nur ZwVollstr.-Akte, nicht auch Rechtsgeschäfte ergreift, in diesem Teilbereich aber energischer als die Anfechtung im K. Dadurch, daß die VO. der rückwirkenden VollstrSp.-Wirkung auch für den AnschlK. verleiht, greift sie in die Regelung der Anfechtung im K. unmittelbar ändernd ein. Vgl. hierüber die Einl. S. 10—11.

§ 4. Gläubiger, deren Ansprüche auf einem gegenseitigen Vertrage beruhen, der zur Zeit der Eröffnung des Vergleichsverfahrens von dem Schuldner und von dem andern Teile noch nicht oder noch nicht vollständig erfüllt ist, sind an dem Verfahren nicht beteiligt und werden von dem Vergleiche nicht betroffen. Die Vorschrift des § 30 bleibt unberührt.

Begründung zu § 4: „Gl., deren Anspr. auf einem gegenseitigen Vertrage beruhen, nehmen am VVerf. teil und werden von einem V. betroffen, wenn sie zur Zeit der Eröffn. des VVerf. ihre Verbindlichkeit gegenüber dem Sch. voll erfüllt haben. Dabei ist es gleichgültig, ob der Anspr. des Gl. sich auf die ganz oder teilweise ausstehende Gegenleistung selbst richtet oder sich z. B. nach den Vorschriften der §§ 325, 326 des BGB. in einen Schadensersatzanspr. verwandelt hat. Um dies festzustellen, bedarf es keines besonderen gesetzlichen Ausspruchs; denn die Gl. dieser Art sind die typischen nicht bevorrechtigten KGl.

Dagegen bedarf die Frage der gesetzlichen Entscheidung, wie es sein soll, wenn bei Eröffnung des VVerf. noch keine der Parteien eines gegenseitigen Vertrags die ihr obliegende Leistung voll bewirkt hat. Nach der KO. (§ 17) hängt es in solchen Fällen von dem K.-Verwalter ab, ob der Gl. den Vertrag erfüllen muß oder nicht. Wählt der K.-Verwalter die Erfüllung, so ist der Gl. Massegl, also an dem K.-Verf. nicht beteiligt; lehnt der K.-Verwalter die Erfüllung ab, so kann der Gl. seine etwaige Schadensersatz-Fdg. nur als gewöhnliche K.-Fdg. geltend machen. Eine entsprechende Regelung trifft der E. für das VVerf. Der Gl. nimmt an und für sich an dem VVerf. nicht teil und wird von einem V. nicht betroffen. Die Rechtslage des Gl. und des Sch. bestimmt sich vielmehr nach den gleichen Vorschriften, nach denen sie sich ohne Rücksicht auf das VVerf. bestimmen würde; daraus folgt z. B., daß ein Gl., der nach der Eröffn. des VVerf. wegen Verzugs des Sch. gemäß § 326 des BGB. Schadensersatz wegen Nichterfüllung verlangt, wegen dieser Schadensersatz-Fdg. am VVerf. nicht teilnimmt und vom V. nicht betroffen wird. Diesen Grundsatz spricht die Vorschrift des § 4 aus. Die Rechtslage kann sich aber dadurch ändern, daß der gegenseitige Vertrag nach Maßgabe der §§ 28 ff. abgewickelt wird. Dann erlangt der Gl. statt seines Vertragsanspr. unter Umständen eine Schadensersatz-Fdg.; mit ihr nimmt er am VVerf. teil (§ 30); die Vorschrift des § 4 S. 2 weist auf diesen Fall ausdrücklich hin.

Die dargestellte Regelung soll auch für die sogenannten Sukzessivlieferungsverträge gelten. Mehrfach ist für Geschäfte dieser Art empfohlen worden, den Gl., der bereits teilweise erfüllt hat, mit dem seiner Leistung entsprechenden Teil seines Anspr. auf die Gegenleistung am Verf. zu beteiligen. Der E. ist dieser Anregung nicht gefolgt. Mit ihr würde er sich zu den entsprechenden Vorschriften des K.-Rechts in Widerspruch setzen. Denn es ist anerkannten Rechtes, daß der K.-Verwalter nach § 17 der KO. nur die Möglichkeit hat, einen zweiseitigen Vertrag gar nicht oder voll zu erfüllen; hat also der Gl. teilweise geleistet und wählt der K.-Verwalter Erfüllung, so ist der Gl. auch insoweit Massegl., als die Gegenleistung des Sch. die von dem Gl. vor der K.-Eröffnung gemachten Teilleistungen vergütet. Bei den zahlreichen Möglichkeiten, welche für ein Übergleiten des VVerf. in das KVerf. bestehen, erscheint es aber wünschenswert, die Regelung in einem so bedeutsamen Punkte für beide Verf. einheitlich zu gestalten."

Vgl. §§ 28—30 sowie die Bem. dort.

§ 5. Der Vergleich muß allen von ihm betroffenen Gläubigern gleiche Rechte gewähren.

Eine ungleiche Behandlung der Gläubiger ist nur zulässig, wenn die Mehrheit der zurückgesetzten Gläubiger zustimmt und die Gesamtsumme der Forderungen der zustimmenden Gläubiger mindestens drei Vierteile der Forderungen der zurückgesetzten Gläubiger beträgt.

Jedes andere Abkommen des Schuldners oder anderer Personen mit einzelnen Gläubigern, durch welches diese bevorzugt werden, ist nichtig.

I. Für jeden ZwV. gilt das Erfordernis gleicher Behandlung der durch ihn betroffenen Gl. § 181 KO. macht davon eine Ausnahme nur für den Fall der Einwilligung sämtlicher zurückgesetzten Gl. § 34 GAV. hatte dem die weitere Ausnahme hinzugefügt, daß auch die Einwilligung einer bestimmten qualifizierten Mehrheit der zurückgesetzten Gl. genügen, es jedoch in diesem Falle dem Ermessen des Gerichts überlassen sein sollte, die ungleiche Behandlung zuzulassen oder nicht. Die VO. geht nun noch einen Schritt weiter und läßt die Einwilligung der qualifizierten Mehrheit der zurückgesetzten Gl. schlechthin genügen (anders der E., der die Regelung der GAV. übernehmen wollte).

Die betroffenen Gl., für welche das Erfordernis der Gleichmäßigkeit gilt, sind die sämtlichen beteiligten Gl. und diejenigen, welche nach § 74 von dem V. betroffen werden. Allen diesen Gl. müssen gleiche Rechte gewährt werden; nicht nur denen, die im GlVerz. stehen, sondern auch solchen, die in dem Verf. bisher unbekannt geblieben sind. Mit dem Vorhandensein solcher unbekannten Gl. muß aber immer gerechnet werden. Daher muß jeder V., der überhaupt eine ungleiche Behandlung vorsieht und dabei die zurückgesetzten Gl. nicht namentlich, sondern nach allgemeinen Merkmalen bezeichnet, die auch auf unbekannte Gl. zutreffen können, die Klausel enthalten, daß unbekannten Gl., die von dem V. betroffen werden, die Rechte der Meistbegünstigten gewährt werden. Denn ohne diese Klausel kann das Gericht nicht mit Sicherheit feststellen, daß diejenigen zurückgesetzten Gl., die eingewilligt haben, die in Abs. 2 bezeichnete Mehrheit darstellen. An der Aufnahme der Klausel sind besonders die in dem V. begünstigten Gl. interessiert; denn sie laufen ohne die Klausel Gefahr, daß nachträglich infolge Auftauchens unbekannter Gl. sich die Voraussetzungen von Abs. 2 als nicht gegeben erweisen, was Nichtigkeit der ihnen gewährten Vergünstigung zur Folge haben würde.

II. § 5 gilt nur für den V., nicht schon für den V.-Vorschlag. Reicht der Sch. mit dem Antrage einen ungleichen V.-Vorschlag ein, so braucht er dabei noch nicht die Zustimmung der im Abs. 2 bezeichneten Gl.-Mehrheit nachzuweisen. In der Absicht, dies auszudrücken, ist im Reichstage § 15 A. 1 S. 2 so formuliert worden, daß er zwar den § 6, nicht aber den § 5 anführt[1]). Die Zustimmung der qualifizierten Mehrheit der zurückgesetzten Gl. muß nur bis zur Beendigung der Abstimmung im V.-Termin beigebracht werden; ihre Erteilung kann durch die Abstimmung selbst erfolgen. Genügt ein angenommener V., der eine ungleiche Behandlung vorsieht, dem § 5 Abs. 2 nicht, so ist er von Amts wegen zu verwerfen (§ 68 A. 1 Nr. 1). Wird er gleichwohl bestätigt, so tritt die Rechtsfolge des Abs. 3 ein; danach ist nicht der ganze V., wohl aber die in ihm den bevorzugten Gl. eingeräumte Begünstigung nichtig, diese Gl. teilen das Schicksal der zurückgesetzten. Außerdem können noch anderweite Rechtsfolgen eintreten, insbes. Anfechtbarkeit nach § 77; vgl. darüber unten IV.

III. Zum Abs. 3:

a) Abs. 3 greift nicht nur dann Platz, wenn das VVerf. mit einem V. endet. Er erfordert allerdings eine Beziehung des Bevorzugungsabkommens auf den Fall des Zustandekommens des V., aber diese wird nicht hergestellt durch den Ausgang des Verf., sondern durch den Parteiwillen bei Abschluß des Abkommens. Sie ist dann vorhanden, wenn das Abkommen nach der bewußten Absicht der Parteien für den Fall des Zustandekommens des V. gelten sollte, entweder ausschließlich für diesen Fall oder doch auch für ihn; trifft dies zu, so greift Abs. 3 Platz ohne Rücksicht darauf, welchen Ausgang das Verf. nimmt (RG. 28 S. 96, 30 S. 22, 78 S. 183; abw. Jaeger Anm. 4 zu § 181 KO.). Nicht betroffen durch Abs. 3 wird also nur ein solches Bevorzugungsabkommen, das lediglich für die Fälle anderer Beendigung des VVerf. als durch V. gelten soll. Soll das Abkommen für alle Fälle der Beendigung des VVerf. gelten, so ist es zunächst insoweit, als es sich auf den Fall der Beendigung durch V. bezieht, damit aber gemäß § 139 BGB. im Zweifel seinem ganzen Inhalt nach nichtig.

b) Nach Abs. 3 sind nichtig alle nicht gemäß Abs. 2 gedeckten Abkommen des Sch. oder anderer Personen mit einzelnen zu dem Kreise der durch den V. betroffenen Gl. gehörigen Gl., durch welche diese bevorzugt werden; natürlich ohne Unterschied, ob solche Abkommen in den V.-Vorschlag aufgenommen werden oder neben ihm gelten sollen. Eine Bevorzugung liegt überall da vor, wo dem Gl., sei es auch nur gegen eine Gegenleistung seinerseits, ein Sondervorteil zugewendet wird, insbes. ein Mehr an Kapital oder auch nur an Zinsen, eine besondere Sicherstellung, auch nur eine frühere Zahlung. Das „bevorzugt werden" des § 5 A. 3 VO. steht in auffälligem Gegensatz zu dem „bevorzugt werden sollen" des § 181 S. 3 KO. Für die KO. folgert die herrschende Meinung aus dem „sollen", daß objektive Bevorzugung nicht genüge, vielmehr mindestens auf einer Seite, wenn nicht sogar

[1]) Vgl. Bericht S. 47.

auf beiden, das Bewußtsein der Bevorzugung obgewaltet haben müsse (RG. 41 S. 42, 72 S. 47). Für die VO. muß auf Grund des unzweideutig abweichenden Wortlauts angenommen werden, daß objektive Bevorzugung genügt. Der Unterschied verliert einen erheblichen Teil seiner praktischen Bedeutung dadurch, daß nach dem unter a) Gesagten auch für § 5 Abs. 3 VO. erforderlich ist, daß die Parteien die Geltung des Abkommens für den Vergleichsfall bewußt beabsichtigt haben. Immerhin sind Fälle denkbar, in denen diese Absicht zwar obgewaltet hat, die Parteien aber nicht erkannt haben, daß das Abkommen eine Bevorzugung des Gl. enthielt.

c) Die nach Abs. 3 eintretende Nichtigkeit ist eine absolute, die von jedermann geltend gemacht werden kann, auch von dem Vertragsgenossen des Gl.; nicht etwa besteht sie nur gegenüber den zurückgesetzten Gl. Dagegen ist sie durch Genehmigung der im Abs. 2 bezeichneten Mehrheit dieser Gl. heilbar; denn Abs. 2 verlangt nur die Zustimmung, dieser Begriff umfaßt aber nach dem auch für die VO. maßgeblichen Sprachgebrauch des BGB. (§§ 183, 184) sowohl die vorherige Zustimmung (Einwilligung) wie auch die nachträgliche (Genehmigung). Demgemäß ist die Wirksamkeit von Begünstigungsabkommen, die ohne die Einwilligung der im Abs. 2 bezeichneten Gl.-Mehrheit getroffen werden, von der Genehmigung dieser Gl.-Mehrheit abhängig; es liegt also zunächst eigentlich gar nicht Nichtigkeit, sondern sog. schwebende Unwirksamkeit vor. Es ist indessen anzunehmen, daß die Genehmigung nur bis zur Beendigung des VVerf., im Falle der Beendigung durch V. sogar nur bis zum Zustandekommen des V., also nicht mehr im Best.-Verf., erteilt werden kann; wenn bis dahin dem Abs. 2 nicht genügt ist, verwandelt sich die schwebende Unwirksamkeit in endgültige, d. h. in Nichtigkeit.

d) Abs. 3 wirkt sich verschieden aus für Verpflichtungsgeschäfte und für Leistungsgeschäfte; dabei ist sowohl an solche Leistungsgeschäfte zu denken, die eine Erfüllung eines vorangegangenen bevorzugenden Verpflichtungsgeschäfts darstellen, als auch an solche, die ganz ohne besonderes Verpflichtungsgeschäft bewirkt werden und eine Bevorzugung bedeuten. Leistungen, die während des VVerf. von dem Sch. oder von einem Dritten an einzelne durch den V. betroffene Gl. bewirkt werden, bedeuten immer eine Bevorzugung dieser Gl., selbst dann, wenn nur die dem V.-Vorschlag des Sch. entsprechende Quote bezahlt wird oder wenn zwar voll bezahlt wird, der V.-Vorschlag des Sch. aber auch nur auf Stundung lautet; denn selbst in diesen Fällen liegt eine Bevorzugung schon darin, daß diese Gl. das ihnen Zugewendete früher erhalten als die anderen. Das gesetzliche Verbot des § 5 A. 3 richtet sich gegen die Bevorzugung. Diese gehört zum Inhalt von Verpflichtungsgeschäften, aber nicht zum Inhalt von Leistungsgeschäften; letztere sind abstrakte dingliche Rechtsgeschäfte, und für sie liegt das verbotswidrige Moment nicht in ihrem Inhalt begründet, sondern in den Umständen, unter denen sie vorgenommen werden. Daher ist schwebend unwirksam oder nichtig das Verpflichtungsgeschäft, nicht aber auch das Leistungsgeschäft; letzteres ist wirksam und bezüglich seiner kann nur die Wirkung eintreten, daß der Gl. die empfangene Leistung als ungerechtfertigte Bereicherung wieder herauszugeben hat. Wenn dies der Fall ist, so ist allerdings bei einem Befriedigungsgeschäft der Erfolg des Erlöschens der Fdg. des Gl. nicht eingetreten; dies liegt aber in dem Begriff der Erfüllung begründet und ist etwas anderes als Nichtigkeit. Ein Bereicherungsanspr. kann niemals vor dem Zeitpunkt entstehen, in dem sich die schwebende Unwirksamkeit der Bevorzugung in Nichtigkeit verwandelt (oben unter c)[1]. Für die Frage, ob er dann entsteht, kommen 2 verschiedene rechtliche Gesichtspunkte in Betracht:

1. in erster Linie der des Verstoßes gegen das im § 5 A. 3 enthaltene gesetzliche Verbot, § 817 BGB. Nach Satz 1 dort findet der Bereicherungsanspr. statt, wenn der Gl. durch die Annahme gegen das gesetzliche Verbot verstoßen hat; nach Satz 2 ist er aber grundsätzlich ausgeschlossen, wenn dem Leistenden gleichfalls ein solcher Verstoß zur Last fällt. Objektiv verstoßen Annahme wie Hingabe einer bevorzugenden Leistung immer gegen das gesetzliche Verbot. Das genügt aber für § 817 BGB. nicht, vielmehr setzt dieser in Satz 1 wie Satz 2 auch einen subjektiven Verstoß, also bewußte Zuwiderhandlung voraus (RG. 105 S. 270 im Gegensatz zu der früheren Entscheidung 72 S. 46). Dazu gehört nicht nur das Bewußtsein der Bevorzugung, sondern auch die Kenntnis des Verbots, also das Wissen, daß im VVerf. Bevorzugungen einzelner Gl. grundsätzlich unzulässig sind. Der Bereicherungsanspr. setzt also voraus, daß der Gl. dieses Wissen gehabt hat; er ist aber ausgeschlossen, wenn auch der Leistende, sei es der Sch. oder ein Dritter, es gehabt hat.
2. daneben auch der, daß das Leistungsgeschäft des rechtlichen Grundes entbehre, § 812 BGB. Inwieweit dieser Gesichtspunkt einen Bereicherungsanspr. begründet, ist zweifelhaft. Für den leistenden Sch. im allgemeinen nicht; denn dieser hat ja, mag auch der Leistung ein nichtiges begünstigendes Verpflichtungsgeschäft vorausgegangen sein, gleichwohl nur seine Verbindlichkeit gegenüber dem Gl. erfüllt. Dabei bewendet es, wenn das VVerf. entweder ohne V.[2] oder mit einem bloßen Stundungsvergleich ausgeht; in dem letzteren Fall insbes. steht § 813 A. 2 BGB. einem Be-

---

[1]) Ist dem Leistungsgeschäft ein begünstigendes Verpflichtungsgeschäft vorausgegangen, so ist dieses, solange es nur schwebend unwirksam ist, für die Parteien verbindlich. Ist kein besonderes Verpflichtungsgeschäft vorausgegangen, so ist gleichwohl die Verbotswidrigkeit der Begleitumstände des Leistungsgeschäfts einstweilen noch in der Schwebe und kann bis zu dem bezeichneten Zeitpunkt durch Herstellung der Voraussetzungen des § 5 A. 2 abgewendet werden.

[2]) In einem nachfolgenden K. wird die Leistung an den Gl. in der Regel anfechtbar sein. Vgl. Bem. IIIb zu § 87.

reicherungsanspr. des Sch. entgegen. Führt das VVerf. zu einem Erlaßvergleich, so wird man unterscheiden müssen, ob die Leistung des Sch. vor oder nach dem Inkrafttreten des V. erfolgt ist. Hat der Sch. vorher geleistet, sei es auf Grund eines vorausgegangenen nichtigen obligatorischen Abkommens oder ohne solches, so kann wohl gleichfalls § 812 BGB. nicht Platz greifen, weil die Fdg. des Gl. zur Zeit der Leistung noch in voller Höhe bestand; daß sie, wenn der Bereicherungsanspr. entstünde, infolge des mit diesem verbundenen Ausbleibens des Erfüllungserfolges weiterbestehend später durch den V. gemindert worden wäre, vermag wohl den Bereicherungsanspr. nicht zu erzeugen. Leistungen, die der Sch. erst nach dem Inkrafttreten eines Erlaßvergleichs über die V.-Quote hinaus bewirkt, werden durch § 5 A. 3 nur dann betroffen, wenn sie vor dem Inkrafttreten des V. begünstigend zugesagt worden sind. In diesem Falle wird man dem Sch. einen Bereicherungsanspr. gemäß § 812 BGB. gewähren müssen, aber nur in Höhe der Erlaßprozente und nur vorbehaltlich des Ausschlußgrundes des § 814 BGB., daß der Sch. gewußt hat, daß er in dieser Höhe zur Leistung nicht verpflichtet war. Im allgemeinen kann zwar Zahlung der Erlaßprozente auch aus dem Grunde nicht zurückgefordert werden, weil sie einer sittlichen Pflicht entspricht (§ 814 BGB., vgl. Bem. IVc zu § 73); dies trifft aber nicht zu, wenn die Zahlung vorher verbotswidrig zugesagt war. Die Rückforderung ist also in diesem Falle nur dann ausgeschlossen, wenn der Sch. das Nichtbestehen seiner Verbindlichkeit in Höhe der Erlaßprozente[1]) gekannt hat. Dies ist dann der Fall, wenn der Sch. gewußt hat, daß das vor dem V. geschlossene obligatorische Begünstigungsabkommen nichtig ist; dieses Wissen wird sich im allgemeinen mit demjenigen, das § 817 S. 2 BGB. erfordert, decken; übrigens schließt das Zutreffen von § 817 S. 2 auch eine auf § 812 gestützte Kondiktion aus. — Zweifelhafter noch ist die Frage, inwieweit bei begünstigender Leistung durch einen Dritten ein Bereicherungsanspr. auf Grund des § 812 BGB. entsteht. Richtig ist es wohl, die Frage bei Leistung durch einen Dritten genau ebenso zu beurteilen wie bei Leistung durch den Sch. Unzweifelhaft ist dies für den Fall, daß der Dritte ohne vorausgegangenes obligatorisches Begünstigungsabkommen leistet. Ist aber ein solches Abkommen vorausgegangen, so bedeutete die Leistung des Dritten nicht lediglich die Erfüllung der Verbindlichkeit des Sch., sondern zugleich die Erfüllung der eigenen Verpflichtung des Dritten aus diesem Abkommen. Es entsteht dann die Frage, ob nicht schon das aus der Nichtigkeit des Abkommens folgende Nichtbestehen dieser eigenen Verpflichtung des leistenden Dritten, wenn er es nicht gekannt hat, für ihn eine Kondiktion aus § 812 begründet. Dies wird zu verneinen sein; auch in diesem Falle genügt das Bestehen der Fdg.

[1]) Genauer ausgedrückt: den Mangel der Erzwingbarkeit des erlassenen Forderungsteils. Vgl. Bem. IV zu § 73.

des Gl. gegen den Sch., um das Erlangen der von dem Dritten bewußt für den Sch. bewirkten Leistung als nicht des rechtlichen Grundes entbehrend erscheinen zu lassen.

Schließt man sich dieser Auffassung an, so können während des VVerf. bewirkte bevorzugende Leistungen an Gl., die zu den durch den V. betroffenen Gl. gehören, einen Bereicherungsanspr. nur nach § 817, nicht nach § 812 BGB. hervorrufen. Findet der Anspr. statt, so besteht die Fdg. des Gl. weiter und wird durch den V. betroffen; findet kein Bereicherungsanspr. statt, so ist die Fdg. erloschen. Die Frage, ob im einzelnen Fall das eine oder das andere zutrifft, kann im Rahmen des VVerf., abgesehen davon, daß der Tatbestand hier meist verheimlicht werden wird, nicht gut geprüft und entschieden werden. Daher ist anzunehmen, daß für das VVerf. alle während seiner Dauer erfolgenden Leistungen an durch den V. betroffene Gl. außer Betracht bleiben; insbes. bleibt ein am VVerf. beteiligter Gl., wenn er während des Verf. Befriedigung erhält, gleichwohl weiter beteiligt.

e) Verpflichtungsgeschäfte können unter Umständen auch dann eine gegen das Verbot des § 5 A. 3 verstoßende Bevorzugung enthalten, wenn sie bereits vor der Eröffn. des Verf. abgeschlossen worden sind. Dies trifft dann zu, wenn die Parteien bei dem Abschluß bewußt mit der Möglichkeit eines künftigen VVerf. und seiner Beendigung durch V. gerechnet und dem Gl. für diesen Fall, entweder nur für ihn oder mit für ihn, eine dann erst nach Eröffn. des VVerf. zu bewirkende bevorzugende Leistung zugesagt haben. Vgl. RG. in Gruchot 43 S. 1196. Dagegen werden durch § 5 A. 3 VO. und § 817 BGB. niemals berührt dingliche Erfüllungs- oder Sicherungsgeschäfte, die vor der Eröffn. des Verf. vorgenommen worden sind, mögen die Parteien dabei auch mit der Möglichkeit oder sogar Wahrscheinlichkeit eines künftigen VVerf. gerechnet haben und sich darüber klar gewesen sein, daß der Gl. durch die Befriedigung oder Sicherung der von einem solchen Verf. drohenden Gefahr entzogen wurde. Denn vor der Eröffn. des Verf., sei es auch vielleicht im letzten Augenblick, rechtsgeschäftliche Befriedigungen oder Sicherungen hinzugeben und anzunehmen, verstößt weder gegen § 181 S. 3 KO. noch gegen § 5 A. 3 VO.; im K. wendet sich hiergegen nicht der § 181, sondern die Anfechtung, zu der es, soweit sie Rechtsgeschäfte ergreift, im VVerf. einen entsprechenden Behelf nicht gibt.

f) Nicht betroffen durch § 5 A. 3 werden solche Bevorzugungsabkommen, die erst nach Beendigung des VVerf. durch Best. des V. geschlossen werden. Hier fehlt die erforderliche Beziehung zwischen Abkommen und V.; nach Beendigung des VVerf. kann der Sch. mit seinen Gl. wieder beliebige Vereinbarungen treffen. Anders aber dann, wenn die nach Best. des V. versprochene Begünstigung vorher schon einmal versprochen oder doch wenigstens in Aussicht gestellt worden war; dann dient das nachträgliche Versprechen einer Umgehung des Gesetzes und ist nichtig (RG. 61 S. 296).

IV. Nach dem unter III. Gesagten schützt der § 5 die Gesamtheit der durch den V. betroffenen Gl. zwar gegen bevorzugende Verpflichtungsgeschäfte, indem diese schwebend unwirksam sind und eventuell nichtig werden, aber nur unvollkommen gegen bevorzugende dingliche Leistungsgeschäfte, indem diese trotz des Verstoßes gegen § 5 S. 3 unter Umständen, deren Zutreffen praktisch wohl die Regel bilden wird, wirksam bleiben. § 5 regelt indessen die Rechtsfolgen bevorzugender Rechtsgeschäfte, sei es obligatorischer oder dinglicher, nicht erschöpfend, sondern es kommen außer ihm noch die folgenden Vorschriften in Betracht:

a) die Strafvorschrift des § 96;

b) der § 77. Betrug im Sinne des § 77 VO. ist gleichbedeutend mit arglistiger Täuschung im Sinne des § 123 BGB. Wenn einzelnen durch den V. betroffenen Gl. bewußt Bevorzugungen versprochen oder gewährt worden sind und dies den anderen durch den V. betroffenen Gl. verschwiegen worden ist, so wird eine arglistige Täuschung dieser Gl. wohl immer anzunehmen sein. Diese rechtfertigt die Anfechtung des vergleichsweisen Erlasses oder der vergleichsweisen Stundung nur dann, wenn sie für das Zustandekommen des V. ursächlich geworden ist. Hierzu ist indessen nicht erforderlich, daß der bevorzugte Gl. für den V. gestimmt und damit den Ausschlag gegeben hat, der V. also ohne seine Zustimmung nicht zustande gekommen sein würde, sondern es genügt, wenn festgestellt werden kann, daß bei Kenntnis der Bevorzugung durch die getäuschten Gl. mutmaßlich der V. nicht zustande gekommen sein würde. Vgl. RG. 39 S. 17.

c) § 823 A. 2 BGB. Nicht nur § 96, sondern auch schon § 5 VO. ist ein den Schutz der Gesamtheit der durch den V. betroffenen Gl. bezweckendes Gesetz. Daher begründet jeder schuldhafte Verstoß gegen § 5 grundsätzlich eine Schadensersatzpflicht. Allerdings nur dann, wenn durch ihn der Gesamtheit der geschützten Gl. ein Schade entstanden ist; dies setzt voraus, daß diese Gl. ohne die verbotswidrige Bevorzugung im Endergebnis irgendwie besser weggekommen sein würden als so mit ihr, und dies festzustellen wird nicht immer möglich sein.

§ 6. Der Vergleich muß, wenn er auf einen ziffermäßig bestimmten, teilweisen Erlaß der Forderungen lautet, den Gläubigern mindestens 30 vom Hundert ihrer Forderungen gewähren.

§ 6 stand im E. in § 18 (jetzt § 22). Aus der Begründung zu § 11 des E. (jetzt § 15): „Eine besondere Gefahr für die Gl. besteht darin, daß der Sch. das VVerf. zu spät beantragt. Es ist deshalb die Fdg. erhoben worden, daß Erlaßvergleiche nur dann zur gerichtlichen Erörterung zugelassen werden sollen, wenn der Sch. eine bestimmte nicht zu niedrig bemessene Quote der Fdg. verspricht. Der E. läßt im Sinne dieses Verlangens nur solche Erlaßvergleiche zu, die den Gl. mindestens 30 vH. ihrer Fdg. bieten (§ 18 Nr. 2). Die Bedeutung dieser Bestimmung beschränkt sich nicht darauf, daß das Verf. auf Grund eines ungünstigeren Vorschlags nicht eingeleitet werden darf.

Aus § 68 A. 1 ergibt sich vielmehr, daß ein V., der dieser Anforderung nicht entspricht, auch nicht bestätigt werden darf."

Begründung zu § 18 des E. (jetzt § 22): „Für die Vorschrift kann auf die Ausführungen zu § 11 verwiesen werden. Das Erfordernis einer bestimmten Mindestquote kann natürlich nur für einen Erlaßvergleich und dort auch nur dann aufgestellt werden, wenn der Sch. einen bestimmten Erlaß verlangt. Für Stundungsvergleiche mit oder ohne Erlaß von Zinsen sind ebensowenig Schranken gezogen wie für einen Liquidationsvergleichsvorschlag."

---

§ 6 stellt für V. mit ziffermäßig bestimmtem Erlaß das Erfordernis der Mindestquote auf und wird ergänzt durch die Vorschrift in § 23 Nr. 1 (die im E. noch nicht enthalten war und daher in der Begr. nicht erwähnt ist). Vgl. dazu die Einl. unter II 3 (S. 12); ferner über den Begriff des Liquidationsvergleichs die Begr. zu § 15. Das Erfordernis der Mindestquote muß schon der von dem Sch. bei der Antragstellung einzureichende V.-Vorschlag beachten (§ 15 A. 1 S. 2, § 22 Nr. 1). Es muß aber auch im weiteren Verlauf des Verf. gewahrt bleiben, widrigenfalls das Verf. einzustellen oder der bereits angenommene V. zu verwerfen ist (§§ 79 A. 1 Nr. 2, 68 A. 1 Nr. 1; vgl. Bem. IV zu § 15 und Bem. III—V zu § 22).

§ 7. Enthält der Vergleich einen teilweisen Erlaß der Forderungen, so ist im Zweifel anzunehmen, daß der Erlaß hinfällig wird, wenn der Schuldner mit der Erfüllung des Vergleichs in Verzug kommt oder wenn vor vollständiger Erfüllung des Vergleichs das Konkursverfahren über das Vermögen des Schuldners eröffnet wird.

Begründung zu § 7 (im E. § 3 A. 1 S. 2): „Neu ist der A. 1 S. 2. Kommt es nach Abschluß eines V. gleichwohl zum K., so müssen sich die Vergleichs-Gl. eine nochmalige Herabsetzung ihrer Fdg. gefallen lassen; denn KFdg. sind dann nur die durch den V. bereits geminderten Fdg. Diese Unbilligkeit hat man in den V. auf Grund der GAV. bisweilen dadurch zu vermeiden gesucht, daß für den Fall der späteren K.-Eröffn. der Wegfall des vergleichsweisen Erlasses vereinbart worden ist. Die Zulässigkeit dieser sogenannten Wiederauflebensklausel ist aber nicht unzweifelhaft. Der E. erkennt sie deshalb für den Fall des Verzugs und des K. ausdrücklich an. Da anzunehmen ist, daß die Klausel in der Regel dem Willen der Gl. entspricht, so soll sie im Zweifel als vereinbart gelten. Ist eine solche Abrede nicht anzunehmen oder ist die verzögerte Erfüllung von dem Sch. nicht zu vertreten und deshalb nach § 285 BGB. kein Verzug gegeben, so kann eine Aufhebung des Vergleichs nicht verlangt werden (§ 78). Hinfällig wird im Zweifel nur der Erlaß, nicht der ganze V. Deshalb können die anerkannten Gl., wenn die Bedingung eingetreten ist, unter welcher der Erlaß hinfällig wird, wegen ihrer ganzen Fdg. vollstrecken (§ 75). Ob sich die Haftung der Vergleichsbürgen usw. auf die volle wiederaufgelebte Fdg. oder nur auf den V.-Betrag erstreckt, ist eine Frage der Auslegung des Bürgschaftsvertrags und der sonstigen Sicherungsvereinbarungen."

---

§ 7 behandelt die sog. kassatorische Klausel. Vgl. die Einleitung unter II 4 S. 13. Dem dort und in der Begr. Gesagten ist noch folgendes hinzuzufügen:

a) Die K.-Eröffn. bewirkt Hinfälligkeit des Erlasses für sämtliche durch den V. betroffenen Gl., der Verzug des Sch. hat dagegen die gleiche Wirkung nur für denjenigen Gl., dem gegenüber er eingetreten ist.

b) Beide Ereignisse bewirken nach dem Gesetz auch dann, wenn bei ihrem Eintritt auf die Fdg. schon etwas auf Grund des V. gezahlt war, gleichwohl Hinfälligkeit des Erlasses hinsichtlich der ganzen Fdg. Z. B. der V. lautete auf 50 vH.; die Hälfte davon (25 vH. der Fdg.) hat der Sch. nach dem V. bezahlt; dann fällt er in K. In diesem Falle können die Gl. in dem K. nicht etwa nur 50, sondern 75 vH. ihrer ursprünglichen Fdg. liquidieren. Soll abweichend hiervon die Hinfälligkeit des Erlasses auf den bei K.-Eröffn. oder Verzugseintritt noch nicht befriedigten Teil der Fdg. beschränkt werden, so bedarf dies der Vereinbarung.

c) Über die am Schluß der Begr. aufgeworfene Frage vgl. Bem. VIII zu § 75.

§ 8. Auf das Vergleichsverfahren finden, soweit dieses Gesetz nichts anderes bestimmt, die Vorschriften der Zivilprozeßordnung entsprechende Anwendung.

Das VVerf. gehört wie das KVerf. zur streitigen Gerichtsbarkeit. Daher finden zunächst die Vorschriften des GVG. Anwendung (§ 2 EG. GVG.), z. B. über Rechtshilfe, Sitzungspolizei, Gerichtssprache. Die Gerichtsferien sind auf das VVerf. ohne Einfluß (§ 97). Im übrigen gelten die Vorschriften der ZPO., soweit die VO. nichts anderes bestimmt. Die Stellung der Parteien haben auf der einen Seite der Sch., auf der anderen die sämtlichen beteiligten Gl., dagegen nicht die VP. Anwendbar sind z. B. die Vorschriften der ZPO. über Ausschließung und Ablehnung der Gerichtspersonen, Prozeßfähigkeit, Prozeßbevollmächtigte und Beistände, Protokollführung, Ladungen, Termine und Fristen, Folgen der Versäumung und Wiedereinsetzung in den vorigen Stand, Beweisaufnahme. Nicht anwendbar sind die Vorschriften der ZPO. über das Armenrecht. Ein solches gibt es im VVerf. nicht; vielmehr ist dieses Verf., wenn die Gerichtskosten und die Vergütung der VP. keine Deckung finden, unzulässig und seine Eröffn. abzulehnen (§ 22 Nr. 5). Besondere Vorschriften enthält die VO. insbesondere über:

1. Parteifähigkeit. Vgl. Bem. I und II zu § 1.
2. sachliche und örtliche Gerichtszuständigkeit, doch kommen insoweit die Vorschriften der ZPO. über den allgemeinen Gerichtsstand zur Anwendung. Vgl. Bem. VII zu § 1.
3. den Grundsatz amtlicher Stoffbeschaffung (Offizialmaxime). Während im Zivilprozeß das Gericht im allgemeinen (mit Ausnahmen) nur von den Parteien vorgebrachte Tatsachen berücksichtigen und nur von den Parteien angebotene Beweise erheben darf (Verhandlungsmaxime), hat das Vergleichsgericht von Amts wegen alle erforderlichen Ermittlungen anzustellen (§ 9).

4. mündliche Verhandlung. Die Entscheidungen des Gerichts können ohne mündliche Verhandlung ergehen (§ 10). Lediglich für den V.-Termin ist eine mündliche Erörterung vorgeschrieben. Dieser Termin ist nicht öffentlich; § 169 GVG. ist nicht anwendbar, da es sich nicht um eine Verhandlung vor einem erkennenden Gericht handelt.
5. Vertagung des V.-Termins. Diese ist nur in bestimmten Fällen zulässig (vgl. Bem. I zu § 66).
6. Zustellungen und öffentliche Bekanntmachungen: siehe die §§ 11, 12.
7. Akteneinsicht. Diese ist im § 13 erschöpfend geregelt.
8. Anfechtung der gerichtlichen Entscheidungen. Vgl. § 14.

§ 9. Das Gericht hat alle das Verfahren betreffenden Ermittlungen anzustellen. Es kann zu diesem Zwecke insbesondere den Schuldner hören, Zeugen und Sachverständige vernehmen und eine Gläubigerversammlung berufen. Für diese Gläubigerversammlung genügt an Stelle der Ladungen öffentliche Bekanntmachung des Termins.

I. Eine Anhörung der amtlichen Berufsvertretung ist vorgeschrieben vor der Entscheidung über die Eröffn. des Verf. (§ 20, vgl. auch § 23 Nr. 1) und vor dem Befinden über einen Antrag auf Bestellung einer bestimmten VP. (§ 41 A. 2 S. 5). Sie wird aber vielfach auch bei anderen Fragen zweckmäßig sein.

II. Nach § 9 sind GlVers. zulässig, aber abgesehen von dem V.-Termin, der natürlich in jeder nicht vorher zur Einst. gelangenden Sache stattfinden muß, nur fakultativ. Sie sind an sich nur als Versammlungen der an dem Verf. beteiligten Gl. gedacht; jedoch wird die Vorschrift des § 59 S. 2 auch auf solche Versammlungen analog anzuwenden sein. Während für den V.-Termin Ladung der beteiligten Gl. (sowie des Sch. und der VP.) und öffentliche Bek. vorgeschrieben ist (§ 27), kann das Gericht bei anderen GlVers. zwischen Ladung und öffentlicher Bek. wählen. Wird Ladung gewählt, so brauchen ebenso wie zum V.-Termin nur die beteiligten Gl. geladen zu werden; indessen ist es auch in diesem Falle zwar nicht zwingend vorgeschrieben, aber angebracht, den Termin außerdem noch öffentlich bekannt zu machen, um auch den nicht beteiligten Gl. die Möglichkeit der Kenntniserlangung zu geben. Der Sch. ist zum Erscheinen in einer GlVers. gesetzlich nicht verpflichtet; § 61 gilt nur für den V.-Termin. Jedoch kann das Gericht auf Grund des § 9 zum Zwecke seiner Anhörung sein Erscheinen, auch sein persönliches Erscheinen, anordnen, und zwar auch zu einem besonderen Termin außerhalb einer GlVers.; auf Grund einer solchen Anordnung besteht eine Pflicht zum Erscheinen; für den Fall ihrer Verletzung vgl. §§ 22 Nr. 2, 79 A. 1 Nr. 2. — Die Einberufung einer GlVers. ist auch schon in dem Stadium zwischen Antragstellung und Entscheidung über die Eröffn. des Verf. zulässig.

§ 10. Die Entscheidungen des Gerichts können ohne mündliche Verhandlung ergehen.

§ 11. Die Zustellungen erfolgen durch Aufgabe zur Post; die Postsendung ist, wenn die Person, an die zugestellt werden soll, sich im Ausland befindet, mit der Bezeichnung „Einschreiben" zu versehen.

Zustellungen an Personen, deren Aufenthalt unbekannt ist, finden nur statt, wenn die Person einen im Inland wohnenden zur Empfangnahme von Zustellungen befugten Vertreter hat, der dem Gerichte bekannt ist.

Einer Beglaubigung des zuzustellenden Schriftstücks bedarf es nicht.

Nach § 8 VO., § 496 A. 1 S. 1 ZPO. erfolgen alle Zustellungen von Amts wegen. Bei der im VVerf. möglicherweise sehr großen Zahl der zu bewirkenden Zustellungen ist im Interesse der Geschäftsvereinfachung stets Zustellung durch Aufgabe zur Post vorgesehen. Die Aufgabe zur Post (§§ 175, 213 ZPO.) erfolgt durch den Gerichtsschreiber, nicht durch einen Gerichtsvollzieher.

§ 12. Öffentliche Bekanntmachungen erfolgen durch mindestens einmalige Einrückung in das zur Veröffentlichung amtlicher Bekanntmachungen des Gerichts bestimmte Blatt; die Einrückung kann auszugsweise geschehen. Die Bekanntmachung gilt als bewirkt mit dem Ablauf des zweiten Tages nach der Ausgabe des die Einrückung oder die erste Einrückung enthaltenden Blattes.

Die Bekanntmachung ist auszugsweise in den Deutschen Reichsanzeiger einzurücken; auch kann das Gericht weitere Bekanntmachungen anordnen.

Die öffentliche Bekanntmachung gilt als Zustellung an alle Beteiligten, auch wenn dieses Gesetz neben ihr eine besondere Zustellung vorschreibt.

In der Bekanntmachung soll der Schuldner genau bezeichnet werden, insbesondere sollen seine Anschrift und sein Geschäftszweig angegeben werden.

I. Öffentlich bekanntzumachen sind nach der VO.:

1. der Beschluß auf Eröffn. des Verf. und der V.-Termin (§ 27 A. 1). Eine öffentliche Bek. findet auch dann statt, wenn die Eröffn. des VVerf. abgelehnt und dafür der K. eröffnet wird (§ 111 KO.); dagegen unterbleibt sie, wenn die Eröffn. sowohl des V.- wie des KVerf. abgelehnt wird.
2. der Name der bestellten VP. (§ 42);
3. der Termin einer GlVers., sofern zu ihm keine Ladungen erfolgen (§ 9);
4. der Erlaß eines allgemeinen Veräußerungsverbots sowie die Aufhebung eines solchen (§§ 52 A. 2, 58 A. 2);

5. die Aufhebung des Verf. nach Bestätigung des V., auch das hiermit verbundene Außerkrafttreten eines erlassenen Veräußerungsverbots (§ 69 A. 1, 2);
6. die Verw. des V. sowie die Einst. des Verf., wenn sich mit diesen Ausgängen des Verf. eine K.-Eröffn. nicht verbindet (§§ 72, 81). Auch in diesen Fällen ist die öffentliche Bek. auf das Außerkrafttreten eines erlassenen allgemeinen Veräußerungsverbots mit zu erstrecken. Wird in Verbindung mit der Verw. des V. oder der Einst. des Verf. der K. eröffnet, so erfolgt öffentliche Bek. gemäß § 111 KO.

II. Besonders wichtig ist die Vorschrift des Abs. 3, die dem § 76 A. 3 KO. entspricht. Danach ist es den Interessenten dringend anzuraten, sich nicht auf besondere Zustellungen zu verlassen, sondern den öffentlichen Bek. sorgfältige Aufmerksamkeit zu schenken. Als Zustellung gilt nur die gemäß Abs. 1 S. 1 erfolgende Bek., die Veröffentlichung im Reichsanzeiger oder in noch einem anderen Blatt (Abs. 2) hat diese Wirkung nicht.

§ 13. Der Schuldner, die Vertrauensperson (§ 40) und jeder Gläubiger können die Akten einsehen; der Schuldner und die Vertrauensperson können sich auch Abschriften daraus erteilen lassen. Auf die Akteneinsicht durch andere Personen findet die Vorschrift des § 299 Abs. 2 der Zivilprozeßordnung entsprechende Anwendung.

Gläubigern kann die Einsicht in solche Teile der Akten versagt werden, deren Kenntnis für die Gläubiger ohne Bedeutung ist oder deren Geheimhaltung nach Angabe des Schuldners für die Fortführung seines Unternehmens erforderlich ist.

Begründung zu § 13: „Die Akteneinsicht steht dem Sch. und der VP. unbeschränkt frei; sie können auch die Erteilung von Abschriften verlangen. Hinsichtlich der Gl. erscheinen nach folgenden Richtungen Einschränkungen geboten. In den Akten werden bisweilen wichtige Geschäftsgeheimnisse des Sch. zur Erörterung gelangen; diese können gegen seinen Willen nicht ohne weiteres vom Gericht preisgegeben werden. Deshalb soll den Gl. die Einsicht in solche Teile der Akten versagt werden können, deren Geheimhaltung der Sch. als im Interesse der Fortführung seines Unternehmens erforderlich bezeichnet hat. Das gleiche gilt für solche Teile der Akten, die, wie Erörterungen über eine Ordnungsstrafe der VP., für die Gl. nicht von Interesse sein können. Ein Recht auf Abschriften aus den Akten kann den Gl. nicht gewährt werden; dieses Recht könnte den Geschäftsbetrieb des Gerichts lahmlegen."

---

§ 13 regelt das Recht der Akteneinsicht erschöpfend; § 299 ZPO. findet daher nur insoweit Anwendung, als § 13 VO. ausdrücklich auf ihn Bezug nimmt. Der Sch. und die VP. haben ein unbeschränktes Recht auf Akteneinsicht und auch ein Recht auf Erteilung von Abschriften; sämtliche Gl., nicht nur die beteiligten, haben gleichfalls ein Recht auf Akteneinsicht, das aber den Beschränkungen des Abs. 2 unterliegt, dagegen kein Recht auf Erteilung von Abschriften. Für die Akteneinsicht aller anderen Personen gilt

§ 299 A. 2 ZPO.: „Dritten Personen kann der Vorstand des Gerichts ohne Einwilligung der Parteien die Einsicht der Akten nur gestatten, wenn ein rechtliches Interesse glaubhaft gemacht wird." Vorstand des Gerichts ist in der Regel der die Dienstaufsicht führende Amtsrichter. Parteien sind hier der Sch. und die beteiligten Gl., nicht auch die VP. Dritte, die kein rechtliches Interesse haben, brauchen also zur Akteneinsicht die Einwilligung des Sch. und sämtlicher beteiligten Gl.; es ist ihre Sache, diese zu beschaffen und dem Gerichtsvorstand nachzuweisen. Damit ist, da dies meist unausführbar sein wird, die Akteneinsicht durch Dritte praktisch so gut wie auf den Fall des rechtlichen Interesses beschränkt. Ein solches fehlt, wenn die Akteneinsicht lediglich zu dem Zwecke gewünscht wird, um dem allgemeinen Informationsbedürfnis der Wirtschaft zu dienen; z. B. von einer Auskunftei. Soweit die Gewährung der Akteneinsicht an Dritte unzulässig ist, weil weder rechtliches Interesse noch Einwilligung der Parteien vorliegt, dürfen auch Auskünfte aus den Akten nicht erteilt werden. Dies gilt indessen nicht für solche Tatsachen, die öffentlich bekannt gemacht werden, wie insbesondere die Eröffn. des Verf.; diese Tatsachen sollen der öffentlichen Kenntnis zugänglich sein und daher steht es hier im Belieben der Justizverwaltung, über sie Auskunft zu erteilen.

Zu den Akten gehören auch die Berichte der VP. und die gutachtlichen Äußerungen der amtlichen Berufsvertretung (§§ 20, 23 Nr. 1, 41 A. 2 S. 5). Es ist unzulässig, diese Schriftstücke etwa zu geheimen Sonderakten zu nehmen und damit jeder Einsicht zu entziehen.

Entscheidungen des Gerichts über die Gewährung oder Verweigerung von Akteneinsicht unterliegen keinem Rechtsmittel (§ 14). Dagegen können die gemäß § 299 A. 2 ZPO., § 13 A. 1 S. 2 VO. ergehenden Verfügungen des Gerichtsvorstandes mit der Dienstaufsichtsbeschwerde angefochten werden.

§ 14. Die Entscheidungen des Gerichts können nur insoweit angefochten werden, als dieses Gesetz es bestimmt.

Soweit eine Anfechtung stattfindet, erfolgt sie durch sofortige Beschwerde. Die Beschwerdefrist (Notfrist) beträgt eine Woche. Sie beginnt mit der Verkündung der Entscheidung; wenn diese nicht verkündet wird, mit der Zustellung. Eine weitere Beschwerde findet nicht statt.

Begründung zu § 14: „Von besonderer Bedeutung für die Beschleunigung des Verf. ist die Frage der Rechtsmittel gegen die Entscheidungen des V.-Gerichts. In Betracht kommen kann als Rechtsmittel überhaupt nur die befristete sofortige Beschwerde; die für ihre Einlegung von der ZPO. (§ 577) vorgesehene Notfrist von zwei Wochen verkürzt der E. auf eine Woche. Gegen die Beschwerdeentscheidung des Landgerichts soll es eine weitere Beschwerde nicht geben. Das so veränderte Rechtsmittel der sofortigen Beschwerde läßt der E. gegen zwei Gruppen von Entscheidungen zu.

Die eine Gruppe wird durch die Entscheidungen dargestellt, die mit dem VVerf. nur lose zusammenhängen und infolgedessen auf seinen Fortgang keinen entscheidenden Einfluß haben. Das sind die Beschlüsse, welche eine

Ordnungsstrafe gegen die VP. festsetzen (§ 45), und die Entscheidungen über die Höhe der Auslagen und der Vergütung der VP. (§ 46). Um auch hier eine möglichst schleunige Erledigung zu erreichen, ermächtigt der E. in Abweichung von § 577 Abs. 3 der ZPO. das V.-Gericht, seine mit der Beschwerde angefochtene Entscheidung zu ändern (§ 45 A. 4, § 46 A. 3).

Die andere Gruppe umfaßt die für das Verf. grundlegenden Beschlüsse, welche die Eröffn. des VVerf. ablehnen (§ 24), einen V. verwerfen (§ 71) oder das Verf. einstellen (§ 80). Alle diese Beschlüsse haben zur Folge, daß über die Frage der Eröffn. des KVerf. entschieden werden muß. Gegen die Entscheidung über die Eröffn. des KVerf. hätte der Sch. allerdings bereits nach § 109 der KO. die sofortige Beschwerde. Mit der Beschwerde der KO. könnte er aber nicht geltend machen, daß zu Unrecht die Eröffn. des VVerf. abgelehnt, der V. verworfen, das Verf. eingestellt worden sei. Die Billigkeit erfordert, daß dem Sch. eine solche Möglichkeit gegeben wird; denn es handelt sich für ihn hier um die Frage seines wirtschaftlichen Lebens. Der E. gewährt dem Sch. daher diese Befugnis (zu vgl. § 24 A. 2, § 71 A. 1 S. 3, 4, § 80 A. 1 S. 3, 4). Daß damit unter Umständen das VVerf. unerwünscht in die Länge gezogen werden kann, läßt sich nicht in Abrede stellen; das Bedenken muß aber gegenüber dem ganz überwiegenden Interesse des Sch. zurücktreten. Den Gl. versagt der E. eine entsprechende Beschwerde. Sie haben kein Recht auf eine vergleichsweise Befriedigung ihrer Anspr., wie darin zutage tritt, daß sie die Eröffn. des Verf. nicht beantragen können. Die Eröffn. des KVerf. im Anschluß an einen mißlungenen V.-Versuch beschwert sie gleichfalls nicht; denn wenn der Sch. die K.-Eröffn. ohne diesen Versuch beantragt hätte, stände ihnen gegen den Eröffn.-Beschluß auch kein Rechtsmittel zu (§ 109 der KO.).

Der Beschluß, durch den der K. eröffnet wird, äußert nach der KO. alsbald seine Wirkung. Der E. beläßt es dabei für den Fall, daß der K. in Anlehnung an die Abl. eines V.-Antrags eröffnet wird. Dies erfordert die Rücksicht auf die Gl. Wird nachher auf Beschwerde des Sch. der K.-Eröffnungsbeschluß aufgehoben und das VVerf. eröffnet, so sind die entstehenden rechtlichen Schwierigkeiten nicht größer, als wenn ein K.-Eröffnungsbeschluß auf eine gemäß § 109 der KO. vom GSch. erhobene Beschwerde beseitigt wird. Eine andere Regelung muß dagegen Platz greifen, wenn der K. im Anschluß an die Verw. eines V. oder an eine Einst. eröffnet wird. Würde die K.-Eröffnung auch hier alsbald ihre Wirkung äußern, so liefen bis zum Ablauf der Beschwerdefrist oder bis zur Entscheidung des Beschwerdegerichts zwei auf ein verschiedenes Ziel gerichtete Verf. nebeneinander her. Das müßte zu rechtlichen Schwierigkeiten führen. Der E. bestimmt daher in Abweichung von der KO., daß in den beiden erwähnten Fällen die Entscheidung im VVerf. und die Entscheidung über die Eröffn. des KVerf. erst mit der Rechtskraft wirksam werden (zu vgl. § 71 A. 2, § 80 A. 2). Nachteile für die Gl. können hieraus nicht entstehen. Denn die Wirkungen des VVerf. dauern bis zur Rechtskraft fort; die Gl. können also insbes. auch noch die Anordnung von Verfügungsbeschränkungen nach Maßgabe des § 50 A. 2 beantragen.

Die Entscheidung über die Eröffn. des KVerf., die sich an einen V.-Versuch anschließt, kann von dem Sch. nur nach Maßgabe des E., also nur innerhalb der im § 14 A. 2 S. 2 vorgesehenen Frist und nur unter Ausschluß der weiteren Beschwerde (Satz 3 a. a. O.) angefochten werden. Eine Anfechtung nach § 109 der KO. kommt in diesen Fällen für den Sch. nicht in Frage. Auch darin liegt eine mittelbare Änderung der KO."

I. Die VO. läßt eine Anfechtung zu:

a) für den Sch. gegen die Abl. der Eröffn. des Verf., die Verw. des V. und die Einst. des Verf. sowie gegen die mit diesen Entscheidungen sich verbindenden Entscheidungen über die Eröffn. des KVerf. (§§ 24, 71, 80). Überall ist Gegenstand der Anfechtung formell allein die letztere Entscheidung, mag sie auf K.-Eröffn. oder auf Abl. der Eröffn. lauten. Materiell kann die Anfechtung gerichtet werden entweder gegen beide Entscheidungen, die das V.- und die das KVerf. betreffende, oder gegen die letztere Entscheidung allein. Praktisch wird ersteres die Regel bilden; das Hauptinteresse des Sch. wird meist dahin gehen, zum VVerf. zugelassen zu werden oder es fortsetzen zu können. Denkbar ist es aber auch, daß z. B. ein Sch. sich bei der Einst. des VVerf. beruhigt, aber die K.-Eröffn. angreift, weil er behauptet, seine Zahlungsunfähigkeit sei jetzt wieder behoben.

b) für die VP. gegen die Festsetzung einer Ordnungsstrafe (§ 45);

c) für die VP. und für den Sch. gegen die Festsetzung der Höhe der Auslagen und der Vergütung der VP. (§ 46).

Dagegen kennt die VO. in keinem Falle ein Beschwerderecht eines Gl.

II. Für alle unter I erwähnten Anfechtungsfälle gelten die Vorschriften des Abs. 2. Sie gelten uneingeschränkt auch in den Fällen der §§ 24, 71, 80, in denen die Beschwerde sich formell als eine das KVerf. betreffende darstellt; hier gehen sie den Vorschriften der KO. vor. Da das VVerf. besonderer Beschleunigung bedarf, gelten in ihm für die sofortige Beschwerde folgende Abweichungen von der allgemeinen Regelung dieses Rechtsmittels:

a) Die Beschwerdefrist ist auf eine Woche verkürzt.

b) In den Fällen der §§ 45 und 46 kann das V.-Gericht der Beschwerde abhelfen (Ausnahme von § 577 A. 3 ZPO.). Anders in den Fällen der §§ 24, 71, 80.

c) Es gibt nur eine Beschwerdeinstanz; eine weitere Beschwerde findet nicht statt.

Im übrigen gelten gemäß § 8 die §§ 567 ff. ZPO entsprechend. Die Beschwerde geht an das dem V.-Gericht (Amtsgericht) übergeordnete Landgericht. Sie ist bei dem V.-Gericht einzulegen; zur Fristwahrung genügt aber auch Anbringung bei dem Landgericht. Die Einlegung erfolgt durch Einreichung einer Beschwerdeschrift oder durch Erklärung zu Protokoll des Gerichtsschreibers; Mitwirkung eines Anwalts ist nicht erforderlich.

III. Gegen alle nicht unter I. aufgeführten Entscheidungen des V.-Gerichts findet kein Rechtsmittel statt. Dies gilt nicht nur für sachliche Entscheidungen (z. B. Bestätigung des V., Erteilung oder Abl. der Ermächtigung des § 28, Entscheidung über das Stimmrecht gemäß § 62), sondern auch für prozeßleitende Anordnungen (z. B. Entscheidung über ein Gesuch um Terminsverlegung oder um Gewährung von Akteneinsicht). Vgl. indessen Bem. IIIe zu § 76.

Der Ausschluß des Rechtsmittels gegen alle diese Entscheidungen bedeutet nicht, daß diese schlechthin jeder Anfechtung und Nachprüfung entzogen seien. Vielmehr bietet unter Umständen eine nachfolgende Entscheidung, die zu den unter I. genannten gehört, die Möglichkeit, mit der gegen sie zulässigen Beschwerde auch die frühere Entscheidung zu rügen. Dies ist dann der Fall, wenn die erste nicht anfechtbare Entscheidung für die zweite anfechtbare einen wesentlichen Verf.-Mangel darstellt. Nach allgemeiner Zivilprozeßregel kann die Beschwerde auch auf wesentliche Verf.-Mängel gestützt werden; dies ist dahin zu verstehen, daß mit der Beschwerde grundsätzlich Verf.-Mängel jeder Art gerügt werden können, diese Rüge aber die Beschwerde nur dann zu einer begründeten macht, wenn es sich um wesentliche Mängel handelt. Wesentlich ist eine Verletzung der Normen über das Verf. dann, wenn sie entweder für den Inhalt der angefochtenen Entscheidung ursächlich geworden ist oder wenn dies zwar nicht festgestellt werden kann, die Verletzung aber das Verf., das zu der angefochtenen Entscheidung geführt hat, ungeeignet macht, die Grundlage für eine solche Entscheidung zu bilden; ob diese Voraussetzungen erfüllt sind, entscheidet im Einzelfall das Beschwerdegericht, für dessen Ermessen hierbei ein weiter Spielraum bleibt[1]). In dieser Weise kann auch die von der VO. gegen die unter I. genannten Entscheidungen, insbesondere gegen die Verw. des V. und die Einst. des Verf., zugelassene Beschwerde auf Mängel des vorausgegangenen Verf. gestützt werden. Solche Mängel können nun bestehen entweder in früheren Entscheidungen des Gerichts oder in anderen Maßnahmen, die nicht Entscheidungen waren, oder auch in Unterlassungen. § 14 kann nun wohl nicht beabsichtigen, zwischen diesen verschiedenen Fällen einen grundsätzlichen Unterschied zu machen und gerade für solche Verf.-Mängel, die in Entscheidungen bestehen, auch die spätere Rüge im Rahmen einer zulässigen Beschwerde auszuschließen. Vielmehr ist anzunehmen, daß mit den zugelassenen Beschwerden jeder Mangel des vorausgegangenen Verf. gerügt werden kann, mit Aussicht auf Erfolg freilich nur ein wesentlicher Mangel. Also nicht etwa jede Unrichtigkeit einer vorausgegangenen Entscheidung oder sonstigen Maßnahme, sondern nur eine solche, in der eine Verletzung von Verf.-Vorschriften enthalten ist. Hiernach ist es insbesondere nicht möglich, mit einer zulässigen Beschwerde die Nachprüfung eines vom Gericht in einem früheren Stadium des Verf. zulässigerweise ausgeübten Ermessens herbeizuführen; denn die Ausübung eines vom Gesetz zugelassenen richterlichen Ermessens stellt, zu welchem Ergebnis sie auch geführt haben mag, niemals eine Verletzung von Vorschriften über das Verf. dar. Z. B. kann mit der Beschwerde

[1]) Vgl. hierzu Stein-Jonas Anm. I 1 zu § 539, Anm. II Abs. 2 zu § 575 ZPO.

gegen die Einst. des Verf. nicht gerügt werden, daß das Gericht zu Unrecht gemäß § 40 A. 2 S. 1 von der Bestellung einer VP. abgesehen, wohl aber, daß es entgegen § 40 A. 2 S. 2 einen Antrag des Sch. auf Bestellung nicht stattgegeben habe. Gerügt werden kann es, wenn das Gericht einen beteiligten Gl. zu Unrecht als nicht beteiligt abgesehen und daher entgegen § 62 A. 1 von der Erörterung der Fdg. und vom Stimmen ausgeschlossen hat; nicht gerügt werden kann dagegen die Entscheidung, die das Gericht gemäß § 62 A. 2 auf Widerspruch gegen die Fdg. eines zweifellos beteiligten Gl. über das Stimmrecht getroffen hat. Nicht gerügt werden kann, daß das Gericht ohne ausreichenden Anlaß eine Verfügungsbeschränkung angeordnet habe. Die hier beispielsweise als zulässig bezeichneten Rügen begründen natürlich die Beschwerde nur dann, wenn die Verf.-Mängel wesentliche in dem oben erörterten Sinn sind; wann dies der Fall ist, kann nur im Einzelfall unter Berücksichtigung seiner besonderen Umstände entschieden werden. Hält das Beschwerdegericht einen wesentlichen Verf.-Mangel für vorliegend, so wird es im Interesse der Beschleunigung nach Möglichkeit in der Sache selbst zu entscheiden haben; nicht selten wird aber dies nicht ausführbar und nur Aufhebung und Zurückverweisung (§ 575 ZPO.) möglich sein.

Soweit die Entscheidung, gegen welche die Beschwerde stattfindet, selbst eine Ausübung richterlichen Ermessens enthält, kann mit der Beschwerde auch diese angegriffen werden. So z. B., wenn die Eröffn. des Verf. aus einem der Gründe des § 23 abgelehnt wird; hier kann mit der Beschwerde geltend gemacht werden, daß den Umständen nach kein ausreichender Anlaß dazu vorgelegen habe, von dieser Kannvorschrift Gebrauch zu machen. Ebenso, wenn die Eröffn. wegen eines Mangels der Antragstellung nach § 22 Nr. 1 ohne Nachfristsetzung gemäß § 19 abgelehnt wird; hier kann die Beschwerde sowohl darauf gestützt werden, daß der angebliche Mangel in Wirklichkeit gar nicht vorhanden, wie auch darauf, daß er entschuldbar und Nachfristsetzung angebracht gewesen sei.

Zweiter Abschnitt.

Eröffnung des Verfahrens.

Begründung vor § 15: „Das VVerf. ist gedacht als Versuch, einem konkursreifen Sch., dessen wirtschaftliche Fortexistenz an sich wünschenswert ist und der nach seiner Vermögenslage wie nach seiner Persönlichkeit die Gewähr bietet, daß er die übernommenen Verpflichtungen erfüllen wird, den K. zu ersparen. Um dieses Ziel zu erreichen, muß der E. für die Einl. des Verf. strengere Voraussetzungen aufstellen, als die Verordnung über die GA. es getan hat. Denn die Voraussetzungen, von denen der § 1 der GAV. die Anordnung der GA. abhängig macht, bieten, wie die Erfahrung gezeigt hat, wegen ihrer Dehnbarkeit keinen ausreichenden Schutz dagegen, daß die Rechtseinrichtung mißbraucht wird, um einen wirtschaftlich unbegründeten und unerwünschten Zahlungsaufschub zu erlangen.

Das GAVerf. ermöglicht es, unter gerichtlicher Aufsicht den Kreis der Gl. und die Aussichten für die Erfüllung des vorgeschlagenen V. vor der Einleitung des eigentlichen VVerf. festzustellen. Nach dem E. besteht während der Dauer des Verf. eine solche Möglichkeit nur in sehr beschränktem Umfang. Es muß deshalb dafür Sorge getragen werden, daß der Sch. bereits bei der Einleitung des Verf. seine Vermögenslage möglichst eingehend offenlegt; hierauf beruhen die ins einzelne gehenden Vorschriften des § 15 A. 2—4 und der §§ 17, 18. Durch eine ganze Reihe von Bestimmungen will der E. eine Gewähr dafür schaffen, daß der Sch. wahrheitsgemäße Angaben macht, daß insbesondere alle von dem V. betroffenen Gl. wirklich an dem Verf. teilnehmen können. Im § 15 A. 4 wird eine eidesstattliche Versicherung über frühere wirtschaftliche Schwierigkeiten von dem Sch. verlangt. Nach § 16 Nr. 6 muß sich der Sch. erbieten, die Angaben über seine Lage eidlich zu erhärten; diesem Erbieten gemäß hat er im V.-Termine den Offenbarungseid zu leisten, wenn ein beteiligter Gl. es verlangt (§ 61 A. 3). Vor der Entscheidung über den Antrag ist die Berufsvertretung zu hören (§ 20). Macht der Sch. unvollständige Angaben, so setzt er sich der Gefahr aus, daß das Verf. eingestellt ... und infolgedessen der K. eröffnet wird (zu vgl. § 79 A. 1 Nr. 2 in Verbindung mit § 22 Nr. 1; § 80). Während der Dauer des Verf. hat die VP. die Verhältnisse des Sch. zu prüfen (§ 40 A. 1), und der Sch. ist verpflichtet, bei Vermeidung der Einst. des Verf. der VP. und jedem Mitglied eines etwa bestellten (§ 48) GlA. die erforderlichen Auskünfte zu erteilen (§ 47 A. 1 S. 2, § 49 S. 1, § 79 A. 1 Nr. 4). Um unbekannt gebliebenen Gl. die Teilnahme am Verf. zu ermöglichen, wird der V.-Termin öffentlich bekanntgemacht (§ 27). Schließlich wird die Richtigkeit der Angaben des Sch. noch durch Strafandrohungen gesichert (zu vergleichen die Bemerkungen zum 9. Abschnitt)."

§ 15. Der Antrag auf Eröffnung des Vergleichsverfahrens muß einen bestimmten Vergleichsvorschlag enthalten und ergeben, ob und wie die Erfüllung des Vergleichs sichergestellt werden soll. Der Vorschlag muß dem § 6 genügen.

In dem Antrag hat der Schuldner anzugeben:

1. ob innerhalb der letzten fünf Jahre vor dem Tage des Antrags im Inland die Geschäftsaufsicht, das Konkursverfahren oder das Vergleichsverfahren zur Abwendung des Konkurses über sein Vermögen rechtskräftig eröffnet oder die Eröffnung eines dieser Verfahren mangels Masse rechtskräftig abgelehnt worden ist;
2. ob innerhalb derselben Frist von ihm der Offenbarungseid auf Grund des § 807 der Zivilprozeßordnung geleistet oder gegen ihn zur Erzwingung eines solchen Eides die Haft angeordnet worden ist;
3. wann und wo er geboren ist.

Zu Nr. 1 und 2 des Abs. 2 ist anzugeben, bei welchem Gerichte das Verfahren anhängig ist oder wann und bei welchem Gericht es anhängig gewesen ist.

Die Richtigkeit der Angaben (Abs. 2, 3) hat der Schuldner an Eidesstatt zu versichern oder durch öffentliche Urkunden nachzuweisen.

Aus der Begründung zu § 15: „Dem Grundgedanken des E., einen vom Sch. vorbereiteten V. mit gerichtlicher Hilfe gegen sog. Vergleichsstörer zum Abschluß zu bringen, entspricht es, daß der Antrag auf Eröffn. des VVerf. einen bestimmten V.-Vorschlag enthalten muß. Daß der Sch. sich einen Vollstr.-Schutz verschaffen kann, ohne alsbald einen bestimmten V.-Vorschlag zu machen, wird als ein besonderer Mangel der gegenwärtigen Rechtslage bezeichnet.

Der V.-Vorschlag kann jeden Inhalt haben, der mit dem Begriff eines V. (§ 779 BGB.) vereinbar ist. Er kann einen teilweisen Erlaß oder eine Stundung oder beides vorsehen; die Praxis hat auch sog. Liquidationsvergleiche ausgebildet, d. h. V., bei denen der Sch. seinen Gl. sein Vermögen oder bestimmte Teile davon zur eigenen bestmöglichen Verwertung gegen Erlaß der nicht gedeckten Fdg. überläßt.

. . . .

Davon, den Sch. zu einer Sicherstellung der Erfüllung des V. zu verpflichten, sieht der E. ab. Die Entscheidung darüber, ob die Versprechungen des Sch. im Einzelfalle Glauben verdienen, bleibt den Gl. überlassen. Um den Gl. die Entscheidung zu ermöglichen, muß der Sch. in seinem Antrag ausdrücklich angeben, ob er die Erfüllung des V. sicherstellen will, und bejahendenfalls, wie das geschehen soll. Da für den Wert einer Sicherstellung durch Bürgschaft die Person des Bürgen von entscheidender Bedeutung ist, hat der Sch., wenn er solche Sicherstellung in Aussicht nimmt, die Bürgschaftserklärung mit dem Antrag einzureichen (§ 15 A. 1, § 16 A. 1 Nr. 5).

. . . .

Die Vorschriften des § 15 A. 2—4 dienen der Prüfung, ob einer der im § 23 Nr. 2, 3 vorgesehenen Ablehnungsgründe vorliegt, und sollen die mit Rücksicht auf § 22 Nr. 3 erforderliche Aufklärung ermöglichen."

I. Die Verteilung der Angaben des Sch. auf den Antrag und dessen Anlagen. II. Der vorgeschriebene Inhalt des Antrags. III. Zurücknahme des Antrags. IV. Änderung des V.-Vorschlags.

I. Die § 15—18 bestimmen über den notwendigen Inhalt des Antrags. Dabei wird unterschieden zwischen solchen Angaben, die in den Antrag selbst aufzunehmen sind (§ 15), und solchen, die in besonderen Schriftstücken niederzulegen und dem Antrage als Anlagen beizufügen sind (§§ 15—18). Diese Unterscheidung hat nur die Bedeutung einer Sollvorschrift, die den Sch. anhalten soll, seine Antragstellung übersichtlich einzurichten. Natürlich ist ein Antrag, der eine der im § 15 erforderten Angaben in Gestalt einer Anlage oder eine der im § 16 erforderten statt in einer Anlage in dem Antrage selbst bringt, nicht etwa aus diesem Grunde unzulässig und abzulehnen.

Über die Form der Antragstellung vgl. Bem. VI zu § 1.

II. Diejenigen Angaben, die in den Antrag selbst aufzunehmen sind, sind:

a) ein V.-Vorschlag. Er muß:

1. bestimmt sein, d. h. einen bestimmten und klaren Inhalt haben. Durch dieses Erfordernis werden bedingte V.-Vorschläge nicht ausgeschlossen. Die Bedingung kann sich noch vor dem V.-Termin erledigen. Geschieht dies nicht, so ist es Sache der Gl., ob sie sich auf den Abschluß eines unter einer Bedingung stehenden V. einlassen wollen. Nehmen sie den bedingten V. an, so hat das Gericht auch einen solchen V., wenn sonst keine Verwerfungsgründe vorliegen, alsbald zu bestätigen (§ 67 A. 3) und zugleich das VVerf. aufzuheben (§ 69); es darf nicht etwa mit diesen Entscheidungen warten, bis sich entscheidet, ob die Bedingung eintritt oder ausfällt. Fällt die aufschiebende Bedingung eines bestätigten V. später aus, so tritt zwar der V. nicht in Wirkung; das VVerf. ist aber gleichwohl beendet und kann nicht wieder aufgenommen werden; falls der Sch. einen Antrag auf Einleitung eines neuen VVerf. stellt, so gilt § 23 Nr. 2.

2. Der V.-Vorschlag muß ferner, wenn er auf einen ziffermäßig bestimmten teilweisen Erlaß der Fdg. lautet, dem Erfordernis der Mindestquote (§ 6) genügen. Dagegen braucht er, wenn er eine ungleiche Behandlung der Gl. vorsieht, die dazu nach § 5 A. 2 erforderlichen Zustimmungserklärungen noch nicht beizubringen; diese können nachgebracht werden. Vgl. Bem. II zu § 5.

b) eine Erklärung darüber, ob eine Sicherstellung für die Erfüllung des V. geboten wird oder nicht. Diese Erklärung ist stets erforderlich, auch wenn eine Sicherstellung nicht geboten wird; dies soll dann den Gl. deutlich vor Augen geführt werden. Wird eine Sicherstellung geboten, so ist ihre Art anzugeben. Doch genügt insoweit in dem Antrage selbst eine allgemeine Bezeichnung (z. B. „durch Bürgschaft"); die genaue Bezeichnung der Sicherheiten ist dann in eine besondere Anlage des Antrags aufzunehmen (§ 16 A. 1 Nr. 5).

c) die in Abs. 2 Nr. 1, 2 und Abs. 3 vorgeschriebenen Angaben über frühere GA.-, K.- oder VVerf. sowie über Offenbarungseide oder zur Erzwingung des Offenbarungseides ergangene Haftanordnungen. Gemäß dem in der Einl. unter II 2 gekennzeichneten Grundsatze soll die Wohltat des VVerf. an Stelle des K. nur vertrauenswürdigen Sch. zuteil werden. Bedenken gegen die Vertrauenswürdigkeit begründet es, wenn vor nicht langer Zeit bei demselben Sch. schon einmal Erscheinungen des wirtschaftlichen Verfalls vorgekommen sind. Solche Erscheinungen sind insbesondere K.-, GA.- und VVerf. sowie die Leistung des Offenbarungseides wegen einer Geldschuld; dabei stehen naturgemäß der Eröffn. eines der genannten Verf. die Abl. der Eröffn. mangels Masse, der Offenbarungseidsleistung die Anordnung der Haft zur Erzwingung des Eides gleich. Alle diese Ereignisse haben auf die Dauer von 5 Jahren die Wirkung, daß ein Antrag desselben Sch. auf VVerf. zwar nicht abgelehnt werden muß, wie es nach dem E. sein sollte, aber doch abgelehnt werden kann (§ 23 Nr. 2, 3); jedoch haben diese Wirkung nur im Inlande vor deutschen Gerichten geführte Verf., nicht ausländische. Deshalb werden in dem Antrage Angaben darüber erfordert, ob innerhalb der letzten 5 Jahre vor der Antragstellung solche Ereignisse vorgekommen sind. Die fünfjährige Frist bezieht sich auf den Tag der Antragstellung. Die Zwischenzeit zwischen Antragstellung und Eröffn. des Verf. kommt nicht in Betracht; wenn in dieser Zeit ein Gl. den Sch. noch zum Offenbarungseide treibt, so ist das kein Hindernis.

Angaben über GAVerf. brauchen die Anträge nur in den ersten 5 Jahren nach dem Inkrafttreten der VO. (vgl. § 101) zu enthalten. Nach fünfjähriger Geltung der VO. kann der Fall, daß ein GAVerf. einen Ablehnungsgrund gemäß § 23 Nr. 2 bildet, nicht mehr vorkommen.

d) die Angabe, wann und wo der Sch. geboren ist. Diese wird wegen des Ablehnungsgrundes in § 22 Nr. 3 gefordert, der die Einforderung eines Strafregisterauszugs geboten erscheinen läßt.

e) die eidesstattliche Versicherung der Richtigkeit der unter c) und d) erwähnten Angaben. Die Versicherung kann indessen unterbleiben, soweit ein Nachweis durch öffentliche Urkunden geführt wird. Dies wird hauptsächlich bezüglich der Angaben unter d) leicht möglich sein (Geburtsurkunde).

f) der Antrag an das Gericht, das VVerf. zu eröffnen.

g) die Angabe der konkursmäßigen Vermögenslage — Zahlungsunfähigkeit oder Überschuldung —, auf welche der Antrag gestützt wird. Daß auch dies ein notwendiger Bestandteil des Antrags ist, folgt daraus, daß der Antrag die Voraussetzungen des VVerf. als erfüllt darlegen muß. Vgl. Bem. III zu § 1. Die Zahlungsunfähigkeit ist in dem Antrage näher darzulegen; hinsichtlich der Überschuldung ist dies nicht erforderlich, da sie aus der dem Antrage beizufügenden Übersicht des Vermögensstandes ersichtlich ist. Eine Glaubhaftmachung der konkursmäßigen Vermögenslage ist nicht vorgeschrieben, kann aber von dem Gericht nach § 9 erfordert werden.

h) Bisweilen, keineswegs immer, werden noch Angaben über diejenigen Tatsachen erforderlich sein, welche die Zuständigkeit des angegangenen Gerichts begründen. Vgl. Bem. VII zu § 1.

III. Nach § 79 A. 1 Nr. 1 kann der Sch. den Antrag auf Eröffn. des VVerf. nicht nur bis zur Eröffn. des Verf., sondern auch noch später bis zur Beendigung der Abstimmung über den V.-Vorschlag zurücknehmen. Dies geschieht durch Erklärung entweder schriftlich an das Gericht oder zu Protokoll des Gerichtsschreibers oder mündlich im V.-Termin oder in einer GlVers. Die Wirkungen der Zurücknahme sind verschieden, je nachdem sie vor oder nach der Entscheidung des Gerichts über die Eröffn. des Verf. erfolgt. In dem ersteren Falle erstreckt sich nämlich die Zurücknahme auch auf den in dem V.-Antrage kraft Gesetzes (§§ 24, 71,

80; vgl. Einl. unter II 1) enthaltenen bedingten K.-Antrag, in dem zweiten dagegen nicht.

a) Zieht der Sch. den Antrag vor der Entscheidung über die Eröffn. des Verf. zurück, so ist auf den zurückgenommenen Antrag hin überhaupt keine Entscheidung mehr zu treffen, auch nicht eine solche über Eröffn. des K. Dieser Auffassung, die auch die Begr. zu § 24 und zu § 79 A. 1 Nr. 1 teilt, stehen diese beiden Vorschriften nicht entgegen. § 79 A. 1 Nr. 1 in Verbindung mit § 80 ist nicht anwendbar, weil eingestellt werden nur ein Verf. kann, das bereits eröffnet ist. § 24 bezieht sich nur auf den Fall, daß eine die Eröffn. des VVerf. ablehnende Entscheidung ergeht, und ist nicht anwendbar, wenn eine solche Entscheidung infolge vorheriger Zurücknahme des Antrags sich erübrigt. Es könnte hiernach scheinen, als ob in § 24 A. 1 S. 2 die Worte „der nicht zurückgenommen werden kann" gegenstandslos seien. Dies trifft indessen nicht zu. Die Worte beziehen sich auf den Ausnahmefall, daß entgegen dem Willen des Gesetzes die Entscheidung über die K.-Eröffn. versehentlich oder aus irgendwelchen besonderen Gründen nicht zugleich mit derjenigen über die Abl. des VVerf. in demselben Beschlusse erfolgt, sondern einem besonderen Beschlusse vorbehalten bleibt. In diesem Falle würde nach den Grundsätzen der KO. der Sch. nach Ergehen des ersten Beschlusses noch den K.-Antrag zurücknehmen und dadurch die K.-Eröffn. abwenden können; dies wird ihm durch die in Rede stehenden Worte verwehrt.

b) Zieht der Sch. den Antrag erst nach der — gemäß § 25 bereits mit dem Erlaß des Beschlusses wirksam werdenden — Eröffn. des VVerf. zurück, so bleibt der bedingte K.-Antrag bestehen. Dies bedeuten die Worte „der nicht zurückgenommen werden kann" im § 80. Es ist gemäß § 79 A. 1 Nr. 1 das VVerf. einzustellen und gemäß § 80 über die K.-Eröffn. zu entscheiden.

IV. Der Sch. kann den mit dem Eröffnungsantrage vorgelegten V.-Vorschlag nachträglich im Laufe des Verf. ändern. Entsprechend der Regelung im K. (Jaeger Anm. 6 zu § 174, Anm. 23 zu § 173 KO.) und in der früheren GA. (vgl. § 52 GAV.) gilt dies auch im VVerf. Der V.-Vorschlag ist ein an die Gl. gerichteter Vertragsantrag; seine Einreichung bei Gericht enthält nur eine Ankündigung; die Erklärung eines annahmefähigen Antrags gegenüber den Gl. erfolgt erst im V.-Termin. Nach den Grundsätzen des BGB. (§ 145) müßte angenommen werden, daß der im V.-Termin erklärte V.-Vorschlag für den Sch. verbindlich sei und nicht mehr widerrufen oder geändert werden könne. Da indessen § 79 A. 1 Nr. 1 VO. dem Sch. noch bis zur Beendigung der Abstimmung über den V.-Vorschlag die Zurücknahme des Antrags und damit den Widerruf des Vorschlags gestattet, muß das gleiche auch für eine Änderung des Vorschlags gelten. Diese Auffassung teilt anscheinend auch die Begr. zu § 79 A. 1 Nr. 1. Die Beendigung der Abstimmung über den V.-Vorschlag stellt dessen Annahme oder Ablehnung dar; der V.-Vorschlag ist also bis zu seiner Annahme oder Ablehnung widerruflich und änderungsfähig, also nicht verbindlich im Sinne des BGB.

Die Änderung des V.-Vorschlags ist auch dann, wenn der neue Vorschlag für die Gl. ungünstiger ist, nicht etwa als ein neuer Verfahrensantrag aufzufassen. Es bedarf also keiner erneuten Beibringung der Zustimmung der in § 16 A. 1 Nr. 4 bezeichneten Gl.-Mehrheit; auch ist nicht etwa das bisherige Verf. unter Zugrundelegung des neuen Vorschlags zu wiederholen, was zu einer unerträglichen Verzögerung führen würde. Es läßt sich nicht verkennen, daß unter diesen Umständen die Befugnis zur Änderung des V.-Vorschlags dazu mißbraucht werden kann, die Vorschrift des § 16 A. 1 Nr. 4 zu umgehen. Einen gewissen, freilich wohl nicht ganz ausreichenden Schutz hiergegen bietet § 79 A. 1 Nr. 2 in Verbindung mit § 80. Er verwehrt es dem Sch., durch Vorschlagsänderung unter die Mindestquote des § 6 hinabzugehen; denn sobald dies geschieht, wird das VVerf. gemäß §§ 6, 15 A. 1 S. 2, 22 Nr. 1 unzulässig. Darüber hinaus ermächtigt § 79 A. 1 Nr. 2 in Verbindung mit §§ 22 Nr. 4 das Gericht auch noch in gewissen anderen Fällen zur Beanstandung des geänderten V.-Vorschlags aus dem Grunde, weil dieser für die Gl. zu ungünstig sei und der Vermögenslage des Sch. nicht entspreche; jedoch ist in dieser Hinsicht die Möglichkeit des Eingreifens für das Gericht beschränkt. Vgl. hierüber Bem. II d und IV 4 zu § 22, 23.

§ 16. Dem Antrag sind beizufügen:

1. ein Verzeichnis der Gläubiger und der Schuldner unter Angabe der einzelnen Forderungen und Schulden;
2. eine Übersicht des Vermögensstandes des Schuldners;
3. eine Erklärung des Schuldners darüber, ob innerhalb des letzten Jahres vor dem Tage des Antrags zwischen ihm und seinem Ehegatten vor oder während der Ehe, seinen oder seines Ehegatten Verwandten auf- und absteigender Linie, seinen oder seines Ehegatten voll- und halbbürtigen Geschwistern oder den Ehegatten einer dieser Personen eine Vermögensauseinandersetzung stattgefunden hat, sowie darüber, ob und welche Verfügungen über Vermögensgegenstände er innerhalb des letzten Jahres vor dem Tage des Antrags zugunsten einer dieser Personen vorgenommen hat; Verfügungen, die ausschließlich gebräuchliche Gelegenheitsgeschenke zum Gegenstande hatten, bleiben außer Betracht;
4. die schriftliche Erklärung der Mehrheit der an dem Verfahren beteiligten Gläubiger, die zugleich mehr als die Hälfte der Gesamtsumme der von dem Vergleiche betroffenen Forderungen darstellen müssen, daß sie mit der Eröffnung eines Vergleichsverfahrens einverstanden sind; Gläubiger, deren Stimmen zugunsten eines Vergleichs nicht gezählt werden (§ 64), bleiben bei der Be-

rechnung der Mehrheiten außer Betracht; die Mehrheiten sind auf Grund des Gläubigerverzeichnisses (Nr. 1) zu berechnen;

5. wenn für die Erfüllung des Vergleichs Sicherheit geleistet werden soll, die genaue Bezeichnung der Sicherheiten und, wenn die Sicherheit in einer Bürgschaft besteht, die Bürgschaftserklärung;
6. die Erklärung des Schuldners, daß er bereit sei, den Offenbarungseid zu leisten.

Der Antrag und seine Anlagen sollen in zwei Stücken eingereicht werden.

§ 17. In die Verzeichnisse der Gläubiger und der Schuldner (§ 16 Abs. 1 Nr. 1) sind alle Gläubiger und Schuldner aufzunehmen. Gläubiger, deren Forderungen der Schuldner bestreitet, und Schuldner, die ihre Schuld bestreiten, sind unter Angabe dieser Tatsachen aufzuführen. Gläubiger, die von dem Verfahren nicht betroffen werden, sind getrennt von den übrigen Gläubigern aufzuführen. Ist einer der im § 16 Abs. 1 Nr. 3 genannten Angehörigen Gläubiger oder Schuldner, so ist dies anzugeben. Ebenso ist anzugeben, wenn ein Gläubiger oder ein Schuldner mit dem Schuldner in einem Gesellschafts- oder anderen Gemeinschaftsverhältnisse steht; das Gesellschafts- oder andere Gemeinschaftsverhältnis ist genau zu bezeichnen.

Bei allen Gläubigern und Schuldnern ist ihre Anschrift anzugeben. Wohnt ein Gläubiger im Ausland oder ist sein Wohnort unbekannt, ist jedoch dem Schuldner ein im Inland wohnender zur Empfangnahme von Zustellungen befugter Vertreter bekannt, so ist auch dessen Anschrift anzugeben.

§ 18. In der Übersicht des Vermögensstandes (§ 16 Abs. 1 Nr. 2) müssen sämtliche Vermögensgegenstände (Aktiva) und Verbindlichkeiten (Passiva) einzeln unter Angabe ihres Betrags oder Wertes aufgeführt und einander gegenübergestellt werden. Bei Forderungen ist die Person des Schuldners, bei Verbindlichkeiten die Person des Gläubigers, bei beiden der Schuldgrund anzugeben. Bei allen Aktiven und Passiven sind etwaige Nebenrechte, insbesondere zur Sicherung übertragenes Eigentum, Hypotheken, Pfandrechte und Bürgschaften sowie Ansprüche aus zur Deckung erhaltenen oder begebenen Wechseln zu bezeichnen, bei Forderungen auch die vorhandenen Beweismittel. Bei Passiven, deren Gläubiger im Falle des Konkurses abgesonderte Befriedigung beanspruchen können, ist auch die Höhe des mutmaßlichen Ausfalls anzugeben. Uneinbringliche oder zweifelhafte Aktiva sind als solche kenntlich zu machen.

Ist der Schuldner Kaufmann, so hat er auch die letzte Bilanz einzureichen.

Begründung zu §§ 16—18[1]): „§ 16 Nr. 1, 2 und §§ 17, 18: Die Vorschriften sollen dafür sorgen, daß den Gl. gleich von vornherein die Tatsachen bekannt werden, die für ein Urteil über die wirtschaftliche Lage des Sch. wesentlich sind.

Zu § 16 Nr. 4: Soll das VVerf. den gerichtlichen Abschluß eines vom Sch. schon außergerichtlich vorbereiteten und geförderten Ausgleichs bilden, so kann es nur eingeleitet werden, wenn die Mehrheit der Gl., die von dem V. betroffen sind, berechnet nach Köpfen und Summen, den V.-Vorschlag des Sch. wenigstens als Grundlage einer weiteren Erörterung betrachtet. Anderenfalls wäre die Eröffn. des VVerf. nur ein unnötiger Zeitverlust, da doch nicht damit zu rechnen ist, daß der Vorschlag des Sch. eine Mehrheit finden wird. Daß sich die Gl. bei der hier in Frage stehenden Einverständniserklärung bereits auf den Vorschlag des Sch. festlegen, verlangt der E. nicht; eine solche Entschließung wird der Sch. in dieser Lage des Verf. nur selten erreichen können. Bei der Berechnung der Mehrheit bleiben die Gl. außer Betracht, deren Stimmen zugunsten eines V. nicht gezählt werden; wer das ist, ergibt sich aus § 64 des Entwurfs.

Zu § 16 Nr. 5: Die Vorschrift ist bereits bei § 15 erörtert.

Zu § 16 Nr. 6: Wegen der Bestimmung kann auf die Vorbemerkungen zu diesem Abschnitt verwiesen werden.

Zu § 16 Abs. 2: Häufig ist darüber geklagt worden, daß die Anhörung der Berufsvertretung das Verf. verzögere, weil ihr als Grundlage ihrer Äußerung die Akten mit dem Antrag des Sch. übersandt werden müßten. Um dem abzuhelfen, verlangt der E., daß der Antrag mit den erforderlichen Anlagen in zwei Stücken einzureichen ist."

I. Zu § 16 A. 1 Nr. 1 und 2: Die Angabe der Beträge der einzelnen Fdg. und Schulden muß bereits in den Verzeichnissen der Gl. und der Sch. gemacht werden, obwohl sie in der Vermögensübersicht noch einmal wiederkehrt (§ 18). Schulden, die auf andere Leistung als Geld gerichtet sind, sind gemäß § 2 S. 2 VO., § 69 KO. dann gleichwohl in Geld — nach dem Schätzungswerte — anzugeben, wenn der Gl. zu den am Verf. beteiligten Gl. gehört; dagegen mit unverändertem Leistungsgegenstande, wenn es sich um ein Passivum handelt, dessen Gl. nicht beteiligt ist. Fdg. (Aktiva) auf andere Leistung als Geld sind natürlich stets unverändert anzugeben. Darüber, daß die Angaben in den Verzeichnissen und in der Übersicht so einzurichten sind, daß sie die Wirkungen der rückwirkenden VollstrSp. berücksichtigen, vgl. Bem. IV zu § 3.

---

[1]) Die Nr. 3 des § 16 A. 1 ist erst im Reichstag eingefügt, daher in der Begr. nicht erwähnt.

Das GlVerz. bildet die formale Grundlage für die Teilnahme der beteiligten Gl. am Verf. Ergänzungen können seitens der Gl. durch Anmeldung gemäß § 60 herbeigeführt werden; aber auch Nachträge des Sch. sind zulässig und von dem Gericht zu beachten. Vgl. auch Bem. IV zu § 62.

II. § 16 A. 1 Nr. 3 hängt eng mit den Vorschriften über die Anfechtung im K. zusammen. Nach § 32 Nr. 1 KO. sind im K. anfechtbar alle unentgeltlichen Verfügungen des GSch. aus dem letzten Jahre vor der K.-Eröffn. mit Ausnahme gebräuchlicher Gelegenheitsgeschenke; nach § 31 Nr. 2 ist bei entgeltlichen Geschäften die stets zulässige Anfechtung wegen fraus (Absicht des GSch., seine Gl. zu benachteiligen) und conscientia fraudis (Kenntnis des Vertragsgenossen des GSch. von dieser Absicht) dann erleichtert, wenn diese Geschäfte im letzten Jahre vor der K.-Eröffn. und mit gewissen Angehörigen des GSch. abgeschlossen sind. Die im K. durch die Anfechtung gebotene Möglichkeit, durch solche Geschäfte weggegebenes Vermögen wieder heranzuziehen, fehlt im VVerf. Daher ist es für die Entschließung der Gl., ob sie sich auf einen V. einlassen oder es auf den K. ankommen lassen wollen, auch wichtig, daß die Gl. wissen, ob und in welchem Umfange von dem Sch. Geschäfte geschlossen worden sind, hinsichtlich deren im K. eine erfolgreiche Anfechtung leicht möglich erscheint; und ganz besonders werden sich die Gl. für die in dem letzten Jahre von dem Sch. mit den im § 31 Nr. 2 genannten Angehörigen abgeschlossenen Geschäfte interessieren. Daher legt § 16 A. 1 Nr. 3 dem Sch. eine Auskunftspflicht über diese Geschäfte, entgeltliche wie unentgeltliche, auf; der Kreis der in Betracht kommenden Angehörigen ist dabei in § 16 A. 1 Nr. 3 VO. genau ebenso bestimmt wie in § 31 Nr. 2 KO. Die Erklärung des § 16 A. 1 Nr. 3 muß immer abgegeben werden, auch wenn sie nur negativ lautet. Eine Verpflichtung des Sch. zu ihrer eidlichen Bestärkung besteht nicht; der Offenbarungseid (§ 61 A. 3) bezieht sich auf diese Erklärung nicht. Unrichtige oder unvollständige Angaben des Sch. bilden indessen gemäß § 22 Nr. 1 einen Grund zur Abl. der Eröffn. des Verf. und, wenn sie sich erst nach der Eröffn. herausstellen, gemäß § 79 A. 1 Nr. 2 einen Grund zur Einst. des Verf.

III. Zu § 16 A. 1 Nr. 4: Über die weittragende Bedeutung dieser Vorschrift, die die wichtigste Neuerung der VO. und geradezu ihr Kernstück ist, vgl. die Einleitung unter I S. 7.

Bei der Berechnung der Mehrheiten auf Grund des GlVerz. entsteht die Frage, ob und wie dabei Gl. von bestrittenen oder von aufschiebend bedingten Fdg. sowie absonderungsberechtigte Gl. zu berücksichtigen sind. Bezüglich der letzteren ist anzunehmen, daß dafür, wie nach § 43 GAV., die Angabe in der Vermögensübersicht über den mutmaßlichen Ausfall (§ 18 A. 1 S. 4) maßgebend ist; ist dort vermerkt, daß kein Ausfall zu erwarten sei, so zählt der Gl. weder als Person noch mit einer Summe. § 43 GAV. bestimmte ferner, daß die Gl. aufschiebend bedingter Fdg. nicht mitzuzählen seien, ebenso die Gl. bestrittener Fdg., soweit nicht das Bestreiten offenbar unbegründet sei. Diese Regelung hat die VO. nicht übernommen; sie folgt auch nicht etwa ohne weiteres aus der

Natur der Sache, vielmehr muß in Ermangelung positiver Vorschriften jetzt das Gegenteil angenommen werden. Auch Gl. bestrittener oder aufschiebend bedingter Fdg. können möglicherweise in dem V.-Termin volles Stimmrecht haben, weil kein Beteiligter widerspricht oder das Gericht auf Widerspruch volles Stimmrecht zubilligt (vgl. § 62 und Bem. VI dazu). Diese Möglichkeit verbietet es, sie hier bei der Einleitung des Verf. unberücksichtigt zu lassen; daraus ergibt sich aber die Notwendigkeit, sie hier mit dem vollen Betrage zu berücksichtigen, denn die erst im V.-Termin und auch dort nur auf Widerspruch hin anzustellende nähere Prüfung kann das Gericht unmöglich schon bei der Einleitung des Verf. vorwegnehmen.

Gegen § 16 A. 1 Nr. 4 ist eingewendet worden, trotz dieser Vorschrift habe der unredliche Sch. es in der Hand, durch falsche Aufstellung des GlVerz. das Gericht zu täuschen und ihm die Erfüllung des Erfordernisses der Wahrheit zuwider vorzuspiegeln. Aber hiergegen bestehen die Sicherungen, daß einmal auch die Angaben des GlVerz. darüber, welche Gl. vorhanden sind, unter den Offenbarungseid des § 61 fallen und daß ferner, sobald sich in dem eröffneten Verf. herausstellt, daß die Angaben des GlVerz. unrichtig waren und bei der Eröffn. das Erfordernis des § 16 A. 1 Nr. 4 nur irrtümlich als erfüllt angesehen worden ist, die §§ 79 A. 1 Nr. 2, 80 platzgreifen.

IV. Zu § 16 A. 1 Nr. 5: Die hier verlangte Bürgschaftserklärung muß so abgefaßt sein, daß sie bereits die verbindliche Verbürgung enthält, nicht nur eine unverbindliche Ankündigung. Natürlich ist die Wirksamkeit der Verbürgung dadurch aufschiebend bedingt, daß der vom Sch. vorgeschlagene V. zustande kommt und bestätigt wird. Wird der V.-Vorschlag nachträglich geändert, so bleibt die Bürgschaftserklärung nur dann bestehen, wenn die Änderung den Sch. und folgeweise auch den Bürgen lediglich günstiger stellt, z. B. den Erlaß erhöht oder die Stundung verlängert; anderenfalls tritt sie außer Kraft.

Wie in Bem. IIa zu § 15 ausgeführt, sind bedingte V. und V.-Vorschläge nicht unzulässig. Für den ZwV. des K. wird angenommen, daß die Bedingung auch darin bestehen kann, daß ein Dritter erst nach Abschluß des V. Bürgschaft übernimmt. Im VVerf. ist eine solche Bedingung unzulässig; denn sie ist mit § 16 A. 1 Nr. 5 nicht vereinbar, da dieser verlangt, daß bei Sicherstellung durch Bürgschaft die Bürgschaftserklärung schon bei der Antragstellung beschafft werden muß.

V. Zu § 16 A. 1 Nr. 6: Diese Erklärung bezieht sich auf den Offenbarungseid des § 61 A. 3.

VI. § 16 A. 2 enthält nur eine Ordnungsvorschrift, deren Verletzung sachliche Nachteile nicht zur Folge hat. Die Vorschrift ist natürlich auch auf Nachträge zu dem Antrage und seinen Anlagen zu beziehen.

§ 19. Unterläßt es der Schuldner, dem Antrag die im § 16 Abs. 1 genannten Anlagen beizufügen, oder genügen der Antrag und die beigefügten Anlagen nicht den Vorschriften des § 15, des § 16 Abs. 1 und der §§ 17, 18, so kann das Gericht, falls der Mangel entschuldbar erscheint, dem Schuldner eine Frist zur Nachholung bewilligen. Die Frist soll in der Regel nicht über eine Woche, im Falle des § 1 Abs. 3 nicht über zwei Wochen, in keinem Falle aber über vier Wochen bemessen werden.

Begründung zu § 19: „Die Stellung des Antrags schützt den Sch. vor der K.-Eröffn. (§ 31). Es besteht daher die Gefahr, daß der Sch. einen aussichtslosen und auch nicht ernstgemeinten mangelhaften Antrag nur stellt, um gegen den drohenden K. gesichert zu sein. Dem will die Vorschrift des § 19 begegnen. Der mangelhafte Antrag wird grundsätzlich abgewiesen mit der Folge, daß gemäß § 24 alsbald über die Eröffn. des K. zu entscheiden ist. Nur wenn der Mangel oder die Unvollständigkeit entschuldbar erscheint, kann das Gericht dem Sch. eine Frist zur Nachholung bewilligen. Die Frist beginnt mit der Zustellung des sie enthaltenden Beschlusses, d. h. mit dem Zeitpunkt, in dem die Ausfertigung des Beschlusses der Postanstalt zur Beförderung übergeben worden ist (§ 11 A. 1 in Verbindung mit § 175 A. 1 S. 3, § 213 der ZPO.). Die Frist soll in der Regel nicht über eine Woche, in dem Falle, daß der Sch., durch einen K.-Antrag überrascht, alsbald den V.-Antrag stellen muß (§ 1 A. 3), nicht über zwei Wochen betragen. Ausnahmsweise kann sie länger bemessen, unter Umständen auch erstreckt werden; keinesfalls aber soll die Gesamtfrist vier Wochen übersteigen."

Die Begr. betont hier etwas einseitig die Interessen der Gl. In erster Linie dient § 19 dem Interesse des Sch. Die §§ 15—18 stellen an die Antragstellung ziemlich hohe und schwer zu erfüllende Anforderungen. Es wird häufig vorkommen, daß diesen nicht voll genügt wird; besonders dann, wenn der Sch. einem K.-Antrage gemäß § 1 A. 3 einen sofortigen V.-Antrag entgegenstellen muß, wird dies oft ganz unmöglich sein. Daher gestattet § 19 bei allen Mängeln des Antrags selbst wie seiner Anlagen eine Nachfristsetzung. Allerdings nur bei solchen Mängeln, die entschuldbar erscheinen; aber die Gerichte werden gut tun, bei dieser Prüfung im allgemeinen einen milden Maßstab anzulegen. Im Interesse der Beschleunigung des Verf. ist die Dauer der zulässigen Nachfrist begrenzt. Die Frist ist keine strenge Ausschlußfrist; auch nach ihrem Ablauf, jedoch noch vor der Entscheidung über die Eröffn. des Verf. von dem Sch. angebrachte Ergänzungen sind zu berücksichtigen (vgl. Begr. zu § 21).

§ 20. Vor der Entscheidung über den Antrag hat das Gericht unbeschadet seiner Verpflichtung nach § 9, wenn der Schuldner Handel- oder Gewerbetreibender oder Landwirt ist, die zuständige amtliche Berufsvertretung des Handels (Industrie), Handwerks (Gewerbes) oder der Landwirtschaft zu hören. Die Vertretung hat sich über den Antrag unverzüglich, spätestens jedoch vor Ablauf einer Woche zu äußern; sie kann eine bestimmte Vertrauensperson (§ 40) benennen. Das Gericht kann die Frist auf Antrag der Vertretung um eine weitere Woche verlängern.

Die Anhörung der Berufsvertretung unterbleibt, wenn der Eröffnung des Vergleichsverfahrens einer der im § 22 bezeichneten Gründe entgegensteht und die Beseitigung dieses Grundes nicht möglich oder mit Sicherheit nicht zu erwarten ist.

Begründung zu § 20: „Die Vorschrift ist aus dem § 21 A. 2 der GAV. übernommen. Die Anhörung der Berufsvertretungen ist grundsätzlich zwingend vorgeschrieben und ihre Ersetzung durch Anhörung eines Sachverständigen nicht mehr zugelassen. Den Berufsvertretungen stehen bessere Erkenntnisquellen für die in Betracht kommenden Beurteilungen zur Verfügung als einem privaten Sachverständigen. Auch liegt es im Interesse der Einheitlichkeit der Sachbehandlung, daß die Berufsvertretungen bei allen in ihren Bezirken vorkommenden Zahlungseinstellungen gehört werden.

Die Frist für die Äußerung der Berufsvertretung, die wie bisher (§ 21 A. 2 S. 2 der GAV.) eine Woche beträgt, soll auf Antrag der Vertretung von dem Gericht um eine weitere Woche erstreckt werden können, um in schwierig liegenden Fällen und bei weiter Entfernung des Wohnorts des Sch. vom Sitze der Berufsvertretung dieser eine Möglichkeit zu zweckentsprechenden Ermittlungen zu gewähren.

Ist der Antrag des Sch. von vornherein aussichtslos, so würde eine Anhörung der Berufsvertretung eine unnütze Verzögerung der vielleicht gebotenen K.-Eröffn. bedeuten. Nach Abs. 2 ist deshalb in diesen Fällen von der Anhörung abzusehen."

I. Welche behördlichen Stellen als zuständige amtliche Berufsvertretungen anzusehen sind, bestimmt sich nach Landesrecht. In Preußen sind es die Industrie- und Handelskammern, die Handwerkskammern und die Landwirtschaftskammern.

II. Welchen Inhalt die Äußerung der Berufsvertretung haben soll, bestimmt die VO. ebensowenig näher wie die GAV. Aus dem Zweck der Anhörung ergibt sich, daß die Berufsvertretung sich darüber wird aussprechen müssen:

a) was ihr darüber bekannt ist, ob die Angaben des Sch. in dem Antrage und dessen Anlagen zutreffend und vollständig sind;
b) was ihr an sonstigen Tatsachen bekannt ist, die für die Beurteilung der Vertrauenswürdigkeit des Sch. und der Sanierungsfähigkeit seines Unternehmens erheblich sein können;
c) insbesondere darüber, ob nach ihrer Kenntnis des Sachverhalts einer der Ablehnungsgründe der §§ 22, 23 in Betracht kommt.

Zu b und c braucht die Berufsvertretung sich nicht auf die Mitteilung von Tatsachen zu beschränken, sondern kann damit auch Beurteilungen und einen gutachtlichen Vorschlag verbinden. Insbesondere gilt dies hinsichtlich derjenigen Ablehnungsgründe, die dem richterlichen Ermessen Spielraum lassen. Bei dem Ablehnungsgrunde des § 23 Nr. 1 (V.-Vorschlag zwischen 30 und 50 vH) geht das Gesetz offensichtlich davon aus, daß die Berufsvertretung sich hier in der Regel gutachtlich äußern wird. Das gleiche wird auch bei den Ablehnungsgründen des § 23 Nr. 2, 3 und des § 22 Nr. 4 im allgemeinen angezeigt sein. Natürlich kann es aber der Berufsvertretung nicht verwehrt werden, zu erklären, daß sie mangels ausreichender Informationen über die Verhältnisse des Sch. zu einer Begutachtung dieser Fragen nicht imstande sei.

d) Vielfach wird es zweckmäßig sein, daß die Berufsvertretung sich noch über andere Punkte ausspricht; z. B. darüber, ob nach ihrer Ansicht die Anordnung einer Verfügungsbeschränkung (§§ 50 ff.) angebracht ist.

Außerdem gewährt § 20 der Berufsvertretung das Recht, eine bestimmte VP. zu benennen. Die Benennung braucht nicht notwendig in der Äußerung über den Antrag zu erfolgen, sondern kann auch nachgebracht werden. Sie bedeutet — anders als die im § 41 vorgesehene Benennung durch die qualifizierte Gläubigermehrheit — für das Gericht nur einen unverbindlichen Vorschlag.

III. Wird dem Sch. gemäß § 19 eine Nachfrist gesetzt, so kann die Anhörung der Berufsvertretung entweder alsbald oder erst nach Eingang der Ergänzung oder Ablauf der Nachfrist erfolgen. Im allgemeinen wird es zweckmäßig sein, den Antrag alsbald der Berufsvertretung mitzuteilen, dabei aber, sofern es sich bei der verlangten Ergänzung nicht bloß um formale und mutmaßlich für die Äußerung der Berufsvertretung belanglose Dinge handelt, eine Abschrift der an den Sch. gerichteten Verfügung beizufügen und weitere Mitteilung in Aussicht zu stellen. Bei diesem Verf. rechnet die Frist für die Äußerung der Berufsvertretung erst von der weiteren Mitteilung, mit der die Ergänzung übermittelt oder mitgeteilt wird, daß eine solche nicht eingegangen ist. Letzterenfalls wird allerdings meist § 20 A. 2 in Verbindung mit § 22 Nr. 1 Platz greifen und daher das an die Berufsvertretung gerichtete Ersuchen zurückzunehmen sein.

§ 21. Nach Abschluß der erforderlichen Ermittlungen, insbesondere nach Eingang der Äußerung der amtlichen Berufsvertretung oder nach Ablauf der im § 20 Abs. 1 Satz 2, 3 bezeichneten Frist, entscheidet das Gericht, ob das Vergleichsverfahren zu eröffnen ist.

Begründung zu § 21: „Nach § 21 A. 1 der GAV. entscheidet das Gericht über den Antrag nach freiem Ermessen. Dieser Grundsatz paßt in dieser Allgemeinheit nicht in den Rahmen des E., der eine Reihe zwingender Vorschriften für die Abl. des Antrags aufstellt. Soweit es für die Eröffn. des Verf. der Würdigung eines Sachverhalts bedarf (vgl. § 22 Nr. 2, 4, 5), gilt selbstverständlich auch für sie der Grundsatz der freien Beweiswürdigung. Dies folgt aus § 8 des E. in Verbindung mit § 286 der ZPO.

Das Gericht soll sobald als möglich ...... entscheiden......; ist dem Sch. nach § 19 eine ... Nachfrist gewährt worden, so muß das Gericht selbstverständlich den Ablauf dieser Nachfrist abwarten. Bis zur Entscheidung des Gerichts kann der Sch. seinen Antrag ergänzen. Die nach § 19 bewilligte Frist hat nur die Bedeutung, daß das Gericht mit Rücksicht auf Mängel des Antrags allein die Entscheidung nicht über die gewährte Frist hinausschieben darf."

§ 22. Die Eröffnung ist abzulehnen,

1. wenn den Erfordernissen des § 15, des § 16 Abs. 1 oder der §§ 17, 18 nicht genügt ist und der Mangel auch nicht innerhalb der nach § 19 gesetzten Frist beseitigt wird;
2. wenn der Schuldner flüchtig ist oder sich verborgen hält oder auf eine an ihn ergehende Ladung des Gerichts (§ 9) ohne genügende Entschuldigung ausbleibt;
3. wenn gegen den Schuldner wegen betrügerischen Bankrotts eine gerichtliche Untersuchung oder ein wiederaufgenommenes Verfahren anhängig oder der Schuldner wegen betrügerischen Bankrotts rechtskräftig verurteilt ist;
4. wenn sich, insbesondere aus der Übersicht des Vermögensstandes (§ 16 Abs. 1 Nr. 2, § 18), der nach § 16 Abs. 1 Nr. 3 vom Schuldner abzugebenden Erklärung oder aus der Bilanz (§ 18 Abs. 2) ergibt, daß der Schuldner seinen Vermögensverfall durch Unredlichkeit oder Leichtsinn herbeigeführt hat, daß er den Antrag auf Eröffnung des Vergleichsverfahrens böswillig verzögert hat oder daß der Vergleichsvorschlag der Vermögenslage des Schuldners nicht entspricht;
5. wenn das Vermögen des Schuldners unter Berücksichtigung der in dem Vergleichsvorschlag übernommenen Verpflichtungen nicht ausreicht, um die gerichtlichen Kosten des Verfahrens einschließlich der einer Vertrauensperson zu gewährenden Vergütung zu decken; die Ablehnung unterbleibt, wenn ein zur Deckung dieser Kosten ausreichender Geldbetrag bei Stellung des Antrags vorgeschossen oder sonst hinreichend sichergestellt wird.

§ 23. Die Eröffnung kann abgelehnt werden,

1. wenn die Gläubiger bei einem Vergleiche, der auf einen ziffermäßig bestimmten teilweisen Erlaß ihrer Forderungen lautet, nicht mindestens die Hälfte ihrer Forderungen erhalten sollen und die amtliche Berufsvertretung das Angebot als unzureichend bezeichnet;
2. wenn innerhalb der letzten fünf Jahre vor dem Tage des Antrags auf Eröffnung des Vergleichsverfahrens im Inland die Geschäftsaufsicht, das Konkursverfahren oder das Vergleichsverfahren zur Abwendung des Konkurses über das Vermögen des Schuldners rechtskräftig eröffnet oder mangels Masse rechtskräftig abgelehnt worden ist;

3. wenn innerhalb der letzten fünf Jahre vor dem Tage des Antrags auf Eröffnung des Vergleichsverfahrens der Schuldner im Inland den Offenbarungseid auf Grund des § 807 der Zivilprozeßordnung geleistet hat oder im Inland gegen ihn zur Erzwingung dieses Eides die Haft angeordnet worden ist.

Zu der nachfolgenden Begr. ist folgendes zu bemerken. Im E. bildeten beide §§ nur einen (§ 18) mit 8 Nummern: Es sind:

E. § 18 Nr. 1 = jetzt § 22 Nr. 1.
E. § 18 Nr. 2 = hier fortgefallen (Vorschrift über die Mindestquote, jetzt § 6 in Verbindung mit § 15 A. 1 und § 22 Nr. 1).
E. § 18 Nr. 3 = jetzt § 23 Nr. 2; war im E. Mußvorschrift.
E. § 18 Nr. 4 = „ § 23 Nr. 3; war im E. Mußvorschrift.
E. § 18 Nr. 5 = „ § 22 Nr. 2;
E. § 18 Nr. 6 = „ § 22 Nr. 3, aber inhaltlich stark eingeschränkt;
E. § 18 Nr. 7 = „ § 22 Nr. 4, gleichfalls inhaltlich eingeschränkt;
E. § 18 Nr. 8 = „ § 22 Nr. 5.

Der jetzige § 23 Nr. 1 war im E. nicht vorhanden.

Begründung zu §§ 22—23 (im E. § 18): „In der Vorbemerkung zum zweiten Abschnitt ist bereits dargelegt, weshalb die Eröffn. des VVerf. nicht an so allgemein gefaßte Voraussetzungen geknüpft werden kann, wie gegenwärtig die Anordnung der GA. Der E. legt insbesondere einen größeren Nachdruck auf die Vertrauenswürdigkeit des Sch., von der auch die GAV. (§ 42 A. 2 Nr. 1) bei der Entscheidung über die Zulassung des VVerf. spricht, und versucht den genannten Begriff genauer zu fassen. Diesem Zwecke dienen die Vorschriften der Nr. 3 bis 7.

Die im § 18 als Ablehnungsgründe aufgeführten Tatbestände rechtfertigen zugleich die Verw. des V. und die Einst. des Verf. (§ 68 A. 1, 79 Nr. 2)[1]. Damit dürfte ein erheblicher Druck auf den Sch. ausgeübt werden, seine wahre Lage von vornherein zu offenbaren und sich während der Dauer des Verf. jeder Handlung zu enthalten, die den Interessen der Gl. abträglich ist, insbesondere die Erfüllung des vorgeschlagenen V. gefährdet.

Zu Nr. 1: Der Ablehnungsgrund ergibt sich daraus, daß bei einer Nichterfüllung der in den §§ 15 bis 18 aufgestellten Erfordernisse ein Antrag, wie das Gesetz ihn fordert, fehlt.

Zu Nr 2: . . . .

Zu Nr. 3 bis 7: Die Ablehnungsgründe der Nr. 3 bis 6 finden ihre Rechtfertigung in dem Gesichtspunkt des mangelnden Vertrauens in die Person, der Ablehnungsgrund der Nr. 7 in dem mangelnden Vertrauen hinsichtlich des Vermögens des Sch.

Die Grundlage für eine Entscheidung über die Nr. 3 und 4 bieten die nach § 15 A. 2 Nr. 1, 2, A. 3 in dem Antrag zu machenden Angaben. Die in diesen Nummern aufgeführten Tatbestände haben nur dann die Ablehnung des Antrags zur Folge, wenn sie sich im Inland ereignet haben. Die Berück-

---

[1]) Dieser Satz trifft jetzt, soweit er von der Verw. des V. handelt, nur noch teilweise zu; § 68 ist geändert.

sichtigung ausländischer K. usw. würde Ermittlungen nötig machen, die in den gebotenen kurzen Fristen nicht zu Ende geführt werden könnten; die Bestimmung wäre daher entweder praktisch bedeutungslos, oder sie würde wegen der Gefahr, daß nachträglich das Verf. eingestellt oder die Bestätigung des V. versagt werden müßte (§ 79 Nr. 2, § 68 A. 1)[1]), eine erhebliche Unsicherheit in das Verf. hineintragen.

Die Nr. 5 und 6 bauen einen Gedanken weiter aus, der auch für die Zulässigkeit eines ZwV. im K. von Bedeutung ist (zu vgl. § 175 der KO.). ..... Zur Prüfung der Frage, ob ein Fall der Nr. 6 gegeben ist, wird das V.-Gericht einen Auszug aus dem Strafregister einzufordern haben; im Hinblick hierauf erfordert § 15 A. 2 Nr. 3 die Mitteilung des Geburtstags und Geburtsorts des Sch. .....

Die Bestimmung der Nr. 7 lehnt sich an den § 187 der KO. an. Die Erfahrungen mit der GAV. haben gezeigt, daß sich der Sch. häufig zu spät an seine Gl. wendet; in der Hoffnung auf irgendeinen glücklichen Zufall, bisweilen aber auch lediglich in der Absicht, seine Gl. zu benachteiligen, wirtschaftet er so lange, bis nichts mehr da ist. Darin liegt eine erhebliche Gefahr für die Gl. Der E. will das Verantwortungsgefühl des Sch. schärfen und versagt ihm das VVerf., wenn er böswillig den Antrag verzögert hat. Hier wird wegen der Anfechtungsmöglichkeit der K. den Gl. regelmäßig mehr Aussichten bieten. In einem wirklich ernstgemeinten Sanierungsversuch wird man, auch wenn er erfolglos geblieben ist, keine böswillige Verzögerung des Antrags sehen können. Daß die Eröffn. des Verf. abzulehnen ist, wenn der V.-Vorschlag der Vermögenslage des Sch. nicht entspricht, findet seinen Grund darin, daß in solchen Fällen die Ernstlichkeit des Vorschlags Zweifeln unterliegt. .....

Zu Nr. 8: Die Bestimmung entspricht dem § 107 A. 1 der KO. Einer Vorschrift über die Eintragung in die Liste der konkursunfähigen Sch. (§ 107 A. 2 der KO.) bedarf es nicht. Die Abl. der Eröffn. des VVerf. hat die Entscheidung über die Eröffn. des K. zur notwendigen Folge. Wird das VVerf. mangels Masse abgelehnt, so wird, von ganz seltenen Ausnahmefällen abgesehen, der gleiche Grund auch zur Abl. der K.-Eröffn. führen. Dann findet § 107 A. 2 der KO. aber unmittelbar Anwendung."

I. Die bei der Entscheidung über die Eröffn. des VVerf. zu prüfenden Fragen. II. Die Ablehnungsgründe der §§ 22, 23. III—V. Die Wirkung dieser Gründe für das weitere Verf. nach der Eröffn.

I. Bei der Entscheidung über die Eröffn. des Verf. ist zu prüfen:

a) zunächst, ob überhaupt eine rechtswirksame Antragstellung vorliegt. Hierhin gehören Fragen wie die, ob der Antrag unterschrieben ist; ob der Antragsteller eine des VVerf. fähige Person oder Personenvereinigung ist (vgl. Bem. I zu § 1); die Geschäftsfähigkeit des Sch., falls insoweit Anlaß zu Bedenken besteht; wenn der Antrag von einem

[1]) Vergl. Fußnote 1 auf S. 7.

gesetzlichen oder bevollmächtigten Vertreter gestellt ist, dessen Legitimation; ob der Vorschrift des § 89 Nr 2 genügt ist. Ist der Antrag aus einem derartigen Grunde unwirksam, so kann eine Entscheidung höchstens dahin ergehen, daß eine sachliche Entscheidung mangels Rechtswirksamkeit des Antrags abgelehnt werde; eine Abl. des Antrags und eine Entscheidung über Eröffn. des K. gemäß § 24 kann in diesem Falle nicht erfolgen.

b) demnächst die Zuständigkeit des Gerichts (vgl. Bem. VII zu § 1). Diese ist von Amts wegen zu prüfen, da es sich um einen ausschließlichen Gerichtsstand handelt (§ 1 VO. in Verbindung mit § 71 KO.). Hält das Gericht sich für unzuständig, dagegen ein anderes Gericht für zuständig, so kann auf Antrag des Sch., der auch durch Zwischenverfügung herbeigeführt werden kann, an dieses Gericht verwiesen werden (§ 8 VO., §§ 276, 495 ZPO.). Solchenfalls ist Tag der Antragstellung, insbesondere im Sinn der §§ 3, 23 Nr. 2 u. 3, 31, 70, 84, derjenige Tag, an welchem der Antrag bei dem ersten (unzuständigen) Gericht eingegangen ist[1]. Ist Verweisung an ein anderes Gericht nicht möglich oder kein Verweisungsantrag gestellt, so erfolgt Abl. des Antrags wegen Unzuständigkeit und gleichzeitig gemäß § 24 Abl. der K.-Eröffn. aus demselben Grunde. Man könnte meinen, daß § 24 auf die Abl. wegen Unzuständigkeit nicht anwendbar und diese daher nur bezüglich des VVerf. auszusprechen sei. Dem steht aber das Bedenken entgegen, daß der Sch. unter Umständen ein beachtliches Rechtsschutzinteresse an der Beschwerdemöglichkeit haben kann, zu der er nur auf dem Wege über § 24 gelangt. So insbes. dann, wenn kein anderes Gericht als zuständig in Frage kommt, es sich also für den Sch. darum handelt, ob er überhaupt zum VVerf. in Deutschland zugelassen wird.

c) die konkursmäßige Vermögenslage des Sch. (vgl. Bem. III zu § 1). Wie im K. (Jaeger Anm. 1 zu § 104 KO.), so ist auch im VVerf. die Behauptung des Sch., zahlungsunfähig oder überschuldet zu sein, nicht für das Gericht maßgebend, sondern unterliegt seiner Nachprüfung. Das Gericht kann sich mit den Angaben des Sch. begnügen, aber auch deren Glaubhaftmachung erfordern oder sonstige Ermittlungen anstellen. Hält das Gericht die konkursmäßige Vermögenslage nicht für dargelegt, so erfolgt auch hier Abl. der Eröffn. sowohl des V.- als auch gemäß § 24 des KVerf.; das Interesse des Sch. an der Beschwerdemöglichkeit ist hier wohl immer gegeben.

d) Bestehen hinsichtlich der Punkte a—c keine Bedenken, so ist die weitere Entscheidung nicht vollständig dem Ermessen des Gerichts überlassen.

[1] Dies folgt aus dem allgemeinen zivilprozessualen Grundsatz, daß bei Verweisung die Rechtshängigkeit mit allen ihren Wirkungen bestehen bleibt (Stein-Jonas Anm. IV 4 zu § 276 ZPO.). Die strittige Frage, inwieweit von diesem Grundsatz in dem Falle einer ausschließlichen Zuständigkeit für die Wirkung der Wahrung einer materiellrechtlichen Ausschlußfrist für die Klageerhebung eine Ausnahme zu machen ist (vgl. RG. 114 S. 122 und die dort angeführten Entsch.), kommt hier nicht in Betracht.

Vielmehr stellt die VO. bestimmte Gründe auf, bei deren Vorliegen die Eröffn. des Verf. teils abgelehnt werden muß (§ 22), teils abgelehnt werden kann (§ 23). Soweit keiner dieser Gründe vorliegt, muß das VVerf. eröffnet werden. Soweit einer der Gründe des § 23 vorliegt, ist Eröffn. oder Abl. in das Ermessen des Gerichts gestellt. Soweit einer der Gründe des § 22 vorliegt, muß abgelehnt werden; einige dieser Gründe (Nr. 4) sind allerdings in ihrem Tatbestande so gefaßt, daß bei der Prüfung, ob sie vorliegen, für das richterliche Ermessen noch ein erheblicher Spielraum bleibt.

II. Die Ablehnungsgründe der §§ 22, 23 gliedern sich in die folgenden 5 Gruppen:

a) Unzureichende Vergleichsquote. Gilt nur für V.-Vorschläge mit ziffermäßig bestimmtem Erlaß. Solche müssen den Gl. mindestens 30 vH bieten, widrigenfalls abgelehnt werden muß (§§ 6, 15 A. 1, 22 Nr. 1). Bei einem V.-Vorschlag unter 30 vH wird Fristsetzung gemäß § 19 kaum stattfinden können, da dieser Mangel des Antrags als unentschuldbar gelten muß. Bei einem V.-Vorschlag von 30 oder mehr, aber unter 50 vH kann abgelehnt werden, jedoch nur, wenn die amtliche Berufsvertretung das Angebot als unzureichend bezeichnet hat (§ 23 Nr. 1). V.-Vorschläge von mindestens 50 vH müssen zugelassen werden.

b) Mängel der Antragstellung (§ 22 Nr. 1). Hierher gehören — abgesehen von dem unter a erwähnten V.-Vorschlag unter 30 vH, den die VO. formell gleichfalls als einen Fall mangelhafter Antragstellung behandelt — insbes. der Fall, daß die nach § 16 A. 1 Nr. 4 erforderlichen Zustimmungserklärungen von Gl. überhaupt nicht oder in nicht ausreichender Zahl beigebracht sind, ferner aber auch alle sonstigen Inkorrektheiten des Antrags oder seiner gesetzlich vorgeschriebenen Anlagen; z. B. wenn die in § 16 A. 1 Nr. 1, 2 bezeichneten Verzeichnisse fehlen oder den Vorschriften der §§ 17, 18 nicht genügen oder wenn die in § 16 A. 1 Nr. 3 vorgeschriebene Erklärung des Sch. fehlt. Bei allen Mängeln dieser Art ist zunächst, soweit sie entschuldbar erscheinen, Fristsetzung gemäß § 19 zulässig (vgl. Bem. zu § 19).

c) Besondere Tatsachen, welche die Persönlichkeit des Sch. als des Vertrauens seiner Gl. und der Rechtswohltat, zum VVerf. an Stelle des K. zugelassen zu werden, nicht würdig erscheinen lassen oder doch mindestens berechtigte Zweifel an der Würdigkeit des Sch. begründen. Vgl. die Einleitung unter II 2 S. 11—12. Hierhin gehören:

1. aus § 22 die Nr. 2, 3 und aus Nr. 4 die Tatbestände, daß der Sch. seinen Vermögensverfall durch Unredlichkeit oder Leichtsinn herbeigeführt oder daß er den Eröffnungsantrag böswillig verzögert hat. In diesen Fällen muß die Eröffn. abgelehnt werden. Die Nr. 2, 3 entsprechen den Bestimmungen des § 175 KO.; „betrügerischer Bankrott" ist dasselbe, was die KO. (§ 239) „betrüglicher Bankerutt" nennt.

2. aus § 23 die Nr. 2, 3. Nach dem E. sollten auch dies Mußvorschriften sein, die hier bezeichneten Tatbestände — Offenbarungseid usw. — also dem Sch. das VVerf. auf 5 Jahre sperren. Der Reichstag

hat dies für zu hart befunden und daher die Vorschriften in Kannvorschriften umgewandelt. Als solche werden sie aber kaum erhebliche praktische Bedeutung erlangen. Das Gericht wird stets, wenn in den letzten 5 Jahren geführte Offenbarungseids-, K.-, GA.- oder VVerf. in Betracht kommen, die darüber vorhandenen Akten heranziehen müssen; aus diesen allein wird sich indessen selten ein deutliches, eine zuverlässige Beurteilung der Würdigkeit des Sch. gestattendes Bild seines damaligen wirtschaftlichen Verhaltens ergeben, und zeitraubende Ermittelungen hierüber sind bei der gebotenen Schleunigkeit des VVerf. nicht ausführbar. Dankenswert wäre es, wenn die Berufsvertretungen (§ 20) in diesen Punkten nach Möglichkeit die Gerichte durch Beibringung von Material und durch gutachtliche Äußerungen unterstützten. — Im übrigen vgl. zu § 23 Nr. 2, 3 Bem. II c zu § 15.

d) Eine Gruppe für sich bildet der Tatbestand des § 22 Nr. 4, daß der V.-Vorschlag der Vermögenslage des Sch. nicht entspricht. Dies kann auf doppelte Weise der Fall sein:

1. so, daß der V.-Vorschlag den Gl. weniger bietet, als nach der Vermögenslage des Sch. billigerweise zu verlangen ist. Für V.-Vorschläge auf einen ziffermäßig bestimmten teilweisen Erlaß ist aber die Frage, inwieweit sie aus diesem Grunde beanstandet werden können, in § 23 Nr. 1 erschöpfend geregelt; neben dieser Vorschrift ist für eine Anwendung des § 22 Nr. 4 aus dem Grunde, weil der Vorschlag zu wenig bietet, kein Raum [1]). Dagegen wird man für andere V.-Vorschläge, insbesondere für sog. Liquidationsvergleichsvorschläge, in der Tat annehmen müssen, daß das Gericht sie auf Grund des § 22 Nr. 4 auch nach der Richtung hin zu prüfen hat, ob das Angebot nach der Vermögenslage des Sch. als genügend anzusehen ist. Das Gericht wird aber gut tun, mit dieser Prüfung zurückhaltend zu sein. Im allgemeinen kann und soll der Richter es als ausreichend ansehen, daß die Gl.-Mehrheit der Eröffn. des Verf. zugestimmt hat; es kann ohne weiteres angenommen werden, daß sie dies in Kenntnis des V.-Vorschlags getan hat, und dadurch wird die Angemessenheit des Vorschlags ausreichend dargetan. Nur in besonderen Ausnahmefällen kann eine andere Beurteilung angezeigt sein.
2. umgekehrt auch so, daß der V.-Vorschlag den Gl. mehr bietet, als nach der Vermögenslage des Sch. erfüllbar erscheint. Die Begr. scheint den in Rede stehenden Teil des § 22 Nr. 4 nur auf Fälle dieser Art zu beziehen. Nach dieser Richtung ist jeder V.-Vorschlag zu prüfen; aber auch hier wird das Gericht zurückhaltend sein müs-

[1]) Es fällt auf, daß die VO. beide Vorschriften nebeneinander enthält, ohne über ihr Verhältnis zueinander etwas zu sagen. Dies erklärt sich daraus, daß § 22 Nr. 4 schon im E. enthalten war, § 23 Nr. 1 dagegen im Reichstag eingefügt worden ist. Dabei ist man sich wohl über die Rückwirkung auf § 22 Nr. 4 nicht ganz klar gewesen.

sen. Denn eine Abl. der Eröffn. des VVerf. aus diesem Grunde führt in aller Regel zum K.; wenn aber der Sch. und die Mehrheit seiner Gl. darüber einig sind, es mit dem VVerf. zu versuchen, so soll im allgemeinen der Richter nicht sie statt dessen in den K. treiben. Daher darf von § 22 Nr. 4 aus dem Grunde des Zurückbleibens der Leistungsfähigkeit hinter dem Angebot nur dann Gebrauch gemacht werden, wenn das Mißverhältnis kraß ist und den dringenden Verdacht begründet, daß der Sch. den Vorschlag gar nicht ernst meint, vielmehr ihn nur vorgetäuscht hat, um die Zustimmung der Gl.-Mehrheit zu erreichen, und von vornherein beabsichtigt, den Vorschlag später entweder gründlich zu ändern oder vielleicht auch ganz zurückzuziehen.

e) Die mangelnde Kostendeckung (§ 22 Nr. 5). Anders als nach § 107 KO. sind nicht allein die vorhandenen Aktiva und die Kosten des Verf. (einschl. der Vergütung der VP.) einander gegenüberzustellen, sondern es sind auch die Verpflichtungen zu berücksichtigen, die der Sch. in dem V.-Vorschlag übernehmen will. Dies darf aber nicht dahin verstanden werden, daß die Eröffn. des VVerf. immer dann abgelehnt werden müßte, wenn nach einer im jetzigen Zeitpunkt aufgemachten schematischen Rechnung die Aktiva zur Deckung der Vergleichspassiva und der Verfahrenskosten nicht voll ausreichen. Eine solche Rechnung wurde zunächst für die Fälle nicht passen, in denen der V.-Vorschlag die Garantie eines Dritten vorsieht; denn in diesen Fällen besteht die Deckung der Vergleichspassiven nicht allein in dem Vermögen des Sch. Aber auch wenn keine Garantie eines Dritten angeboten wird, würde eine solche schematische Rechnung meist der Sachlage nicht gerecht werden, insbes. dann nicht, wenn — wie wohl die Regel — der VVorschlag Erlaß und Stundung vorsieht; denn in diesen Fällen bildet die Grundlage der Deckung der Vergleichspassiven nicht die gegenwärtige Vermögenslage des Sch., sondern eine künftige, aus der Fortführung des Unternehmens des Sch. später sich ergebende, die mit der gegenwärtigen nicht übereinzustimmen braucht. Man wird daher § 22 Nr. 5 einschränkend dahin auslegen müssen, daß auf Grund seiner die Eröffn. des VVerf. abzulehnen ist:

1. natürlich immer dann, wenn die gegenwärtige Masse zur Deckung der Verfahrenskosten allein nicht ausreicht;
2. im übrigen nur dann, wenn zwischen der Höhe der gegenwärtigen Masse und der Summe der Vergleichspassiven und der Verfahrenskosten ein so auffälliges Mißverhältnis besteht, daß mit Sicherheit erwartet werden kann, daß die letzteren beiden nebeneinander nicht werden gedeckt werden können.

Die Vorschuß- oder Sicherheitsleistung kann von dem Sch., aber auch für ihn von einer anderen Person bewirkt werden. Die Art der Sicherheitsleistung bestimmt das Gericht nach freiem Ermessen (§ 8 VO., § 108 ZPO.).

III. Die Tatbestände des § 23 sind grundsätzlich nur Ablehnungsgründe, d. h. sie haben Bedeutung nur für die Entscheidung über die Eröffn. des

Verf. Vgl. indessen in dieser Beziehung über § 23 Nr. 1 unten Bem. IV 4. Dagegen sind die Tatbestände des § 22 grundsätzlich Unzulässigkeitsgründe, d. h. sie haben Bedeutung nicht nur für die Entscheidung über die Eröffn. des Verf. als Ablehnungsgründe, sondern auch für das weitere Verf. nach der Eröffn. Für dieses sind sie, so lange noch nicht ein V. (durch Beendigung der Abstimmung im V.-Termin) zustande gekommen ist, Einstellungsgründe (unten IV); teilweise, jedoch nur zum kleineren Teil, sind sie auch nach Zustandekommen eines V. noch Verwerfungsgründe (unten V).

IV. Bis zum Zustandekommen des V. ist es nach § 79 A. 1 Nr. 2 Einstellungsgrund, und zwar zwingender, so daß das VVerf. eingestellt werden muß:

a) „wenn das VVerf. unzulässig wird (§ 22)", d. h. wenn einer der Tatbestände des § 22 nachträglich eintritt. Dabei ist indessen zu beachten, daß einige dieser Tatbestände ihrer Natur nach nur von vornherein vorliegen, nicht nachträglich eintreten können.

b) „wenn sich ergibt, daß die Eröffn. des Verf. hätte abgelehnt werden müssen"; d. h. wenn sich nachträglich herausstellt, daß einer der Tatbestände des § 22 schon bei der Entscheidung über die Eröffn. des Verf. vorlag und damals nicht beachtet worden ist.

§ 79 A. 1 Nr. 2 fügt hinzu: „und das Fehlende nicht ergänzt werden kann." Es ist nicht unzweifelhaft, ob dieser Zusatz sich auf beide Fälle oder nur auf den zweiten beziehen soll; ersteres wird anzunehmen sein. Demnach muß stets dem Sch. zunächst Gelegenheit gegeben werden, den nachträglich eingetretenen oder nachträglich bekannt gewordenen Unzulässigkeitsgrund zu beseitigen, soweit dies überhaupt möglich ist. Im einzelnen gilt danach folgendes:

1. Der Tatbestand der Nr. 1 des § 22 kann in der Weise nachträglich eintreten, daß der Sch. den V.-Vorschlag ändert (Bem. IV zu § 15) und dabei entgegen den §§ 6, 15 A. 1 S. 2 unter 30 vH herabgeht. Im übrigen kann er wohl nicht nachträglich eintreten, sondern nur erst nachträglich bekannt werden. Dies kann häufig vorkommen; es gehören dahin alle Unvollständigkeiten oder Unrichtigkeiten des Antrags und seiner gesetzlich vorgeschriebenen Anlagen, die erst nach Eröffn. des Verf. bemerkt werden. Nicht ganz unzweifelhaft, aber gleichgültig ist, ob nachträglicher Eintritt oder nur nachträgliches Bekanntwerden anzunehmen ist in dem Falle, daß das Erfordernis der Zustimmung der Gl.-Mehrheit (§ 16 A. 1 Nr. 4) nach dem vom Sch. eingereichten GlVerz. zwar erfüllt schien, später aber infolge Eintragung weiterer Gl. in das GlVerz. sich als nicht erfüllt herausstellt. In allen diesen Fällen kann das Fehlende ergänzt werden; der Sch. kann den unzulässigen V.-Vorschlag unter 30 vH wieder ändern, unvollständige Angaben ergänzen, unrichtige berichtigen, weitere Zustimmungen von Gl. beibringen. Hierzu muß also dem Sch. stets Gelegenheit gegeben werden, auch dann, wenn der Mangel nicht entschuldbar erscheint und daher, wenn er schon bei der Entscheidung über die Eröffn. des Verf. vorgelegen hätte oder bemerkt

worden wäre, Fristsetzung gemäß § 19 nicht zulässig gewesen wäre. Die Aufforderung an den Sch., den Mangel zu beseitigen, kann unter Fristsetzung erfolgen.

§ 79 A. 1 Nr. 2 in Verbindung mit § 22 Nr. 1 greift auch dann Platz, wenn sich die durch § 15 A. 2, 3 erforderten Angaben des Sch. über frühere Offenbarungseids-, GA.-, K.- und VVerf. nachträglich als unvollständig oder unrichtig herausstellen. Die Tatsache, daß ein solches Verf. innerhalb der letzten 5 Jahre vor der Antragstellung geschwebt hat, bildet zwar gemäß § 23 Nr. 2, 3 nur einen Ablehnungsgrund, dagegen keinen Grund zur Einst. des eröffneten Verf. Aber schon bei der Entscheidung über die Eröffn. des Verf. bildet neben dieser Tatsache die andere, daß der Sch. über sie unvollständige oder unrichtige Angaben gemacht hat, gemäß § 22 Nr. 1 einen selbständigen Ablehnungsgrund, und dieser Grund besteht auch nach der Eröffn. des Verf. als Einstellungsgrund fort.

2. Die Tatbestände des § 22 Nr. 2 und 3 können an sich sowohl nachträglich eintreten wie nachträglich bekannt werden. Flüchtigsein und Verborgenhalten des Sch. sind indessen Unzulässigkeitsgründe nur solange, als dieses Verhalten des Sch. andauert. Wenn also in einem eröffneten VVerf. zwar bekannt wird, daß der Sch. sich zur Zeit der Eröffn. des Verf. verborgen gehalten hat, der Sch. jetzt aber wieder da ist, so liegt kein Einstellungsgrund vor. Ebenso, wenn nachträglich bekannt wird, daß zur Zeit der Eröffn. des Verf. gegen den Sch. ein gerichtliches Strafverf. wegen betrügerischen Bankrotts anhängig war; dies rechtfertigt die Einst. nur, wenn das Strafverf. noch andauert; ist es beendigt, so kommt es auf seinen Ausgang an. Einstellungsgründe gemäß § 79 A. 1 Nr. 2 in Verbindung mit § 22 Nr. 2, 3 sind immer solche, bei denen das Fehlende nicht nachgeholt werden kann.

3. Der Tatbestand des § 22 Nr. 4, daß der Sch. den V.-Antrag böswillig verzögert hat, kann begrifflich nur von vornherein vorliegen und höchstens erst nachträglich bekannt werden. Dagegen kann der Tatbestand, daß der Sch. seinen Vermögensverfall durch Unredlichkeit oder Leichtsinn herbeigeführt hat, auch nachträglich eintreten; wenn nämlich ein derartiges Verhalten des Sch. zwar nicht für die Zeit vor Eröffn. des VVerf., wohl aber für die Folgezeit festzustellen ist. Auch diese beiden Unzulässigkeitsgründe sind solche, bei denen das Fehlende nicht nachgeholt werden kann.

4. Der Tatbestand, daß der V.-Vorschlag der Vermögenslage des Sch. nicht entspricht (§ 22 Nr. 4), kann sowohl sich nachträglich herausstellen wie auch erst nachträglich eintreten; letzteres dann, wenn entweder der V.-Vorschlag geändert wird oder die Vermögensverhältnisse des Sch. sich unerwartet ändern. Für die Wirkung dieses Tatbestandes als Einstellungsgrund müssen dieselben Grundsätze gelten wie für seine Wirkung als Ablehnungsgrund (oben II d). Dabei entsteht die Frage, inwieweit V.-Vorschläge auf einen ziffermäßig bestimmten Erlaß nach der Eröffn. des Verf. aus dem Grunde, weil sie den Gl. zu wenig bieten, gemäß § 79 A. 1 Nr. 2 in Verbindung mit § 22 Nr. 4

als der Vermögenslage des Sch. nicht entsprechend beanstandet werden können. Bei der Entscheidung über die Eröffn. des Verf. ist eine Beanstandung aus diesem Grunde nur unter den Voraussetzungen von § 23 Nr. 1 zulässig, der gegenüber dem hier in Rede stehenden Teil des § 22 Nr. 4 die speziellere Vorschrift ist. Offenbar kann sie nicht nach der Eröffn. des Verf. in weiterem Umfange zulässig sein als bei der Eröffn. Andererseits wäre es aber verfehlt anzunehmen, daß diese Beanstandung nach der Eröffn. des Verf. überhaupt nicht mehr zulässig sei, etwa mit der Begründung, daß der § 23 Nr. 1 insoweit völlig an die Stelle des § 22 Nr. 4 trete, aber nur für das Eröffnungsverf. gelte, also nur einen Ablehnungs-, keinen Einstellungsgrund abgäbe; dadurch würde der Umgehung des § 23 Nr. 1 durch Vorschlagsänderung Tür und Tor geöffnet. Man wird also annehmen müssen, daß die dem § 22 Nr. 4 durch § 23 Nr. 1 hinzugefügte Maßgabe auch nach der Eröffn. des Verf. bestehen bleibt, mit dieser Maßgabe aber der § 22 Nr. 4 auch nach der Eröffn. in Verbindung mit § 79 A. 1 Nr. 2 anwendbar ist; dies kommt auf dasselbe hinaus, wie wenn in § 79 A. 1 Nr. 2 außer dem § 22 noch der § 23 Nr. 1 in Bezug genommen wäre. Praktisch bedeutet diese Ansicht folgendes: wenn der Sch. ursprünglich einen V.-Vorschlag auf 50 vH oder mehr einreicht, nach der Eröffn. des Verf. aber den Vorschlag auf zwischen 30 und 50 vH ändert, so kommt dies als Einstellungsgrund gemäß § 79 A. 1 Nr. 2 in Verbindung mit § 22 Nr. 4 in Betracht, aber nur nach Maßgabe des auch auf die Einstellung aus diesem Grunde entsprechend anzuwendenden § 23 Nr. 1; wenn der Richter also den so geänderten V.-Vorschlag als zu ungünstig für die Gl. beanstanden will, so muß er zunächst die Berufsvertretung hören und nur, wenn diese den Vorschlag für unzureichend erklärt, kann er das Verf. einstellen, muß es aber nicht. Setzt dagegen der Sch. den ursprünglich auf 70 vH lautenden V.-Vorschlag auf 50 vH herab, so kann dies nicht zur Einst. führen, da § 22 Nr. 4 mit der Modifikation des § 23 Nr. 1 dazu keine Handhabe bietet.

Soweit der Tatbestand, daß der V.-Vorschlag der Vermögenslage des Sch. nicht entspricht, einen Einstellungsgrund bildet, liegt stets ein Fall vor, in dem das Fehlende ergänzt werden kann; denn der Sch. kann ja seinen V.-Vorschlag ändern. Hierzu muß ihm also Gelegenheit geboten werden.

5. Bei dem Tatbestande des § 22 Nr. 5 ist sowohl nachträgliches Bekanntwerden wie nachträgliches Eintreten möglich; letzteres dann, wenn nach der Eröffn. des Verf. das Vermögen des Sch. sich durch irgendwelche Verluste erheblich mindert. Auch hier ist stets Ergänzung des Fehlenden möglich, nämlich durch Sicherheitsleistung.

V. Nach dem Zustandekommen des V. haben nur noch einige der Tatbestände des § 22 die Wirkung, auch noch in diesem Stadium des Verf. seiner Fortsetzung entgegenzustehen. Sie führen dann formell nach dem Zustandekommen des V. nicht mehr zur Einst. des Verf., sondern zur Verw. des V. Es sind dies (§ 68):

a) aus § 22 Nr. 1 lediglich der Tatbestand, daß der V. einen unzulässigen Inhalt hat, insbes. der gesetzlichen Mindestquote (§ 6) nicht entspricht;
b) aus § 22 Nr. 2 die Tatbestände, daß der Sch. flüchtig ist oder sich verborgen hält;
c) die Tatbestände des § 22 Nr. 3.

Alle diese Tatbestände sind Verwerfungsgründe nur, wenn sie in dem Augenblick vorliegen, in dem über die Best. des V. zu entscheiden ist, sei es daß sie schon bei der Eröffn. des Verf. vorlagen und fortgedauert haben oder daß sie neu eingetreten sind. Vgl. im übrigen § 68.

§ 24. Wird die Eröffnung des Vergleichsverfahrens abgelehnt, so ist zugleich über die Eröffnung des Konkursverfahrens zu entscheiden. Für diese Entscheidung gilt der Antrag auf Eröffnung des Vergleichsverfahrens als Antrag auf Eröffnung des Konkursverfahrens, der nicht zurückgenommen werden kann.

Gegen die Entscheidung über die Eröffnung des Konkursverfahrens steht dem Schuldner die sofortige Beschwerde zu. Mit ihr kann auch geltend gemacht werden, daß die Eröffnung des Vergleichsverfahrens zu Unrecht abgelehnt worden sei.

Begründung zu § 24: „Die Vorschrift entspricht dem Grundgedanken des E., daß das VVerf. ein letzter Versuch sein soll, dem konkursreifen Sch. den K. zu ersparen. Das Gericht hat darüber zu entscheiden, ob der K. zu eröffnen ist, also nicht einfach den K. zu eröffnen. Damit bleibt für das Gericht die Möglichkeit offen, die K.-Eröffn. abzulehnen, weil z. B. im Laufe der Ermittlungen die frühere Zahlungsunfähigkeit behoben worden ist.

Das KVerf. kann nur auf Antrag eröffnet werden (§ 103 A. 1 der KO.). Der E. behandelt daher den V.-Antrag als einen bedingten K.-Antrag; die Bedingung besteht darin, daß der V.-Antrag keinen Erfolg hat, weil die Eröffn. abgelehnt oder der V. verworfen oder das Verf. eingestellt wird (§ 24 A. 1 S. 2, § 71 A. 1 S. 2, § 80 A. 1 S. 2). Der V.-Antrag kann bis zur Beendigung der Abstimmung über den V.-Vorschlag zurückgenommen werden (§ 79 A. 1 Nr. 1). Auf den bedingten K.-Antrag hat diese Rücknahme aber nur dann Einfluß, wenn noch keine gerichtliche Entscheidung über den V.-Antrag getroffen ist (§ 24 A. 1 S. 2, § 71 A. 1 S. 2, § 80 A. 1 S. 2). Durch diese Regelung wird erreicht, daß sich das K.-Verf. einem erfolglosen V.-Versuch unmittelbar anschließen kann.

Wegen der Vorschriften im A. 2 wird auf die Begründung zu § 14 verwiesen."

I. Eine der wichtigsten Neuerungen der VO. ist der in der Einleitung unter II 1 auf S. 11 dargestellte Grundsatz, daß jeder V.-Antrag zugleich kraft Gesetzes als bedingter K.-Antrag gilt. Dieser Grundsatz wird durchgeführt in § 24 für die Fälle der Abl. der Eröffn. des VVerf., in § 71 für diejenigen der Verw. des V., in § 80 für diejenigen der Einst. des VVerf. In allen diesen Fällen ist nicht etwa automatisch der K. zu eröffnen, sondern über seine Eröffn. zu entscheiden, d. h. der V.-Antrag des Sch. als K.-Antrag anzusehen und im übrigen zu prüfen, ob die Voraussetzungen erfüllt sind, von denen die KO. die K.-Eröffn. auf Antrag des Sch. abhängig macht. In der Regel wird diese Prüfung allerdings zur Eröffn. des K. — des sog. AnschlK. — führen. Bei der Entscheidung gemäß § 24 kann eine Abl. der Eröffn. des Anschl.K. immerhin in den folgenden Fällen stattfinden:

1. wenn das Gericht unzuständig ist (vgl. Bem. Ib zu §§ 22, 23);
2. wenn die konkursmäßige Vermögenslage nicht dargetan ist (vgl. Bem. Ic zu §§ 22, 23);
3. wenn die vorhandene Masse so gering ist, daß nicht nur der § 22 Nr. 5 VO., sondern auch der § 107 KO. Platz greift.

II. Die VO. schreibt vor, daß beide Entscheidungen, die über das V.- und die über das K.-Verf. ergehende, „zugleich", d. h. in demselben Beschlusse, getroffen werden sollen. Denkbar ist es, daß ausnahmsweise einmal die Frage der Abl. des VVerf. vor derjenigen der Eröffn. des Anschl.K. entscheidungsreif ist; wenn z. B. das Vorliegen der konkursmäßigen Vermögenslage unklar ist und noch Ermittlungen erfordert, dagegen zweifellos einer der zwingenden Ablehnungsgründe des § 22 gegeben ist. Auch in solchen Fällen entspricht es der Absicht des Gesetzes, daß mit dem Ausspruch der Abl. des VVerf. gewartet wird, bis zugleich damit die Entscheidung über den AnschlK. getroffen werden kann. Wird gleichwohl zunächst nur ein Beschluß auf Abl. des VVerf. erlassen, so ist die Sache noch nicht erledigt und es muß noch ein zweiter Beschluß über den AnschlK. ergehen; dieser kann nicht etwa in der Zwischenzeit durch Antragsrücknahme abgewendet werden (vgl. Bem. III zu § 15).

III. Für die Frage, wann die Eröffn. des AnschlK. wirksam wird, gelten im Falle des § 24 (anders als in denen der §§ 71, 80) ausschließlich die Vorschriften der KO. Danach tritt die Wirkung nicht erst mit der Rechtskraft, sondern bereits mit dem Erlaß des Eröffnungsbeschlusses ein, auf den die §§ 108, 110 KO. Anwendung finden. Über die Anfechtung des Beschlusses durch den Sch. vgl. die Bem. zu § 14. Den Gl. steht kein Beschwerderecht zu. Die Entscheidung des Beschwerdegerichts wird, da es gemäß § 14 A. 2 keine weitere Beschwerde gibt, sofort wirksam (Ausnahme von § 74 KO.). Wird die Eröffn. des AnschlK. durch das Beschwerdegericht wieder aufgehoben, sei es mit oder ohne Eröffn. des VVerf., so wird damit die bereits eingetretene Wirkung der K.-Eröffn. mit allen ihren Rechtsfolgen wieder rückgängig gemacht. Diese Rechtslage ist keine Besonderheit des AnschlK., sondern ergibt sich immer, wenn eine K.-Eröffn. auf Beschwerde wieder aufgehoben wird (vgl. Jaeger Anm. 4 zu § 109 KO., insbes. darüber, daß in der Zwischenzeit von dem K.-Verwalter bereits vorgenommene Rechtsgeschäfte in Kraft bleiben). Spricht das Beschwerdegericht zugleich mit der Aufhebung der K.-Eröffn. die Eröffn. des VVerf. aus, so treten damit die Wirkungen des VVerf. ein, aber ohne Rückwirkung; daher findet in diesem Falle auf den Beschluß des Beschwerdegerichts der § 25 VO. Anwendung.

IV. In dem AnschlK. gelten gemäß § 82 die Vorschriften der §§ 83—87; dem Inhalt nach anwendbar sind aber im Falle des § 24, da hier ein eröffnetes VVerf. gar nicht geschwebt hat, nur § 84, § 85, soweit von den Gerichtskosten des VVerf. handelnd (vgl. § 99 Nr. 4), und § 87.

V. Sichernde Maßnahmen gemäß § 106 KO. können auf Grund des bedingten K.-Antrags, der in dem V.-Antrag enthalten ist, nicht getroffen werden. Denn der K.-Antrag tritt erst in Wirkung, wenn seine Bedingung eintritt, also mit der Abl. der Eröffn., Einst. des Verf. oder Verw. des V. Dann ist aber auch immer gleich über die K.-Eröffn. zu entscheiden, so daß ein Zwischenstadium, das Raum für Maßnahmen aus § 106 KO. böte, nicht vorhanden ist. Vgl. auch Bem. III zu § 31.

§ 25. In dem Beschlusse, durch den das Vergleichsverfahren eröffnet wird, ist die Stunde der Eröffnung anzugeben.

Ist dies versäumt worden, so gilt als Zeitpunkt der Eröffnung die Mittagsstunde des Tages, an dem der Beschluß erlassen worden ist.

Begründung zu § 25: „Der Zeitpunkt der Eröffn. des VVerf. ist nach mehreren Richtungen von Bedeutung. Nach ihm bestimmt sich, wer am Verf. beteiligt und vom V. betroffen wird (§ 2). Er kommt für die Frage in Betracht, ob ein gegenseitiger Vertrag nach den Vorschriften der §§ 28 bis 30 abgewickelt werden kann. Die VollstrSp. des § 32 ist an die Eröffn. des Verf. geknüpft. Die Verjährung der Anspr. beteiligter Gl. ruht von der Eröffn. des Verf. an (§ 39). Es empfiehlt sich deshalb, den Zeitpunkt der Eröffn. ebenso wie bei der K.-Eröffn. (§ 108 der KO.) genau festzulegen.“

Wie die K.-Eröffn., so wirkt auch die Eröffn. des VVerf. bereits von dem Erlaß des Eröffnungsbeschlusses an. Darunter ist zu verstehen, wenn der Beschluß ausnahmsweise auf Grund mündlicher Verhandlung ergeht und daher verkündet wird (vgl. § 10), der Zeitpunkt der Verkündung, wenn der Beschluß nicht verkündet wird, derjenige Zeitpunkt, in welchem der Richter den Beschluß unterschreibt. In dem verkündeten Beschluß ist der Zeitpunkt der Verkündung, in dem nicht verkündeten der Zeitpunkt der Unterzeichnung durch den Richter genau nach Stunde und Minuten, mindestens nach Stunde und vollendeten Viertelstunden, festzustellen. Der so festgestellte Zeitpunkt gilt dann unter Ausschluß des Gegenbeweises als Zeitpunkt des Erlasses des Beschlusses und damit der Eröffn. des Verf. Ist die Feststellung des genauen Zeitpunktes in dem Beschluß versehentlich unterblieben, so findet keine nachträgliche Ermittlung des genauen Zeitpunktes des Erlasses des Beschlusses statt, sondern es gilt dann die gleichfalls den Gegenbeweis ausschließende Vermutung (Fiktion) des § 25 A. 2.

Der Zeitpunkt der Verkündung oder der richterlichen Unterschrift ist derjenige, von dem an die Wirkung rechnet. Damit ist nicht gesagt, daß es auch derjenige sei, in welchem die von diesem Zeitpunkt ab rechnende Wirkung eintritt. Nach allgemeiner Rechtsregel treten gerichtliche und auch sonstige behördliche Verfügungen in Wirkung erst mit ihrem Hinaustreten in die Außenwelt, dagegen nicht, solange sie noch ein Internum der Behörde sind. Dies gilt auch hier. Der verkündete Eröffnungsbeschluß tritt bereits durch die Verkündung in die Außenwelt hinaus; bei ihm fallen daher der Zeitpunkt, in dem die Wirkung eintritt, und derjenige, von dem an sie rechnet, grundsätzlich zusammen. Der nicht verkündete Beschluß tritt dagegen erst mit der öffentlichen Bekanntmachung (§§ 27 A. 1, 12 A. 1) oder der Zustellung an eine der in § 27 A. 1 genannten Personen in die Außenwelt hinaus. Er wird also erst in dem Zeitpunkt wirksam, in dem der erste dieser Akte vorgenommen ist, aber mit Rückwirkung von dem Zeitpunkt der richterlichen Unterschrift (genauer: von dem Zeitpunkt, der als Zeitpunkt des Erlasses des Beschlusses in dem Beschluß gemäß § 25 A. 1 festgestellt ist oder in Ermangelung einer solchen Feststellung gemäß § 25 A. 2 gilt) an. Solange der Beschluß zwar unterschrieben, aber noch nicht öffentlich bekannt gemacht und auch noch niemandem zugestellt ist, kann ihn der Richter noch ändern oder aufheben. Dies kann aber wirksam nur in der Weise geschehen, daß dabei die Bekanntmachung und Zustellung des ursprünglichen Beschlusses verhindert wird. Gelingt dies nicht, gelangt vielmehr trotz einer Änderungs- oder Aufhebungsverfügung der ursprüngliche Beschluß zur öffentlichen Bekanntmachung oder zur Zustellung, so tritt er damit in Wirkung mit Rückwirkung vom Zeitpunkt seines Erlasses an und die Änderungs- oder Aufhebungsverfügung bleibt wirkungslos.

§ 26. Bei der Eröffnung des Vergleichsverfahrens ist ein Termin zur Verhandlung über den Vergleichsvorschlag zu bestimmen.

Der Vergleichstermin ist nicht über einen Monat hinauszurücken.

Begründung zu § 26: „Die Vorschrift entspricht dem § 44 A. 1 der GAV. Das Gericht soll grundsätzlich einen möglichst nahen Termin bestimmen, damit möglichst bald Klarheit geschaffen wird, ob der V.-Versuch Erfolg hat. Die Monatsfrist bildet demnach nur die äußerste Grenze. Das Gericht kann aus erheblichen Gründen den V.-Termin verlegen (§ 8 des E. in Verbindung mit § 227 A. 1, 3 der ZPO.). Der verlegte Termin muß aber in der Monatsfrist des § 26 liegen und ist nach Maßgabe des § 27 öffentlich bekanntzumachen. Vertagt werden kann der Termin nur nach Maßgabe des § 66."

§ 27. Der Gerichtsschreiber hat den Eröffnungsbeschluß und den Vergleichstermin sofort öffentlich bekanntzumachen.

Der Schuldner und die aus dem Gläubigerverzeichnis ersichtlichen, an dem Verfahren beteiligten Gläubiger sowie die Vertrauensperson (§ 40) sind unter Bekanntmachung des Eröffnungsbeschlusses zu dem Vergleichstermine zu laden (§ 11).

Der Antrag auf Eröffnung des Vergleichsverfahrens nebst seinen Anlagen und das Ergebnis der etwaigen weiteren Ermittlungen wird auf der Gerichtsschreiberei zur Einsicht der Beteiligten (Abs. 2) niedergelegt. In der öffentlichen Bekanntmachung und in der Ladung der Gläubiger ist darauf hinzuweisen.

Begründung zu § 27: „Die öffentliche Bek. des Eröffnungsbeschlusses entspricht der Regelung bei der GA. (§ 22 A. 1 S. 2 der GAB.). Die öffentliche Bek. des V.-Termins selbst ist vorgeschrieben, weil bei der Ladung der Gl. zum V.-Termine das vom Sch. aufgestellte Verzeichnis zugrunde gelegt werden muß, und dieses Verzeichnis unvollständig sein kann. Eine Mitteilung des V.-Vorschlags an die Gl. schreibt der E. nicht vor. Da er davon ausgeht, daß der Sch. mit seinen Gl. bereits vor dem Antrag über den V.-Vorschlag verhandelt hat, erscheint eine Bestimmung, die das Gericht mit einem unter Umständen umfangreichen und Kosten verursachenden Schreibwerk belastet, entbehrlich."

Wegen der Zweckmäßigkeit einer Mitteilung der Eröffn. des VVerf. an Gerichtsvollzieher und Grundbuchamt vgl. Bem. IV zu § 32.

Dritter Abschnitt.

Wirkungen der Eröffnung des Vergleichsverfahrens.

Begründung vor § 28: „Mehrfach ist die Forderung erhoben worden, daß der Sch. mit der Eröffn. des VVerf. kraft Gesetzes die Befugnis verlieren müsse, über sein Vermögen zu verfügen. Der E. teilt diesen Standpunkt nicht.

Die Verfügungsbeschränkungen würden den Sch. nur hindern, die Aktivmasse zu vermindern; die Gl. können aber ebenso wie durch eine Verminderung der Aktivmasse durch eine Erhöhung der Schuldenlast geschädigt werden. Folgerichtig müßte also dem Sch. auch die Verpflichtungsfähigkeit jedenfalls mit Wirkung für das Vermögen, das ihm zur Zeit der Eröffn. gehört, entzogen werden. In der Tat ist diese Folgerung von manchen Seiten gezogen und demgemäß eine Regelung dahin verlangt worden, daß der Sch. während der Dauer des VVerf. über sein Vermögen nur mit Zustimmung der VP. verfügen und nur mit ihrer Zustimmung Verpflichtungen eingehen kann. Damit wird der Eröffn. des VVerf. im Ergebnis die gleiche Wirkung beigelegt wie der Eröffn. des K. Unterscheidet sich aber das VVerf. in diesem für die kaufmännische Geltung des Sch. wesentlichen Punkte in nichts von dem KVerf., so muß das Verf. für den Sch. an Interesse verlieren. Der Sch. wird mit allen Mitteln danach streben, ebenso wie das KVerf., auch das VVerf. zu vermeiden, und er wird sich zu dem VVerf. erst entschließen, wenn seine wirtschaftlichen Schwierigkeiten so groß geworden sind, daß ein Weiterwirtschaften und damit die Möglichkeit eines den Gl. einigermaßen erträglichen V. ausgeschlossen sind. Es ist also zu besorgen, daß mit einer solchen Regelung das Gegenteil von dem erreicht werden würde, was der E. beabsichtigt, nämlich den Sch. dahin zu beeinflussen, sich im Interesse der Gl. möglichst frühzeitig an sie zu wenden.

Der K. verfolgt den Zweck, das Vermögen des Sch. zu liquidieren. Dieses Ziel läßt sich auch mit Hilfe eines K.-Verwalters erreichen, der in dem Geschäftszweig des Sch. keine besondere Sachkunde besitzt. Im Gegensatze dazu will es das VVerf. dem Sch. in erster Linie ermöglichen, seinen Betrieb aufrechtzuerhalten. Soll ihm also für dieses Verf. die Verfügungs- und Verwaltungsbefugnis kraft Gesetzes genommen werden, so müßte die Person, der statt des Sch. die Befugnis übertragen wird, in dem Geschäftszweig des Sch. Spezialist sein; sonst besteht die Gefahr, daß sie durch eine unsachgemäße Ausübung ihrer Befugnisse dem Sch. und seinem Geschäfte schweren Schaden zufügt, ohne den Gl. zu nutzen. Geeignete Aufsichtspersonen dieser Art werden aber, wenn sie überhaupt beschafft werden können, ihre Tätigkeit nur gegen verhältnismäßig hohe Vergütungen leisten.

Für die Fdg., den Sch. in seiner Verfügungsbefugnis kraft Gesetzes zu beschränken, wird auf Erfahrungen Bezug genommen, die mit der gegenwärtigen Regelung der GA. gemacht worden sind. Diese Erfahrungen lassen sich aber nicht ohne weiteres auf das von dem E. vorgeschlagene Verf. übertragen. Die Eröffn. des VVerf. ist gegenüber der GA. wesentlich erschwert, um vertrauensunwürdige Sch. von vornherein auszuschließen; das ganze Verf. ist straffer zusammengefaßt und drängt auf eine beschleunigte Erledigung. Für den Sch. wird daher während des Verf. kaum Zeit oder Gelegenheit bleiben, den Gl. abträgliche Schiebungen vorzunehmen.

Schließlich wirkt der E. noch durch eine Reihe besonderer Maßnahmen dem entgegen, daß der Sch. während des Verf. die Rechtsstellung der vom V. betroffenen Gl. verschlechtert. Dem Sch. wird wie im GAVerf. eine VP. zur Seite gestellt, die seine Geschäftsführung während des Verf. überwacht (§ 40); auf ihre Auswahl haben die Gl. einen maßgebenden Einfluß (§ 41). Der Sch. hat der VP. alle erforderlichen Aufklärungen zu geben; die VP. kann auch selbst Nachforschungen in den Geschäftsräumen des Sch. anstellen (§ 47 A. 1 S. 2, 3). Verweigert der Sch. die Auskunft, so setzt er sich der Gefahr der Einst. des Verf. und damit der Eröffn. des K. aus (§ 79 Nr. 4). Die Aufnahme von Darlehen und den Erwerb von Gegenständen auf Kredit muß der Sch. der VP. anzeigen (§ 47 A. 1 S. 1). Die VP. wird zu prüfen haben, ob das Kreditgeschäft wirtschaftlich sachgemäß ist und nicht die Durchführung des V.-Vorschlags gefährdet; hält sie eine solche Gefährdung für gegeben und beharrt der Sch. trotzdem bei seinem Vorhaben, so hat sie die Einst. des Verf. anzuregen (§ 47 A. 2; § 79 Nr. 2 in Verbindung mit § 22 Nr. 4). Kommt es infolge Fehlschlagens des V.-Versuchs zum K., so haben die Gl. aus Darlehnsgeschäften des Sch., die er während des VVerf. eingegangen ist, nur dann eine bevorzugte Stellung, wenn die VP. das Geschäft genehmigt hat (§ 86). Zur weiteren Überwachung des Sch. dient ein GlA., der stets eingesetzt werden kann und auf Antrag des Sch., einer Gl.-Mehrheit oder der VP. bestellt werden muß (§ 48). Bei der Eröffn. des Verf. hat das Gericht von Amts wegen zu prüfen, ob nach Lage der Sache dem Sch. Verfügungsbeschränkungen aufzuerlegen sind; die Beschränkungen können dem Sch. jederzeit im Laufe des Verf. von Amts wegen oder auf Antrag der VP., eines Mitglieds des GlA. oder eines beteiligten Gl. auferlegt werden (§ 50). Die Verfügungsbeschränkungen können bis zur Anordnung eines allgemeinen Veräußerungsverbots gehen (§ 51), womit der Sch. tatsächlich einer konkursmäßigen Beschränkung unterworfen wird (§§ 54, 57). Neben der öffentlichen Bek. der Eröffn. des VVerf. wird dem Sch., der Kaufmann ist, die Pflicht auferlegt, seiner Firma einen auf das VVerf. hinweisenden Zusatz beizufügen (§ 37). Der Sch. setzt sich der Gefahr einer

Einst. des VVerf. und damit einer Eröffn. des K. aus, wenn er seine Gl. durch unangemessenen Aufwand benachteiligt (§§ 38, 79 Nr. 5).

Rechtsstreitigkeiten des Sch. mit einem am VVerf. beteiligten Gl., die zur Zeit der Eröffn. des Verf. anhängig sind, werden durch die Eröffn. nicht unterbrochen. Ebensowenig ist es den am Verf. beteiligten Gl. verwehrt, während des VVerf. den Sch. zu verklagen. Sie setzen sich im letzteren Falle freilich der Gefahr aus, unter Umständen trotz ihrem Siege die Prozeßkosten tragen zu müssen (§ 35), und ein etwa ergehendes Urteil kann während der Dauer des Verf. nicht vollstreckt werden (§ 32)."

I. Der 3. Abschnitt enthält unter der Überschrift: „Wirkungen der Eröffn. des VVerf." Vorschriften von verschiedener Art. Sie teilen sich in 2 Gruppen; die Abschnittsüberschrift paßt eigentlich nur auf die erste Gruppe. Es scheiden sich nämlich deutlich voneinander:

a) Vorschriften über Wirkungen, welche die Eröffn. des Verf. nach außen hin hervorbringt, und zwar für:
   1. die Gestaltung schwebender Rechtsverhältnisse aus beiderseits noch nicht oder noch nicht vollständig erfüllten gegenseitigen Verträgen (§§ 28—30);
   2. die Rechtsstellung der Gl. hinsichtlich ihrer Rechtsverfolgung durch K.-Antrag (§ 31), ZwVollstr. (§§ 32—34) und Klage (§ 35), hinsichtlich der Zulässigkeit einer Aufrechnung (§ 36) und hinsichtlich der Verjährung ihrer Anspr. (§ 39);
   3. die Rechtsstellung des Sch. hinsichtlich seiner Verfügungsfähigkeit (§§ 50—58), der Verpflichtung zur Führung eines Firmenzusatzes (§ 37) und des Maßes des Lebensunterhalts des Sch. und seiner Familie (§ 38).

b) Vorschriften über Dinge des Verf. selbst, nämlich über gewisse prozessuale Maßnahmen, die in dem Verf. zu treffen sind oder getroffen werden können. Hierher gehören die Vorschriften über die VP. (§§ 40—47) und über den GlA. (§§ 48, 49).

II. Die Eröffn. des VVerf. bewirkt nicht, wie die Eröffn. des K., eine Spaltung des Vermögens des Sch. in zwei verschiedener rechtlicher Behandlung unterliegende Teile, Verfahrensmasse und vom Verf. nicht betroffenes Vermögen. Eine solche Unterscheidung gibt es im VVerf. nicht; alles Vermögen des Sch., z. B. auch Erwerb, den der Sch. erst während des Verf. macht, bildet eine einheitliche Masse und wird rechtlich, z. B. hinsichtlich der Unterwerfung unter ein allgemeines Verfügungsverbot oder hinsichtlich der Zulässigkeit oder Unzulässigkeit der ZwVollstr., gleich behandelt.

§ 28. Ist ein gegenseitiger Vertrag zur Zeit der Eröffnung des Vergleichsverfahrens von dem Schuldner und von dem anderen Teile noch nicht oder noch nicht vollständig erfüllt, so kann jeder Vertragsteil mit Ermächtigung des Gerichts die Erfüllung oder die weitere Erfüllung ablehnen.

Das Gesuch um Ermächtigung zur Ablehnung der Erfüllung oder der weiteren Erfüllung muß binnen zwei Wochen nach der öffentlichen Bekanntmachung des Eröffnungsbeschlusses (§ 27) bei dem Gericht angebracht werden. Vor der Entscheidung soll das Gericht die bestellte Vertrauensperson (§ 40) und den Vertragsgegner hören. Dem Schuldner soll die Ermächtigung nur erteilt werden, wenn die Erfüllung oder die weitere Erfüllung des Vertrags das Zustandekommen oder die Ausführbarkeit des Vergleichs gefährden würde und die Ablehnung der Erfüllung dem anderen Teile keinen unverhältnismäßigen Schaden bringt.

§ 29. Auf Miet- und Pachtverträge, bei denen der Schuldner der Vermieter oder der Verpächter ist, sowie auf Dienstverträge, bei denen der Schuldner der zur Dienstleistung Verpflichtete ist, finden die Vorschriften des § 28 keine Anwendung.

Auf Miet- und Pachtverträge, bei denen der Schuldner der Mieter oder Pächter ist und der Miet- oder Pachtgegenstand ihm vor der Eröffnung des Verfahrens bereits überlassen worden ist, sowie auf Dienstverträge, bei denen der Schuldner der Dienstberechtigte ist, finden die Vorschriften des § 28 mit folgenden Maßgaben Anwendung:

1. An die Stelle der Befugnis zur Ablehnung der Erfüllung oder der weiteren Erfüllung tritt die Befugnis, das Vertragsverhältnis ohne Rücksicht auf eine vereinbarte Vertragsdauer unter Einhaltung der gesetzlichen Frist zu kündigen.
2. Bei Mietverträgen über Grundstücke oder Räume kann nur der Schuldner gemäß Nr. 1 kündigen.
3. Wird ein Miet- oder ein Pachtvertrag auf Grund der vorstehenden Bestimmungen vorzeitig gekündigt, so kann das dem Vermieter oder dem Verpächter nach den §§ 559, 581, 585 des Bürgerlichen Gesetzbuchs zustehende Pfandrecht für einen infolge der vorzeitigen Beendigung des Vertrags erwachsenden Schadensersatzanspruch nicht geltend gemacht werden.

§ 30. Wird die Erfüllung oder die weitere Erfüllung eines gegenseitigen Vertrags auf Grund des § 28 abgelehnt oder ein Miet-, Pacht- oder Dienstvertrag auf Grund des § 29 Abs. 2 vorzeitig gekündigt, so kann der Vertragsgegner des Schuldners Schadensersatz wegen Nichterfüllung verlangen. Er ist mit dem Ersatzanspruch am Vergleichsverfahren beteiligt und wird von dem Vergleiche betroffen.

Begründung zu §§ 28—30: „Die Anspr. aus gegenseitigen Verträgen, die zur Zeit der Eröffn. des Verf. noch von keiner Seite voll erfüllt sind, bleiben, wie zu § 4 dargelegt ist, von dem VVerf. und einem abgeschlossenen V. unberührt. In sehr vielen Fällen wird jedoch das Zustandekommen eines V. und eine wirtschaftliche Gesundung des Sch. nur möglich sein, wenn der Vertrag nicht voll erfüllt zu werden braucht; auch der Gl. kann unter Umständen ein Interesse daran haben, von der Vertragserfüllung entbunden zu sein. Der E. sieht daher die Möglichkeit einer Abwickelung gegenseitiger Verträge vor. Seine Vorschriften lehnen sich an die Bestimmungen der GAV. (§§ 9 bis 11, 13 A. 2) an, die ihrerseits wieder auf den Bestimmungen der KO. (§§ 17 ff.) beruhen. Die Regelung weicht jedoch in einem Punkte grundsätzlich von den Bestimmungen der KO. und der GAV. ab. Im Anschluß an Vorschläge, die bereits für die GA. gemacht worden sind, soll in der Regel nicht nur der Sch., sondern auch der andere Teil die Erfüllung ablehnen dürfen. Es kann dem Gl. nicht ausnahmslos zugemutet werden, das Vertragsverhältnis mit einem Sch., dessen Unsicherheit sich herausgestellt hat, fortzusetzen, wenn der Sch. dies will. Besonders hart ist dies bei Dienstverträgen. Der Dienstverpflichtete wird hier gehindert, bei einem wirtschaftlich zuverlässigen Dienstherrn eine Stellung anzunehmen, und genötigt, sich einem Dienstherrn zur Verfügung zu halten, von dem er nicht weiß, ob er seine Dienste entlohnen wird. Die GAV. (§ 11) stellt hier sogar den Dienstverpflichteten ungünstiger als die KO., die ihm im K. seines Dienstherrn nach § 22 eine Kündigung gestattet.

Im übrigen ist zu bemerken:

Zu § 28: Um die Abwicklung des gegenseitigen Vertrages herbeizuführen, kann jeder Vertragsteil die Erfüllung oder die weitere Erfüllung des Vertrags ablehnen. Die Entscheidung muß, da es auch auf der Sch.-Seite an einer zur Verwaltung des Sch.-Vermögens berufenen Person fehlt, in die Hand der Beteiligten gelegt werden. Damit besteht naturgemäß die Gefahr von Mißbräuchen und unsachgemäßen Entschließungen. Der E. will ihr dadurch entgegenwirken, daß er die Ablehnung der Erfüllung an eine Ermächtigung des Gerichts knüpft. Welche Gesichtspunkte für die Entscheidung des Gerichts in Betracht kommen, ergibt sich von selbst, wenn der Gl. die Ermächtigung nachsucht; ihm wird sie zu versagen sein, wenn er trotz Sicherstellung der Erfüllung die Gelegenheit benutzen will, um sich von einem für ihn ungünstigen Vertrage zum Nachteile des Sch. und der übrigen Gl. loszumachen. Für die Ermächtigung des Sch. werden dieselben Richtlinien aufgestellt wie in der GAV. (§ 9 A. 1 S. 2). Die Vorschrift, daß das Gericht neben der VP. auch stets den Vertragsgegner zu hören hat, schafft eine Gewähr für eine umfassende Prüfung aller Verhältnisse.

Die Frage, ob ein gegenseitiger Vertrag unbeeinflußt von einem V. erfüllt werden muß, ist für die Entschließung der Gl. über den V.-Vorschlag von größter Bedeutung. Auch aus verfahrensrechtlichen Gründen geht es nicht an, daß längere Zeit ungewiß bleibt, ob ein Gl. am Verf. teilnimmt oder nicht. Es ist daher geboten, über diese Frage schnell Klarheit zu schaffen. Dem dient die Befristung des Lossagungsrechts, die sich aus § 28 A. 2 S. 1 ergibt.

Zu § 29: Die Vorschriften des § 28 gelten für alle gegenseitigen Verträge. Einer besonderen Regelung bedürfen indessen die Miet-, Pacht- und Dienstverträge. Sie sollen von dem VVerf. unberührt bleiben, wenn der Sch. der Vermieter, der Verpächter oder der Dienstverpflichtete ist. Der Fall, daß der Sch. dienstverpflichtet ist, wird kaum praktische Bedeutung haben. Ein Anlaß, die Rechtsstellung des Mieters oder des Pächters deshalb zu beeinträchtigen, weil der Vermieter oder der Verpächter das VVerf. beantragt hat, dürfte nicht bestehen. Auch im K. bleiben Miet- und Pachtverträge der K.-Masse gegenüber wirksam, wenn der GSch. Vermieter oder Verpächter ist und den Vertragsgegenstand bei der K.-Eröffn. dem Mieter oder dem Pächter bereits überlassen hatte (§ 21 der KO.). Ist der Gegenstand dem Mieter oder dem Pächter noch nicht überlassen, so kann der K.-Verwalter freilich gemäß § 17 der KO. die Erfüllung ablehnen. Dies rechtfertigt sich indessen beim K. durch die Notwendigkeit, das Vermögen des GSch. zu liquidieren; das VVerf. muß aber gerade umgekehrt dahin streben, in die rechtlichen Beziehungen des Sch., der weiter wirtschaften soll, möglichst wenig einzugreifen.

Solche Eingriffe machen sich nun allerdings notwendig, wenn der Sch. der Dienstberechtigte oder der Mieter oder der Pächter ist. Die wirtschaftliche Gesundung des Unternehmens wird es häufig erfordern, daß der Sch. sein Personal verringert, teuere Geschäfts- oder Wohnräume aufgibt, Pachtverträge über gewerbliche oder landwirtschaftliche Betriebe auflöst, deren Erfüllung seine wirtschaftliche Kraft überschreitet.

Ist hier der Miet- oder Pachtgegenstand dem Sch. noch nicht überlassen, so bewendet es bei der allgemeinen Regel des § 28; jeder Teil kann mit Ermächtigung des Gerichts die Vertragserfüllung ablehnen; das entspricht dem § 20 der KO. Bei Dienstverträgen und bei solchen Miet- oder Pachtverträgen, bei denen dem Sch. bei der Eröffn. des Verf. der Miet- oder Pachtgegenstand bereits überlassen ist, soll der Natur dieser Vertragsverhältnisse entsprechend an die Stelle des Rechts, die Erfüllung abzulehnen, die Befugnis zur Kündigung treten (§ 29 A. 2 Nr. 1); auch hierin stimmt der E. mit der KO. (§§ 19, 22) überein. Die Vorschrift hat eine positive Bedeutung für die Fälle, in denen das Vertragsverhältnis für bestimmte Zeit eingegangen ist; hier kann ohne Rücksicht auf die vereinbarte Dauer unter Einhaltung der gesetzlichen Frist gekündigt werden. Ist das Vertragsverhältnis ohnehin mit keiner längeren als der gesetzlichen Frist kündbar, so hat die Bestimmung nur die negative Bedeutung, daß das Vertragsverhältnis nicht wegen des VVerf. fristlos gelöst werden darf.

Bei Mietverträgen über Grundstücke oder Räume soll nur der Mieter das außerordentliche Kündigungsrecht haben (§ 29 A. 2 Nr. 2). Das VVerf. soll dem Sch. die Möglichkeit geben, sein Unternehmen fortzuführen. Diesem Zwecke widerspricht es, wenn der Vermieter dem Sch. die Unterlagen seines Betriebs, das Geschäftslokal, wegnehmen kann. Anderseits läuft der Vermieter durch die Fortsetzung des Mietverhältnisses keine Gefahr, da er durch das gesetzliche Pfandrecht der §§ 559, 580 des BGB. gesichert ist. Bei der Pacht liegt die Sache insofern anders, als der Verpächter dem Pächter nicht nur Räume überläßt, in denen z. B. der Pächter sein Gewerbe betreibt, sondern ihm die Fruchtziehung aus seinem Vermögen gestattet; hier soll es daher bei dem Kündigungsrecht beider Teile verbleiben. Versagt ist dem Vermieter übrigens nur das außerordentliche Kündigungsrecht des § 29 A. 2 Nr. 1; die sonst für den Vermieter bestehenden Möglichkeiten, das Mietverhältnis vorzeitig zur Aufhebung zu bringen, z. B. wegen Nichtzahlung der Miete, bleiben unberührt.

Der § 29 A. 2 Nr. 3 beschränkt entsprechend der Regelung im K. (§ 49 A. 1 Nr. 2 der KO.) und in der GA. (§ 10 A. 2 S. 2) das Pfandrecht des Vermieters und des Verpächters. Der Vermieter und der Verpächter sind also entsprechend der allgemeinen Regel des § 30 mit einem infolge der vorzeitigen Beendigung des Vertrages etwa entstehenden Schadensersatzanspruch an dem VVerf. beteiligt und werden von einem V. betroffen. Dabei ist es gleichgültig, ob der Schadensersatzanspruch dadurch entsteht, daß der vermietete oder verpachtete Gegenstand nicht oder weniger vorteilhaft anderweit vermietet oder verpachtet werden kann, oder ob bereits in dem gekündigten Vertrage bedungen ist, daß für den Fall einer Kündigung nach Maßgabe des § 29 A. 2 Nr. 1, 2 für die vereinbarte Vertragsdauer der Miet- oder Pachtzins oder eine anderswie berechnete Vertragsstrafe zu entrichten ist.

Zu § 30: Wird die Erfüllung oder die weitere Erfüllung eines gegenseitigen Vertrags von dem Gl. oder von dem Sch. mit Rücksicht auf das VVerf. abgelehnt, so soll der Gl. einen Schadensersatzanspruch wegen Nichterfüllung haben, mit dem er am VVerf. teilnimmt und von dem V. betroffen wird. Daß der Gl. einen Schadensersatzanspruch hat, wenn der Sch. sich von dem Vertrage lossagt, entspricht der bisherigen Regelung bei der GA. Es erscheint aber auch begründet, dem Gl. einen Schadensersatzanspruch zu geben, wenn er selbst den Vertrag mit Rücksicht auf das VVerf. nicht oder nicht weiter erfüllen will. Denn auch in diesem Falle scheitert die Erfüllung des Vertrags an der ungünstigen Vermögenslage des Sch., also an einem Umstand, den dieser zu vertreten hat. Bei der Berechnung der Höhe dieses Schadensersatzanspruchs muß naturgemäß auf das Rücksicht genommen werden, was der Gl. oder der Sch. zur Erfüllung des Vertrags bereits geleistet hat. Ob der Gl., der eine Teilleistung des Sch. erhalten hat und durch das Abgehen von dem Vertrage keinen Schaden erleidet, die erhaltene Leistung herausgeben muß, ist für das Konkursrecht streitig (zu vergleichen Jaeger, KO. 5. Auflage, Note 46 zu § 17); es besteht kein Anlaß, diese praktisch wenig bedeutsame Frage ausdrücklich zu entscheiden.

Ist die Erfüllung oder weitere Erfüllung abgelehnt worden, so sind die Erfüllungsansprüche endgültig weggefallen. Auch wenn es später nicht zum V. kommt, kann weder der Sch. noch der Gl. auf den Erfüllungsanspruch zurückgreifen."

I. Eine ausführliche Darstellung der Behandlung der schwebenden gegenseitigen Vertragsverhältnisse müßte alle die Einzelfragen erörtern, die in Literatur und Rechtsprechung zu §§ 17 ff. KO. eine Rolle spielen. Das würde hier zu weit führen. Sieht man von den Problemen, die für die VO. dieselben sind wie für die KO., im wesentlichen ab, so ist dem in der Begr. hier und zu § 4 Gesagten nicht viel hinzuzufügen. Es sind drei Fälle zu unterscheiden:

a) Der Sch. des VVerf. hat seinerseits vollständig erfüllt, nur die Gegenleistung des Vertragsgegners steht noch ganz oder teilweise aus. Dann ist der Anspr. auf diese Gegenleistung ein Aktivum der Masse; der Vertragsgegner kommt überhaupt nicht als Gl., sondern nur als Sch. in Betracht; der Fall bietet keinerlei Besonderheiten.

b) Der Vertragsgegner hat seinerseits vollständig erfüllt, dagegen steht die Leistung des Sch. noch ganz oder teilweise aus. Auch dieser Fall bietet keine Besonderheiten. Der Vertragsgegner hat die gewöhnliche Rechtsstellung eines Gl. Ob er beteiligter oder nicht beteiligter Gl. ist, bestimmt sich nach den allgemeinen Vorschriften (§ 2); in der Regel wird er danach beteiligter Gl. sein, doch kann ihm ausnahmsweise ein besonderer Rechtsgrund die Stellung eines nicht beteiligten Gl. verschaffen, z. B. wenn er eine dingliche Sicherung und damit ein Absonderungsrecht hat.

c) Der Vertrag ist beiderseits noch nicht oder noch nicht vollständig erfüllt; sowohl die Leistung des Sch. wie die des Vertragsgegners stehen noch ganz oder teilweise aus. Allein auf diesen Fall beziehen sich die §§ 28—30.

II. In dem Falle I c ist der Vertragsgegner des Sch. mit seinen noch ausstehenden Anspr. aus dem Vertrage nicht beteiligter Gl. und wird von dem V. nicht betroffen (§ 4). Mit allen seinen Anspr. aus dem Vertrage; insbes. macht es keinen Unterschied aus:

a) wenn der Vertragsgegner bereits teilweise geleistet hatte, inwieweit sein Anspr. das Entgelt für das bereits Geleistete oder für das noch zu Leistende zum Gegenstande hat. Hat z. B. jemand dem Sch. Waren verkauft und davon die Hälfte bereits vor der Eröffn. des Verf. geliefert, von dem Kaufpreise aber noch nichts erhalten, so ist er mit seiner Preisforderung nicht etwa zur Hälfte beteiligt, zur Hälfte nicht beteiligt, sondern gänzlich nicht beteiligt. Dies gilt auch, wie in der Begr. zu § 4 hervorgehoben, für Sukzessivlieferungsverträge.

b) ob der Anspr. des Vertragsgegners noch auf Erfüllung geht oder aus einem Rechtsgrunde des bürgerlichen Rechts sich in einen Anspr. auf Schadensersatz wegen Nichterfüllung entweder schon vor der Eröffn. des Verf. verwandelt hat oder nach ihr verwandelt. Auch solche Schadensersatzanspr. sind nicht beteiligte Fdg. Anders derjenige Schadensersatzanspr., in den sich nach Eröffn. des Verf. ein Erfüllungsanspr. nicht aus einem Rechtsgrunde des bürgerlichen Rechts, sondern auf Grund des § 30 verwandelt.

III. Wie der K., so kann auch das VVerf. zu einer besonderen Abwickelung der beiderseits nicht oder noch nicht vollständig erfüllten gegenseitigen Vertragsverhältnisse führen. Im K. hat nur der eine Teil, der K.-Verwalter, ein Wahlrecht, die Erfüllung oder weitere Erfüllung zu verlangen oder abzulehnen; wählt er Erfüllung, so ist der Vertragsgegner Massegl.; wählt der Verwalter Ablehnung der Erfüllung, so hat der Vertragsgegner nur eine KFdg. auf Schadensersatz wegen Nichterfüllung (§§ 17, 26, 59 Nr. 2 KO.). Von dieser Regelung unterscheidet sich die im VVerf. geltende in 2 Punkten:

a) Das Wahlrecht steht beiden Vertragsparteien zu, auf der Seite des Sch. des VVerf. nicht der VP., da diese ja überhaupt kein Verwaltungsrecht hat, sondern dem Sch. selbst. Auf der Seite des Sch. ist das Interesse an einer Möglichkeit, von der Erfüllung des Vertrages loszukommen, im VVerf. zwar nicht ganz in demselben Maße wie im K., aber doch immerhin auch anzuerkennen; wenn auch das VVerf. im Gegensatz zum K. keine Liquidierung des Vermögens des Sch. bezweckt, so kann doch sehr wohl ein einzelner schwebender Vertragsschluß, zumal wenn er ein verhältnismäßig hohes Objekt betrifft und auf längere Zeit hinaus wirksam ist, dem Abschlusse eines V. in dem Maße hinderlich sein, daß seine alsbaldige Abwickelung im Interesse des Sch. wie der Gesamtheit seiner Gl. wirtschaftlich geboten erscheint. Die Gewährung des Wahlrechts auch an den Vertragsgegner rechtfertigt sich aus der Erwägung, daß dieser ohne es im VVerf. wesentlich unsicherer dastehen würde als im K. Dort hat er durch seine Eigenschaft als Massegl. und durch das Vorhandensein des K.-Verwalters die Sicherheit, aus der Masse Befriedigung oder Sicherstellung zu erhalten, bevor irgend etwas an die KGl. gelangt. Im VVerf. fehlt ihm diese Sicherheit; er ist zwar nicht beteiligter Gl., hat aber nicht mit einem durch gesetzliche Vorschriften gebundenen Verwalter, sondern mit dem Sch. selbst zu tun und ist stets mehr oder minder auf dessen guten Willen angewiesen, zumal dann, wenn er durch Kreditgewährung an alsbaldiger eigener Rechtsverfolgung gehindert ist.

b) Beide Teile können indessen nicht einfach nach freiem Willen wählen, sondern sie bedürfen zur Ablehnung der Erfüllung oder der weiteren Erfüllung der Ermächtigung durch das Gericht. Nähere Vorschriften hierüber enthält § 28 A. 2. Für das Gesuch um Erteilung der Ermächtigung gilt eine Ausschlußfrist. Auf Grund der unter der Herrschaft der GAV. gemachten Erfahrungen mußte die — von den Gerichten bisher bisweilen versäumte — Anhörung des Vertragsgegners zwingend vorgeschrieben werden. Die Entscheidung des Gerichts ist beiden Vertragsteilen zuzustellen (§ 11 VO., § 329 Abs. 3 ZPO.) und unanfechtbar (§ 14). Dies schließt nicht aus, daß später im Prozeßwege geltend gemacht wird, die Ermächtigung sei unwirksam, weil ihre gesetzlichen Voraussetzungen — Bestehen eines beiderseits noch nicht oder noch nicht vollständig erfüllten gegenseitigen Vertragsverhältnisses — gar nicht vorgelegen hätten (RG. 100 S. 1).

Die Erteilung der Ermächtigung an den Sch. knüpft § 28 A. 2 S. 3 an besondere Voraussetzungen. Sie erscheint danach als eine Ausnahme, die nur dann zugestanden werden soll, wenn diese besonderen Voraussetzungen dargelegt sind. Ein Irrtum in der Beurteilung des Gerichts ist freilich auf die Gültigkeit der Ermächtigung einflußlos, denn es handelt sich nur um eine Sollvorschrift. Für die Erteilung der Ermächtigung an den Gl. sind ähnliche besondere Voraussetzungen nicht aufgestellt. Sie erscheint danach nicht als Ausnahme, sondern es wird davon auszugehen sein, daß sie in der Regel durch die unsichere Lage des Gl. ohne weiteres gerechtfertigt wird und nur ausnahmsweise dann zu versagen ist, wenn besondere Umstände die Lage des Gl. nicht als unsicher erscheinen lassen, insbesondere wenn dem Gl. ausreichende Sicherstellung angeboten wird.

IV. Wird die gerichtliche Ermächtigung zur Ablehnung der Erfüllung oder der weiteren Erfüllung von keinem Teil fristgemäß nachgesucht oder, soweit sie nachgesucht wird, verweigert, so bewendet es bei der weiteren Erfüllung des Vertrages; der Vertragsgegner des Sch. ist nicht beteiligter Gl. Wird dagegen die Ermächtigung erteilt, so ist weiter erforderlich, daß der ermächtigte Vertragsteil dem anderen gegenüber die Ablehnung durch formlose einseitige Willenserklärung erklärt. Diese Erklärung kann rechtswirksam erst nach Erteilung der gerichtlichen Ermächtigung erfolgen; ohne diese abgegeben, ist sie nichtig, nicht etwa nur schwebend unwirksam. Auffälligerweise sieht § 28 A. 2 S. 1 eine Ausschlußfrist nur für das Gesuch um Ermächtigung zur Ablehnung der Erfüllung, nicht auch für die Erklärung der Ablehnung vor, wodurch die Vorschrift ihren Zweck eigentlich nicht erreicht. Geholfen werden kann dadurch, daß das Gericht nur eine befristete Ermächtigung erteilt, was zulässig ist. Die Wirkung der Ablehnung der Erfüllung oder der weiteren Erfüllung ist dieselbe wie im K. die Wirkung der Ablehnung des K.-Verwalters. Das Schuldverhältnis wird nicht aufgehoben, aber sein Inhalt konzentriert sich in einen Anspr. des Vertragsgegners des Sch. auf Schadensersatz wegen Nichterfüllung; mit diesem Schadensersatzanspr. ist der Vertragsgegner aber an dem Verf. beteiligt und wird von dem V. betroffen. Der Schadensersatzanspr. greift nicht nur dann Platz, wenn der Sch., sondern auch dann, wenn der Vertragsgegner selbst ablehnt. Für den K. auf Grund des Wortlauts des § 26 KO. zu Unrecht bestritten, für das VVerf. auf Grund des deutlicheren Wortlauts des § 30 VO. dagegen unbestreitbar ist es, daß diese Verwandelung des Inhalts des Schuldverhältnisses in einen Schadensersatzanspr. des Vertragsgegners ohne weiteres auf Grund der Ablehnung eintritt, ganz ohne Rücksicht darauf, ob ein Rechtsgrund des bürgerlichen Rechts für einen Anspr. auf Schadensersatz wegen Nichterfüllung vorliegt. Im VVerf. stehen sogar der Anspr. auf Schadensersatz wegen Nichterfüllung aus einem Rechtsgrunde des bürgerlichen Rechts und der gleiche Anspr. aus § 30 VO. zueinander in deutlichem Gegensatz: mit dem ersten Anspr. ist der Gl. an dem Verf. nicht beteiligt, mit dem zweiten dagegen beteiligt. Der Gl. fährt daher, wenn er zum Schadensersatz wegen Nichterfüllung aus einem Rechtsgrunde des bürgerlichen Rechts gelangen kann, z. B. nach eingetretenem Schuldnerverzuge durch Nachfristsetzung (§ 326 BGB.), damit besser als auf dem Wege der §§ 28, 30 VO. Ist nach bürgerlichem Recht, insbesondere gemäß § 326 BGB., bereits die Rechtslage eingetreten, daß der Anspr. auf Erfüllung ausgeschlossen ist, so ist für eine Ablehnung der Erfüllung oder weiteren Erfüllung gemäß § 28 VO. kein Raum mehr. — Die Verwandelung des Inhalts des Schuldverhältnisses in den Schadensersatzanspr. tritt dauernd und endgültig ein; sie bleibt bestehen, wie auch der Ausgang des Verf. sein mag. Der Schadensersatz ist in Geld unter Berücksichtigung etwaiger von dem Gl. bereits empfangener Teilleistungen zu berechnen. Die im

Abs. 1 der Begr. zu § 30 am Schluß erwähnte Frage ist, wie folgt, zu beantworten: hat der Gl., der eine Teilleistung empfangen hat, überhaupt keinen Schaden, oder hat er einen Schaden, dessen Betrag hinter dem Wert der empfangenen Teilleistung zurückbleibt, so kann zweifellos der Sch. von ihm die Herausgabe der empfangenen Teilleistung oder ihres Mehrwerts über den Schadensbetrag hinaus verlangen; wirklich zweifelhaft kann nur sein, ob dieser Anspr. als Vertrags- oder als Bereicherungsanspr. anzusehen ist; mit RG. 73 S. 58, wenn auch die dortige Begründung nicht ganz einwandfrei erscheint, gegen Jaeger Anm. 46 zu § 17 KO. und Mentzel Anm. 4 zu § 26 KO. wird das erstere anzunehmen sein.

V. Die besondere Behandlung der Miet-, Pacht- und Dienstverträge gemäß § 29 ist in der Begr. hinreichend erläutert. Auch die Kündigung eines solchen Vertrages gemäß § 29 A. 2 kann nur auf Grund gerichtlicher Ermächtigung erfolgen und erzeugt — gleichgültig, ob sie von dem Sch. oder von dem Vertragsgegner ausgeht — für letzteren einen Anspr. auf Schadensersatz wegen Nichterfüllung; mit diesem Anspr. ist der Vertragsgegner (Dienstverpflichteter, Vermieter oder Verpächter) an dem Verf. beteiligt, das gesetzliche Pfandrecht des Vermieters oder Verpächters kann für ihn nicht geltend gemacht werden, ein Absonderungsrecht besteht also nicht. Alles dies gilt nur für diejenige Kündigung, die auf § 29 A. 2 gestützt wird und einen an sich länger laufenden Vertrag vorzeitig beendigt. Anders, soweit schon der Vertrag eine Kündigung gestattet; eine solche bedarf keiner gerichtlichen Ermächtigung und begründet keinen Schadensersatzanspr. So auch dann, wenn der Vertrag speziell eine Kündigung aus dem Grunde der Eröffn. des VVerf. vorsieht. Insbes. findet in diesem Falle ein Schadensersatzanspr. nur statt, wenn er im Vertrage ausbedungen ist. Auch auf einen solchen Schadensersatzanspr. müssen aber § 29 A. 2 Nr. 3 und § 30 analog angewendet werden, und zwar auch dann, wenn der Schadensersatz vertraglich in die Form einer Fortzahlung der Vergütung oder einer Vertragsstrafe oder in eine sonstige ähnliche Form gekleidet ist; sonst könnten diese Vorschriften leicht umgangen werden.

Für Dienstverträge ist das Gesetz über die Fristen für die Kündigung von Angestellten vom 9. 7. 1926 (RGBl. I S. 399) zu beachten; gesetzliche Kündigungsfrist ist diejenige, die sich unter Berücksichtigung der Vorschriften dieses Gesetzes ergibt.

§ 31. Von der Stellung des Antrags auf Eröffnung des Vergleichsverfahrens bis zur Rechtskraft der Entscheidung, die das Verfahren beendet, ist die Entscheidung über einen Antrag auf Eröffnung des Konkursverfahrens ausgesetzt.

Begründung zu § 31: „Die Vorschrift zieht die prozessuale Folgerung aus dem Grundgedanken des VVerf., dem Sch. die Abwendung des K. zu ermöglichen. Auf die Bedeutung, die sie für den Fall hat, daß der Sch. einem K.-Antrag mit dem Antrag auf Eröffn. des VVerf. begegnet, ist bereits in der Erläuterung zum § 1 hingewiesen worden. Kommt es zum V., so gilt ein Antrag auf Eröffn. des K., über den die Entscheidung nach § 31 ausgesetzt war, als nicht gestellt, und zwar gleichgültig, ob der K.-Antrag nach dem Antrag auf Eröffn. des VVerf. oder vorher angebracht worden war (§ 69 A. 3 S. 2); er ist also dann verfahrensrechtlich endgültig erledigt."

I. Das VVerf. soll den K. abwenden; daher muß der Sch. während seiner Dauer gegen K.-Anträge geschützt sein. Diesen Schutz genießt der Sch. nicht nur gegenüber den beteiligten, sondern gegenüber allen Gl., ferner nicht erst von der Eröffn., sondern schon von der Beantragung des VVerf. an. Die Gl., beteiligte wie nicht beteiligte, werden durch die Beantragung und auch durch die Eröffn. des VVerf. nicht gehindert, K.-Anträge zu stellen; die Entscheidung über solche Anträge bleibt aber bis zur Erledigung des VVerf. ausgesetzt. In gleicher Weise ausgesetzt bleibt auch die Entscheidung über einen solchen K.-Antrag eines Gl., der bereits vor dem V.-Antrage des Sch. angebracht war, dem der Sch. indessen gemäß § 1 A. 3 mit dem V.-Antrage entgegengetreten ist. Damit ist jedem Sch. die Möglichkeit wenigstens des Versuchs garantiert, durch Beantragung des VVerf. den K. abzuwenden.

II. Die Aussetzung dauert bis zur Rechtskraft der Entscheidung, die das durch den V.-Antrag des Sch. eingeleitete Verf. beendet. Wird erst nach Eröffn. des VVerf. ein K.-Antrag angebracht, so dauert die Aussetzung so lange, bis das VVerf. entweder durch Aufhebung nach Best. eines V. oder durch (rechtskräftige) Verw. des V. oder durch (rechtskräftige) Einst. des Verf. beendet ist. Die Aufhebung nach Best. eines V. wird sofort wirksam; sie hat für den K.-Antrag die Wirkung, daß dieser hinfällig wird, als nicht gestellt gilt (§ 69 A. 3 S. 2). In den Fällen der Verw. des V. und der Einst. des Verf. ist gemäß §§ 71, 80 zugleich über die Eröffn. des AnschlK. zu entscheiden. Diese Entscheidung ergeht nur über denjenigen K.-Antrag, der kraft Gesetzes als in dem V.-Antrage des Sch. enthalten gilt, nicht über den K.-Antrag des Gl.; die Entscheidung über letzteren Antrag bleibt vielmehr ausgesetzt bis zur Rechtskraft der Entscheidung über die Beendigung des VVerf. und die Eröffn. des AnschlK. Wird der AnschlK. rechtskräftig eröffnet, so wird damit der K.-Antrag des Gl. gegenstandslos und hinfällig; denn ein bereits eröffneter K. kann nicht noch einmal eröffnet werden. Wird dagegen die Eröffn. des AnschlK. rechtskräftig abgelehnt, so ist nunmehr die Aussetzung der Entscheidung über den K.-Antrag des Gl. beendigt und über diesen Antrag zu entscheiden. — Liegt bereits in dem Stadium zwischen Beantragung und Eröffn. des VVerf. ein K.-Antrag eines Gl. vor, so bleibt die Entscheidung über ihn zunächst ausgesetzt bis zur Entscheidung über die Eröffn. des VVerf. Lautet diese auf Eröffn., so dauert die Aussetzung weiter fort bis zur rechtskräftigen Beendigung des VVerf. nach Maßgabe der vorstehend dargestellten Grundsätze. Wird dagegen die Eröffn. des VVerf. abgelehnt, so ergibt sich dieselbe Sachlage wie bei Verw. des V. und bei Einst. des VVerf. Es ist zunächst gemäß § 24 über die Eröffn. des AnschlK. zu entscheiden. Obwohl die Entscheidung gemäß § 24 anders als die gemäß §§ 71, 80 ergehenden

Entscheidungen alsbald wirksam wird, bleibt auch hier die Entscheidung über den K.-Antrag des Gl. bis zur Rechtskraft der gemäß § 24 ergangenen Entscheidung ausgesetzt. Wird der AnschlK. rechtskräftig eröffnet, so wird damit der K.-Antrag des Gl. gegenstandslos; dagegen ist über ihn zu entscheiden, wenn der AnschlK. rechtskräftig abgelehnt wird.

Daß bei Abl. der Eröffn. des AnschlK. gleichwohl über den K.-Antrag des Gl. noch zu entscheiden ist, ist keine bloße Formalität, sondern hat sachliche Bedeutung. Zunächst ist es möglich, daß trotz Abl. des AnschlK. dem K.-Antrage des Gl. stattgegeben wird; nämlich in dem Falle, daß die Abl. des AnschlK. mangels Masse erfolgt ist und der Gl. Kostenvorschuß oder Sicherheit leistet. Ferner eröffnet die Entscheidung über den K.-Antrag des Gl. dann, wenn auch sie ablehnend ausfällt, dem Gl. den Beschwerdeweg. Für diese Beschwerde gelten ausschließlich die Vorschriften der KO., nicht § 14 VO. Ein auf den Antrag des Gl. eröffneter K. ist kein AnschlK.; die §§ 82—87 VO. sind in ihm grundsätzlich nicht anwendbar. Vgl. indessen Bem. Vb zu § 87.

III. Die Entscheidung „über den Antrag", die gemäß § 31 ausgesetzt ist, ist nur die Entscheidung über Eröffn. oder Abl. des KVerf. Nicht betroffen von der Aussetzung werden Maßnahmen auf Grund des § 106 KO. Diese sind grundsätzlich zulässig und der K.-Antrag eines Gl. bildet — anders als der in dem V.-Antrage enthaltene bedingte K.-Antrag des Sch. (Bem. V zu § 24) — für sie eine taugliche Grundlage. Aber mit der aus dem Sinn der VO. zu entnehmenden Einschränkung, daß während der Dauer eines eröffneten VVerf. nur solche Sicherungsmaßnahmen zulässig sind und bestehen können, die die VO. selbst zuläßt, also nur die in den §§ 50ff. behandelten Verfügungsbeschränkungen. Auch bei Vorliegen eines K.-Antrags eines Gl. können also gleichwohl während der Dauer des VVerf. Sicherungsmaßnahmen nicht auf Grund des § 106 KO., sondern ausschließlich auf Grund der §§ 50ff. VO. angeordnet werden. Dagegen sind bei Vorliegen des K.-Antrags eines Gl. Maßnahmen gemäß § 106 KO. zulässig:

a) nach der Beendigung des VVerf., soweit nicht durch diese der K.-Antrag des Gl. hinfällig geworden ist; also in den Fällen, daß der V. verworfen oder das Verf. eingestellt und dabei die Eröffn. des AnschlK. abgelehnt wird. Hier tritt zwar die die Maßnahmen aus § 106 KO. eröffnende Beendigung des VVerf. erst mit der Rechtskraft des gemäß § 71 oder gemäß § 80 ergehenden Beschlusses ein, also in demselben Zeitpunkt, in dem die Aussetzung der Entscheidung über den K.-Antrag endigt und über diesen befunden werden kann; gleichwohl wird bisweilen noch Raum für Maßnahmen aus § 106 KO. sein, insbes. wenn dem Gl. durch Zwischenverfügung Kostenvorschuß anheimgestellt wird.

b) vor der Eröffn. des VVerf., mag auch der V.-Antrag vom Sch. bereits eingereicht sein. In diesem Stadium des Verf. angeordnete Maßnahmen aus § 106 KO. treten indessen mit der Eröffn. des VVerf. außer Kraft, soweit sie nicht bei der Eröffn. dieses Verf. ausdrücklich als Maßnahmen auf Grund der §§ 50ff. VO. aufrechterhalten werden, was nur bei Verfügungsbeschränkungen möglich ist. Wird die Eröffn. des VVerf. abgelehnt und dabei der AnschlK. eröffnet, so treten gemäß § 106 KO. bereits getroffene Maßnahmen gleichfalls außer Kraft und werden durch die Wirkungen der K.-Beschlagnahme ersetzt; wird Eröffn. sowohl des VVerf. wie des AnschlK. abgelehnt, so bleiben die Maßnahmen bis zu der (erst nach der Rechtskraft dieses Beschlusses ergehenden) Entscheidung über den K.-Antrag des Gl. in Kraft.

§ 32. Nach der Eröffnung des Vergleichsverfahrens können die an ihm beteiligten Gläubiger Zwangsvollstreckungen gegen den Schuldner nicht mehr vornehmen. Das gleiche gilt für solche Gläubiger, die nur deshalb an dem Vergleichsverfahren nicht beteiligt sind, weil ihre Ansprüche nach § 63 der Konkursordnung im Konkursverfahren nicht geltend gemacht werden können.

Begründung zu § 32: „Die Konkursbeschränkung des § 31 besteht gegenüber allen Gl., mögen sie am Verf. beteiligt sein oder nicht; denn der K. soll auf jeden Fall vermieden werden.

Die VollstrSp. des § 32 soll dagegen für solche Gl. nicht gelten, die am VVerf. nicht beteiligt sind (Satz 1). Ihre Anspr. werden mit einer gleich zu erörternden Ausnahme von dem V. nicht betroffen; es besteht daher auch kein Grund, sie während der Dauer des Verf. in dem Zugriff auf das Sch.-Vermögen zu beschränken. Demgemäß können diejenigen Gl. gegen den Sch. während des VVerf. mit ZwVollstr.-Maßnahmen vorgehen, denen der Sch. erst nach der Eröffn. des VVerf. etwas schuldig wird. Das gleiche soll für die von der Beteiligung am K. ausgeschlossenen, dagegen vom GAVerf. betroffenen Unterhaltsberechtigten des § 3 A. 2 der KO. gelten.

Eine Ausnahme von der Regel, daß nicht am Verf. beteiligte Gl. während des VVerf. vollstrecken dürfen, enthält der Satz 2 des § 32. Die seit der Eröffn. des Verf. laufenden Zinsen, die Kosten, welche den einzelnen Gl. durch ihre Teilnahme am Verf. erwachsen, Geldstrafen und Fdg. aus einer Freigebigkeit des Sch. behandelt die KO. als Fdg. minderen Rechts und schließt sie deshalb im § 63 von der Geltendmachung im KVerf. aus (§ 63 der KO.). Das hat zur Folge, daß sie im K. regelmäßig völlig ausfallen. Dieses Ergebnis würde man für das VVerf. in sein Gegenteil verkehren, wenn man diesen Fdg. die Möglichkeit unbeschränkter ZwVollstr. während der Dauer des VVerf. gewährte. Nach der Regel des Satz 1 des § 32 wäre das aber der Fall; denn die im § 63 der KO. bezeichneten Fdg. nehmen nach dem Grundsatz des § 2 des E. am VVerf. nicht teil. Der Satz 2 des § 32 unterwirft daher die bezeichneten Anspr. der VollstrSp., obgleich sie am VVerf. nicht beteiligt sind. Diese Regelung ist für die Zinsen, Kosten und die Anspr. aus einer Freigebigkeit auch noch aus einem anderen Grunde geboten. Die gedachten Fdg. sind zwar am Verf. nicht beteiligt, werden aber nach § 74 von einem V. betroffen. Es wäre offenbar höchst unzweckmäßig, ihnen erst eine unbeschränkte ZwVollstr. zu gestatten, demnächst aber die auf diese Weise erlangten Rechte wieder abzunehmen.

Die ungeachtet des § 32 vorgenommenen ZwVollstr. sind schlechthin nichtig, also nicht bloß den am Verf. beteiligten Gl. gegenüber unwirksam. Die Nichtigkeit kann auch der Sch. geltend machen, und sie bleibt auch bestehen, wenn es wegen Erfolglosigkeit des V.-Versuchs gemäß § 82 zum K. kommt."

I. Die VollstrSp. für die Dauer des VVerf. gemäß § 32 im allgemeinen. II. Wirkung für die einzelnen Arten der ZwVollstr., insbes. für Zwangsersetzung einer Willenserklärung. III. Wirkung für das Verwaltungszwangsverf. IV.—VII. Durchführung der VollstrSp. in der ZwVollstr.-Instanz und Wirkung verbotswidriger Vollstreckungsakte. VIII. Wirkung für die Anfechtung außerhalb des K. IX. Stellung der durch § 32 nicht betroffenen Gl.

I. Die §§ 32, 33 behandeln den Schutz des Sch. während der Dauer des VVerf. gegen Einzelvollstreckungen. § 32 verordnet für bestimmte Klassen von Gl. eine VollstrSp. für die Dauer des VVerf., von der Eröffn. bis zur Beendigung. Die Klassen von Gl., die von dieser VollstrSp. betroffen werden, sind genau dieselben, die von der rückwirkenden VollstrSp. der §§ 3, 70, 84 betroffen werden, nämlich:

a) die an dem VVerf. beteiligten Gl.,

b) diejenigen Gl., die nur deshalb an dem VVerf. nicht beteiligt sind, weil ihre Anspr. nach § 63 KO. im KVerf. nicht geltend gemacht werden können. Vgl. hierzu Bem. Ib zu § 3.

Beide Begriffe verstehen sich in § 32 wie in § 33 mit der Erweiterung, die sie infolge der Wirkungen der rückwirkenden VollstrSp. gemäß § 3 erfahren. Es ist also einflußlos, wenn ein an sich zu diesen Kreisen gehöriger Gl. vor der Eröffn. des Verf., aber innerhalb der Sperrfrist des § 3 durch ZwVollstr. Sicherung oder Sicherung und Befriedigung erlangt hat; trotz dessen bleibt er beteiligter Gl. oder nur aus dem Grunde des § 63 KO. und aus keinem anderen nicht beteiligter Gl. und daher den Vorschriften der §§ 32, 33 unterworfen. Den so obgegrenzten Kreisen von Gl. untersagt § 32 die Vornahme von Zw.-Vollstr. gegen den Sch. während der Dauer des VVerf. Darunter fällt grundsätzlich nicht nur der Beginn völlig neuer ZwVollstr.-Verf., sondern auch die Fortsetzung bereits anhängiger durch Vornahme weiterer Vollstreckungsmaßnahmen. § 32 hindert also auch die Fortsetzung solcher ZwVollstr., die bereits vor der Eröffn. des VVerf., aber innerhalb der Sperrfrist des § 3 zu einer Zwangssicherung geführt haben. Vgl. indessen Bem. V A. 2.

II. Für die einzelnen in der ZPO. unterschiedenen Arten der ZwVollstr. ergibt sich aus der VollstrSp. des § 32 folgendes:

a) ZwVollstr. wegen Geldforderungen werden durch § 32 betroffen, wenn der Gl. zu den durch § 32 betroffenen Gl. gehört. Ebenso ZwVollstr. zur Erwirkung der Herausgabe von Sachen (§§ 883 bis 886 ZPO.) und zur Erwirkung vertretbarer Handlungen (§ 887 ZPO.). Nicht betroffen wird z. B. die Herausgabevollstreckung eines Aussonderungsberechtigten; die Geldvollstreckung eines Absonderungsberechtigten in den dem Absonderungsrecht unterliegenden Gegenstand; die Geldvollstreckung eines Vorrechtsgläubigers, bei besonderen K.-Vorrechten (Bem. IV zu § 2) nur insoweit, als sie sich gegen die dem Vorrecht unterliegenden Gegenstände richtet.

b) Vollstr. zur Erwirkung unvertretbarer Handlungen und von Unterlassungen werden durch § 32 nicht betroffen. Da solche Anspr. keine Vermögensanspr. im Sinne des § 3 KO. sind (Bem. IIc zu § 2), kann bei ihnen der Fall, daß der Gl. zu den durch § 32 betroffenen Gl. gehört, nicht vorkommen.

c) Schon für die GAV. (§ 6 A. 2) streitig war die Behandlung desjenigen Zwanges, der auf Abgabe einer Willenserklärung gerichtet ist. Hier ersetzt gemäß § 894 ZPO. die Rechtskraft des Urteils die Willenserklärung; eine ZwVollstr. im engeren Sinne findet also nicht statt. Wohl aber eine ZwVollstr. im weiteren Sinne; denn die Ersetzung der Willenserklärung ist begrifflich eine Vollstreckungswirkung des Urteils. Auch dies fällt unter § 32. Dadurch werden die durch § 32 betroffenen Gl.[1]) nicht gehindert, auf Abgabe der Willenserklärung zu klagen und das Urteil zu erwirken. Aber wenn der Eintritt der Rechtskraft des Urteils in die Dauer des VVerf. fällt, so tritt die Vollstreckungswirkung, daß die Willenserklärung als ersetzt gilt, einstweilen nicht ein. Sie kann erst mit der Beendigung des VVerf. eintreten; aber auch mit dieser tritt sie keineswegs immer ein, vielmehr wird, wenn das VVerf. mit Best. eines V. oder mit rechtskräftiger Eröffn. des AnschlK. endet, also gerade in den Regelfällen, der Eintritt der Vollstreckungswirkung durch diesen Ausgang des Verf. endgültig ausgeschlossen[2]). Dies ergeben folgende Erwägungen. Die Zwangsersetzung von Willenserklärungen wird in gleicher Weise wie von der VollstrSp. für die Dauer des VVerf. gemäß § 32 natürlich auch von der rückwirkenden VollstrSp. gemäß §§ 3, 70, 84 ergriffen, wenn deren

[1]) D. h. die beteiligten und die nur auf Grund des § 63 KO. nicht beteiligten. Was die letzteren angeht, so kann es bei § 63 Nr. 1—3 KO. nicht vorkommen, daß der Anspr. auf Abgabe einer Willenserklärung gerichtet ist, wohl aber kann dies bei Nr. 4 vorkommen.

[2]) Man kann nicht annehmen, daß durch das Hineinfallen des Eintritts der Rechtskraft in die Dauer des VVerf. der Eintritt der Vollstr.-Wirkung etwa bereits endgültig ausgeschlossen wird. Dies würde nur scheinbar dem Grundsatz entsprechen, daß der Verstoß gegen § 32 alsbaldige und endgültige Nichtigkeit bewirkt (Bem. V), im Wesen der Sache dagegen die Gl. von Willenserklärungen schlechter stellen als die gewöhnlichen Gl. Denn alle nach § 32 nichtigen gewöhnlichen ZwVollstr. im engeren Sinne können nach Beendigung des VVerf., wenn es weder zur Best. eines V. noch zur Eröffn. des AnschlK. gekommen ist, sofort wiederholt werden. Dem entspricht es, auch die automatische Vollstr. des § 894 ZPO. in diesen Fällen wieder einsetzen zu lassen. Anderenfalls müßte der Gl., obwohl er bereits ein rechtskräftiges Urteil hat, gleichwohl zur Erreichung der Vollstr.-Wirkung erneut klagen. Das wäre nicht nur ein unnötiger Umweg, sondern geradezu eine unmöglich erscheinende Rechtslage.

Voraussetzungen vorliegen. Ist also die Rechtskraft eines Urteils, das den Sch. gegenüber einem von diesen Sperren betroffenen Gl. zur Abgabe einer Willenserklärung verurteilt, nicht während des VVerf. eingetreten, sondern schon vor seiner Eröffn., aber innerhalb der Sperrfrist des § 3, so haben die Best. des V. und die Eröffn. des AnschlK. gemäß §§ 70, 84 die Rückgängigmachung der Vollstreckungswirkung, daß die Willenserklärung als abgegeben gilt, zur Folge (vgl. Bem. IV zu § 70). Da nun die VollstrSp. für die Dauer des VVerf. nicht schwächere Wirkungen haben kann wie die rückwirkende, so muß das Entsprechende auch für den Fall gelten, daß die Rechtskraft des Urteils während des VVerf. eingetreten ist. Das Entsprechende, nicht genau dasselbe: die Wirkung der VollstrSp. besteht in dem einen Falle darin, daß eine bereits eingetretene Vollstreckungswirkung wieder rückgängig zu machen ist, in dem anderen darin, daß der Eintritt einer noch schwebenden endgültig ausgeschlossen wird. — Die geschilderte Rechtslage folgt aus dem Gesetz und bedarf keines Ausspruchs im Urteil; ein solcher ist mindestens überflüssig, wohl überhaupt unzulässig (vgl. Bem. IV). — Dasselbe wie für die Vollstreckungswirkung der Rechtskraft (§ 894 ZPO.) gilt naturgemäß auch für die Vollstreckungswirkung der vorläufigen Vollstreckbarkeit (§ 895 ZPO.).

III. ZwVollstr. im Sinn des § 32 ist gemäß § 34 auch die Vollziehung von Arresten und einstweiligen Verfügungen; ferner nicht nur das ZwVollstr.-Verf. nach der ZPO., sondern auch das Verwaltungszwangsverf. Dieses ist insbes. für Geldstrafen (§ 63 Nr. 3 KO.) während des VVerf. gesperrt. Anders hinsichtlich der öffentlichen Abgaben, die nach § 61 Nr. 2 KO. im K. bevorrechtigt sind; diese werden von § 32 nicht betroffen.

IV. Die VollstrSp. des § 32 hindert selbstverständlich nicht, daß ein von ihr betroffener Gl. klagt und daß Verurteilung ergeht, ebensowenig aber, daß das Urteil für vorläufig vollstreckbar erklärt wird und daß der Gerichtsschreiber die Vollstr.-Klausel erteilt. Die Fragen, ob der Sch. sich im VVerf. befindet und ob der Gl. in einem solchen Verf. beteiligt oder nicht beteiligt ist, gehören nicht zum Gegenstande des Rechtsstreits und gehen das Prozeßgericht nichts an, ebensowenig aber den die Klausel erteilenden Gerichtsschreiber. Vielmehr werden diese Fragen erst in der Vollstr.-Instanz praktisch. In dieser ist das durch § 32 für die von ihm betroffenen Gl. aufgerichtete gesetzliche Hindernis der Vollstr. von Amts wegen zu beachten. Nicht nur von dem Gerichtsvollzieher und dem Vollstr.-Gericht, sondern auch von dem Grundbuchamt, wenn bei diesem die Eintragung einer Sicherungshypothek gemäß § 866 ZPO. oder auf Grund einer einstweiligen Verfügung oder auf Grund eines rechtskräftigen oder vorläufig vollstreckbaren Urteils auf Abgabe einer Willenserklärung irgendeine Eintragung beantragt wird[1]). Praktisch können die Staatsorgane die

[1]) In den beiden erstgenannten Fällen darf die Eintragung während des VVerf. nicht erfolgen; in dem dritten kommt es dagegen nicht darauf an,

Tatsache des schwebenden VVerf. freilich nur berücksichtigen, wenn sie ihnen bekannt geworden ist. Hinsichtlich des Gerichtsvollziehers läßt sich dies wenigstens da, wo — wie gegenwärtig in Preußen — das System der Bezirksgerichtsvollzieher besteht, unschwer dadurch erreichen, daß das V.-Gericht von der Eröffn. des VVerf. den zuständigen Gerichtsvollzieher formlos benachrichtigt. Im Hinblick auf den Tätigkeitsbereich des Grundbuchamts und auch auf mögliche Zwangsversteigerungs- und Zwangsverwaltungsanträge wäre es vielleicht zweckmäßig gewesen, für die Eröffn. des VVerf. ebenso wie für diejenige des KVerf., wenngleich in letzterem noch andere Gründe dafür vorliegen, die Eintragung im Grundbuch vorzuschreiben. Da die VO. eine solche Vorschrift nicht enthält, ist die Eintragung nicht zulässig. Aber es empfiehlt sich auch hier, daß das V.-Gericht, soweit ihm Besitz des Sch. an Grundstücken oder pfändbaren Immobiliarrechten bekannt ist, dem zuständigen Grundbuchamt von der Eröffn. des VVerf. Mitteilung macht und daß das Grundbuchamt diese Mitteilung bei der Tabelle der Grundakten aufbewahrt und im Falle einer Zwangsversteigerung der Abschrift des Grundbuchblattes Abschrift der Mitteilung beifügt. Ist dem Vollstreckungsorgan die Tatsache des VVerf. bekannt, so hat es zu prüfen, ob der Gl. zu den durch § 32 betroffenen Gl. gehört oder nicht. Diese unter Umständen schwierige Prüfung muß also auch der Gerichtsvollzieher anstellen; in Zweifelsfällen wird er gut tun, abzulehnen und den Gl. auf die Erinnerung an das Vollstr.-Gericht (§ 766 A. 2 ZPO.) zu verweisen. Fällt die Prüfung, ob der Gl. zu den durch § 32 betroffenen Gl. gehört, bejahend aus, so ist die ZwVollstr. oder, wenn sie bereits begonnen hatte, ihre Fortsetzung von Amts wegen abzulehnen. Dagegen findet, wenn entgegen § 32 Vollstreckungsmaßregeln bereits vorgenommen worden sind, deren Aufhebung bei nachträglichem Bekanntwerden des Unzulässigkeitsgrundes nach allgemeiner Zivilprozeßregel nicht von Amts wegen statt, sondern ist von den Interessenten herbeizuführen (vgl. Bem. V A. 1).

V. Werden durch § 32 untersagte ZwVollstr.-Maßregeln gleichwohl vorgenommen, so sind sie grundsätzlich nichtig, nicht etwa nur relativ unwirksam oder nur prozessual anfechtbar. Diese von der Begr. geteilte Auffassung findet ihre Rechtfertigung einmal in dem Wortlaut des § 32, in dem Gebrauch der Worte „können nicht", die im Gegensatz zu „dürfen nicht" nach dem Sprachgebrauch der neueren Reichsgesetze ein gesetzliches Verbot mit der Rechtsfolge der Nichtigkeit kennzeichnen; ferner aber auch darin, daß auch für den § 14 KO. dasselbe gilt[1]). Dort wie hier ist aber die Nichtigkeit nicht dahin zu verstehen, daß der Staatsakt als solcher absolut nichtig und unbeachtlich

ob der Zeitpunkt der Eintragung in die Dauer des VVerf. hineinfällt, sondern daraus, ob dies bezüglich desjenigen Zeitpunktes der Fall ist, der für den Eintritt der Vollstreckungswirkung gemäß § 894 oder 895 ZPO. maßgebend ist.

[1]) Stein-Jonas Anm. IV 3, 4 vor § 704 ZPO.

ist, sondern nur dahin, daß der an sich gültige Staatsakt keine materiellen Wirkungen hervorbringt, insbes. kein Pfändungspfandrecht[1]). Die Nichtigkeit kann von jedem, der an ihr ein rechtliches Interesse hat, auf jedem durch die Rechtsstellung des einzelnen Interessenten eröffneten Wege geltend gemacht werden; innerhalb eines noch schwebenden ZwVollstr.-Verf. ist der gebotene Weg im allgemeinen der der Erinnerung nach § 766 A. 1 ZPO.; diese führt zur Unzulässigkeitserklärung der ZwVollstr. und damit zugleich gemäß §§ 775 Nr. 1, 776 ZPO. zur Aufhebung der verbotswidrig erfolgten Vollstr.-Maßregeln. Hat das Grundbuchamt entgegen § 32 eine Eintragung vorgenommen, so ist das Grundbuch unrichtig geworden und der Fall von § 54 A. 1 S. 1 GBO. gegeben; es ist daher von Amts wegen ein Widerspruch einzutragen und zur Erreichung des Widerspruchs auch die Beschwerde gegeben (§ 71 A. 2 GBO.).

Eine Ausnahme von dem Grundsatz der alsbald eintretenden Nichtigkeit wird auf Grund der §§ 70, 84 zu machen sein. Diese gehören zu der Regelung der rückwirkenden VollstrSp. und verordnen für die von dieser Sperre betroffenen Gl. — das sind dieselben, die von der Sperre des § 32 betroffen werden —, daß von diesen Gl. später als am 30. Tage vor der Stellung des Antrags vorgenommene ZwVollstr.-Akte, die den Gl. Sicherung oder Befriedigung verschafft haben, bei Best. eines V. und bei Eröffn. des AnschlK. unwirksam werden; damit sagen sie zugleich, daß diese ZwVollstr.-Akte nicht von vornherein nichtig sind. Dem Wortlaut dieser Vorschriften nach könnte man vielleicht annehmen, daß unter sie alle von den betroffenen Gl. später als am 30. Tage vor der Antragstellung vorgenommenen ZwVollstr.-Akte fallen sollen ohne Unterschied zwischen vor und nach der Eröffn. des VVerf. vorgenommenen; dann wäre die Rechtsfolge einer Verletzung des § 32 nicht sofort und ohne Rücksicht auf den Ausgang des Verf. eintretende Nichtigkeit, sondern in den §§ 70, 84 anders geregelt. Aber das ist zweifellos nicht gemeint. Vielmehr wollen die §§ 70, 84 nur insoweit Platz greifen, als nicht bereits Nichtigkeit gemäß § 32 eintritt; sie setzen voraus, daß mindesten der Zwangssicherungsakt bereits vor der Eröffn. des VVerf., aber innerhalb der Sperrfrist der rückwirkenden VollstrSp. (§§ 3, 70, 84) vorgenommen ist, daß also dieser Akt unter die rückwirkende VollstrSp. und nicht unter diejenige des § 32 fällt. Nun ist es aber möglich, daß der Sicherungsakt vor, der Befriedigungsakt nach der Eröffn. des VVerf. vorgenommen worden ist. In Fällen dieser Art fällt an sich der Sicherungsakt unter die §§ 70, 84, der Befriedigungsakt dagegen unter § 32. Eine solche Beurteilung der beiden Vollstr.-Akte nach verschiedenen rechtlichen Gesichtspunkten würde sich aber in der Regel gar nicht durchführen lassen; bei Nichtigkeit des Befriedigungsaktes würde auch der

[1]) Stein-Jonas a. a. O. Eine Nichtigkeit dieser Art meint wohl, obwohl von prozeßrechtlicher Anfechtbarkeit sprechend, auch Jaeger Anm. 21, 22 zu § 14 KO.; denn sonst könnte er schwerlich Unrichtigwerden des Grundbuchs (§ 54 A. 1 S. 1 GBO.) annehmen.

in ihm aufgegangene Sicherungsakt nicht einstweilen aufrechterhalten werden können, sondern gleichfalls ohne Rücksicht auf den künftigen Ausgang des Verf. hinfällig werden; dies würde aber über den Zweck des § 32 hinausgehen. Man wird daher annehmen können und müssen, daß solchenfalls die Wirksamkeit der ganzen ZwVollstr. sich nach den §§ 70, 84 beurteilt[1]). Dadurch wird die Anwendung des § 32 auf den zeitlich nach der Eröffn. des VVerf. liegenden Teil der ZwVollstr. nur insoweit ausgeschlossen, als § 32 die stärkere Rechtsfolge der sofortigen und unbedingten Nichtigkeit verordnet; bestehen bleibt, daß dieser Teil der ZwVollstr. nach § 32 unzulässig war, und daher bleibt das Recht des Sch. und sonstiger Interessenten unberührt, in dem ZwVollstr.-Verf. die Aufhebung dieses Teils der erfolgten Vollstr.-Maßregeln zu verlangen, soweit dieses Recht nicht durch bereits eingetretene Beendigung der ZwVollstr. abgeschnitten ist.

VI. Bei Befriedigungsakten hat die gemäß § 32 eintretende Nichtigkeit zur Folge, daß der Erfüllungserfolg nicht eintritt, die Fdg. des Gl. also nicht erlischt. Daraus folgt weiter, daß der Gl. das durch die nichtigen ZwVollstr.-Akte Erlangte als ohne rechtlichen Grund erlangt wieder herauszugeben hat (§ 812 BGB.). Die verschärfte Haftung gemäß § 819 A. 1 BGB. trifft den Gl. dann, wenn er von der Nichtigkeit der ZwVollstr. Kenntnis hat. Zu dieser Kenntnis gehört zweierlei: das Wissen um die Tatsache der Eröffn. des VVerf., ferner aber auch das Wissen des Gl., daß er während des VVerf. nicht vollstrecken durfte. Wußte der Gl. dies bereits bei der Vornahme der ZwVollstr., so haftet er von vornherein nach § 819 A. 1; anderenfalls von dem Zeitpunkt an, in dem er dieses Wissen erlangt. § 819 A. 2 ist nicht anwendbar, weil er sich nur auf den Bereicherungsanspr. aus § 817 bezieht, um den es sich hier nicht handelt; übrigens würde auch seine Anwendung keine schärfere Haftung des Gl. begründen, da § 819 A. 2 ebenso wie § 817 bewußten Verstoß gegen das gesetzliche Verbot voraussetzt. Infolge des Nichterlöschens der Fdg. des Gl. verbleibt dieser in dem VVerf. in der Position, die er vor der nichtigen ZwVollstr. hatte; handelt es sich um einen an dem Verf. beteiligten Gl., so bleibt

---

[1]) Zweifelhaft und jedenfalls bei besonderen Sachlagen Ausnahmen gestattend. Eine solche erscheint angebracht, wenn es sich um die Zwangsersetzung einer Willenserklärung handelt; also um den Fall, daß die vorläufige Vollstreckbarkeit mit der Sicherungswirkung des § 895 ZPO. vor der Eröffn. des Verf. innerhalb der Sperrfrist, die Rechtskraft mit der Befriedigungswirkung des § 894 ZPO. erst nach der Eröffn. des Verf. eingetreten ist. Beurteilt man hier die Befriedigungswirkung nach § 32, so ist sie zunächst nicht eingetreten, tritt aber ein, falls das VVerf. ohne V.-Best. und ohne AnschlK.-Eröffn. endet (oben Bem. IIc). Beurteilt man dagegen die Befriedigungswirkung nach den §§ 70, 84, so ist sie eingetreten und nur, falls das VVerf. mit V.-Best. oder AnschlK.-Eröffn. endet, mittels eines Bereicherungsanspr. wieder rückgängig zu machen. Hier besteht keinerlei Grund, der ersteren Beurteilung die zweite vorzuziehen.

er beteiligt und wird von dem V. betroffen; handelt es sich um einen derjenigen Gl. des § 63 KO., die nach § 74 VO. durch den V. betroffen werden, so bleibt es auch hierbei. Aufrechnung des Gl. mit seiner bestehen gebliebenen Fdg. gegen die Bereicherungsschuld ist während des VVerf. gemäß § 36 VO. in Verbindung mit § 55 Nr. 1 KO. unzulässig, nach Beendigung des VVerf. dagegen ungehindert, im Falle der Beendigung durch Best. eines zustande gekommenen V. für die von diesem betroffenen Gl. freilich nur insoweit, als ihre Fdg. nicht durch den V. erlassen oder gestundet sind.

VII. Schuldhafter — vorsätzlicher oder fahrlässiger — Verstoß gegen § 32 begründet außerdem als unerlaubte Handlung gemäß § 823 A. 2 BGB. eine Schadensersatzpflicht des Gl. Es wird nicht in Abrede gestellt werden können, daß § 32 ein Schutzgesetz darstellt. Geschützt sind einerseits der Sch., andererseits aber auch — insoweit entsprechend wie bei § 5 — die sämtlichen durch § 32 betroffenen Gl. gegen die Erlangung von Sondervorteilen durch einen von ihnen.

VIII. Diejenigen Gl., die nach § 32 während des VVerf. nicht vollstrecken können, können während dieses Verf. auch nicht Rechtshandlungen des Sch. nach Maßgabe des sog. Anfechtungsgesetzes vom 21. 7. 1879/15. 5. 1898 anfechten. Denn das Anfechtungsrecht, zur Erweiterung des dem Einzelzwangszugriff ausgesetzten Vermögens dienend, setzt Zulässigkeit der ZwVollstr. voraus. Aus dieser Hemmung der Einzelanfechtung durch das VVerf. erklärt sich die Bestimmung des § 98.

IX. Durch die VollstrSp. des § 32 werden nicht betroffen diejenigen Gl., die unter Berücksichtigung der Vorschrift des § 3 nicht beteiligte Gl. sind und deren Nichtbeteiligung auch nicht etwa nur auf dem § 63 KO. beruht. Dahin gehören z. B. auch die Gl. derjenigen Anspr., die nach § 3 A. 2 KO. im KVerf. nicht geltend gemacht werden können. Alle diese Gl. können während des VVerf. ungehindert vollstrecken. Diese Vollstreckungsfreiheit schützt sie aber noch nicht davor, daß ihre ZwVollstr. nicht möglicherweise in einem an das VVerf. sich anschließenden K. nach § 30 KO. anfechtbar sein können. Vgl. hierüber § 87 und die Bem. dort.

§ 33. Zwangsvollstreckungen, die zur Zeit der Eröffnung des Vergleichsverfahrens zugunsten eines an ihm beteiligten Gläubigers gegen den Schuldner anhängig sind, sind für die Dauer des Verfahrens einstweilen einzustellen. Das gleiche gilt für Zwangsvollstreckungen zugunsten solcher Gläubiger, die nur deshalb an dem Vergleichsverfahren nicht beteiligt sind, weil ihre Ansprüche nach § 63 der Konkursordnung im Konkursverfahren nicht geltend gemacht werden können.

Das Vergleichsgericht kann die endgültige Einstellung und die Aufhebung der Vollstreckungsmaßregeln auf Antrag der Vertrauensperson anordnen, wenn die Verfügung über den von der Vollstreckung betroffenen Gegenstand im Interesse der an dem Vergleichsverfahren beteiligten Gläubiger geboten ist.

§ 34. Zwangsvollstreckung (§§ 32, 33) ist auch die Vollziehung eines Arrestes oder einer einstweiligen Verfügung.

Begründung zu § 33[1]): „In der Begr. zum § 1 ist bereits darauf hingewiesen worden, daß der grundsätzliche Standpunkt des E. es erfordere, dem Sch. auch vor der Eröffn. des Verf. und bereits vor der Stellung des Antrags einen Schutz gegen Vollstr.-Maßnahmen der Gl. zu gewähren, an die er sich zur Vorbereitung seines V.-Antrags wenden muß.

Auch im Interesse der am Verf. beteiligten Gl. muß verhütet werden, daß sich ein Gl. im letzten Augenblick ungerechtfertigte Vorzugsrechte vor den übrigen verschafft. Im K. wird die par condicio creditorum insoweit mittelbar durch die Möglichkeit der Anfechtung gewährleistet. Dieser Weg kann im VVerf. nicht beschritten werden. Die Einfügung eines Anfechtungsverfahrens würde die Durchführung des VVerf. auf unabsehbare Zeit hinauszögern. Das wäre auch der Fall, wenn man, wie vorgeschlagen worden ist, diese Anfechtung dem ordentlichen Streitverfahren entzöge und einer beschlußmäßigen Erledigung zuwiese. Eine solche Regelung müßte zudem verfahrensrechtliche Schwierigkeiten im Gefolge haben, wenn die Anfechtung in einem auf ein anderes Ziel gerichteten Rechtsstreite vom Beklagten verteidigungsweise geltend gemacht würde. Will man daher auch im VVerf. dem Gedanken Rechnung tragen, daß sich nicht einzelne Gl. zum Nachteil der übrigen kurz vor dem Zusammenbruche eine bevorzugte Stellung verschaffen dürfen, so wird sich dies nur dadurch ermöglichen lassen, daß man der von solchen Gl. erlangten Rechtsstellung ohne weiteres die Anerkennung versagt und den Kreis der von dem Nachteil betroffenen Gl. so umschreibt, daß über die Zugehörigkeit eines Gl. zu ihm kein Streit entstehen kann. Damit ergibt sich aber von selbst, daß nicht alle, freiwillige und erzwungene Sicherungen oder Befriedigungen einzelner Gl. in die Regelung einbezogen werden können. Denn auf einem so weiten Gebiete von Rechtshandlungen ist irgendeine formale Scheidung zwischen dem, was gerechtfertigt, vielleicht sogar den Gl. nützlich ist, und dem, was unberechtigt ist, nicht möglich. Man könnte hier das Ziel des E. nur verwirklichen, indem man unterschiedslos alle Rechtshandlungen, die der Sch. innerhalb bestimmter Zeit vor dem Zusammenbruche vornimmt, für nichtig erklärt. In der Tat ist eine solche Regelung von manchen Seiten empfohlen worden. Sie würde aber den Sch. für eine nicht einmal ihm bekannte Zeit tatsächlich geschäftsunfähig machen und eine in ihren Folgen nicht absehbare Unsicherheit im Rechtsverkehr herbeiführen. Der E. beschränkt sich daher darauf, die beteiligten Gl. gegen Zwangszugriffe ihrer Mitgläubiger auf

---

[1]) Die Begr. bringt hier (bei § 33) die grundsätzlichen Ausführungen über die rückwirkende VollstrSp. Das hängt mit der verschiedenen Fassung der §§ 3, 33, 70, 84 im E. und im fertigen Gesetz zusammen (vgl. Fußnote 1 bei § 3). Jetzt gehören diese Ausführungen mehr zu den §§ 3, 70, 84 als zu § 33.

das Schuldnervermögen zu schützen. Damit stellt der E. die Gl. etwas ungünstiger als der K.; denn im K. können auch die freiwilligen Rechtshandlungen, die der Sch. kurz vor dem drohenden Zusammenbruche vornimmt, im Wege der Anfechtung ihrer Wirkung entkleidet werden. Die Gl. haben es jedoch in der Hand, wenn sie derartige Machenschaften des Sch. für vorliegend erachten, den V. abzulehnen und den Sch. in K. zu treiben. Die im Verhältnis zum K. wesentlich günstigere Rechtsstellung, die ihnen der E. bei Zwangsbefriedigungen und Zwangssicherungen gewährt, verlieren sie damit nicht (§ 84).

Ein Schutz gegen Vollstr.-Maßnahmen, die vor der Eröffn. des Verf. vorgenommen worden sind, wird grundsätzlich nur gegenüber den Gl. gewährt, denen gegenüber die VollstrSp. des § 32 wirkt. Denn wo sich der Sch. und die Gl. sogar nach der Eröffn. des Verf. den Zwangszugriff gefallen lassen müssen, können sie sich über frühere Zugriffe nicht beschweren. . . . . .

. . . .

. . . .

Der Vollstr.-Schutz hat folgenden Inhalt:

Vollstr.-Maßnahmen, einschließlich der aus Arresten und einstweiligen Verfügungen hergeleiteten, die . . . . bis zur Entscheidung über den Antrag anhängig werden, sind einstweilen einzustellen. Die Einst. hat das Vollstr.-Organ (Gerichtsvollzieher oder Gericht) von Amts wegen vorzunehmen, sobald es von der Eröffn. des Verf. erfährt. Die Einst. soll nur einstweilig sein, weil sich bei der Eröffn. des Verf. noch nicht übersehen läßt, ob es zum V. oder bei Erfolglosigkeit des VVerf. zum K. kommen wird. Geht das VVerf. erfolglos aus, ohne daß es zum K. kommt, so kann die ZwVollstr. fortgesetzt werden; denn die Einst. geschieht nur für die Dauer des Verf. (§ 33 A. 1).

Für den erfolgreichen Fortgang des VVerf. kann es geboten sein, über einen Gegenstand zu verfügen, der von einer nach § 33 A. 1 nur einstweilen einzustellenden Vollstr.-Maßnahme ergriffen worden ist. Nach § 33 A. 2 soll deshalb das V.-Gericht auf Antrag der VP. die endgültige Einst. und die Aufhebung der Vollstr.-Maßnahme anordnen können. Es ist nicht zu verkennen, daß hierdurch dem betroffenen Gl. Nachteile entstehen können, wenn es später nicht zum V. kommt. Diese Nachteile müssen aber in Kauf genommen werden. Eine Regelung, wonach bei Erfolglosigkeit des V.-Versuchs das Vollstr.-Pfandrecht an dem veräußerten Gegenstande wieder auflebt, kann nicht in Betracht gezogen werden.

Kommt es zum V., so verlieren die zwangsweisen Sicherungen, die innerhalb der letzten dreißig Tage vor der Stellung des Antrags oder nach der Stellung des Antrags, aber vor der Eröffn. des Verf. vorgenommen worden sind, von Rechts wegen ihre Kraft (§ 70 S. 1). Das gilt ohne Rücksicht darauf, ob die ZwVollstr. gemäß § 33 A. 1 vorläufig eingestellt worden ist. Diese Regelung ist geboten, um zu verhüten, daß der Sch. einen Gl. dadurch begünstigt, daß er eine nach § 33 A. 1 der einstweiligen Einst. unterliegende ZwVollstr. weitergehen läßt. Hat ein Gl. in der genannten Frist im Wege der ZwVollstr. eine Befriedigung erlangt, so muß er das Erlangte nach den Vorschriften über die ungerechtfertigte Bereicherung herausgeben. Der Bereicherungsanspr. gehört zum Vermögen des Sch. Macht er ihn nicht geltend, so kann er von seinen Gl. gepfändet werden.

Würde sich der E. darauf beschränken, die Unwirksamkeit der Zwangssicherungen und die Herausgabepflicht für den Fall eines V. anzuordnen, so würden voraussichtlich die Gl., die im Falle eines V. einen solchen Nachteil zu fürchten hätten, dem V.-Abschlusse mit allen Kräften widerstreben und den Sch. in den K. treiben. Denn im K. könnten sie damit rechnen, daß möglicherweise die nach § 30 der KO. drohende Anfechtung nicht zum Erfolge führt. Der E. muß deshalb einen Schritt weitergehen und die Folgen, die im Falle des Zustandekommens eines V. eintreten, auch für den K. gelten lassen, wenn dieser wegen der Erfolglosigkeit des VVerf. eröffnet wird. Dies spricht der § 84 aus. Es ist zuzugeben, daß der Entwurf damit für einen besonderen Fall mittelbar das Anfechtungsrecht der KO., insbes. den § 30 Nr. 2 der KO., ändert."

I. § 33 betrifft genau dieselben Klassen von Gl. wie § 32, nämlich die am VVerf. beteiligten und die nur aus dem Grunde des § 63 KO. nicht beteiligten, beide Kreise auch hier mit der Erweiterung verstanden, die sie durch die rückwirkende VollstrSp. gemäß § 3 erfahren (Bem. I zu § 32). Daß diese Gl. bei Eröffn. des VVerf. schwebende ZwVollstr. nicht fortsetzen dürfen und daß dies von den Vollstr.-Organen von Amts wegen zu beachten ist, ergibt sich bereits aus § 32 (Bem. I und IV dort). § 33 A. 1 fügt dem nichts hinzu, sondern wiederholt nur dasselbe in anderer Form. Denn die durch ihn verordnete Einst. der bei Eröffn. des VVerf. zugunsten der bezeichneten Gl. schwebenden ZwVollstr. bedeutet nichts anderes, als daß die Vollstr.-Organe das Verbot der Fortsetzung dieser ZwVollstr. von Amts wegen zu beachten und daraus die vollstreckungsrechtlichen Konsequenzen zu ziehen haben. In welcher Form dies zu geschehen hat, bestimmt sich je nach der konkreten Sachlage (Stein-Jonas Anm. III zu § 775 ZPO.). Häufig wird einfache Unterlassung weiterer Tätigkeit genügen. Sind künftige Vollstr.-Maßregeln vorbereitet, z. B. durch Ansetzung eines Versteigerungstermins, so ist diese Vorbereitung rückgängig zu machen (vgl. RG. 70 S. 399). Ist vor Eröffn. eine Vollstr.-Maßnahme getroffen worden, die den Gl. zu noch zur ZwVollstr. gehörigen Handlungen ermächtigt, z. B. eine gepfändete Fdg. zur Einziehung überwiesen worden oder im Offenbarungseidsverf. ein Haftbefehl ergangen, so muß Vorsorge getroffen werden, daß diese Handlungen nicht noch nach Eröffn. des VVerf. vorgenommen werden können; zu diesem Zweck ist zwar wohl nicht die Vollstr.-Maßnahme aufzuheben — das würde zu weit gehen —, aber durch Beschluß des Vollstr.-Gerichts ihre weitere Vollziehung für die Dauer des VVerf. zu untersagen (einzustellen). Abgesehen von Fällen dieser Art ist ein ausdrücklicher Ausspruch der Einst. der ZwVollstr. durch das Vollstr.-Gericht zwar nicht notwendig, aber immerhin zulässig und wird immer dann zu erlassen sein, wenn der Sch. ihn beantragt. Die Entscheidungen des Vollstr.-Gerichts über Einst. oder Fortsetzung der ZwVollstr. ergehen im Vollstr.-Verf., nicht im VVerf.; sie sind daher anfechtbar nach Maßgabe der ZPO., § 14 VO.

ist nicht anwendbar. — Vgl. auch § 63 Abs. 4 der preußischen Geschäftsanweisung für die Gerichtsvollzieher.

Unbekannt ist der VO. eine Einst. von ZwVollstr. schon vor der Eröffn. des VVerf. auf den bloßen Antrag hin.

II. Das V.-Gericht hat mit der einstweiligen Einst. nach § 33 A. 1 nichts zu tun, sondern kann nur in den Fällen des A. 2 tätig werden. Diese Vorschrift bezieht sich nur auf solche ZwVollstr., die nach A. 1 durch die Vollstr.-Organe einstweilen einzustellen sind, also nur auf ZwVollstr. zugunsten der in den §§ 32, 33 A. 1 bezeichneten Gl. Auch für diese ZwVollstr. hat sie, da sie einen von der Vollstr. betroffenen Gegenstand voraussetzt, nur insoweit Bedeutung, als die ZwVollstr. vor der Eröffn. des VVerf., jedoch innerhalb der Sperrfrist des § 3, bereits zu einer Sicherung geführt haben[1]). Es kommen also hier nur diejenigen ZwVollstr.-Akte in Betracht, die von der rückwirkenden VollstrSp. der §§ 3, 70, 84 erfaßt werden und kraft ihrer sowohl bei Best. eines V. wie bei Eröffn. des AnschlK. unwirksam werden. Mit Rücksicht hierauf werden die V.-Gerichte im Gebrauch der ihnen durch § 33 A. 2 verliehenen Befugnis, unter Umständen solche ZwVollstr. schon während des VVerf. im Interesse der Gesamtheit der beteiligten Gl. endgültig aufzuheben, nicht allzu zurückhaltend zu sein brauchen. In Betracht kommt z. B. der Fall, daß dem Sch. sein Bankguthaben oder eine sonstige Geldfdg. gepfändet ist, die erfolgreiche Weiterführung des VVerf. es aber erfordert, daß dem Sch. zwecks Fortführung seines Geschäfts oder zwecks Befriedigung drängender nicht beteiligter Gl. flüssige Mittel zur Verfügung gestellt werden, die auf andere Weise als durch Freigabe der gepfändeten Fdg. nicht beschafft werden können. Oder der Fall, daß dem Sch. sein Warenlager gepfändet worden ist und Verfügungen darüber zwecks Erfüllung schwebender Verträge durch Lieferung oder auch zwecks notwendiger Geldbeschaffung durch neue Verkäufe erforderlich erscheinen. In allen Fällen ist zu prüfen, ob nicht eine teilweise Freigabe genügt. Auch ist zu beachten, daß es grundsätzlich nicht auf das Interesse des Sch., sondern nur auf das Interesse der Gesamtheit der beteiligten Gl. ankommt; doch werden praktisch diese beiden Interessen meist zusammenfallen. Die gemäß § 33 A. 2 ergehenden Entscheidungen des V.-Gerichts sind nach § 14 unanfechtbar.

§ 35. Erhebt ein am Vergleichsverfahren beteiligter Gläubiger nach Eröffnung des Verfahrens Klage auf Leistung, so fallen ihm die Prozeßkosten zur Last, wenn der Schuldner den Anspruch sofort anerkennt. Dies gilt nicht, wenn der Gläubiger bei der Erhebung der Klage die Eröffnung des Vergleichsverfahrens nicht kannte oder

---

[1]) Ist die Zwangssicherung bereits vor Beginn der Sperrfrist erfolgt, so gehört der Gl. nicht zu den durch die §§ 32, 33 betroffenen Gl. Ist sie erst nach der Eröffn. des VVerf. erfolgt, so ist sie, wenn der Gl. zu den durch die §§ 32, 33 betroffenen Gl. gehört, wegen Verstoßes gegen § 32 nichtig, und es ist daher für die Anwendung des § 33 A. 2 kein Raum.

aus besonderen Gründen an alsbaldiger Erlangung des Urteils ein berechtigtes Interesse hatte.

I. Begründung zu § 35: „Die Vorschrift entspricht dem § 12 der GAV." Sie bezieht sich ausschließlich auf beteiligte Gl. und nur auf den Fall, daß das Angehen des Gerichts durch Klage nach der Eröffn. des Verf. (vgl. § 25) erfolgt. Nicht ganz unzweifelhaft ist, wie sich die Anwendung des § 35 auf solche Prozesse gestaltet, die aus einem Güte- oder Mahnverf. entstehen; es ist anzunehmen, daß hier § 35 nur dann anwendbar ist, wenn der Güteantrag oder das Mahngesuch erst nach Eröffn. des VVerf. angebracht ist. Die tatsächlichen Voraussetzungen des § 35 S. 2 hat im Streitfalle der Gl. zu beweisen. Als einen Fall, in dem der Gl. aus besonderen Gründen ein berechtigtes Interesse hat, hob die Begr. zur GAV. den hervor, daß der Sch. den Anspr. zunächst bestritten oder die unter Androhung der Klage ergangene Aufforderung des Gl., die Fdg. anzuerkennen, unbeantwortet gelassen hat. Dies trifft zu, aber man wird jedes Verhalten des Sch. als genügenden Anlaß zur Klage ansehen müssen, auf Grund dessen der Gl. es als möglich ansehen muß, daß der Sch. den Anspr. dem Grunde oder der Höhe nach bestreiten will. Denn dem Gl. kann nicht zugemutet werden, sich mit der unsicheren Aussicht zu begnügen, daß im V.-Termin gegenüber einem Bestreiten des Sch. das Gericht ihm das Stimmrecht gemäß § 62 zubilligen wird. In der Regel wird daher auch das Unbeantwortetlassen einer ohne Androhung der Klage erfolgten Aufforderung zur Erklärung genügen; auch genügt in der Regel einmalige Aufforderung. — Drohende Verjährung kann wegen des § 39 ein besonderes Klageinteresse eines beteiligten Gl. nicht begründen.

II. Eine Unterbrechung anhängiger Prozesse, wie sie nach § 240 ZPO. die K.-Eröffn. zur Folge hat, wird durch die Eröffn. des VVerf. nicht herbeigeführt. Eine analoge Anwendung des § 240 ZPO. ist ausgeschlossen, da die Verhältnisse im VVerf. ganz anders liegen als im K.; weder verliert der Sch. das Verwaltungsrecht, noch werden die beteiligten Gl. an der Rechtsverfolgung durch Prozeß gehindert.

III. Die Beschränkungen der Rechtsverfolgung, denen die beteiligten Gl. nach den §§ 31—35 unterworfen sind, beruhen nur auf verfahrensrechtlichen, nicht auf materiellrechtlichen Gründen. Sie haben nicht etwa die Bedeutung, daß kraft ihrer die Anspr. der beteiligten Gl. als für die Dauer des VVerf. gestundet anzusehen seien. Eine materielle Stundungswirkung hat die Eröffn. des VVerf. nicht; daher hebt sie auch einen bereits eingetretenen Verzug des Sch. gegenüber einem beteiligten Gl. nicht auf (vgl. RG. 113 S. 54)[1]. Hieran ändert auch der § 5 nichts. Dieser verbietet zwar dem Sch., während des VVerf. an einzelne durch den V. betroffene Gl. diese bevorzugende Leistungen zu bewirken (Bem. IIId zu § 5). Aber dieses Verbot bedeutet nicht eine Vergünstigung für den Sch., sondern besteht ausschließlich im Interesse

[1]) Vgl. Bericht S. 21.

der Gesamtheit der durch den V. betroffenen Gl.; verboten ist nicht die Zahlung an sich, sondern nur die Bevorzugung einzelner Gl.; es bleibt bestehen, daß der Sch. allen durch den V. betroffenen Gl. zur gleichmäßigen Zahlung verpflichtet ist. Das Verbot der Bevorzugung berührt daher die Zahlungspflicht des Sch. nicht. Ebensowenig hat es auch nur die Wirkung, daß auf Grund seiner das Unterbleiben von Zahlungen während des VVerf. als Folge eines von dem Sch. nicht zu vertretenden Umstandes anzusehen wäre (vgl. § 285 BGB.); vielmehr hat der Sch. seine Zahlungsunfähigkeit (vgl. § 279 BGB.), als deren Folge die Eröffn. des VVerf. und damit auch alle Wirkungen der Eröffn. dieses Verf., also auch das Inkrafttreten der sich aus § 5 ergebenden Rechtslage, zu vertreten. Die Ansicht, daß die Eröffn. des VVerf. auch unter Berücksichtigung des § 5 den Verzug des Sch. nicht aufhebt, wird übrigens auch durch § 74 A. 2 gestützt, der offenbar von der Annahme ausgeht, daß auch gesetzliche Verzugszinsen (§ 288 BGB.) während des VVerf. weiterlaufen. Hebt die Eröffn. des VVerf. einen bereits bestehenden Verzug nicht auf, so kann sie es auch nicht hindern, daß der Sch. noch nach ihr einem beteiligten Gl. gegenüber in Verzug gerät (vgl. JW. 1927 S. 380 Nr. 13). Hierzu ist erforderlich, daß die Voraussetzungen des Schuldnerverzugs gemäß den §§ 284, 285 BGB. vorliegen, insbes. daß die Fdg. des Gl. nach bürgerlichem Recht fällig ist; diejenige Fälligkeit einer betagten Fdg., die gemäß § 2 S. 2 VO. in Verbindung mit § 65 KO. nur für die Zwecke des VVerf. eintritt, genügt nicht. Liegt Verzug des Sch. schon von vor der Eröffn. des VVerf. her vor oder tritt er nach ihr ein, so hindert das schwebende VerfV. den Gl. auch nicht daran, gemäß § 286 A. 2 oder § 326 BGB. zu einem Anspr. auf Schadensersatz wegen Nichterfüllung überzugehen; nur ändert diese Veränderung des Anspr. natürlich nichts daran, daß der Gl. am Verf. beteiligt bleibt.

§ 36. Ein Gläubiger, der nach der Eröffnung des Vergleichsverfahrens Zwangsvollstreckungen in das Vermögen des Schuldners nicht mehr vornehmen kann (§ 32), bleibt zur Aufrechnung befugt; die Vorschriften der §§ 54, 55 der Konkursordnung finden entsprechende Anwendung. Soweit die Aufrechnung hiernach statthaft ist, wird die Befugnis dazu durch die Wirkungen des Vergleichs nicht berührt.

I. Die Voraussetzungen der Aufrechnung nach BGB. II. Die Regelung der Aufrechnung im K. III. Die Regelung der Aufrechnung im VVerf.[1]).

I. Wenn ein Gl. zugleich Sch. ist, so kann er unter gewissen Voraussetzungen aufrechnen. Nach dem BGB. (§ 387) setzt die Aufrechnung voraus:

a) daß die geschuldeten Leistungen bei Fdg. und Gegenfdg. dem Gegenstande nach gleichartig sind. Dies ist insbes. dann der Fall, wenn beide auf Geldzahlung gehen.

---

[1]) § 36 war im E. ein Absatz des § 2 und nicht nur in der Fassung, sondern auch im Inhalt abweichend. Da die Begr. zu dem geltenden Text nicht paßt, wird von ihrer Wiedergabe abgesehen.

b) daß der Aufrechnende die ihm gebührende Leistung fordern darf; also Fälligkeit der Fdg. des Aufrechnenden.

c) daß der Aufrechnende die ihm gebührende Leistung bewirken darf. Hierzu ist nicht immer Fälligkeit der Schuld des Aufrechnenden erforderlich, vielmehr gilt § 271 A. 2 BGB., nach dem, wenn für die Leistung eine Zeit bestimmt ist, im Zweifel anzunehmen ist, daß der Gl. die Leistung nicht vor dieser Zeit verlangen, der Sch. aber sie vorher bewirken kann (diei adiectio pro reo est).

II. Im K. gelten für die Aufrechnung folgende Grundsätze.

a) Der K. bildet für die Aufrechnung eines Gl. kein Hindernis. Die Aufrechnung bietet einem KGl. den Vorteil, daß er durch sie seine Fdg. zum vollen Betrage verwerten kann, während er ohne die Aufrechnungsmöglichkeit zwar seine Schuld voll bezahlen, wegen seiner Fdg. sich dagegen mit einer K.-Dividende oder ZwV.-Quote begnügen müßte. Es wäre unbillig, die zur Aufrechnung befugten Gl. lediglich wegen der Eröffn. des KVerf. dieses Vorteils verlustig gehen zu lassen.

Die KO. verordnet nun aber in § 54 gewisse Erweiterungen, in § 55 gewisse Beschränkungen der Aufrechnungsbefugnis von Gl.

b) Nach § 54 wird die Aufrechnung nicht dadurch ausgeschlossen, daß zur Zeit der Eröffn. des Verf.:

1. die Fdg. des Gl. nicht auf einen Geldbetrag gerichtet war. Voraussetzung dieser Vorschrift ist, daß die Schuld des Gl. auf Geld gerichtet ist. Dann gilt eine Ausnahme von dem Erfordernis der Gleichartigkeit der Leistungen. Der Sch. einer Geldschuld kann also im K. des Gl. mit einer Gegenfdg. mit beliebigem Leistungsgegenstande aufrechnen; geht die Gegenfdg. nicht auf Geld, so ist sie zum Zweck der Aufrechnung nach näherer Maßgabe der §§ 69, 70 KO. in Geld zu berechnen. Dagegen gewährt § 54 KO. keine Vergünstigung demjenigen Gl., der etwas anderes als Geld schuldig ist; hier bewendet es bei § 387 BGB., nach dem die Aufrechnung nur dann zulässig ist, wenn Schuld und Fdg. des Gl. im Leistungsgegenstande gleichartig sind.

2. die aufzurechnenden Fdg. oder die eine von ihnen noch betagt oder noch bedingt waren. Hierin liegt ein Dispens von den Erfordernissen unter I b, c. Ist die Fdg. des aufrechnenden Gl. betagt (aufschiebend befristet) und unverzinslich, so muß der Gl. von ihrem Betrage den Zwischenzins abziehen (§§ 54 A. 2, 65 KO.); dagegen findet keine solche Kürzung statt, wenn die Fdg. des GSch., gegen welche aufgerechnet wird, betagt und unverzinslich ist. Ist die Fdg. des Gl. aufschiebend bedingt, so kann der Gl. erst bei Eintritt der Bedingung aufrechnen; muß der Gl. vorher seine Schuld bezahlen, so muß er sich dabei die Aufrechnung vorbehalten und kann außerdem nach § 54 A. 3 Sicherstellung verlangen; hat der Gl. nur gegen Sicherstellung oder zwar ohne diese, aber unter Vorbehalt bezahlt oder hat er überhaupt noch nicht bezahlt, so ist später bei Bedingungseintritt, sei es auch nach K.-

Beendigung, die Aufrechnung in voller Höhe zulässig, eine inzwischen etwa eingetretene Minderung der Fdg. des Gl. durch ZwV. gilt für die Aufrechnung als nicht erfolgt; soweit die nach Bedingungseintritt erfolgende Aufrechnung reicht, ist von dem Gl. bereits Gezahltes ihm zurückzuerstatten, und diesem Anspr. dient die Sicherstellung. Ist die Fdg. des GSch. aufschiebend bedingt, so kann der Gl. alsbald gegen sie aufrechnen, braucht es aber nicht; tut er es, so liegt darin ein Verzicht auf die Ausnutzung der Möglichkeit, daß die Bedingung später ausfällt. Daß auflösende Bedingtheit der Fdg. des Gl. oder der Gegenfdg. des GSch. kein Hindernis für die Aufrechnung bildet, ist keine Besonderheit des K.-Rechts, sondern gilt schon nach BGB.

c) § 55 KO. schränkt die Aufrechnung im K. ein. Er betrifft nur solche Aufrechnungen, die sich gegen eine zur K.-Masse, nicht zum konkursfreien Vermögen gehörende Fdg. des GSch. richten. Für solche Aufrechnungen verlangt er, daß der Gl. die die Aufrechnungsmöglichkeit begründende Rechtsstellung, gleichzeitig Gl. und Sch. zu sein, schon zur Zeit der Eröffn. des Verf. besessen haben muß (Nr. 1 und 2), und darüber hinaus noch, daß er diese Rechtsstellung auch nicht zwar vor der Eröffn. des Verf., aber nach der Zahlungseinstellung oder dem K.-Antrage durch einen in Kenntnis einer dieser Tatsachen bewirkten freiwilligen Forderungserwerb erlangt haben darf (Nr. 3). Demgemäß gilt folgendes:

1. Ist der Gl. erst nach K.-Eröffn. Sch. geworden („etwas schuldig geworden"), so kommt es darauf an, ob er zur Masse oder zum konkursfreien Vermögen des GSch. schuldet. Ersterenfalls ist die Aufrechnung unzulässig, letzterenfalls zulässig. In beiden Fällen kommt nichts darauf an, ob der Gl. seine Fdg. vor oder nach K.-Eröffn. erworben hat (§ 55 Nr. 1).
2. War der Gl. schon vor K.-Eröffn. Sch. des GSch., so kommt es, da dann seine Schuld nach der K.-Eröffn. immer eine Schuld zur Masse ist[1]), darauf an, ob er seine Fdg. vor oder nach der K.-Eröffn. erworben hat. Ersterenfalls ist die Aufrechnung (vorbehaltlich der Nr. 3 zulässig) letzterenfalls unzulässig. Es kommt nicht auf die Entstehung der Fdg., sondern auf ihren Erwerb durch den jetzigen Gl. an; liegt dieser zeitlich nach der K.-Eröffn., so ist es unerheblich, ob die Fdg. bereits vor der K.-Eröffn. für einen anderen Gl. entstanden war (§ 55 Nr. 2).
3. Einem Gl., der schon vor der K.-Eröffn. Sch. des GSch. war, ist die Aufrechnung auch dann verwehrt, wenn er seine Fdg. erworben hat zwar vor der K.-Eröffn., aber nach der Zahlungseinst. oder dem K.-Antrage, sofern der Erwerb erfolgt ist durch ein Rechtsgeschäft mit dem GSch. oder durch Rechtsabtretung oder

---

[1]) Ausgenommen den Fall, daß es sich bei der Schuld des Gl. um eine unpfändbare Fdg. handelt (§ 1 A. 4 KO.). Dann ist aber die Aufrechnung durch den Gl. nach § 394 BGB. unzulässig.

durch Befriedigung eines anderen Gl. und dem Gl. zur Zeit des Erwerbes die Zahlungseinst. oder der K.-Antrag bekannt waren. Ausgenommen ist der Fall, daß der Gl. zur Übernahme der Fdg. oder zur Befriedigung des anderen Gl. verpflichtet war und zu der Zeit, als er diese Verpflichtung einging, weder von der Zahlungseinst. noch von dem K.-Antrage Kenntnis hatte. Ferner bewirkt auch bei freiwilligem Forderungserwerb die Kenntnis der Zahlungseinst. dann keinen Ausschluß des Aufrechnungsrechts, wenn der Erwerb früher als 6 Monate vor der K.-Eröffn. erfolgt ist (§ 55 Nr. 3).

Durch diese Beschränkungen der Aufrechnung (Nr. 1—3) werden also nicht betroffen einmal diejenigen Gl., die schon bei Eröffn. des KVerf. Gl. und Sch. des GSch. waren und deren Forderungserwerb auch nicht unter Nr. 3 fällt; ferner aber auch solche Gl., die erst nach K.-Eröffn. Sch. geworden sind, aber nicht zur Masse, sondern zum konkursfreien Vermögen, z. B. auf Grund von mit dem GSch. nach K.-Eröffn. abgeschlossenen Rechtsgeschäften, mögen sie ihre Fdg. vor oder nach K.-Eröffn. erworben haben.

Die Beschränkungen des § 55 beruhen auf dem Gedanken, daß das Aufrechnungsrecht ein im praktischen Erfolge dem Absonderungsrecht gleichkommendes Deckungsrecht ist, mit dem volle Befriedigung erlangt werden kann. Daher wird der Erwerb von Aufrechnungsrechten zum Nachteil der Masse nach der K.-Eröffn. und in der letzten bereits krisenhaften Zeit vor ihr durch § 55 in ähnlicher Weise beschränkt wie der Erwerb von Absonderungsrechten an Gegenständen der Masse durch die §§ 7, 14, 15 und 30. Diese Beschränkung des Erwerbs von Aufrechnungsrechten wirkt sich im K. im einzelnen nach doppelter Richtung hin aus. Einmal im Verhältnis der KGl. untereinander, indem sie die gleiche Stellung der KGl. für den Erwerb von Aufrechnungsrechten wahrt. Sodann aber auch im Verhältnis der sämtlichen KGl. zu denjenigen Gl., die nicht KGl. sind, indem sie den Grundsatz der Vorbehaltung der K.-Masse für die KGl. (§§ 3, 7, 15, auch 30 Nr. 1 Halbsatz 1) für den Erwerb von Aufrechnungsrechten durchführt. Die Beschränkungen des § 54 gelten demnach ebenso wie die Erweiterungen des § 54 nicht etwa nur für die KGl., sondern grundsätzlich für alle Gl. Nur für die Massegl. muß eine Ausnahme gemacht werden; da diese dem § 15 nicht unterworfen sind, also während des KVerf. Rechte an Massegegenständen zwar nicht durch Rechtsgeschäft des Sch., wohl aber durch ZwVollstr. erwerben können, kann auf sie auch § 55 keine Anwendung finden (vgl. Jaeger Anm. 10 zu § 57, Anm. 11 zu § 55 KO.). Man kann den Kreis der Gl., auf welche § 55 Anwendung findet, zutreffend dahin umschreiben: diejenigen Gl., denen der Erwerb von Absonderungsrechten durch ZwVollstr. während des KVerf. verwehrt ist.

d) Soweit hiernach (unter Berücksichtigung der §§ 54, 55 KO.) im K. ein Aufrechnungsrecht besteht, wird es auch durch die Wirkung eines ZwV. nicht geschmälert. Schon oben (unter b) ist hervorgehoben, daß aufrechnungsberechtigte KGl., die aus dem Grunde die Aufrechnung im KVerf. nicht erklären konnten, weil ihre Fdg. aufschiebend bedingt und die Bedingung bisher nicht eingetreten war, durch einen ZwV. nicht gehindert werden, später bei Bedingungseintritt die Aufrechnung zum vollen Betrage ihrer Fdg. vorzunehmen. Das gleiche gilt für solche aufrechnungsberechtigten KGl., deren Fdg. nicht aufschiebend bedingt waren und die daher die Aufrechnung schon während des KVerf. hätten erklären können, es indessen bis zur rechtskräftigen Bestätigung eines ZwV. nicht getan haben. Natürlich werden alle diese KGl. an sich durch den ZwV. betroffen, die Wirkung des ZwV. fällt aber für die Aufrechnung fort. Dies folgt aus § 53 KO. (Jaeger Anm. 30 dort).

III. a) Die unter II. dargestellten Grundsätze der KO. über die Aufrechnung im K. gelten nach § 36 VO. im VVerf. entsprechend, jedoch nur für diejenigen Gl., die nach § 32 während des VVerf. gegen den Sch. nicht vollstrecken dürfen. Für das VVerf. sprechen aus:

§ 36 S. 1 Halbsatz 1 den Satz, daß auch das VVerf. grundsätzlich kein Hindernis für die Aufrechnung bildet (oben IIa);

§ 36 S. 1 Halbsatz 2 den Satz, daß die Erweiterungen und Beschränkungen des Aufrechnungsrechts durch die §§ 54, 55 KO. entsprechende Anwendung finden (oben IIb, c);

§ 36 S. 2 den Satz, daß, soweit die Aufrechnung hiernach statthaft ist, die Befugnis zu ihr durch die Wirkung des V. nicht beeinträchtigt wird (oben IId).

Nach dem Wortlaut gelten alle diese 3 Sätze nur für diejenigen Gl., die der VollstrSp. des § 32 unterliegen. Sachliche Bedeutung hat diese Einschränkung nur für den Satz 2; denn für diejenigen Gl., die durch § 32 nicht betroffen werden, ist der Satz 1 selbstverständlich, der Satz 3 gegenstandslos, da diese Gl. ohnehin von dem V. nicht betroffen werden. Daß § 55 KO. im VVerf. nur auf die im § 32 VO. bezeichneten Gl. angewendet werden kann, liegt in dem Zweck der Vorschrift begründet. Auch im K. unterliegen ihr nur diejenigen Gl., denen während des Verf. der Erwerb von Absonderungsrechten durch ZwVollstr. verwehrt ist; das gleiche gilt im VVerf., aber der so umschriebene Kreis ist im VVerf. weit enger als im KVerf.; während im K. alle Gl. dazu gehören, auch die Nichtkonkursgläubiger, mit Ausnahme nur der Massegl., gehören im VVerf. dazu nur die im § 32 bezeichneten Gl. Dies hängt damit zusammen, daß es im VVerf. keine Unterscheidung zwischen verfahrensbefangenem und verfahrensfreiem Vermögen und keine Vorbehaltung einer bestimmten Masse für bestimmte Gl. gibt. Bei dieser Verschiedenheit kann § 55 KO. von den beiden Auswirkungen, die er im K. hat, im VVerf. im wesentlichen nur die erste haben, unter den beteiligten Gl. für den Erwerb von Aufrechnungsrechten die gleiche Stellung zu wahren; die zweite, die sich zugunsten der beteiligten Gl. gegen die nicht beteiligten richtet, kann er nur gegenüber denjenigen nicht beteiligten Gl. entfalten, denen trotz ihrer Nichtbeteiligung der Zwangszugriff auf das Vermögen des Sch. verwehrt ist, also gegenüber den Gl. des § 63 KO. Da hiernach im VVerf. nur die im § 32 VO. bezeichneten Gl. den Aufrechnungsbeschränkungen des § 55 KO. unterworfen werden konnten, erschien es angebracht, auch die Aufrechnungserleichterungen des § 54 KO. nur ihnen zu gewähren. Die Gl., auf welche im VVerf. die §§ 54, 55 KO. allein Anwendung finden, sind demnach die am Verf. beteiligten und die nur aus dem Grunde des § 63 KO. am Verf. nicht beteiligten, beides auch hier, wie überall, mit der Erweiterung gemäß § 3 VO. verstanden.

b) Praktisch folgt für das VVerf. aus dieser Beschränkung der §§ 54, 55 KO. auf die im § 32 VO. bezeichneten Gl. insbes. eine erhebliche Einschränkung des Anwendungsbereichs von § 55 Nr. 2 KO. Danach ist es im VVerf. grundsätzlich kein Hindernis der Aufrechnung, daß die Fdg. des Gl. gegen den Sch. erst nach Eröffn. des VVerf. entstanden ist; denn die sog. Neugläubiger gehören grundsätzlich nicht zu den durch § 32 VO. betroffenen Gl. Anders nur dann, wenn die Fdg. zu den im § 63 KO. bezeichneten Fdg. gehört; diese Fdg. unterliegen auch bei Entstehung nach Eröffn. des Verf. dem § 32 VO. und folgeweise gemäß § 36 VO. auch dem § 55 KO. Soweit § 55 Nr. 2 KO. die Aufrechnung aus dem Grunde ausschließt, weil der Gl. die bereits vor Eröffn. des Verf. für einen anderen Gl. entstandene Fdg. erst nach der Eröffn. erworben hat, kommt es im VVerf. darauf an, ob nach der Art der Fdg. der Gl. dem § 32 VO. unterliegt oder nicht; ersterenfalls — dies wird die Regel sein — ist die Aufrechnung unzulässig, letzterenfalls zulässig.

c) Für die Anwendung des § 55 Nr. 1 KO. kann im VVerf. nicht zwischen Schuldigwerden zur Masse und Schuldigwerden zum freien Vermögen unterschieden werden, da es ja eben im VVerf. eine Spaltung des Vermögens des Sch. in diese beiden Teile nicht gibt. Demnach ist im VVerf. jedem dem § 32 VO. unterliegenden Gl., der nach Eröffn. des Verf. dem Sch. etwas schuldig geworden ist, die Aufrechnung durch § 55 Nr. 1 KO. verwehrt.

§ 37. Ist der Schuldner Kaufmann, so hat er von der Zustellung des Beschlusses über die Eröffnung des Vergleichsverfahrens bis zur Bekanntmachung des Beschlusses über die Beendigung des Verfahrens seiner Firma den ausgeschriebenen Zusatz „im Vergleichsverfahren" beizufügen. Auf den im § 15a der Gewerbeordnung vorgesehenen Gebrauch der Firma findet diese Vorschrift keine Anwendung.

Die Vorschriften des § 32 und des § 37 Abs. 1 des Handelsgesetzbuchs finden entsprechende Anwendung. Der Gerichtsschreiber hat eine beglaubigte Abschrift der Formel des Eröffnungsbeschlusses und der Entscheidung, welche das Vergleichsverfahren beendet, dem Registergerichte mitzuteilen.

Begründung zu § 37: „Die Pflicht zur Beifügung eines Firmenzusatzes, die sich an die Vorschriften über die Liquidation von Handelsgesellschaften anlehnt, dient nicht bloß dem Interesse der beteiligten Gl.; sie soll auch dritte Personen, die mit dem Sch. in Geschäftsbeziehungen treten, vor unliebsamen Überraschungen schützen. Daraus, daß im K. ein solcher Firmenzusatz nicht vorgeschrieben ist, läßt sich kein Einwand gegen die Regelung des E. entnehmen. Im K. wird das Geschäft nicht weitergeführt, sondern allmählich aufgelöst; der K.-Verwalter zeichnet nicht einfach die Firma des GSch., sondern tritt im Verkehr als K.-Verwalter auf. Eine Täuschung der Öffentlichkeit über die Sachlage ist also im K. nicht zu besorgen. Die Pflicht zur Beifügung des Firmenzusatzes besteht nur für Kaufleute und auch für diese nur, wenn sie zur Führung einer Firma verpflichtet sind, demgemäß gilt die Bestimmung nicht für die im § 4 des HGB. genannten Gewerbetreibenden. Die Erfüllung ihrer Pflicht hat das Registergericht zu überwachen. Der Abs. 2 soll ihm dazu die Möglichkeit geben."

---

§ 15a der Gewerbeordnung betrifft die Anbringung der Firma an einem offenen Laden oder einer Gast- oder Schankwirtschaft. Dieser Gebrauch der Firma ist von der Verpflichtung zur Hinzufügung des Zusatzes frei; das Ladenschild braucht also nicht verändert zu werden. Man wird diese Ausnahme erweiternd dahin auslegen können, daß überhaupt der Gebrauch der Firma durch Anbringung an einer Betriebsstätte von der Verpflichtung frei ist, auch wenn es sich um andere Betriebsstätten als offene Läden, Gast- oder Schankwirtschaften handelt.

Die entsprechende Anwendung des § 32 HGB. ergibt, daß die Eröffn. des VVerf. und ebenso seine Beendigung von Amts wegen in das Handelsregister einzutragen sind; die entsprechende Anwendung des § 37 A. 1 HGB., daß der Sch., der entgegen § 37 VO. im VVerf. seine Firma ohne den Zusatz gebraucht, von dem Registergericht durch Ordnungsstrafen zur Unterlassung dieses inkorrekten Firmengebrauchs anzuhalten ist. Folgen im VVerf. hat ein inkorrekter Gebrauch der Firma ohne den Zusatz nicht; insbes. rechtfertigt er nicht die Einst. des Verf.

§ 38. Der Schuldner darf während der Dauer des Verfahrens die vorhandenen Mittel nur insoweit für sich verbrauchen, als es zu einer bescheidenen Lebensführung für ihn und seine Familie unerläßlich ist.

Begründung zu § 38: „Der § 5 der GAV. verpflichtet den Sch. zu einer bescheidenen Lebensführung während der Dauer des Verf. Der E. übernimmt diese Verpflichtung. Ihre Einhaltung überwacht die VP., und ihre Verletzung bedroht § 79 Nr. 5 mit der Einst. des Verf."

§ 39. Die Verjährung der Ansprüche der an dem Vergleichsverfahren beteiligten Gläubiger ist von der Eröffnung des Vergleichsverfahrens bis zur Rechtskraft der Entscheidung, die das Verfahren beendet, gehemmt.

Wie bisher während der AG. (§ 7 GAV.), so ist auch jetzt während des VVerf. die Verjährung der Anspr. der am Verf. beteiligten Gl. gehemmt. Dies ist das notwendige Gegenstück zu der Behinderung der Rechtsverfolgung, die für diese Gl. gemäß §§ 31—35 durch die Eröffn. des VVerf. eintritt. Eine Hemmung auch von Ausschlußfristen durch das VVerf. ist vorgesehen in den §§ 87 A. 2, 98; darüber hinaus findet sie nicht statt, analoge Anwendung des § 39 auf Ausschlußfristen kommt nicht in Frage.

§ 40. Das Gericht hat bei der Eröffnung des Vergleichsverfahrens zur Prüfung der Verhältnisse des Schuldners und zur Überwachung seiner Geschäftsführung sowie der Ausgaben für die Lebensführung des Schuldners und seiner Familie während des Verfahrens eine oder mehrere Vertrauenspersonen zu bestellen.

Von der Bestellung einer Vertrauensperson kann abgesehen werden, wenn sie aus besonderen Gründen, insbesondere wegen der Einfachheit und Klarheit der Verhältnisse oder wegen des geringen Umfanges des Geschäftsbetriebs des Schuldners entbehrlich erscheint. Eine Vertrauensperson muß jedoch auch in diesem Falle bestellt werden, sobald ein Gläubiger oder der Schuldner es beantragt oder sich im Laufe des Verfahrens herausstellt, daß die Voraussetzungen des Satz 1 nicht oder nicht mehr vorliegen.

§ 41. Die Vertrauensperson wird vom Gericht ausgewählt: Die im § 16 Abs. 1 Nr. 4 genannte Gläubigermehrheit kann eine bestimmte Vertrauensperson vorschlagen, solange nicht eine andere bestellt ist. Das gleiche gilt nach der Entlassung einer bestellten Vertrauensperson (§ 45 Abs. 2). Einem solchen Vorschlag ist stattzugeben, es sei denn, daß die vorgeschlagene Person ablehnt oder daß Tatsachen vorliegen, die sie als ungeeignet erscheinen lassen. Der Beschluß, durch den die Bestellung einer vorgeschlagenen Vertrauensperson abgelehnt wird, ist zu begründen und den Gläubigern, die den Vorschlag gemacht haben, zuzustellen. Wird der Vorschlag nicht mit dem Antrag (§ 15) verbunden, so sind vor der Entscheidung der Schuldner und die zuständige amtliche Berufsvertretung (§ 20) zu hören.

Begründung zu §§ 40, 41: „Zur Prüfung der Verhältnisse des Sch. sowie zur Überwachung seiner Geschäftsführung und seiner Lebenshaltung während des Verf. hat das Gericht bei der Eröffn. eine VP. zu bestellen; nur aus besonderen Gründen kann davon abgesehen werden (§ 40 A. 2). Auf die Auswahl der zu bestellenden oder nach der Entlassung einer früheren neu zu bestellenden VP. haben, abweichend von den Bestimmungen der GVA.

und der KO., die Gl. einen weitgehenden Einfluß (§ 41 A. 2). Der E. erfüllt damit einen aus Wirtschaftskreisen geäußerten Wunsch, zu dessen Begründung darauf hingewiesen wird, daß die Persönlichkeit der VP. für die Neigung der Gl. zum V. nicht selten von ausschlaggebender Bedeutung sei ...."

I. Das Recht des einzelnen Gl., gemäß § 40 A. 2 S. 2 die Bestellung einer VP. zu verlangen, steht als Mitwirkungsrecht am Verf. nur beteiligten Gl. zu (trotz des anscheinend weitergehenden Wortlauts). Die in § 16 A. 1 Nr. 4 genannte Mehrheit der beteiligten Gl. hat ein Vorschlagsrecht gemäß § 41 A. 2, außerdem aber ein Recht auf Entlassung einer bereits bestellten VP. gemäß § 45 A. 2. Das Vorschlagsrecht greift in allen Fällen platz, in denen der Posten der VP. vakant ist, sei es daß überhaupt noch keine VP. bestellt ist oder daß das Amt der bestellten beendigt ist (nicht nur durch Entlassung, sondern z. B. auch im Falle des Todes der VP.). Wird schon mit dem Antrage auf Eröffn. des Verf. ein Vorschlag der Gl.-Mehrheit eingereicht, so haben der Sch. bei der Anbringung des Antrags, die Berufsvertretung bei der Anhörung gemäß § 20 bereits Gelegenheit zur Äußerung; daraus erklärt sich die Beschränkung des § 41 A. 2 S. 5 auf später eingereichte Vorschläge. Weicht das Gericht von dem Vorschlage der Gl.-Mehrheit ab, so gibt es hiergegen keine Beschwerde (§ 14).

II. Die VP. des VVerf. hat ein wesentlich anderes Amt als der K.-Verwalter. Mehr als diesem ähnelt sie der Aufsichtsperson des bisherigen GAVerf.; doch bestehen auch hier bedeutsame Unterschiede. Die VP. hat kein Verwaltungsrecht und keine Vertretungsmacht für den Sch.; vielmehr verbleibt des Vermögen des Sch. in dessen Verwaltung und Verfügung. Die VP. ist auch nicht, wie die Aufsichtsperson der GA. (§ 2 S. 2 GAV.), befugt, für den Sch. die Geschäftsführung zu übernehmen und sich dadurch Verwaltungsrecht und Vertretungsmacht zu verschaffen. Ebensowenig liegt ihr die Aufgabe der Aufsichtsperson der bisherigen GA. (§ 5 GAV.) ob, für Verwendung der vorhandenen Mittel zur Befriedigung der Gl. in bestimmter Reihenfolge zu sorgen; Zweck des VVerf. ist ja gar nicht Befriedigung der Gl., sondern nur Herbeiführung eines V. Immerhin hat die VP. einige Befugnisse, die ihr eine gewisse Mitwirkung bei der Verwaltung des Sch.-Vermögens sichern, und zwar die folgenden:

a) Auf die Erfüllung schwebender, beiderseits noch nicht vollständig erfüllter gegenseitiger Vertragsverhältnisse hat die VP. keinen maßgebenden Einfluß, aber sie soll vor der Entscheidung über Gesuche um Ermächtigung zur Ablehnung der Erfüllung oder der weiteren Erfüllung gehört werden (§ 28).

b) Legt das Gericht dem Sch. Verfügungsbeschränkungen auf, so erlangt die VP. auch dadurch zwar kein Verwaltungsrecht, wohl aber ein Mitwirkungsrecht bei Verfügungen des Sch.; denn mit Zustimmung der VP. getroffene Verfügungen des Sch. werden, soweit das Gericht nicht anders bestimmt hat, von dem Verbot nicht betroffen und sind voll wirksam (§ 57).

c) Die Eingehung von Verbindlichkeiten durch den Sch. bedarf während des Verf. nicht der Zustimmung der VP. Aber bei gewissen Darlehnsaufnahmen hat diese Zustimmung die Bedeutung, daß sie für den Fall einer Überleitung des VVerf. in den K. dem Darlehnsgl. die bevorzugte Stellung eines Massegl. verschafft (§ 86).

d) Zu den Verwaltungsbefugnissen der VP. gehört ferner die Befugnis, die endgültige Einst. einer anhängigen ZwVollstr. und die Aufhebung der erfolgten Vollstr.-Maßnahmen zu beantragen (§ 33 A. 2).

III. Die Hauptaufgabe der VP. besteht aber nicht in diesen Verwaltungsbefugnissen, sondern darin, ein unparteiischer, objektiver Mittler zwischen dem Sch. und seinen Gl. zu sein. Diese Aufgabe umschreibt § 40 A. 1 dahin, daß die VP. die Verhältnisse des Sch. zu prüfen und seine Geschäftsführung zu überwachen hat. Aus dieser Aufgabe erwachsen der VP. bestimmte einzelne Amtspflichten, über die § 47 A. 2 das Nähere enthält. Wichtig sind insbes. die Verpflichtungen:

a) zur Anzeige an das Gericht, sobald der VP. Tatsachen bekannt werden, die eine Einst. des Verf. zu rechtfertigen vermögen. Vgl. dazu § 79 A. 1, insbes. Nr. 3, 4 und Nr. 2 in Verbindung mit § 22. So hat die VP. z. B. dann Anzeige zu erstatten, wenn sie auf Grund von Tatsachen nachträglich den Eindruck gewinnt, daß einer der Tatbestände des § 22 Nr. 4 vorliegt, z. B. daß der Sch. seinen Vermögensverfall durch Leichtsinn herbeigeführt hat.

b) zur Berichterstattung über die Sachlage im Vergleichstermin, zu dem die VP. nach § 27 A. 2 zu laden ist.

Andererseits hat die VP. zur Erfüllung ihrer Aufgabe bestimmte einzelne Befugnisse, die sich in die folgenden 2 Gruppen gliedern:

a) Rechte auf Information, näher geregelt in § 47 A. 1 und § 13 A. 1 S. 1.

b) Rechte auf Mitwirkung am Verf. Wichtig ist hier vor allem, daß auch die VP. befugt ist, gegen eine Fdg. im V.-Termin Widerspruch zu erheben (§ 62); der Widerspruch hat die Wirkung, daß das Gericht über das Stimmrecht der bestrittenen Fdg. entscheidet (§ 62), die Vollstreckbarkeit nach § 75 aber in jedem Falle abgewendet wird. Ferner gehören hierhin noch das Recht, die Bestellung eines GlA. zu verlangen (§ 48 A. 1 S. 2), die Befugnis, die Anordnung von Verfügungsbeschränkungen zu beantragen (§ 50 A. 2, vgl. auch § 53 A. 2 und § 55 A. 2); das Recht auf Anhörung vor der Entscheidung über die Best. des angenommenen V. (§ 67 A. 2).

IV. Als eine besondere Aufgabe weist § 40 A. 1 der VP. noch zu die Überwachung der Ausgaben für die Lebensführung des Sch. und seiner Familie (vgl. § 38). Auch hier gilt gemäß § 47 A. 2 die Anzeigepflicht an das Gericht, wenn die VP. den Einst.-Grund des § 79 A. 1 Nr. 5 für gegeben hält.

V. Selbstverständlich kann auch eine Frau VP. sein. Um dies jedem Zweifel zu entziehen, hat das Gesetz die Bezeichnung „Vertrauensperson" statt „Vertrauensmann" gewählt.

§ 42. Der Gerichtsschreiber hat den Namen der Vertrauensperson öffentlich bekannt zu machen und dem Schuldner und den aus dem Gläubigerverzeichnis ersichtlichen, an dem Verfahren beteiligten Gläubigern ohne besondere Form mitzuteilen. Die Vorschriften des § 11 Abs. 2 und des § 12 Abs. 3 finden entsprechende Anwendung.

§ 43. Der Vertrauensperson ist eine urkundliche Bescheinigung über ihre Bestellung zu erteilen. Die Bescheinigung ist bei Beendigung des Amtes dem Gerichte zurückzugeben.

§ 44. Die Vertrauensperson ist für die Erfüllung ihrer Pflichten dem Schuldner und den am Verfahren beteiligten Gläubigern verantwortlich.

§ 45. Die Vertrauensperson steht unter der Aufsicht des Gerichts. Das Gericht kann gegen sie Ordnungsstrafen im Betrage von einer bis zu eintausend Reichsmark festsetzen und sie aus wichtigen Gründen ihres Amtes entlassen. Als ein wichtiger Grund soll es namentlich angesehen werden, wenn der Gläubigerausschuß oder in einer Gläubigerversammlung die im § 16 Abs. 1 Nr. 4 bezeichnete Mehrheit der Gläubiger die Entlassung beantragt.

Vor der Entscheidung ist die Vertrauensperson zu hören.

Gegen die Festsetzung einer Ordnungsstrafe steht der Vertrauensperson die sofortige Beschwerde zu. Das Vergleichsgericht kann der Beschwerde abhelfen.

§ 46. Die Vertrauensperson kann von dem Schuldner die Erstattung angemessener barer Auslagen und eine angemessene Vergütung für ihre Geschäftsführung verlangen.

Die Höhe der Auslagen und der Vergütung setzt das Vergleichsgericht fest.

Gegen den Beschluß findet die sofortige Beschwerde statt. Das Vergleichsgericht kann der Beschwerde abhelfen.

Die Landesjustizverwaltung kann für die der Vertrauensperson zu gewährende Vergütung allgemeine Anordnungen treffen.

Begründung zu §§ 42—46: „Die Bestimmungen entsprechen den Vorschriften des § 22 A. 1 S. 2, 4 und der §§ 23—25, 27 der GAV. Die Entlassung der VP. wird wirksam, wenn ihr der Entlassungsbeschluß bekanntgemacht worden ist. Um einheitliche Grundsätze für die Höhe der Vergütung durchführen zu können, insbes. einer Neigung zu unangemessen hohen Forderungen entgegenzutreten, bestimmt § 46 A. 4 in Anlehnung an den § 85 A. 2 der KO., daß die Landesjustizverwaltung über die der VP. zu gewährende Vergütung allgemeine Anordnungen treffen kann. In der Befugnis des

V.-Gerichts, die Höhe der Auslagen festzusetzen, liegt auch das Recht, die Zahlung von Vorschüssen anzuordnen. Bei der Entscheidung über die Vergütung und die Auslagen wird das Gericht zweckmäßig einen etwa bestellten GlA. hören. Kommt es infolge der Ergebnislosigkeit des VVerf. zum K., so gehört der Anspr. der VP. auf Ersatz der Auslagen und auf Vergütung zu den Massekosten (§ 85). Wegen der Beschwerde über die Beschlüsse, durch die eine Ordnungsstrafe oder die Vergütung usw. festgesetzt wird, kann auf das zu § 14 Gesagte verwiesen werden."

I. Die Frage der Vorschußzahlung an die VP. kann nicht nur im einzelnen Falle durch das Gericht, sondern auch allgemein in den nach § 46 A. 4 ergehenden Anordnungen der Landesjustizverwaltungen geregelt werden.

Beschwerdeberechtigt sind im Falle des § 45 A. 4 nur die VP., im Falle des § 46 A. 3 sie und der Sch.

II. Erst im Reichstage eingefügt und daher in der Begr. nicht erwähnt ist § 45 A. 2 S. 2. Danach haben die beteiligten Gl. außer dem Vorschlagsrecht des § 41 A. 2 auch noch das Recht, die Entlassung einer bestellten VP. zu verlangen. Dieses Recht eignet:

a) dem GlA. Dieser kann es jederzeit während des Verf. ausüben, auch schriftlich.

b) der im § 16 A. 1 Nr. 4 bezeichneten Mehrheit der beteiligten Gl. Diese kann das Recht aber nur in einer GlVerf. ausüben; außerhalb einer solchen von ihr schriftlich gestellte Anträge haben für das Gericht nur die Bedeutung einer Anregung. Wird aber mit einer solchen Anregung der Antrag verbunden, gemäß § 9 eine GlVerf. zu berufen, um Gelegenheit zur wirksamen Anbringung des Verlangens zu bieten, so muß das Gericht für verpflichtet erachtet werden, diesem Antrage zu entsprechen. Eine GlVerf., in der das Verlangen gestellt werden kann, ist auch der V.-Termin; wird in ihm das Verlangen gestellt, so muß er vertagt werden.

Das Verlangen ist für das Gericht verbindlich. Geht es von der im § 16 A. 1 Nr. 4 bezeichneten Gl.-Mehrheit aus, so kann diese mit ihm den Vorschlag einer anderen VP. gemäß § 41 A. 2 verbinden. Geht es von dem GlA. aus, so kann dieser, da er kein Vorschlagsrecht hat, hinsichtlich der Person des Nachfolgers nur Anregungen geben.

§ 47. Der Schuldner hat der Vertrauensperson von der Aufnahme eines Darlehens oder dem Erwerbe von Gegenständen auf Kredit Anzeige zu machen. Er hat der Vertrauensperson Einsicht in seine Bücher und Geschäftspapiere zu gestatten; er und seine Angestellten haben ihr alle erforderlichen Auskünfte zu erteilen. Die Vertrauensperson ist berechtigt, die Geschäftsräume des Schuldners zu betreten und dort Nachforschungen anzustellen.

Die Vertrauensperson hat dem Gerichte sofort anzuzeigen, wenn ihr Tatsachen bekannt werden, die ein Einschreiten des Gerichts, insbesondere den Erlaß von Verfügungsbeschränkungen, die Einstellung des Vergleichsverfahrens oder die Verwerfung des Vergleichs, zu rechtfertigen vermögen. Sie hat dem Gericht auf Erfordern jederzeit Auskunft zu erteilen und in dem Vergleichstermin über die Sachlage, insbesondere über die Aussichten auf Erfüllung des Vergleichs, zu berichten.

Begründung zu § 47: „Den Aufgabenkreis der VP. umschreibt der § 40 des E. dahin, daß die VP. die Verhältnisse des Sch. zu prüfen und seine Geschäftsführung und Lebenshaltung zu überwachen habe. Der § 47 sagt, welche Mittel der VP. zur Erfüllung dieser Aufgaben zur Verfügung stehen, und welche Folgerungen sich für ihre Amtswaltung aus der Aufgabe ergeben. Die VP. braucht sich, um die nötigen Auskünfte zu erhalten, nicht stets an den Sch. selbst zu wenden; sie kann auch seine Angestellten fragen. Verweigern sie die Auskunft, so trifft den Sch. ein Nachteil (§ 79 Nr. 4) nur, wenn die Weigerung von ihm veranlaßt worden ist oder sonst in seinem Einverständnis geschieht. Der § 47 A. 1 S. 3 stellt klar, daß die VP., selbst gegen den Willen des Sch. die Geschäftsräume betreten und dort Nachforschungen anstellen darf. Daß die VP. das Recht und die Pflicht hat, bei Schiebungen des Sch., die den Verf.-Zweck gefährden, nach Maßgabe des § 22 Nr. 4, § 79 Nr. 2 die Einst. des Verf. anzuregen und so die Gl. gegen solche Machenschaften zu schützen, ist bereits in den allgemeinen Bemerkungen zu diesem Abschnitt hervorgehoben worden.

Weitere Befugnisse der VP. enthalten die §§ 48 (Antrag auf Bestellung des GlA.), 50 (Antrag auf Anordnung einer Verfügungsbeschränkung), 53, 55 (Antrag auf Eintragung eines Veräußerungsverbots in das Grundbuch), 57 (Möglichkeit, einer Verfügung des Sch. trotz .... Veräußerungsverbot Wirksamkeit zu verleihen).

Ein besonderer Pflichtenkreis ist der VP. zugewiesen, um die am Verf. beteiligten Gl. gegeneinander zu schützen und Begünstigungen einzelner Gl. zu verhindern. .... Die VP. kann eine gerichtliche Entscheidung über das Stimmrecht einer Fdg. herbeiführen (§ 62 A. 2) und durch Widerspruch gegen eine Fdg. die Vollstr.-Wirkung des bestätigten V. für diese Fdg. verhindern (§ 62 A. 4 S. 2, § 75 A. 1). Vor der Best. des V. ist die VP. zu hören (§ 67 A. 2).

Das Amt der VP. endet, abgesehen von der Entlassung (§ 45 A. 2), mit der Aufhebung des Verf. nach Best. eines V. (§ 69 A. 3 S. 1) und mit der Einst. des Verf. (§ 81 S. 2)."

Die Verletzung des der VP. nach § 47 A. 1 zustehenden Rechts auf Einsicht und Auskunft durch den Sch. ist gemäß § 79 A. 1 Nr. 4 ein Grund zur Einst. des Verf.; gemäß § 47 A. 2 hat die VP. davon dem Gericht Anzeige zu erstatten.

§ 48. Zur Unterstützung und Überwachung der Vertrauensperson kann das Gericht aus der Zahl der an dem Vergleichsverfahren beteiligten Gläubiger oder ihrer Vertreter einen Gläubigerausschuß bestellen, wenn der besondere Umfang des Unternehmens des Schuldners dies geboten erscheinen läßt. Ein Gläubigerausschuß ist zu bestellen, wenn der Schuldner, die im § 16 Abs. 1 Nr. 4 bezeichnete Gläubigermehrheit oder die Vertrauensperson es beantragen.

Das Gericht kann die Bestellung zum Mitglied des Ausschusses jederzeit widerrufen.

Die Mitglieder des Ausschusses sind für die Erfüllung ihrer Pflichten dem Schuldner und den an dem Vergleichsverfahren beteiligten Gläubigern verantwortlich.

Ein Beschluß des Ausschusses ist gültig, wenn die Mehrheit der Mitglieder an der Beschlußfassung teilgenommen hat und der Beschluß mit der Mehrheit der abgegebenen Stimmen gefaßt worden ist.

§ 49. Die Mitglieder des Gläubigerausschusses sind berechtigt, die Bücher und Geschäftspapiere des Schuldners und der Vertrauensperson einzusehen und Aufklärung über hierbei sich ergebende Fragen zu verlangen. Sie haben dem Gerichte sofort anzuzeigen, wenn ihnen Tatsachen bekannt werden, die eine Entlassung der Vertrauensperson, ein Einschreiten des Gerichts gegen den Schuldner, insbesondere den Erlaß von Verfügungsbeschränkungen, die Einstellung des Vergleichsverfahrens oder die Verwerfung des Vergleichs, zu rechtfertigen vermögen.

Begründung zu §§ 48, 49: „Die Bestellung eines GlA. ist, abweichend von dem § 30 der GAV., regelmäßig dem Ermessen des Gerichts überlassen. Das hat seinen Grund in der kurzen Dauer des VVerf. Verlangt aber der Sch., etwa um seine Gl. zum V. geneigter zu machen, oder eine Gl.-Mehrheit oder die VP. die Bestellung des Ausschusses, so muß er auch im VVerf. bestellt werden (§ 48 A. 1 S. 2). Die Bestimmungen des § 48 A. 2—4 finden ihr Vorbild in den Vorschriften des § 30 A. 1 S. 2, A. 2 in Verbindung mit § 24 und des § 32 der GAV.

Als Aufgabe des GlA. bezeichnet der § 48 in Anlehnung an § 88 A. 1 S. 1 der KO. die Unterstützung und Überwachung der VP. Der § 49 erläutert im Anschluß an § 47 A. 2, was hierunter zu verstehen ist. Insbes. ergibt sich daraus in Verbindung mit § 79 A. 1 Nr. 2, § 22 Nr. 4, daß auch die Mitglieder des GlA. Rechtshandlungen des Sch., die den Vergleichszweck gefährden, mit der Anregung auf Einst. des Verf. entgegentreten können. Entzieht sich der Sch. gegenüber den Mitgliedern des GlA. seiner Aufklärungspflicht, so droht ihm gleichfalls die Einst. des Verf. (§ 79 Nr. 4).

Weitere Befugnisse des GlA. enthalten der § 50 A. 2 (Antrag auf Anordnung einer Verfügungsbeschränkung) und der § 67 A. 2 (Anhörung vor der Entscheidung über die Best. eines V.).

Das Amt eines GlA.-Mitglieds endet mit dem Widerrufe der Bestellung (§ 41 A. 2); das Amt aller Mitglieder und damit der GlA. selbst finden ihr Ende mit der Aufhebung des Verf. nach Best. eines V. (§ 69 A. 3 S. 1) und mit der Einst. des V. (§ 81 S. 2)."

I. Eine Verpflichtung zur Annahme des Amtes als Mitglied des GlA. besteht nicht. Daraus ist zu folgern, daß das Amt nicht nur jederzeit von dem Gericht entzogen (§ 48 A. 2), sondern auch jederzeit von dem Mitgliede freiwillig niedergelegt werden kann. Dies geschieht durch Mitteilung an das Gericht.

Die Mitglieder des GlA. müssen sich gegenwärtig halten, daß sie die gemeinsamen Interessen der gesamten beteiligten Gl., nicht ihre privaten Einzelinteressen wahrzunehmen haben. Entsteht zwischen Gesamtinteresse und Einzelinteresse ein Konflikt, so wird Amtsniederlegung angezeigt sein.

II. Anders als im K. (§ 91 KO.), aber ebenso wie nach der GAV., haben die Mitglieder des GlA. im VVerf. gesetzlich keinen Anspruch auf Vergütung für ihre Geschäftsführung. Auch ein Anspruch auf Ersatz von Auslagen ist gesetzlich nicht begründet; § 670 BGB. ist nicht anwendbar, denn die Mitglieder des GlA. sind weder Beauftragte des Sch. noch Beauftragte der Gl. Dagegen steht nichts im Wege, Auslagenersatz oder auch eine Vergütung zu vereinbaren. Wird derartiges mit dem Sch. vereinbart, so sind die Anspr. der Ausschußmitglieder aus dieser Vereinbarung im VVerf. nicht beteiligte Fdg., in einem etwa anschließenden KVerf. dagegen — anders als nach § 85 die Anspr. der VP. — gewöhnliche KFdg. Ein Beschluß der beteiligten Gl., ihrerseits den Ausschußmitgliedern Auslagenersatz oder Vergütung zu zahlen, bindet nur diejenigen Gl., welche zustimmen und damit die Verpflichtung übernehmen; einen zwingenden Mehrheitsbeschluß gibt es hier nicht, auch haben die Gl., soweit sie die Verpflichtung freiwillig übernehmen, keinen Rückgriff gegen den Sch.

§ 50. Bei der Eröffnung des Vergleichsverfahrens hat das Gericht zu prüfen, ob und welche Verfügungsbeschränkungen dem Schuldner aufzuerlegen sind.

Das Gericht kann jederzeit während des Verfahrens von Amts wegen oder auf Antrag der Vertrauensperson, eines Mitglieds des Gläubigerausschusses oder eines an dem Verfahren beteiligten Gläubigers Verfügungsbeschränkungen anordnen.

§ 51. Die Verfügungsbeschränkungen können darin bestehen, daß an den Schuldner ein allgemeines Veräußerungsverbot erlassen wird, oder daß dem Schuldner die Verfügung über einzelne Vermögensgegenstände verboten wird. Die Wirkungen dieser Maßnahmen bestimmen sich ausschließlich nach den Vorschriften der §§ 54 bis 57.

§ 52. Auf das allgemeine Veräußerungsverbot finden die Vorschriften des § 25 entsprechende Anwendung.

Das allgemeine Veräußerungsverbot ist nach Maßgabe des § 12 öffentlich bekanntzumachen und dem Schuldner sowie seinen Schuldnern nach Maßgabe des § 11 zuzustellen.

§ 53. Das allgemeine Veräußerungsverbot ist in das Grundbuch einzutragen:

1. bei den Grundstücken, als deren Eigentümer der Schuldner im Grundbuch eingetragen ist;
2. bei den für den Schuldner eingetragenen Rechten an Grundstücken oder an eingetragenen Rechten, wenn nach der Art des Rechtes und den obwaltenden Umständen bei Unterlassung der Eintragung eine Beeinträchtigung der an dem Vergleichsverfahren beteiligten Gläubiger zu besorgen ist.

Das Vergleichsgericht hat, soweit ihm solche Grundstücke oder Rechte bekannt sind, das Grundbuchamt von Amts wegen um die Eintragung zu ersuchen; die Eintragung kann auch von der Vertrauensperson beantragt werden.

Erwirbt der Schuldner während des Bestehens des allgemeinen Veräußerungsverbots ein Grundstück, ein Recht an einem Grundstück oder ein Recht an einem solchen Rechte, so finden die Vorschriften der Abs. 1 und 2 entsprechende Anwendung.

Die Eintragung von Vermerken auf Grund der vorstehenden Vorschriften geschieht gebührenfrei.

§ 54. Das allgemeine Veräußerungsverbot hat die Wirkung, daß Verfügungen, die der Schuldner nach seinem Erlaß über sein Vermögen trifft, den am Vergleichsverfahren beteiligten Gläubigern gegenüber unwirksam sind.

Hat der Schuldner eine Verfügung am Tage des Erlasses des allgemeinen Veräußerungsverbots getroffen, so wird vermutet, daß er sie nach dem Erlasse des Verbots getroffen habe.

Die Vorschriften der §§ 892, 893 des Bürgerlichen Gesetzbuchs bleiben unberührt.

§ 55. Das Verbot der Verfügung über einzelne Vermögensgegenstände hat die Wirkung, daß die Verfügung über den Gegenstand den am Vergleichsverfahren beteiligten Gläubigern gegenüber unwirksam ist. Die Vorschrift des § 135 Abs. 2 des Bürgerlichen Gesetzbuchs findet Anwendung.

Ist dem Schuldner die Verfügung über ein Grundstück, ein Recht an einem Grundstück oder ein Recht an einem solchen Rechte verboten worden, so finden die Vorschriften des § 53 Abs. 1, 2, 4 entsprechende Anwendung.

Ist dem Schuldner die Verfügung über einen Anspruch, insbesondere die Einziehung einer Forderung, verboten worden, so ist das Verbot auch dem Verpflichteten nach Maßgabe des § 11 zuzustellen; dabei hat ihm das Gericht zugleich die Leistung an den Schuldner zu verbieten.

§ 56. Einem Schuldner des Schuldners gegenüber werden Verfügungsbeschränkungen, soweit sich nicht aus den Vorschriften des § 893 des Bürgerlichen Gesetzbuchs anderes ergibt, erst mit dem Zeitpunkt wirksam, in dem sie ihm bekannt werden. Ist die Anordnung der Verfügungsbeschränkung dem Schuldner des Schuldners zugestellt (§ 52 Abs. 2, § 55 Abs. 3) oder das allgemeine Veräußerungsverbot öffentlich bekannt gemacht (§ 52 Abs. 2), so wird die Kenntnis vermutet.

§ 57. Eine Verfügungsbeschränkung steht der Wirksamkeit einer Verfügung nicht entgegen, wenn die Vertrauensperson der Verfügung zustimmt. Das Gericht kann abweichendes bestimmen.

§ 58. Eine angeordnete Verfügungsbeschränkung ist aufzuheben, wenn für sie kein Bedürfnis mehr besteht.

Die Aufhebung ist in derselben Weise zuzustellen, öffentlich bekanntzumachen und in das Grundbuch einzutragen wie die Anordnung (§ 52 Abs. 2, § 53, § 55 Abs. 2, 3).

Begründung zu den §§ 50—58: „Nach § 3 A. 3 der GAV. kann das Gericht dem Sch. auf Antrag der Aufsichtsperson besondere Verpflichtungen zur Sicherung der Gl. auferlegen. An diesen Gedanken knüpft der E., der eine gesetzliche Verfügungsbeschränkung ablehnt, an. Er verpflichtet das Gericht (§ 50 A. 1), bei der Eröffn. des VVerf. von Amts wegen zu prüfen, ob und welche Verfügungsbeschränkungen dem Sch. aufzuerlegen sind. Ebenso können während der Dauer des Verf. nicht nur auf Antrag, sonden auch von Amts wegen derartige Anordnungen ergehen (§ 50 A. 2). Das Antragsrecht soll neben der VP. und den Mitgliedern des GlA. jedem beteiligten Gl. zustehen; man beschränkt die Rechte des Gl. ohne Grund, wenn man, wie vorgeschlagen worden ist, das Antragsrecht nur einer bestimmten Minderheit der Gl. gewährt. Die Anordnung von Verfügungsbeschränkungen wird häufig die Einst. des Verf. vorbereiten; hier schützt sie bei drohendem Fehlschlagen des V.-Versuchs einstweilen die Gl. Möglich ist aber auch, daß die Gl. sich nur unter der Voraussetzung solcher Verfügungsbeschränkungen auf V.-Verhandlungen einlassen wollen; hier ermöglicht die Anordnung das vom Sch. erstrebte Zustandekommen eines V.

Die Verfügungsbeschränkung kann darin bestehen. daß dem Sch. die Verfügung über einzelne Gegenstände seines Vermögens — Sachen oder Fdg. — verboten wird; das Gericht kann aber auch ein allgemeines Veräußerungsverbot an den Sch. erlassen. Beide Arten der Verfügungsbeschränkung fallen unter den Begriff des Veräußerungsverbots des § 136 des BGB. Der E.

regelt ihre Wirkungen jedoch in Anlehnung an die KO. etwas abweichend von dem BGB. Zur Klarstellung der Rechtslage spricht daher § 51 S. 2 aus, daß sich die Wirkungen der Verfügungsbeschränkungen nur nach den Vorschriften der §§ 54 bis 57 bestimmen.

Ist dem Sch. verboten, über einzelne Gegenstände zu verfügen, so ist eine diesem Verbote widersprechende Verfügung zugunsten der am Verf. beteiligten Gl. unwirksam (§ 55 A. 1). Sie können also nach Abschluß des Verf. das Vermögensstück zu ihrer Befriedigung in Anspruch nehmen, ohne daß es einer Anfechtung des Erwerbes bedarf; kommt es im Anschluß an das VVerf. zum K., so gehören die im Widerspruche mit dem Verfügungsverbote weggegebenen Gegenstücke zur K.-Masse (§ 83). Entsprechend den allgemeinen Vorschriften des BGB. über die richterlichen Veräußerungsverbote (§§ 135, 136) soll auch gegenüber einem für einzelne Vermögensstücke bestehenden Verfügungsverbote der Schutz des guten Glaubens gelten; dies spricht § 55 A. 1 S. 2 durch Bezugnahme auf § 135 A. 2 des BGB. aus. Daraus ergibt sich, daß bei einem Verbot, über bestimmte bewegliche Sachen zu verfügen, für die Gl. ein Rechtsverlust eintritt, wenn der Erwerber in dem nach den §§ 932ff. des BGB. maßgebenden Zeitpunkt das Verfügungsverbot weder kannte noch infolge grober Fahrlässigkeit nicht kannte. Bezieht sich das Verfügungsverbot auf ein Grundstück, ein Recht an einem Grundstück oder ein Recht an einem solchen Rechte, so ist es nach § 892 A. 1 S. 2 des BGB. einem Dritten gegenüber nur wirksam, wenn es aus dem Grundbuch ersichtlich oder dem Erwerber in dem nach § 892 des BGB. entscheidenden Zeitpunkt bekannt ist; § 55 A. 2 in Verbindung mit § 53 trifft daher Vorsorge dafür, daß das Verfügungsverbot alsbald in das Grundbuch eingetragen wird. Welche Bedeutung der gute Glaube des Erwerbers eines mit dem Verfügungsverbote belasteten Anspr., insbesondere einer Fdg., oder der gute Glaube des Sch. an die Fortdauer der unbeschränkten Verfügungsbefugnis seines Gl. hat, ist in der Rechtslehre streitig. Nach der wohl als herrschend zu bezeichnenden Ansicht kommt ein Schutz des guten Glaubens in Fällen dieser Art nicht in Betracht. Aus Zweckmäßigkeitsgründen bestimmt indessen der E. im Anschluß an die Vorschriften über die ZwVollstr. (zu vergleichen § 829 der ZPO., § 22 Abs. 2 des ZVG.), daß das Verfügungsverbot dem Drittschuldner zugestellt und ihm die Leistung an den Sch. verboten werden muß (§ 55 A. 3)[1]). Das Verbot, über einzelne Gegenstände zu verfügen, äußert seine Wirkung nur gegenüber rechtsgeschäftlichen Verfügungen; auf die Zulässigkeit von Vollstr.-Maßnahmen ist es ohne Einfluß. Das ergibt sich daraus, daß im § 55 A. 1 S. 2 nur der § 135 A. 2 des BGB. angeführt ist. Die Frage, in welchem Umfange Vollstr.-Maßnahmen während des VVerf. statthaft sind, ist im § 32 abschließend behandelt.

Unter Umständen wird das Verbot, über einzelne Gegenstände zu verfügen, zum Schutze der Gl. nicht ausreichen. Der E. läßt daher neben dem Einzelverbot ein allgemeines Veräußerungsverbot zu. Der Erlaß eines solchen Verbots nähert das VVerf. dem K. Der E. behandelt das Verbot daher ähnlich wie die K.-Eröffn. Bei der Anordnung muß die Tagesstunde der Anordnung angegeben werden (§ 52 A. 1 in Verbindung mit § 25); das Verbot muß

[1]) Der § 56 war im E. noch nicht enthalten.

öffentlich bekanntgemacht und in das Grundbuch eingetragen werden (§ 52 A. 2, § 53). Auch die Wirkungen des allgemeinen Veräußerungsverbots sind im Anschluß an § 7 der KO. gestaltet. Verfügungen, die der Sch. im Widerspruche mit dem Verbot über das ihm zur Zeit seines Erlasses gehörende[1]) Vermögen trifft, sind ebenso wie bei dem Einzelverbote den am Verf. beteiligten Gl. gegenüber unwirksam; in gleicher Weise wie bei dem Einzelverbot erstreckt sich die Wirkung des allgemeinen Veräußerungsverbots auch auf einen dem VVerf. sich anschließenden K. (§ 83). Die Verfügung im Wege der ZwVollstr. wird ebenfalls durch das allgemeine Veräußerungsverbot nicht berührt. Abweichend vom Einzelverbote wird der gute Glaube des Erwerbers gegenüber einem allgemeinen Veräußerungsverbote nur geschützt, wenn es sich um Verfügungen über Grundstücke, Rechte an Grundstücken oder Rechte an solchen Rechten handelt (§ 54 A. 3). Nicht betroffen von dem allgemeinen Veräußerungsverbote wird die Annahme einer Leistung. Die Annahme der Leistung enthält zwar nach der herrschenden Meinung eine Verfügung über die durch die Leistung getilgte Fdg. Diese Verfügung besteht aber nicht in einer Veräußerung. Das durch die Leistung Erlangte wird nicht ohne weiteres von dem allgemeinen Veräußerungsverbot ergriffen. Es steht natürlich nichts im Wege, daß dem Sch. die Verfügung über die Fdg. oder das aus ihrer Erfüllung Erlangte besonders verboten wird. Das allgemeine Veräußerungsverbot legt, weil es den Schutz des guten Glaubens für den Erwerb beweglicher Sachen ausschließt, den Geschäftsbetrieb des Sch. von Rechts wegen völlig lahm. Es ist deshalb bei seiner Anwendung Vorsicht geboten. Fordert die Sachlage seinen Erlaß, so ermöglicht es § 57 der VP., dem Sch. im Einzelfall oder für einen gewissen Kreis von Geschäften wirksame Verfügungen zu gestatten[2]).

Die Wirksamkeit der Verfügungsbeschränkungen ist, von den erörterten sachenrechtlichen Folgen abgesehen, dadurch gesichert, daß der Sch., der ihnen vorsätzlich zuwiderhandelt, sich der Gefahr einer Einst. des VVerf. und damit der K.-Eröffn. aussetzt (§ 79 Nr. 3).

Das allgemeine oder besondere Veräußerungsverbot verliert für die Zukunft seine Kraft, wenn es aufgehoben wird (§ 58) oder wenn der V. zustande kommt (§ 69 A. 2). Wird im Anschluß an ein erfolgloses VVerf. der K. eröffnet, so bleiben die vor der Eröffn. des K. entgegen einem Veräußerungsverbote vorgenommenen Verfügungen den vom VVerf. betroffenen Gl. gegenüber[3]) auch im K. wirkungslos (§ 83). Die im K. selbst vorgenommenen Veräußerungen und sonstigen Verfügungen werden dagegen zugunsten der KGl. von einem im VVerf. erlassenen Veräußerungsverbote nicht in Frage gestellt (zu vergleichen § 13 der KO.)".

---

[1]) § 54 ist im Reichstage geändert worden. Dem jetzigen Wortlaut entsprechend müßte es in der Begr. an dieser Stelle heißen: „über sein Vermögen".

[2]) § 57 ist im Reichstage geändert. In der Vorlage stand er an anderer Stelle und bezog sich nur auf das allgemeine Veräußerungsverbot.

[3]) Auch § 83 ist im Reichstage geändert. Im E. lautete er: „Die im § 27" (jetzt § 32) „vorgesehene Beschränkung der Rechte der Gläubiger und die nach § 44" (jetzt § 51) „erlassenen Verbote bleiben wirksam".

I. Allgemeines. Begriff des allgemeinen Veräußerungsverbots. II. Der Erlaß besonderer Verfügungsverbote. III. Der Erlaß des allgemeinen Veräußerungsverbots. IV. Die Wirkungen der Verbote. V. Unterschiede in der Regelung der Verfügungsverbote nach der VO. und nach dem BGB. VI. Der Schutz redlicher Dritter. VII. Sonstiges, insbesondere Wirkung der Verfügungsverbote für den AnschlK. VIII. Wirkungen für staatsbürgerliche Rechte.

I. Die Eröffn. des VVerf. bewirkt anders als die des K. keine Beschränkung des Sch. in der Verfügung über sein Vermögen; das Gericht kann indessen solche Beschränkungen anordnen. Dies kann nach § 50 geschehen bei der Eröffn. des VVerf., bei welcher die Frage, ob Verfügungsbeschränkungen angezeigt sind, von Amts wegen zu prüfen ist, oder jederzeit im Laufe des eröffneten Verf. bis zu seiner Beendigung, in den Fällen der §§ 71, 80 bis zur Rechtskraft der dort bezeichneten Beschlüsse, dagegen nicht vor der Eröffn. des Verf.; sichernde Maßnahmen auf Grund der bloßen Antragstellung (entsprechend § 106 KO.) sind der VO. unbekannt. Nach Eröffn. des Verf. gestattet § 51 besondere Verfügungsverbote (Verbote der Verfügung über einzelne Vermögensgegenstände) und ein allgemeines Veräußerungsverbot. Von letzterem nimmt die Begr. an, daß die Einziehung einer Fdg. durch Annahme der Leistung von ihm nicht betroffen werde. Dem kann nicht beigetreten werden. Allerdings ist im Sinne des BGB. der Begriff der Veräußerung enger als der der Verfügung; er bedeutet nur die Übertragung eines (schon bestehenden) Rechts auf ein anderes Rechtssubjekt, während die Verfügung außer der Veräußerung noch die Belastung, Inhaltsänderung und Aufhebung eines Rechts umfaßt. Allein Verfahrensgesetze haben öfters einen anderen Sprachgebrauch und meinen, wo sie von einem Veräußerungsverbot sprechen, damit in der Regel jede Verfügung im Sinne des BGB., nicht nur die Veräußerung im engeren Sinne; so insbes. nach anerkannter Rechtslehre der § 106 KO. Daß auch die VO. dies meint, beweist der § 54, der als Rechtsfolge des allgemeinen Veräußerungsverbots unzweideutig die Unwirksamkeit von Verfügungen jeder Art bezeichnet. Auch das muß berücksichtigt werden, daß das allgemeine Veräußerungsverbot, im Sinne der Begr. verstanden, eine recht unvollkommene und ihren Zweck kaum erreichende Maßregel sein würde; es wäre seltsam, wenn z. B. dem Sch. zwar verboten sein sollte, seine Grundstücke zu übereignen, aber nicht, sie bis zum Schornstein mit Hypotheken zu belasten, was im wirtschaftlichen Ergebnis für die am Verf. beteiligten Gl. so ziemlich auf eins hinauskommt. Hiernach ist auch das allgemeine Veräußerungsverbot in Wirklichkeit eine allgemeines Verfügungsverbot, das sich gegen Verfügungen jeder Art richtet, insbes. auch gegen die Aufnahme von Belastungen, gegen die Aufgabe von Rechten und so auch gegen die Einziehung von Fdg. Was die letztere anlangt, so ist sie zwar wohl eigentlich begrifflich keine Verfügung über die Fdg., zum mindesten ist dies in der Wissenschaft streitig; gleichwohl ist sie aber praktisch jedenfalls wie eine Verfügung über die Fdg. zu behandeln, wie dies das BGB. an mehreren Stellen ausdrücklich verordnet (z. B. §§ 893, 2367). Zulässig ist es, daß das Gericht bei Erlaß eines allgemeinen oder auch eines besonderen Verfügungsverbots das Verbot aus besonderen Gründen auf bestimmte Arten von Verfügungen beschränkt; doch werden solche Fälle kaum vorkommen.

II. Ein besonderes Verfügungsverbot wird dann angezeigt sein, wenn bestimmte einzelne Vermögensgegenstände für die Befriedigung der Gl. besonders wichtig sind und die Gefahr begründet erscheint, daß der Sch. mit ihnen unwirtschaftlich umgehen wird. Ein besonderes Verbot kann für jeden beliebigen Vermögensgegenstand des Sch. erlassen werden; z. B. für ein Grundstück, eine Hypothek, ein Wertpapierdepot, aber auch für das Bankguthaben des Sch. Das besondere Verbot wird dem Sch. zugestellt, aber nicht öffentlich bekannt gemacht; bezieht es sich auf eine Fdg. oder auf einen sonstigen Anspr. des Sch., so ist es auch dem Schuldner des Sch. zuzustellen; bezieht es sich auf ein Grundstück, ein Recht an einem Grundstück oder ein Recht an einem Grundstücksrecht, so ist in der Regel auch seine Eintragung im Grundbuch herbeizuführen (§§ 55, 53). In Wirkung tritt das besondere Verbot, falls es ausnahmsweise (vgl. § 10) auf Grund mündlicher Verhandlung ergeht und daher verkündet wird, mit der Verkündung, sonst mit seiner Zustellung an den Sch., Schuldnern des Sch. gegenüber jedoch erst mit ihrer Kenntnis (§ 56, vgl. unten VIb).

III. Das allgemeine Veräußerungsverbot ergreift das gesamte Vermögen des Sch., auch solche Gegenstände, die der Sch. erst nach Erlaß des Verbots erwirbt (§ 54 A. 1). Das allgemeine Verbot wird nicht nur dem Sch. und den Schuldnern des Sch. zugestellt, sondern auch öffentlich bekannt gemacht (§ 52 A. 2), ferner, wenn überhaupt Grundvermögen des Sch. bekannt ist, in der Regel auch in das Grundbuch eingetragen (§ 53). Die Wirkung des allgemeinen Verbots beginnt, wie §§ 52 A. 1 und 54 A. 2 ergeben, bereits mit seinem Erlaß; also, wenn das Verbot verkündet wird, mit der Verkündung, sonst mit der richterlichen Unterzeichnung der Verfügung. Im einzelnen gelten hierfür dieselben Grundsätze wie für den Beschluß auf Eröffn. des Verf.; vgl. § 25 und die Bem. dazu. Schuldnern des Sch. gegenüber wird jedoch auch das allgemeine Verbot erst mit ihrer Kenntnis von seinem Erlaß wirksam (§ 56, vgl. unten VIb).

Da auch das allgemeine Veräußerungsverbot in der Regel nur die Bedeutung hat, die Verfügungen des Sch. unter die Kontrolle der VP. zu stellen (unten Bem. IV), ist der Satz der Begr. schwerlich zutreffend, mindestens mißverständlich, daß es den Geschäftsbetrieb des Sch. von Rechts wegen völlig lahm lege. Dies trifft nur auf dasjenige allgemeine Verbot zu, bei dem gemäß § 57 S. 2 auch Verfügungen mit Zustimmung der VP. für unzulässig erklärt werden. Eine so scharfe Maßnahme wird nur ausnahmsweise als letztes Mittel in solchen Fällen in Betracht kommen, in denen ein erfolgreicher Ausgang des Verf. nahezu ausgeschlossen und der K. höchstwahrscheinlich erscheint. Dagegen kann ein allgemeines Verbot, das der Regel entsprechend Verfügungen mit Zustimmung der VP. unberührt läßt, wie die Begr. an anderer Stelle auch zutreffend bemerkt, sehr wohl auch in einem durchaus aussichtsreichen Verf. gerade im Interesse des Zustandekommens des V. angezeigt sein, wenn die Gl. darauf Gewicht legen oder den Umständen nach eine unsachgemäße Geschäftsführung des Sch. zu befürchten ist. Das allgemeine Veräußerungsverbot kann also aus verschiedenen Sachlagen heraus entstehen und verschiedenen Zwecken dienen.

IV. Die Wirkung des allgemeinen wie eines besonderen Verfügungsverbots besteht darin, daß verbotswidrige Verfügungen zwar nicht nichtig, aber den am Verf. beteiligten Gl. gegenüber (also relativ) unwirksam sind, soweit nicht ausnahmsweise ein Schutz redlicher Dritter Platz greift und die Verfügung voll wirksam macht, was bei dem besonderen Verbot in größerem, bei dem allgemeinen nur in geringerem Umfange zugelassen ist (vgl. unten VI).

Alle Verfügungsbeschränkungen, allgemeine wie besondere, haben aber im allgemeinen — soweit das Gericht nichts anderes bestimmt — nicht die Bedeutung, daß Verfügungen des Sch. wirklich verboten, sondern nur die, daß sie von der Zustimmung der VP. abhängig gemacht werden (§ 57 S. 1). Liegt diese Zustimmung vor, so ist die Verfügung nicht verbotswidrig. Für die Zustimmung gelten die §§ 182—184 BGB. Sie kann danach sowohl im voraus (als Einwilligung) wie auch nachträglich (als Genehmigung) erklärt werden; ohne Einwilligung vorgenommene Verfügungen des Sch. werden durch Genehmigung wirksam. Natürlich kann die VP. die Genehmigung nur so lange erteilen, als sie dieses Amt bekleidet; bei einem Wechsel in der Person des Amtsinhabers geht die Genehmigungsbefugnis mit über. Bei den ohne Einwilligung vorgenommenen Verfügungen liegt also ein Fall vor, in dem relative Unwirksamkeit (nur den beteiligten Gl. gegenüber) und schwebende Unwirksamkeit (Abhängigkeit der Wirksamkeit von der Genehmigung der VP.) sich miteinander verbinden. Vorschriften über eine Möglichkeit der Beendigung des Schwebezustandes durch Fristsetzung fehlen, sind auch wohl mit Rücksicht auf das Aufsichtsrecht des Gerichts über die VP. (§ 45) entbehrlich. Eine Ersetzung der erforderlichen Zustimmung der VP. durch das Gericht ist nicht vorgesehen. Jedoch kann derselbe Erfolg dadurch erreicht werden, daß das Gericht darum angegangen wird, das Verbot für die konkrete einzelne Verfügung außer Kraft zu setzen; dies ist grundsätzlich zulässig, kann aber nur im voraus für eine künftige Verfügung geschehen, nicht nachträglich für eine bereits getroffene. — Die VP. ist nicht etwa dazu befugt, an Stelle des Sch. ohne dessen Mitwirkung zu verfügen.

Nach § 57 S. 2 kann das Gericht bei einem allgemeinen wie bei einem besonderen Verbot bestimmen, daß im Bereich des Verbots auch Verfügungen mit Zustimmung der VP. unzulässig sein sollen. Eine solche Anordnung kann auch nachträglich mit Bezug auf ein bereits erlassenes Verbot getroffen werden. Sie stellt sich aber dann als die

Ersetzung des ursprünglichen Verbots durch ein neues umfassenderes dar. Daher sind bei ihr alle für den Erlaß eines Verfügungsverbots geltenden Vorschriften (§§ 52, 53, 55 A. 2, 3) zu beachten. Ist ein Verbot ergangen, daß sich auch gegen Verfügungen mit Zustimmung der VP. wendet, so kann, wenn nachträglich eine Verfügung über einen von dem Verbot betroffenen Gegenstand wirtschaftlich dringend geboten erscheint, ihre wirksame Vornahme in der Weise ermöglicht werden, daß bei dem Gericht beantragt wird, das Verbot für diese Verfügung außer Kraft zu setzen. Auch ist dies zwar grundsätzlich zulässig, kann aber nur im voraus für eine künftige Verfügung geschehen, nicht etwa die schon eingetretene Unwirksamkeit einer bereits verbotswidrig vorgenommenen Verfügung nachträglich heilen.

V. Sowohl auf das allgemeine wie auf das besondere Verfügungsverbot würden an sich die §§ 135, 136 BGB. anwendbar sein. Diese Vorschriften sind indessen in der VO. durch eine Sonderregelung ersetzt, die erschöpfend ist (§ 51 S. 2) und daher die §§ 135, 136 BGB. nur insoweit zur Anwendung kommen läßt, als sie ausdrücklich auf diese Bezug nimmt. Die Unterschiede zwischen der Regelung des BGB. und derjenigen der VO., die sich hiernach ergeben, betreffen:

a) die Erstreckung der Verbote auf Verfügungen, die im Wege der ZwVollstr. oder Arrestvollziehung erfolgen. Anders als nach § 135 A. 1 S. 2 BGB. beziehen sich die Verfügungsbeschränkungen der VO. ausschließlich auf rechtsgeschäftliche Verfügungen. Die Frage, inwieweit gegen den Sch. während des VVerf. Vollstr.-Maßnahmen zulässig und wirksam sind, ist nicht in den §§ 50—58, sondern in § 32 geregelt, und für die dort getroffene Regelung ist es ohne Bedeutung, ob eine Verfügungsbeschränkung angeordnet worden ist oder nicht.

b) den Schutz redlicher Dritter. Darüber unter VI.

VI. Der Schutz redlicher Dritter.

a) Nach BGB. (§ 135 A. 2) finden bei relativen Veräußerungsverboten die Vorschriften zugunsten derjenigen, welche Rechte von einem Nichtberechtigten herleiten, entsprechende Anwendung. Dies sind die zahlreichen Einzelvorschriften, welche bestimmen, daß bestimmte Verfügungen über bestimmte Rechte unter Umständen auch dann, wenn sie von einem hierzu nicht Berechtigten vorgenommen werden, wirksam sind. So insbes. die §§ 892, 893 und 932—936, aber auch die §§ 407, 1032, 1138, 1155, 1207, 1208, 1244 BGB. Diese Vorschriften schützen in den von ihnen betroffenen Fällen redliche Dritte gegen die Mängel, daß der Verfügende Nichtberechtigter ist oder daß er zwar Berechtigter ist, aber nur beschränkt durch belastende Rechte Dritter. Nur eine Gruppe dieser Vorschriften, die §§ 892, 893 erstrecken bereits in ihrem Wortlaut den Schutz des redlichen Dritten auch auf den Mangel, daß der Verfügende zwar Berechtigter ist, aber (nicht durch belastende Richter Dritter, sondern) durch ein relatives Verfügungsverbot beschränkt. Allgemein

9*

erstreckt der § 135 A. 2 BGB. den Schutz auf diesen Mangel[1]). Man kann also z. B. Eigentum an beweglichen Sachen ebenso wie vom Nichteigentümer auch von dem durch ein relatives Veräußerungsverbot beschränkten Eigentümer erwerben, wenn man bezüglich des Vorhandenseins des Verbots im guten Glauben ist. Anders dagegen z. B. bei der Abtretung einer gewöhnlichen Fdg.; bei dieser gibt es nach dem BGB. keinen Erwerb vom Nichtberechtigten und daher auch keinen Schutz des gutgläubigen Erwerbers gegen ein Veräußerungsverbot.

Dieser aus den Vorschriften des BGB. sich ergebende Rechtszustand gilt im Bereich der VO. nur für die besonderen Verfügungsverbote (§ 55 A. 1 S. 2). Bei diesen sind grundsätzlich alle Vorschriften des bürgerlichen Rechts über den Erwerb vom Nichtberechtigten entsprechend anwendbar. Insbesondere sind hiernach Veräußerungen beweglicher Sachen durch den Sch., die gegen ein besonderes Verfügungsverbot verstoßen, auch den am Verf. beteiligten Gl. gegenüber dann wirksam, wenn der Erwerber hinsichtlich des Verfügungsverbots in gutem Glauben war. Bei dem allgemeinen Veräußerungsverbot dagegen ist § 135 A. 2 BGB. nicht für anwendbar erklärt; hier finden vielmehr von den Vorschriften des BGB. über den Erwerb vom Nichtberechtigten nur die §§ 892, 893 BGB. Anwendung (§ 54 A. 3). Danach ist bei Verfügungen über Grundstücke, Rechte an Grundstücken oder Rechte an Grundstücksrechten das allgemeine Veräußerungsverbot dem an der Verfügung Beteiligten Dritten gegenüber nur wirksam, wenn es aus dem Grundbuch ersichtlich oder dem Dritten bekannt ist; daher sieht § 53 die Eintragung des allgemeinen Veräußerungsverbots im Grundbuch vor. Bei Verfügungen über Rechte anderer Art, insbesondere bei der Übereignung beweglicher Sachen, bewirkt dagegen die Zulassung eines Erwerbs vom Nichtberechtigten durch Vorschriften des BGB. keinen Schutz gegen das allgemeine Veräußerungsverbot des VVerf.

b) Eine besondere Vorschrift zum Schutz redlicher Drittschuldner (Sch. des Vergleichsschuldners) enthält die VO. in § 56. Nach BGB. ist es zweifelhaft und streitig, ob § 407 in Verbindung mit § 135 A. 2 den Sch. einer Fdg., der mit seinem Gl. eine Verfügung über die Fdg. vornimmt, insbes. an den Gl. zahlt, bei Gutgläubigkeit dagegen schützt, daß der Gl. in der Verfügung über die Fdg. durch ein relatives Verbot beschränkt ist. Ohne die besondere Vorschrift des § 56 würde im Bereich der VO. derselbe Zweifel bei dem besonderen Verfügungsverbot entstehen; bei dem allgemeinen Veräußerungsverbot, das entgegen der Ansicht der Begr. auch die Einziehung von Fdg. erfaßt, würde zweifellos ein Schutz des redlichen Drittschuldners nur in den besonderen Fällen der §§ 892, 893 BGB. stattfinden. Gerade bei dem allgemeinen Verbot,

[1]) § 135 A. 2 ist daher insoweit, als er sich auf die §§ 892, 893 bezieht, überflüssig.

dessen Wirkung schon mit seinem Erlaß beginnt, ist aber ein weitgehender Schutz redlicher Drittschuldner ein unabweisbares Gebot der Billigkeit. Deshalb bestimmt § 56 in Anlehnung an § 8 KO., daß die Verfügungsbeschränkungen der VO. Schuldnern des Sch. gegenüber erst in dem Zeitpunkt wirksam werden, in dem sie ihnen bekannt werden. Die Vorschrift gilt für das allgemeine wie für das besondere Verbot und nicht nur für Forderungsrechte im Sinn des BGB., sondern für alle Anspr. des Verf.-Sch. Alle Personen, die dem Sch. zu einer Leistung verpflichtet sind, können diese Leistung an ihn bewirken oder mit ihm sonstige Verfügungen über den Anspr. wirksam vornehmen, solange sie von der Anordnung einer Verfügungsbeschränkung keine Kenntnis haben. § 56 S. 2 regelt nur die Beweislast. Da die Zustellung an den Drittschuldner durch Aufgabe zur Post erfolgt (§ 11), bietet sie keine sichere Gewähr dafür, daß das Schriftstück überhaupt zur Kenntnis des Empfängers gelangt, und läßt jedenfalls die Möglichkeit offen, daß dies erst erhebliche Zeit nach dem Zeitpunkt der Zustellung erfolgt; daher ist ihr nicht die Bedeutung beigelegt, das Verbot gegenüber dem Drittschuldner ohne weiteres in Kraft zu setzen, sondern nur die, eine Vermutung für seine Kenntnis von dem Verbot zu begründen, gegen die Gegenbeweis zulässig ist.

Soweit Verfügungen über im Grundbuch eingetragene Rechte in Frage kommen, bewendet es auch für die Rechtsstellung solcher redlicher Dritter, die Schuldner des Sch. sind, bei den §§ 892, 893 BGB. Diese[1]) sind gegenüber § 56 VO. das speziellere Gesetz und gehen ihm daher vor, wie § 56 zur Sicherheit ausdrücklich hervorhebt. Wenn also auf Grund eines im Grundbuch eingetragenen Rechts an den Verf.-Sch. eine Leistung bewirkt wird oder wenn zwischen dem Verf.-Sch. und einem Drittschuldner ein anderes Rechtsgeschäft vorgenommen wird, das eine Verfügung über ein im Grundbuch eingetragenes Recht enthält, so sind Verfügungsbeschränkungen dem Drittschuldner gegenüber nicht nur dann wirksam, wenn er sie kennt, sondern auch dann, wenn sie aus dem Grundbuch ersichtlich sind. Dies ist im VVerf. ebenso im K.; auch dort kann sich der Drittschuldner, dem gegenüber die K.-Eröffn. gemäß § 7 KO. und §§ 892, 893 BGB. durch Eintragung im Grundbuch wirksam geworden ist, nicht gemäß § 8 KO. auf Unkenntnis berufen. Wichtig ist dies insbes. für die Zahlung von Hypothekenzinsen oder auch eines Hypothekenkapitals an den Verf.-Sch. Nicht unter die §§ 892, 893 BGB. fällt dagegen z. B. die Zahlung von Miete; für diese gilt § 56 VO. Der Satz 1 des § 56 ist hiernach bei Verfügungen über im Grundbuch eingetragene Rechte nicht anwendbar. Dagegen gilt auch für solche Verfügungen die Beweislastregel des § 56 Satz 2; für ihre Anwendung ist allerdings hier nur

---

[1]) Sie sind anwendbar bei dem allgemeinen Verbot gemäß § 54 A. 3, bei dem besonderen Verbot wegen § 51 S. 2 („ausschließlich") nicht unmittelbar, wohl aber vermöge § 55 A. 1 S. 2 und § 135 A. 2 BGB.

so lange Raum, als das Verfügungsverbot noch nicht im Grundbuch eingetragen ist.

VII. Hervorzuheben sind noch die folgenden für das allgemeine wie für das besondere Verbot geltenden Grundsätze:

a) Weder gegen die Anordnung eines Verfügungsverbots noch gegen die Ablehnung eines hierauf gerichteten Antrags gibt es eine Beschwerde (§ 14).

b) Vorsätzliche Zuwiderhandlungen des Sch. gegen ein Verfügungsverbot begründen die Einstellung des Verfahrens (§ 79 A. 1 Nr. 3) und sind, wenn sie der Vertrauensperson bekannt werden, von ihr dem Gericht anzuzeigen (§ 47 A. 2).

c) Die Verfügungsverbote treten mit der Beendigung des VVerf. für die Zukunft außer Kraft; eine durch sie herbeigeführte Unwirksamkeit während des Verf. vorgenommener Verfügungen bleibt aber über dessen Beendigung hinaus bestehen (§§ 69 A. 2, 81 S. 2, 83). § 83 will nicht etwa besagen, daß im Falle des sog. Anschl.K.— Überleitung des VVerf. in den K. — des im VVerf. erlassene Verbot selbst für die Zukunft bestehen bliebe. Vielmehr gelten im AnschlK. für künftige Verfügungen des GSch. ausschließlich die Vorschriften der KO., nach welchen dieser z. B über konkursfreies Vermögen verfügen kann. Bestehen bleibt nur die durch das Verbot herbeigeführte Unwirksamkeit während des VVerf. verbotswidrig getroffener Verfügungen, und hinsichtlich dieser tritt — das ist die besondere Bedeutung von § 83 S. 2 — eine Veränderung in dem Personenkreise ein, dem gegenüber die Unwirksamkeit besteht. Die Unwirksamkeit bestand bisher nur gegenüber denjenigen Gl., die an dem VVerf. beteiligt waren. Im AnschlK. sind zwar diese Gl. sämtlich KGl., aber nicht sie allein; zu ihnen treten noch Gl. hinzu, die am VVerf. nicht beteiligt waren, im AnschlK. aber KGl. sind, wie insbesondere die bevorrechtigten KGl. und die Neugl., deren Anspr. erst nach der Eröffn. des VVerf. entstanden sind. Wenn man nun die in Frage kommenden Verfügungen des GSch. dem einen Teil der KGl. gegenüber als unwirksam, dem anderen gegenüber als wirksam behandeln müßte, so würde das zu Schwierigkeiten im KVerf. führen und auch, nachdem jetzt das erfolglos gebliebene VVerf. nur noch als ein Vorstadium des K. und das in ihm erlassene Verfügungsverbot einem auf Grund des § 106 KO. ergangenen vergleichbar erscheint, des rechtfertigenden inneren Grundes entbehren. Deshalb bestimmt § 83 S. 2, daß mit der Eröffn. des AnschlK. die Rechtslage sich dahin ändert, daß die Unwirksamkeit nunmehr allen KGl. gegenüber besteht.

VIII. Nach einer Reihe von Vorschriften anderer Gesetze tritt bei „Personen, welche infolge gerichtlicher Anordnung in der Verfügung über ihr Vermögen beschränkt sind", eine Minderung der staatsbürgerlichen Rechte ein. Z. B. sind solche Personen unfähig zu den Ämtern eines Schöffen, Geschworenen oder Handelsrichters (§§ 32 Nr. 3, 84, 109 A. 3 GVG.), eines Beisitzers in Mieterschutzsachen (§ 7 Mieterschutzgesetz), eines

Arbeits-, Landesarbeits- und Reichsarbeitsrichters (§§ 21, 37, 43 Arbeitsgerichtsgesetz), zur Rechtsanwaltschaft (§§ 5 Nr. 3, 22 Rechtsanwaltsordnung) und zur Patentanwaltschaft (§§ 2 Nr. 3, 6 Nr. 4 Gesetz, betr. die Patentanwälte), in Preußen auch unfähig zu der Funktion als Verwaltungsrechtsrat (§§ 3 A. 1 Nr. 3, 7 A. 1 Nr. 1, 2 Gesetz über die Vertretung vor den Verwaltungsgerichten vom 25. 5. 1926) und zum Schiedsmannsamt (§§ 2 A. 1 Nr. 4, 9 Schiedsmannsordnung). Im Bereich der VO. hat diese Wirkung nicht die Eröffn. des VVerf., auch nicht der Erlaß eines besonderen, wohl aber der eines allgemeinen Verfügungsverbots. Wegen des Ausschlusses vom Börsenbesuch vgl. die besonderen Vorschriften in § 7 des Börsengesetzes (Abs. 1 Nr. 3 und 6, Abs. 2).

Vierter Abschnitt.

Verhandlung im Vergleichstermin.

§ 59. In dem Vergleichstermine wird über den Vergleichsvorschlag verhandelt, das Stimmrecht der Forderungen, soweit es bestritten wird, festgestellt und abgestimmt. Die an dem Vergleichsverfahren nicht beteiligten Gläubiger können in dem Vergleichstermin erscheinen und sind auf ihren Antrag zu hören.

I. Im VVerf. gibt es keinen besonderen Prüfungstermin; vielmehr erfolgt die erforderliche Prüfung der Fdg. im V.-Termin. Abweichend von dieser Regelung einen besonderen Termin nur zur Prüfung anzuberaumen ist unzulässig. Ist die Zahl der Fdg. und der beteiligten Gl. so groß, daß die Erledigung sämtlicher Aufgaben des V.-Termins an einem Tage nicht zu erwarten ist, so müssen für den V.-Termin mehrere Tage bestimmt werden. Auch ein solcher sich über mehrere im voraus bestimmte Tage erstreckender Termin ist ein einheitlicher Termin.

II. Darüber, wer zum V.-Termin zu laden ist, vgl. § 27 A. 2. Damit der Termin abgehalten werden kann, müssen erscheinen:

a) der Sch., und zwar in der Regel persönlich. Vgl. § 61 und § 79 A. 1 Nr. 6, A. 2, 3;

b) die VP., stets persönlich. Ohne sie kann der V.-Termin nicht stattfinden, denn es ist ein wesentlicher Teil des Verf., daß sie in ihm über die Sachlage berichtet (§ 47 A. 2 S. 2).

Erscheinen der Gl. ist nicht notwendig, jedoch ihnen anheimgestellt, und zwar gemäß § 59 S. 2 auch den am Verf. nicht beteiligten. Die Gl. können sich beliebig vertreten lassen; doch gilt § 157 ZPO. auch hier.

III. Zur Verhandlung über den V.-Vorschlag gehört auch, daß der Sch. den Vorschlag endgültig dem Gl. gegenüber als annahmefähigen V.-Antrag erklärt (vgl. Bem. IV zu § 15). Zweckmäßig wird der Sch. zu fragen sein, ob er den vorliegenden V.-Vorschlag unverändert aufrechterhält. Unterbleibt dies, so bedeutet gleichwohl Stillschweigen des Sch. eine Willenserklärung dieses Inhalts.

§ 60. Ein am Verfahren beteiligter Gläubiger, dessen Forderung in das Gläubigerverzeichnis (§ 16 Abs. 1 Nr. 1, § 17) nicht aufgenommen ist, wird bei der Abstimmung nach Maßgabe des § 62 berücksichtigt, wenn er seine Forderung bis zum Beginne der Abstimmung über den Vergleichsvorschlag schriftlich oder zu Protokoll des Gerichtsschreibers anmeldet.

Die Anmeldung hat den Betrag und den Grund der Forderung zu enthalten; urkundliche Beweisstücke sind in Urschrift oder in Abschrift der Anmeldung beizufügen und im Vergleichstermine vorzulegen.

Der Gerichtsschreiber hat das Gläubigerverzeichnis nach den Anmeldungen zu berichtigen.

Begründung zu § 60: „Der Verhandlung im V.-Termine muß das von dem Sch. eingereichte GlVerz. zugrunde gelegt werden. Da es aber unvollständig sein kann, ist den Gl. das Recht einzuräumen, die Angaben des Sch. durch eigene Anmeldung zu ergänzen; für die weiteren Erörterungen ist dann diese Ergänzung maßgebend. Der V.-Termin hat nicht die Bedeutung eines Prüfungstermins im Sinne der KO., denn das VVerf. verfolgt nicht den Zweck, durch Verteilung des Vermögens des Sch. die Gl. im Rahmen des Verf. zu befriedigen. Es besteht demgemäß kein allgemeiner Prüfungszwang für die angemeldeten Fdg., sondern jede angemeldete Fdg. nimmt, sofern der Gl. nur zum Kreise der im § 2 bezeichneten Gl. gehört, an dem Verf. unter der Bedingung teil, daß sie besteht. Deshalb kann die Anmeldung einer Fdg. auch noch im V.-Termine zugelassen werden. Wird ihr Stimmrecht dann streitig, so gilt § 62 A. 2 S. 2 bis 5."

§ 61. Der Schuldner hat in dem Vergleichstermine persönlich zu erscheinen.

Er darf sich nur vertreten lassen, wenn er glaubhaft macht, daß ihn besondere Gründe am Erscheinen verhindern.

Auf Verlangen eines am Verfahren beteiligten Gläubigers hat der Schuldner im Vergleichstermine den Offenbarungseid dahin zu leisten, daß er nach bestem Wissen sein Vermögen und seine Verbindlichkeiten so vollständig angegeben habe, als er dazu imstande sei.

Begründung zu § 61: „GlVerf. sieht der E. nicht vor. Der V.-Termin ist die einzige GlVerf.[1]). Nur bei dieser Gelegenheit können also die Gl. unmittelbare persönliche Auskunft von dem Sch. über seine Verhältnisse fordern. Deshalb verpflichtet § 61 den Sch., persönlich in dem V.-Termin zu erscheinen, und gestattet ihm nur ganz ausnahmsweise eine Vertretung. Kommt der Sch. nicht und läßt er sich auch nicht, soweit dies überhaupt zulässig ist, vertreten,

---

[1]) Die Erwähnung der fakultativen GlVerf. in § 9 war im E. noch nicht enthalten.

so setzt er sich der Gefahr aus, daß das Verf. eingestellt wird (zu vgl. § 79 A. 1 Nr. 6, A. 2, 3).

Entsprechend dem im § 16 A. 1 Nr. 6 geforderten Erbieten hat der Sch. auf Verlangen eines am Verf. beteiligten Gl. im V.-Termine den Offenbarungseid zu leisten (A. 3). Der Gl. braucht zu diesem Zwecke in dem V.-Termine nicht zu erscheinen; es genügt, wenn er die Eidesleistung vorher schriftlich verlangt hat. Man hat gefordert, daß das Recht auf Leistung des Offenbarungseides nicht jedem Gl. zustehen solle, sondern nur einer bestimmten Minderheit. Der E. entspricht dieser Forderung nicht. Auch in der ZwVollstr. (zu vgl. § 807 der ZPO.) und im K. (zu vgl. § 125 der KO.) kann jeder beteiligte Gl. von dem Sch. den Offenbarungseid fordern. Von Amts wegen kann dem Sch. ebensowenig wie in der ZwVollstr. und im K. der Offenbarungseid abgenommen werden. Trauen die Gl. ihrem Sch., so hat das Gericht keinen Anlaß, die Berechtigung dieses Vertrauens zu untersuchen. Weigert sich der Sch., den Eid zu leisten, so finden nicht die Zwangsmittel der ZPO. (§§ 899 ff.) Anwendung; denn für ihre Durchführung ist in dem VVerf. nicht genügende Zeit. Vielmehr ist der einzige Rechtsnachteil, der den Sch. treffen kann, die Einst. des Verf. und die Eröffn. des K. (§ 79 A. 1 Nr. 7, A. 2). Die Leistung des Offenbarungseides im VVerf. befreit den Sch. nicht von der Pflicht, in einem anschließenden KVerf. erneut den Offenbarungseid zu leisten (§ 125 der KO.)."

Die Ansicht der Begr., daß bei dem Offenbarungseid des § 61 Abs. 3 die Zwangsmittel der ZPO. keine Anwendung finden, ist angesichts des § 8 nicht unzweifelhaft, zumal es auffällt, daß eine dem § 50 A. 2 S. 2 GAV. entsprechende Vorschrift nicht aufgenommen worden ist. Immerhin wird man ihr auf Grund der Annahme, daß § 79 A. 1 Nr. 7, A. 2 die Folgen der Eidesverweigerung erschöpfend regelt, zustimmen können.

Der Offenbarungseid im VVerf. hat nicht die Wirkung, daß der Sch. in das Verzeichnis des § 915 ZPO. eingetragen wird. Ebenso nicht die, daß er gemäß § 23 Nr. 3 als Ablehnungsgrund für ein späteres erneutes VVerf. in Betracht kommt; jedoch hat diese Wirkung schon die Eröffn. des VVerf., in dem der Eid geleistet wurde (§ 23 Nr. 2).

§ 62. Die Forderungen der am Verfahren beteiligten Gläubiger werden an der Hand des berichtigten Gläubigerverzeichnisses erörtert; der Schuldner hat sich über sie zu erklären.

Soweit gegen eine Forderung weder der Schuldner noch ein beteiligter Gläubiger noch die Vertrauensperson Widerspruch erhebt, gilt sie als stimmberechtigt. Soweit widersprochen wird, ist zu erörtern, ob und zu welchem Betrag ein Stimmrecht gewährt werden soll. Einigen sich der Schuldner, die im Termin erschienenen, am Vergleichsverfahren beteiligten Gläubiger und die Vertrauensperson nicht, so entscheidet das Gericht. Es kann seine Entscheidung auf Antrag des Schuldners, eines im Termin erschienenen, am Verfahren beteiligten Gläubigers oder der Vetrauensperson bis zum Beginne der Abstimmung über den Vergleichsvorschlag ändern. Die Wirkung der Entscheidung beschränkt sich auf die Frage des Stimmrechts.

In gleicher Weise entscheidet das Gericht, ob und zu welchem Betrag aufschiebend bedingte Forderungen sowie Forderungen, für die abgesonderte Befriedigung beansprucht wird, zum Stimmen berechtigen.

Der Gerichtsschreiber hat nach der Erörterung einer jeden Forderung das Ergebnis in das Verzeichnis der Gläubiger einzutragen. Soweit gegen eine Forderung weder der Schuldner noch ein an dem Verfahren beteiligter Gläubiger noch die Vertrauensperson Widerspruch erhoben hat, ist in dem Verzeichnis zu vermerken, daß die Forderung anerkannt ist.

Begründung zu § 62: „Anders als im K., findet im VVerf. eine Prüfung und Feststellung der Fdg. nicht statt. Es wäre indessen äußerst unzweckmäßig, der Tatsache, daß bei der gerichtlichen Erörterung einer Fdg. weder der Sch. noch die VP. noch ein beteiligter Gl. gegen ihr Bestehen Widerspruch erhoben hat, überhaupt keine Bedeutung beizumessen. Der E. schreibt daher in Übereinstimmung mit der GAV. (§ 47 A. 4 S. 2, § 61) vor, daß Fdg. dieser Art in dem GlVerz. ausdrücklich als anerkannt zu bezeichnen sind (§ 62 A. 4 S. 2) und daß nach Best. des V. die anerkannten Fdg. vollstreckbar sind (§ 75 A. 1).

Die anerkannten Fdg. sind selbstverständlich stimmberechtigt (§ 62 A. 2 S. 1). Wird eine Fdg. nicht anerkannt, so muß für das VVerf. wenigstens die Frage geklärt werden, ob und zu welchem Betrage sie stimmberechtigt sein soll. Auch hier ist zunächst eine Verständigung der Beteiligten zu versuchen; gelingt sie nicht, so entscheidet das Gericht (§ 62 A. 2 S. 2, 3). Der E. schließt sich damit der Regelung der KO. (§ 95) an. Nach der GAV. (§ 47 A. 2 S. 3, 4) sollte der Gl., über dessen Stimmberechtigung eine Verständigung nicht zu erzielen war, zunächst an der Abstimmung teilnehmen; das Gericht sollte über das Stimmrecht erst entscheiden, wenn es auf die Stimme ankam. Diese Regelung hat den Vorteil, daß das Gericht seltener zu einer Entscheidung genötigt wird als nach dem E.; ihr überwiegender Nachteil besteht aber darin, daß sie das Gericht in eine schwierige Lage bringen kann, wenn mehrere Fdg. streitig sind, deren Gl. verschieden gestimmt haben. Das Gericht kann seine Entscheidung, gegen die es natürlich kein Rechtsmittel gibt, ändern, aber, um es nicht dem Vorwurfe auszusetzen, daß es das Abstimmungsergebnis sachlich beeinflußt habe, nur bis zum Beginne der Abstimmung."

I. Die im V.-Termine stattfindende Erörterung der Fdg. kann man im Gegensatz zur Begr. sehr wohl eine Prüfung nennen; dies ist nur eine Frage der Terminologie. Dagegen findet im VVerf. allerdings nicht, wie im K., eine Feststellung der Fdg. mit der charakteristischen Rechtskraftwirkung (§ 145 A. 2 KO., vgl. §§ 164 A. 2, 194) statt. An ihre Stelle kann nur eine Anerkennung durch die Beteiligten treten, die niemals Rechtskraft, sondern nur Vollstreckbarkeit bewirken kann; auch zur Vollstreckbarkeit führt sie nur dann, wenn der V. zustande kommt und bestätigt wird, dagegen nicht, wenn der V. verworfen oder das Verf. eingestellt wird (§ 75 VO.).

II. Die Erörterung der Fdg. hat hiernach den doppelten Zweck, die Fragen des Stimmrechts und der Anerkennung zu klären. Da ein Stimmrecht nur für am Verf. beteiligte Gl. in Frage kommt, beschränkt § 62 A. 1 die Erörterung auf die Fdg. dieser Gl.; dies hat dann wiederum zur Folge, daß auch nur die Fdg. beteiligter Gl. durch Anerkennung im Falle des Zustandekommens und der Best. des V. gemäß § 75 vollstreckbar werden können. Erörtert werden natürlich die Fdg. nicht nur der anwesenden beteiligten Gl., sondern aller beteiligten Gl., die aus dem berichtigten GlVerz. ersichtlich sind. Das Gericht hat von Amts wegen dafür zu sorgen, daß die Erörterung in diesem Umfange stattfindet. Es hat insbes. von Amts wegen, nicht erst auf Antrag oder Widerspruch eines Beteiligten hin, die Fdg. solcher Gl., die im Verzeichnis als beteiligt vermerkt, nach seiner Ansicht aber unbeteiligt sind, von der Erörterung auszuschließen und umgekehrt die Fdg. solcher Gl., die im Verzeichnis als nicht beteiligt angegeben, nach seiner Ansicht aber beteiligt sind, in die Erörterung einzubeziehen. Jede solche Abweichung von dem GlVerz. hinsichtlich der Frage, ob ein Gl. beteiligt oder nicht beteiligt ist, bedarf eines Beschlusses und ist in dem Verzeichnis zu vermerken. Der Beschluß entscheidet die Frage der Beteiligung oder Nichtbeteiligung des Gl. nur für die Rechtsfolge des Stimmrechts; außerdem hat derjenige Beschluß, der einen Gl. als nicht beteiligt von der Erörterung ausschließt, noch die Wirkung, daß er es dem Gl. unmöglich macht, zu einer Anerkennung und damit zur Vollstreckbarkeit gemäß § 75 zu gelangen. Ist dagegen die Frage der Beteiligung oder Nichtbeteiligung des Gl. später noch im Hinblick auf eine andere Rechtsfolge zu entscheiden, z. B. im Hinblick auf die Fragen, ob der Gl. nach § 32 während des Verf. vollstrecken durfte oder ob eine von ihm vor der Eröffn. des Verf. vorgenommene ZwVollstr. gemäß § 70 oder § 84 unwirksam ist, so kommt für diese Entscheidung dem im V.-Termin von dem V.-Gericht erlassenen Beschluß verbindliche Bedeutung nicht zu.

III. Auf die Erörterung der Frage der Beteiligung am Verf. folgt hinsichtlich der vom Gericht als beteiligt anerkannten Fdg. die Erörterung des Stimmrechts. Zweckmäßig werden beide Prüfungen, die der Beteiligung und die des Stimmrechts, nicht im ganzen, sondern für jede einzelne Fdg. nacheinander durchgeführt. Bei der Erörterung des Stimmrechts der beteiligten Fdg. wird das Gericht nach § 62 A. 2 nicht von Amts wegen, sondern nur auf Widerspruch eines Beteiligten tätig. Widerspruchsberechtigt sind der Sch., die VP. und grundsätzlich jeder beteiligte Gl., letztere indessen, da der Widerspruch nur mündlich im Termin erklärt werden kann, nur insoweit, als sie im Termin anwesend oder vertreten sind. Der Widerspruch kann gegen den Bestand oder gegen den Betrag der Fdg. gerichtet werden; ferner aber auch gegen ihre Eigenschaft als am Verf. beteiligt, obwohl diese Frage ja von dem Gericht auch von Amts wegen zu prüfen ist. Er hat stets, auch wenn das Gericht ihn für unbegründet hält, die Wirkung, daß eine Vollstreckbarkeit nach § 75 nicht eintreten kann, weil zu dieser ja nur anerkannte Fdg. gelangen. Im übrigen entscheidet das Gericht über die Frage des Stimmrechts, jedoch ist in erster Linie eine gütliche Einigung darüber anzustreben.

IV. Die Erörterung erfolgt nach Abs. 1 an der Hand des GlVerz.; ihre Ergebnisse sind nach Abs. 3 in dieses Verzeichnis einzutragen. Dies bedeutet nicht, daß im Vergleichstermin notwendig das vom Sch. als GlVerz. (§ 16 A. 1 Nr. 1, § 17) eingereichte Schriftstück, gemäß § 60 A. 3 ergänzt, in Urschrift benutzt werden müßte. Dieses Verzeichnis wird selten so übersichtlich eingerichtet sein, daß es für die Zwecke des V.-Termins praktisch verwendbar ist. Zulässig und zweckmäßig ist es daher, daß der Gerichtsschreiber alsbald nach der Eröffn. des Verf. ein der Tabelle der KO. (§§ 140, 145) entsprechendes formularmäßiges gerichtliches GlVerz. anlegt, in welches das vom Sch. eingereichte Gl.Verz. sowie alle späteren Nachträge des Sch. und Anmeldungen von Gl. inhaltlich aufzunehmen sind. Ist dies geschehen, so ist dieses Schriftstück das GlVerz. im Sinne aller Bestimmungen über das weitere Verf., insbesondere der §§ 60, 62, 63 und 75.

V. Zum Zwecke der Entscheidung über die Fragen der Beteiligung am Verf. und des Stimmrechts kann das Gericht auch Ermittlungen anstellen (§ 9). Eine Vertagung des V.-Termins ist aber auch zu diesem Zwecke nur unter den Voraussetzungen des § 66 zulässig. Liegen sie nicht vor, so bleibt nichts übrig, als auf die ohne Vertagung nicht durchführbaren Ermittlungen zu verzichten und ohne sie nach Lage der Sache zu entscheiden.

VI. Zu Abs. 3: Auch in diesen Fällen entscheidet das Gericht über das Stimmrecht nur auf Widerspruch. Zunächst ist davon auszugehen, daß zum Stimmen berechtigen:

a) aufschiebend bedingte Fdg. in voller Höhe. Dies entspricht der Regelung im K. (Jaeger Anm. 2 zu § 96 KO.); die für die GA. gelegentlich vertretene gegenteilige Ansicht konnte nur mit § 43 GAV. begründet werden, den die VO. nicht übernommen hat (vgl. Bem. III zu §§ 16 bis 18).

b) Fdg. mit Absonderungsrecht insoweit, als bei ihnen in der vom Sch. eingereichten Übersicht des Vermögensstandes ein mutmaßlicher Ausfall angegeben ist (§ 18 A. 1 S. 4), in Höhe dieses Ausfallbetrages.

Wer hiermit nicht einverstanden ist, muß Widerspruch erheben, der hier auch damit begründet werden kann, daß bei der Fdg. mit Absonderungsrecht der mutmaßliche Ausfall falsch eingeschätzt sei, die aufschiebend bedingte Fdg. wegen Unwahrscheinlichkeit des Bedingungseintritts entweder gar keinen oder nur einen geringeren gegenwärtigen Vermögenswert habe.

§ 63. Zum Abschluß eines Vergleichs ist erforderlich, daß

1. die Mehrheit der stimmberechtigten Gläubiger dem Vergleiche zustimmt und

2. die Gesamtsumme der Forderungen der zustimmenden Gläubiger mindestens drei Vierteile der Forderungen der stimmberechtigten Gläubiger beträgt.

Die Mehrheiten berechnen sich nach dem berichtigten Gläubigerverzeichnisse.

Lautet der Vergleichsvorschlag auf einen ziffermäßig bestimmten teilweisen Erlaß der Forderungen und gewährt er den Gläubigern nicht mindestens die Hälfte ihrer Forderungen, so muß die nach Abs. 1 Nr. 2 erforderliche Gesamtsumme der Forderungen der zustimmenden Gläubiger mindestens vier Fünfteile der Forderungen der stimmberechtigten Gläubiger betragen.

Soll der Vergleich nur auf Stundung bis zur Dauer von längstens einem Jahre nach der Bestätigung, allein oder in Verbindung mit einem Erlasse von Zinsen für die Dauer der Stundung, gehen, so genügt es, wenn die nach Abs. 1 Nr. 2 erforderliche Gesamtsumme mehr als die Hälfte der Gesamtsumme der Forderungen der stimmberechtigten Gläubiger beträgt.

Begründung zu § 63: „Die doppelte Mehrheit des Abs. 1 (absolute Mehrheit der Köpfe, Dreiviertelmehrheit der beteiligten Fdg.) entspricht der KO. (§ 182 A. 1) und der GAV (§ 37). Die Anforderungen an die Mehrheit werden — ebenfalls nach dem Vorbilde der GAV. (§ 38) — gemildert, wenn der V. nur auf Stundung bis zu einem Jahre mit oder ohne Zinserlaß gehen soll; hier verringert sich die Forderungsmehrheit auf die Hälfte (Abs. 4). Andererseits wird die Forderungsmehrheit auf vier Fünfteile heraufgesetzt, wenn der V.-Vorschlag besonders ungünstig ist, nämlich den Gl. bei einem ziffermäßigen Erlasse nicht einmal die Hälfte der Fdg. bietet (Abs. 3)."

I. Zum V.-Abschluß ist stets eine doppelte Mehrheit erforderlich, nach Köpfen und nach Summen. Die Mehrheit nach Köpfen ist stets einfache Mehrheit. Die Mehrheit nach Summen ist dreifach gestaffelt. Das Gesetz unterscheidet hier Stundungsvergleich und Erlaßvergleich (wobei der Charakter des V. als Stundungsvergleich durch Zinserlaß für die Dauer der Stundung nicht beeinträchtigt wird); ferner innerhalb des Stundungsvergleichs den mit höchstens einjähriger und den mit längerer Stundung, innerhalb des Erlaßvergleichs den 50% oder mehr und den unter 50% (jedoch mindestens 30%, vgl. § 6) bietenden:

a) Der Stundungsvergleich auf längstens 1 Jahr (nach der Best.) bedarf nur einfacher Summenmehrheit.

b) Für den Stundungsvergleich auf länger als 1 Jahr beträgt die Summehrheit ¾. Ebenso für den ziffermäßig bestimmten Erlaßvergleich, der den Gl. 50% oder mehr bietet; ferner auch für solche Erlaßvergleiche, die den vorgeschlagenen Erlaß nicht ziffermäßig, sondern in anderer Weise bestimmen, wie insbes. die sog. Liquidationsvergleiche.

c) Für den ziffermäßig bestimmten Erlaßvergleich, der weniger als 50% bietet, beträgt die Summenmehrheit 4/5.

II. Die Mehrheiten beziehen sich beide auf die Personenzahl oder den Gesamtforderungsbetrag aller derjenigen beteiligten Gl., die im GlVerz. eingetragen und in dem Termin stimmberechtigt sind. Die im GlVerz. (vgl. Bem. IV zu § 62) als beteiligte Gl. eingetragenen Personen und ihre Forderungsbeträge sind insoweit zu berücksichtigen, als sie stimmberechtigt sind. Nicht zu berücksichtigen sind insbes. unbekannte Gl. (deren Berücksichtigung wäre unausführbar) und solche aus dem GlVerz. ersichtliche Gl., denen das Stimmrecht nach § 62 abgesprochen worden ist (deren Berücksichtigung wäre widersinnig). Zu berücksichtigen sind dagegen auch diejenigen eingetragenen und stimmberechtigten Gl., die dem Termin fernbleiben; sie gelten, soweit sie nicht etwa nach § 65 schriftlich zugestimmt haben, als sich der Stimme enthaltend und damit als ablehnend. Dies gilt abweichend von der Regelung im K. (§ 182 KO.) nicht nur für die Summen-, sondern auch für die Personenmehrheit (bei welcher die KO. überhaupt nur die in dem Termin anwesenden stimmberechtigten Gl. berücksichtigt).

Die im § 64 bezeichneten Personen, insbes. der Ehegatte des Sch., bleiben außer Betracht, wenn sie für den V. stimmen. Solchenfalls ist also die Stimme dieses Gl. nicht zu zählen und seine Person sowie sein Forderungsbetrag für die Berechnung der erforderlichen Mehrheiten ganz außer Betracht zu lassen. Anders, wenn der unter § 64 fallende Gl. gegen den V. stimmt. — Dagegen enthält die VO. keine dem § 39 GAV. entsprechende Vorschrift. Daher muß angenomemn werden, daß auch solche beteiligten Gl., deren Rechte durch den V. gar nicht beeinträchtigt werden, gleichwohl bei der Berechnung der Mehrheiten nach Person und Forderungsbetrag zu berücksichtigen und ihre Stimmen zu zählen sind (Eintragung im GlVerz. und Stimmberechtigung vorausgesetzt). Praktische Bedeutung hat dies fast ausschließlich bei einem V.-Vorschlag, der eine ungleiche Behandlung der Gl. vorsieht, indem er gewisse Kleingläubiger sofort und voll befriedigen will[1]). Die Regelung der VO. bedeutet gegenüber derjenigen der GAV. im allgemeinen eine Erleichterung des V., da durch den V. nicht beeinträchtigte Gl. naturgemäß im allgemeinen für ihn stimmen werden. Sie kann allerdings im Einzelfall den V. auch erschweren, dann nämlich, wenn die nicht beeinträchtigten Gl. sowohl die schriftliche Zustimmung (§ 65) als auch das Erscheinen im Termin versäumen; denn dann ist die Wirkung ihres Verhaltens die, daß sie als ablehnend gelten.

III. Die Abstimmung des einzelnen Gl. mit ja oder nein ist die rechtsgeschäftliche Erklärung über Annahme oder Ablehnung des im Termin erklärten V.-Antrags des Sch. Sie ist sofort wirksam und kann nicht mehr widerrufen werden. Anders die Erklärung, sich der Stimme zu enthalten;

---

[1]) Daneben kommt theoretisch noch der Fall in Betracht, daß bei einem reinen Stundungsvergleich Gl. vorhanden sind, deren Anspr. über die Dauer der Stundung hinaus betagt sind. Aber dieser Fall spielt praktisch keine Rolle.

diese ist keine Willenserklärung, sondern nur die tatsächliche Erklärung, eine Willenserklärung nicht abgeben zu wollen. Daher kann die Stimmenthaltung noch bis zum Schluß der Abstimmung in Zustimmung oder Ablehnung geändert werden. Sachlich hat die Stimmenthaltung dieselbe Wirkung wie die Ablehnung.

Ein Gl. mehrerer Fdg. kann nur einheitlich stimmen; er wird für die Kopfmehrheit nur als eine Person, für die Summenmehrheit mit dem Gesamtbetrage seiner Fdg. gezählt. Anders ein Vertreter mehrerer Gl. verschiedener Fdg. Steht eine Fdg. ungeteilt mehreren Personen zu, z. B. Gesamtgläubigern oder Miterben in ungeteilter Erbengemeinschaft oder dem Gl. der Fdg. und einem anderen, der an ihr Nießbrauch oder Pfandrecht hat, so werden auch diese Personen für die Kopfmehrheit nur als eine Person gezählt und die Stimme kann nur einheitlich abgegeben werden. Wie sich die Stimmabgabe hiernach im einzelnen gestaltet, bestimmt sich nach dem zwischen den mehreren Gl. bestehenden Rechtsverhältnis und ist danach verschieden. Z. B. können Miterben über die Fdg. nur gemeinschaftlich verfügen; daher ist, wenn nicht etwa für sie ein gemeinschaftlicher Vertreter auftritt, zum Zustandekommen einer wirksamen Stimmabgabe erforderlich, daß alle Miterben sich an ihr beteiligen und übereinstimmend stimmen; stimmen einzelne Miterben zu, während andere mit nein stimmen oder sich der Stimme enthalten oder gar nicht anwesend sind und auch nicht schriftlich zugestimmt haben, so ist eine wirksame Stimmabgabe nicht zustande gekommen, das Ergebnis also Stimmenthaltung und damit Ablehnung. Bei Gesamtgläubigerschaft kann dagegen grundsätzlich jeder Gesamtgläubiger die Stimme abgeben (§§ 423, 429 A. 3 BGB.; vgl. Jaeger Anm. 3 zu § 182 KO.), geben aber mehrere Gesamtgläubiger die Stimme mit ja oder nein ab (Stimmenthaltung ist nicht Stimmabgabe), so ist eine wirksame Stimme nur zustande gekommen, wenn diese Erklärungen übereinstimmen. Stimmt also nur ein Gesamtgläubiger mit ja oder nein, so ist damit die Stimme wirksam abgegeben, auch wenn andere anwesend sind und sich der Stimme enthalten oder gar nicht anwesend sind und auch nicht schriftlich zugestimmt haben; stimmen aber mehrere Gesamtgläubiger teils mit ja, teils mit nein, so heben diese verschiedenen Stimmen sich gegenseitig auf und das Ergebnis ist Enthaltung und damit Ablehnung.

§ 64. Bei der Berechnung der Mehrheiten bleibt der Ehegatte des Schuldners außer Betracht, wenn er für den Vergleich gestimmt hat.

Das gleiche gilt von dem, dem der Ehegatte des Schuldners nach der Eröffnung des Vergleichsverfahrens oder in dem letzten Jahre vorher eine Forderung gegen den Schuldner abgetreten hat, soweit das Stimmrecht auf der abgetretenen Forderung beruht. Diese Vorschrift findet keine Anwendung, wenn der Ehegatte zu der Abtretung durch Gesetz oder durch einen Vertrag verpflichtet war, der früher als ein Jahr vor der Eröffnung des Vergleichsverfahrens geschlossen worden ist.

Begründung zu § 64: „Die Vorschrift entspricht dem § 40 der GAV. und dem § 183 der KO." — Vgl. Bem. II Abs. 2 zu § 63.

§ 65. Ein Gläubiger kann dem Vergleichsvorschlag auch schriftlich zustimmen; die Erklärung ist nur zu berücksichtigen, wenn sie dem Gerichte bis zum Schlusse der Abstimmung zugegangen ist.

Begründung zu § 65: „Der Gedanke dieser Vorschrift ist aus § 51 A. 1 der GAV. übernommen. Da es genügen soll, wenn die Zustimmungserklärung dem Gerichte bis zum Schlusse der Abstimmung zugegangen ist, dem Richter aber diese Tatsache am Schlusse des V.-Termins unter Umständen nicht bekannt ist, so wird es sich empfehlen, überall da, wo nach Lage der Sache noch mit schriftlichen Zustimmungserklärungen zu rechnen ist, die Entscheidung über die Best. des V. nach § 67 A. 3 auszusetzen, wenn im V.-Termine selbst die erforderliche Mehrheit nicht erreicht wird."

I. Die schriftliche Zustimmung eines Gl. ist nicht Annahme eines bereits vorliegenden Vertragsantrags, da der V.-Vorschlag des Sch. erst durch seine Erklärung im V.-Termin zum annahmefähigen Vertragsantrag wird (Bem. IV zu § 15). Sie ist aber nach der Verkehrsanschauung, da sie nur die mündliche Abstimmung im V.-Termin ersetzen soll, auch nicht als ein von dem Gl. ausgehender, sofort wirksamer und verbindlicher Antrag aufzufassen, sondern nur als eine im voraus erklärte Annahme des angekündigten Antrags des Sch., die erst mit der Abstimmung im V.-Termin, und zwar erst mit der Beendigung der Abstimmung, wirksam werden soll. Bis dahin kann also der Gl. seine schriftliche Zustimmung widerrufen, auch in der Weise, daß er im V.-Termin erscheint und anders stimmt. Da der Sch. bis zur Beendigung der Abstimmung seinen V.-Vorschlag zurückziehen oder ändern kann (Bem. III, IV zu § 15), wäre es unbillig, die Gl. vor diesem Zeitpunkt auf Zustimmungserklärungen festzulegen.

Der Richter muß im V.-Termin die Möglichkeit des Eingangs nicht nur von weiteren Zustimmungserklärungen, sondern auch von Widerrufen der schon vorliegenden Zustimmungserklärungen in Betracht ziehen. Daher wird eine Aussetzung der Entscheidung über die Best. des V. nach § 67 A. 3 auch dann angezeigt sein, wenn im V.-Termin die für den V. erforderliche Mehrheit zwar erreicht ist, aber nur mit Hilfe schriftlicher Zustimmungserklärungen.

II. Ändert der Sch. den V.-Vorschlag im Laufe des Verf., so werden dadurch bereits vorliegende Zustimmungserklärungen von Gl. grundsätzlich hinfällig. Ob man hiervon eine Ausnahme für den Fall machen darf, daß die Änderung des Vorschlags den Gl., der schriftlich zugestimmt hat, nicht berührt oder ihn lediglich günstiger stellt, ist nicht unzweifelhaft, wird indessen zu bejahen sein.

III. Die im § 16 A. 1 Nr. 4 bezeichneten Einverständniserklärungen von Gl. mit der Eröffn. des VVerf. sind selbstverständlich nicht Zustimmungen zu dem V.-Vorschlag im Sinn des § 65. Eine Vorschrift entsprechend § 51 A. 2 GAV. fehlt in der VO., konnte auch von ihr nicht aufgenommen werden, da nach ihrem § 16 A. 1 Nr. 4 die Einverständniserklärungen sich überhaupt nicht auf einen bestimmten V.-Vorschlag beziehen.

§ 66. Der Vergleichstermin kann auf Antrag von drei Vierteilen der erschienenen, am Verfahren beteiligten Gläubiger vertagt werden, wenn zu erwarten ist, daß der neue Termin zu einem Vergleiche führen wird. Der Termin kann ferner vertagt werden, wenn der Schuldner sich in ihm zulässigerweise hat vertreten lassen (§ 61 Abs. 2) und die Leistung des Offenbarungseids verlangt wird (§ 61 Abs. 3). Der neue Termin ist alsbald zu bestimmen und soll in der Regel nicht über zwei Wochen hinaus anberaumt werden.

Begründung zu § 66: „Vertagungen des V.-Termins stehen an sich im Widerspruche mit dem Grundgedanken des E., schnell eine Entscheidung über V. oder K. herbeizuführen. Im Einzelfalle kann die Sache aber so liegen, daß eine Vertagung des Termins dem Zustandekommen des V. förderlich ist. Das wird z. B. zutreffen, wenn die bisher einem V. widerstrebenden Gl. auf Grund der mündlichen Darlegungen des Sch. im Termine dem V.-Gedanken geneigter geworden sind, sich aber zu einer endgültigen Stellungnahme noch nicht entschließen können. Der E. gestattet daher eine Vertagung des Termins, wenn drei Vierteile der im Termin erschienenen Gl., berechnet nach der Kopfzahl, die Vertagung wünschen. Ebenso soll eine Vertagung zulässig sein, wenn der ausgebliebene Sch. sich zulässig hat vertreten lassen, von ihm aber der Offenbarungseid verlangt wird. Der neue Termin, welcher alsbald zu bestimmen ist, soll in der Regel nicht über zwei Wochen hinausgerückt werden. Es ist nicht ausgeschlossen, daß der neue Termin auf Antrag der genannten Gl.-Mehrheit nochmals vertagt wird.

Findet der V.-Vorschlag keine Mehrheit und wird auch kein Vertagungsantrag gestellt oder der Vertagungsantrag abgelehnt, so ist das Verf. einzustellen und über die Eröffn. des K. zu entscheiden (§ 79 A. 1 Nr. 8)."

I. Außer in den Fällen des § 66 kann eine Vertagung des V.-Termins noch stattfinden in denen des § 79 A. 2 und 3 sowie dann, wenn im V.-Termin gemäß § 45 A. 2 S. 2 Entlassung der VP. verlangt wird. Soweit keiner dieser Fälle vorliegt, ist die Vertagung unzulässig.

Im Falle des § 66 S. 1 kann das Gericht vertagen, muß es aber nicht; doch wird es gut tun, dem Antrage der Gl. stattzugeben, sofern nicht ganz besonders triftige Gegengründe vorliegen. Im Falle des Satz 2 kann die Möglichkeit bestehen, den Sch. noch nachträglich persönlich zu dem Termin hinzuzuziehen. Ist dies untunlich oder gelingt es nicht, so muß das Gericht vertagen; anders ist eine Fortsetzung des Verf. nicht möglich. § 61 A. 2 gilt dann für den neuen Termin nicht mehr; darauf wird der Sch. in der Ladung (vgl. unter II) zweckmäßig ausdrücklich hinzuweisen sein.

II. Zur Bekanntgabe des neuen Termins genügt nach § 8 VO., § 218 ZPO. seine Verkündung; einer Wiederholung der öffentlichen Bek. und der Ladungen bedarf es nicht; diese sind durch § 27 nur für den ersten V.-Termin vorgeschrieben, der (in aller Regel) nicht verkündet wird. Jedoch wird nach Analogie von §§ 218, 141 A. 2 ZPO. anzunehmen sein, daß im Falle des § 66 S. 2 der Sch. persönlich zu laden ist.

III. Im Falle der Vertagung ist der neue Termin eine Fortsetzung des ersten. Die Verhandlung wird nicht von neuem begonnen, sondern da fortgesetzt, wo sie abgebrochen worden war; alle Ergebnisse, zu denen sie bereits im ersten Termin geführt hatte, bleiben bestehen (z. B. Forderungsanerkennungen, Entscheidungen des Gerichts über das Stimmrecht, letztere natürlich nur vorbehaltlich von § 62 A. 2 S. 4).

IV. Eine Vertagung des Termins kommt erst in Frage, wenn der Termin begonnen hat. Von ihr zu unterscheiden ist die im voraus stattfindende Verlegung des noch bevorstehenden Termins auf einen anderen Tag. Eine solche Terminsverlegung wird durch § 66 nicht betroffen; für sie gilt gemäß § 8 ausschließlich der § 227 ZPO. Wird der erste V.-Termin nicht vertagt, sondern verlegt, so sind natürlich die öffentliche Bekanntmachung und die Ladungen (§ 27) zu wiederholen. Vgl. Begr. zu § 26.

Fünfter Abschnitt.

Entscheidung über die Bestätigung des Vergleichs. Wirkung des bestätigten Vergleichs.

Begründung vor § 67. „Daß der V., auch wenn er die erforderliche Mehrheit gefunden hat, der Best. bedarf, ist sowohl für den ZwV. im K. (§ 184 der KO.) wie für den V. im GAVerf. (§ 53 der GAV.) vorgeschrieben. Diese Möglichkeit einer richterlichen Nachprüfung des Verf. und des Inhalts des V. vermag es allein zu rechtfertigen, daß ein Teil der Gl. gezwungen werden kann, auf seine wohlerworbenen Rechte zu verzichten. Im Interesse der wirtschaftlich und geschäftlich weniger erfahrenen und gewandten Gl. muß auch dem Richter die Möglichkeit gegeben werden, den V., wenigstens auf Verlangen, daraufhin nachzuprüfen, ob er den gemeinsamen Interessen der beteiligten Gl. entspricht.

Die §§ 67 bis 72 befassen sich mit dem Bestätigungsverf., während die §§ 73 bis 78 die Wirkung des bestätigten V. erörtern."

§ 67. Der angenommene Vergleich bedarf der Bestätigung des Gerichts.

Das Gericht hat vor der Bestätigung den Schuldner, die Vertrauensperson und den Gläubigerausschuß zu hören.

Die Entscheidung über die Bestätigung ist in dem Vergleichstermin oder in einem alsbald zu bestimmenden, nicht über eine Woche hinaus anzusetzenden Termine zu verkünden.

Begründung zu § 67: „Die Vorschrift spricht im Abs. 1 den Grundsatz des Bestätigungserfordernisses aus. Die Abs. 2 und 3 geben Verf.-Regeln für die Entscheidung über die Best. Wie im GAVerf. (§ 59 A. 1 der GAV.)

ist die Entscheidung über die Best., mag sie auf Best. oder Verw. lauten, stets zu verkünden. Die im Abs. 3 vorgesehene Frist entspricht dem Zwecke des E., das Verf. nach Möglichkeit zu beschleunigen. Auf ihre Bedeutung mit Rücksicht auf die Möglichkeit schriftlicher Zustimmungserklärungen ist bereits bei § 65 hingewiesen worden."

I. Wie der ZwV. des K., so setzt sich auch der V. der VO. aus 2 Teiltatbeständen zusammen: aus einem Vertrage zwischen dem Sch. und seinen am Verf. beteiligten Gl. und einem hinzutretenden Staatsakt, der gerichtlichen Best. Im Schrifttum zur KO. herrscht über das Wesen des ZwV. Streit zwischen der (überwiegenden) Vertrags- und der Urteilstheorie (vgl. Jaeger Anm. 4—13 zu § 173 KO.). Aber keine von beiden vermag sich für allein die eigentümliche Erscheinung des ZwV. befriedigend zu erklären; das Richtige liegt in einer Kombination beider Theorien. Zunächst entspricht es der natürlichen und ungezwungenen Auffassung, den V.-Vorschlag des Sch. und die durch die Abstimmung erfolgende Zustimmung der Gl. nicht nur als Prozeßhandlungen, sondern zugleich auch als materiellrechtliche Willenserklärungen und damit als einen materiellen Vertragsschluß anzusehen; ebenso wie den Vergleichsabschluß eines Einzelgläubigers mit seinem Sch. im Zivilprozeß. Mit der Annahme eines Vertrages ist es auch keineswegs unvereinbar, daß die ablehnende Gl.-Minderheit durch die zustimmende Mehrheit gebunden wird; denn es ist eine durchaus mögliche Vorstellung, daß das Gesetz unter besonderen Umständen eine Mehrheit von Empfängern eines Vertragsantrags zu einer Zwangsgemeinschaft derart zusammenschließt, daß der Vertragswille nicht von jedem einzeln, sondern nur einheitlich innerhalb der Gemeinschaft durch Mehrheitsbeschluß gebildet werden kann. Aber eines vermag die reine Vertragstheorie nicht zu erklären: die eigentümliche Wirkung der gerichtlichen Best. Nach allgemein anerkannter Lehre des K.-Rechts (RG. 57 S. 270ff., insbes. S. 275; Jaeger Anm. 3 zu § 184, Anm. 5 zu § 189, Anm. 3 zu § 196 KO.) heilt die rechtskräftige Best. grundsätzlich nicht nur alle Verf.-Mängel, sondern auch alle materiellen Mängel der vorausgegangenen Vertragsschließung: die Wirksamkeit des rechtskräftig bestätigten ZwV. kann ausschließlich nach Maßgabe der §§ 196, 197 KO., aus keinem anderen Rechtsgrunde in Frage gestellt werden. Der rechtskräftig bestätigte V. ist also z. B. auch dann wirksam, wenn das V.-Angebot des Sch. wegen Geschäftsunfähigkeit des Sch. oder aus irgend einem anderen Grunde nichtig war oder wenn die Mehrheiten des § 182 KO. von dem Gericht nur irrtümlich als erreicht angesehen worden sind, in Wahrheit also eine Annahme des V.-Angebots gar nicht zustande gekommen war; jede Anfechtung des V. aus einem Rechtsgrunde des bürgerlichen Rechts, der nicht unter § 196 KO. fällt, insbes. wegen Irrtums, ist ausgeschlossen. Hiernach ist die Best. des ZwV. weit mehr als eine bloße behördliche Genehmigung eines Vertrages, die — z. B. die Genehmigung des Vormundschaftsgerichts — derartige Wirkungen niemals herbeiführen kann. Sie ist eine Ordnung von Rechtsverhältnissen durch konstitutiven Staatsakt, der zwar nur auf Grund eines vorangegangenen Vertragsschlusses unter den Beteiligten ergehen soll, wenn er aber ergangen ist, seine Wirkung aus sich selbst allein hervorbringt. Diese Rechtslage bildet keinen Grund, dem vorangegangenen Konsens unter den Beteiligten den Charakter als Vortrag abzusprechen; aber der Gesamtvorgang des ZwV. kann nicht als Vertrag allein aufgefaßt und erklärt werden, sondern nur als Vertrag und Staatsakt.

Die geschilderte Wirkung der Best. des ZwV. ist im VVerf. dieselbe wie im K. Die mit ihr verbundene Gefahr, daß auch gar nicht oder mangelhaft zustande gekommene V. wirksam werden können, ist zwar hier noch größer als im K., weil es im VVerf. gegen die Best. keine Beschwerde gibt. Gleichwohl erfordert aber die Rechtssicherheit dieselbe Festigkeit und Zuverlässigkeit der im VVerf. erfolgten V.-Best. wie der im KVerf. erfolgten. Auch im Bereich der VO. kann also die Wirksamkeit des bestätigten V. ausschließlich nach Maßgabe der §§ 76, 77, zu denen hier noch § 7 hinzutritt, aus keinem anderen Rechtsgrunde in Frage gestellt werden.

II. Nach Beendigung der Abstimmung hat das Gericht zunächst zu prüfen:

a) ob eine Annahme des V. zustande gekommen ist. Ist dies nicht der Fall, so ist gemäß § 79 A. 1 Nr. 8 die Einst. des Verf. auszusprechen. Zu dieser Prüfung gehört die Prüfung der Rechtswirksamkeit des V.-Angebots des Sch. und der Zustimmungserklärungen der Gl., soweit ein Anlaß zu Zweifeln vorliegt; z. B. im Hinblick auf Geschäftsfähigkeit, Vollmacht eines Vertreters, Erfordernis der Genehmigung des Vormundschaftsgerichts (§ 1822 Nr. 12 BGB.), Willensmängel. Insbes. können gegebenenfalls sowohl der Sch. wie jeder Gl. ihre rechtsgeschäftliche V.-Erklärung im Bestätigungsverf. auf Grund der §§ 119—124 BGB. anfechten; dann muß sich das V.-Gericht bei dem Sch. stets, bei Gl. insoweit, als es auf ihre angefochtenen Stimmabgaben ankommt, darüber schlüssig machen, ob es die Anfechtung für begründet hält oder nicht.

b) ferner, soweit nach den Umständen zu einer solchen Prüfung Anlaß besteht, ob eine der Pflichtverletzungen des Sch. vorliegt, die nach § 79 A. 1 Nr. 3 bis 7 Einstellungsgründe sind. Diese Tatbestände führen auch dann, wenn sie erst nach Abschluß des V. eintreten oder dem Gericht bekannt werden, zur Einst. des Verf., nicht zur Verw. des V. (vgl. die Begr. zu § 68).

Ist der V. als angenommen anzusehen und kommt auch keiner der unter b erwähnten Einstellungsgründe in Betracht, so ist nunmehr über die Best. oder Verw. des V. zu entscheiden. Diese Entscheidung ist grundsätzlich nicht dem Ermessen des Gerichts überlassen, sondern der V. muß bestätigt werden, sofern nicht einer der Verwerfungsgründe des § 68 vorliegt. Aber einige von diesen Verwerfungsgründen sind allerdings so normiert, daß die Prüfung, ob sie vorliegen, dem richterlichen Ermessen einen weiten Spielraum läßt. Dies gilt insbesondere von den nur auf Antrag zu berücksichtigenden Verwerfungsgründen des § 68 A. 2; ferner auch von § 68 A. 1 Nr. 1.

III. Zu Abs. 3 des § 67 vgl. Bem. 1 Abs. 2 zu § 65; ferner darüber, daß auch bei einem aufschiebend bedingten V. die Entscheidung über die Best. alsbald erfolgen muß, Bem. IIa 1 zu § 15. Der Termin zur Verkündung wird in dem V.-Termin durch Verkündung bekannt gegeben; geladen wird zu ihm niemand. Die Entscheidung über den V. wird, wenn sie auf Best. lautet, sofort mit ihrer Verkündung, wenn sie auf Verw. lautet, nach § 71 erst mit ihrer Rechtskraft wirksam.

§ 68. Der Vergleich ist zu verwerfen,

1. wenn die für den Inhalt und den Abschluß des Vergleichs gegebenen Vorschriften sowie die Vorschriften über das nach der Eröffnung zu beobachtende weitere Verfahren in einem wesentlichen Punkte nicht beobachtet worden sind und das Fehlende nicht ergänzt werden kann;
2. wenn der Schuldner flüchtig ist oder sich verborgen hält, wenn gegen ihn eine gerichtliche Untersuchung oder ein Wiederaufnahmeverfahren wegen betrügerischen Bankrotts anhängig ist oder wenn sich ergibt, daß er wegen betrügerischen Bankrotts rechtskräftig verurteilt worden ist.

Auf Antrag eines an dem Verfahren beteiligten Gläubigers ist der Vergleich zu verwerfen,

1. wenn er unlauter, insbesondere durch Begünstigung eines Gläubigers zustande gebracht worden ist;
2. wenn er dem gemeinsamen Interesse der beteiligten Gläubiger widerspricht.

Das Gericht kann eine Glaubhaftmachung der den Antrag (Abs. 2) begründenden Tatsachen erfordern.

Begründung zu § 68: „Entsprechend der KO. (§§ 186 bis 188) unterscheidet der E. Verwerfungsgründe, die von Amts wegen zu berücksichtigen sind (Abs. 1), und Verwerfungsgründe, zu deren Beachtung es des Antrags eines beteiligten Gläubigers bedarf (Abs. 2, 3).

Die erste Gruppe..........[1]). Einer Vorschrift, wonach der V. auch verworfen werden kann, wenn der Sch. die ihm in dem Verf. obliegenden Pflichten verletzt hat, bedarf es nicht; soweit Rechtsnachteile für Pflichtverletzungen des Sch. angebracht sind, ist dem durch die Möglichkeit der Einst. des Verf. Rechnung getragen (§ 79 A. 1 Nr. 3 bis 7). Daß die Einst. aus den im § 79 A. 1 Nr. 3 bis 7 aufgeführten Gründen auch noch im Bestätigungsverf. ausgesprochen werden kann, ergibt sich mittelbar aus der im § 79 Nr. 2 enthaltenen Einschränkung „vor dem Zustandekommen des V. (§ 63)".

---

[1]) § 68 A. 1 ist gegenüber dem E. geändert. Die hier fortgelassene Stelle der Begr. paßt jetzt nicht mehr.

Eines Antrags bedarf es zur Verw., wenn die Verw. auf Tatsachen gegründet werden soll, die dem Richter aus dem Verf. selbst nicht ohne weiteres bekannt sein können. Der Verwerfungsgrund des Abs. 2 Nr. 1 sichert die Einhaltung der Vorschriften des § 5 A. 1, 3. Über die Bedeutung des Abs. 2 Nr. 2 ist das Erforderliche bereits in den allgemeinen Bemerkungen zu diesem Abschnitt gesagt worden."

I. Die von Amts wegen zu beachtenden Gründe zur Verw. des V. gliedern sich in die folgenden 3 Gruppen:

a) unzulässiger Inhalt des V. (§ 68 A. 1 Nr. 1). Dieser ist dann vorhanden, wenn der V. gegen die Vorschriften der §§ 5, 6 verstößt, wenn er nicht genügend bestimmt ist (§ 15 A. 1) und wenn er nach seinem Inhalt unmöglich ist oder gegen ein gesetzliches Verbot oder gegen die guten Sitten verstößt (§§ 306, 308, 134, 309, 138 BGB.). In allen diesen Fällen kann das Fehlende nicht ergänzt werden; denn im Bestätigungsverf. kann an dem bereits angenommenen V. nichts mehr geändert werden.

b) die Tatbestände, daß der Sch. flüchtig ist usw. (siehe § 68 A. 1 Nr. 2, im wesentlichen — nicht ganz — entsprechend den §§ 186 Nr. 2, 175 KO.). Diese Tatbestände müssen, um Grund zur Verw. des V. zu sein, jetzt im Bestätigungsverf. vorliegen; wenn z. B. der Sch. sich früher während des Verf. einmal verborgen gehalten hat, jetzt aber wieder da ist, so hätte zwar während seiner Verborgenheit das Verf. gemäß §§ 79 A. 1 Nr. 2, 22 Nr. 2 eingestellt werden sollen, jetzt ist aber die Verw. des V. nicht mehr gerechtfertigt.

c) wesentliche und nicht mehr heilbare Verfahrensmängel, jedoch mit Ausschluß von Mängeln des Eröffnungsverfahrens. Wenn § 68 A. 1 Nr. 1 neben der wesentlichen Verletzung der „Vorschriften über das nach der Eröffn. zu beachtende weitere Verf." noch diejenige der „für den Abschluß des V. gegebenen Vorschriften" besonders aufführt, so hat dies keine besondere Bedeutung, denn auch die letzteren Vorschriften sind solche über das weitere Verf. nach der Eröffn. Näheres unter II.

II. Durch die Aufstellung des letztgenannten Verwerfungsgrundes verpflichtet § 68 A. 1 Nr. 1, sich anschließend an § 186 Nr. 1 KO. und § 54 Nr. 1 GAV., das Gericht, bei der Entscheidung über die Best. des V. das geführte VVerf. auf wesentliche Mängel hin nachzuprüfen, jedoch nur das weitere Verf. nach der Eröffn.

a) Unberücksichtigt bleiben etwaige Mängel des Eröffnungsverf., diese sind geheilt. Dahin gehören insbesondere:

1. Mängel in der Antragstellung des Sch. (§§ 15—18); z. B. wenn das Erfordernis der Beibringung der Zustimmung der Gl.-Mehrheit zur Eröffn. des Verf. (§ 16 A. 1 Nr. 4) nicht erfüllt war. Ausgenommen ist allein der Fall, daß der V.-Vorschlag des Sch. einen unzulässigen Inhalt hatte und dieser unzulässige Inhalt auch jetzt noch dem angenommenen V. innewohnt; dann liegt der Verwerfungsgrund unter I a vor.

2. Verstöße gegen die Vorschriften der §§ 19 und 20;
3. irrtümliche Annahme der Zuständigkeit des Gerichts bei der Eröffn. des Verf.;
4. Nichtbeachtung eines der Ablehnungsgründe des § 22 durch das Gericht bei der Entscheidung über die Eröffn. des Verf. Von diesen Ablehnungsgründen sind Nr. 1 teilweise (nur, soweit in unzulässigem Inhalt des V. bestehend), Nr. 2 teilweise (Flüchtigsein und Verborgenhalten), Nr. 3 gänzlich auch Verwerfungsgründe gemäß oben I a und b, aber nur, wenn diese Gründe jetzt im Bestätigungsverf. vorliegen. Ob sie im Eröffnungsverf. vorgelegen haben und damals übersehen worden sind, ist auch bezüglich dieser Gründe im Bestätigungsverf. unbeachtlich, und auf die anderen Ablehnungsgründe des § 22, insbes. die der Nr. 4, kommt im Bestätigungsverf. überhaupt nichts mehr an. Vgl. Bem. V zu § 22.

Nicht zum Eröffnungsverf., sondern zum weiteren Verf. nach der Eröffn. gehören diejenigen Maßnahmen, die nach den §§ 26, 27, 40 bei oder sofort nach der Eröffn. zu treffen sind.

b) Soweit im Bestätigungsverf. die Unzulässigkeitsgründe des § 22 nach dem unter a 4 Gesagten in ihrer Wirkung als Ablehnungsgründe gemäß § 22 außer Betracht bleiben, bleiben sie auch in ihrer Wirkung als Einstellungsgründe gemäß § 79 A. 1 Nr. 2 in Verbindung mit § 22 außer Betracht. Es ist also kein die Verw. des V. rechtfertigender Mangel des weiteren Verf. nach der Eröffn., wenn in diesem Verf. übersehen worden ist, daß es nach § 79 A. 1 Nr. 2 hätte eingestellt werden müssen. Es entspricht der offenbaren Absicht des Gesetzes, daß die Unzulässigkeitsgründe des § 22 im Bestätigungsverf. nur noch insoweit berücksichtigt werden sollen, als sie in § 68 A. 1 Nr. 1 (unzulässiger Inhalt des V.) und Nr. 2 ausdrücklich als besondere Verwerfungsgründe anerkannt sind; als Mängel des früheren Verf. scheiden sie aus, nicht nur im Hinblick auf die Eröffn., sondern auch im Hinblick auf das Unterbleiben der Einst.

Die Einstellungsgründe des § 79 A. 1 Nr. 3—7 sind auch im Bestätigungsverf. zu berücksichtigen. Das Vorliegen eines von ihnen führt aber auch in diesem Stadium das Verf. nicht zur Verw. des V., sondern zur Einst. des Verf. (Bem. II b zu § 67).

c) Über den Begriff des wesentlichen Verf.-Mangels vgl. Bem. III zu § 14. Bei der Beurteilung, ob ein Mangel wesentlich ist, muß berücksichtigt werden, daß der V. auch für und gegen unbekannte (am Verf. beteiligte) Gl. wirkt. Wesentliche Mängel sind es z. B., wenn eine vorgeschriebene öffentliche Bek., insbes. diejenige des Eröffn.-Beschlusses und des V.-Termins (§ 27 A. 1), oder die Niederlegung des Antrags auf der Gerichtsschreiberei (§ 27 A. 3) versehentlich unterblieben ist; wenn entgegen § 40 A. 2 S. 2 dem Verlangen eines am Verf. beteiligten Gl. oder des Sch. auf Bestellung einer VP. oder entgegen § 48 A. 1 S. 2 dem Verlangen eines der dort genannten Antragsberechtigten auf Bestellung eines GlA. oder entgegen § 45 A. 2 S. 2 einem Verlangen des GlA. oder der Gl.-Mehrheit auf Entlassung der bestellten VP. nicht stattgegeben worden ist; wenn die VP. nicht in dem V.-Termin über die Sachlage berichtet hat (§ 47 A. 2 S. 2); wenn der V.-Termin vertagt worden ist, ohne daß ein Fall zulässiger Vertagung vorlag. Das Unterbleiben einer vorgeschriebenen Ladung oder sonstigen Zustellung kann nur insoweit als wesentlicher Mangel in Betracht kommen, als nicht Ersetzung durch öffentliche Bek. gemäß § 12 A. 3 stattgefunden hat. Mängel des Forderungsprüfungs- und Abstimmungsverfahrens, die nur in einer unrichtigen Behandlung bestimmter einzelner Gl. bestehen, sind nur dann wesentlich, wenn die Möglichkeit besteht, daß bei richtiger Behandlung dieser Gl. (bei Berücksichtigung der zu Unrecht nicht berücksichtigten oder bei Nichtberücksichtigung der zu Unrecht berücksichtigten) das Abstimmungsergebnis vielleicht ein anderes gewesen wäre. So z. B., wenn ein beteiligter Gl. zu Unrecht deshalb nicht berücksichtigt worden ist, weil seine gemäß § 60 erfolgte Anmeldung übersehen, er daher in das GlVerz. nicht aufgenommen worden ist und im V.-Termin nicht anwesend war, oder wenn das Gericht nachträglich bemerkt, daß es von den im GlVerz. verzeichneten Gl. irrtümlich am Verf. nicht beteiligte zum Stimmen zugelassen oder umgekehrt am Verf. beteiligte vom Stimmen ausgeschlossen hat. In Fällen dieser Art wird es übrigens, wenn überhaupt die Korrektur des Versehens an dem Abstimmungsergebnis etwas ändern kann, wohl richtig sein, nicht gemäß § 68 A. 1 Nr. 1 den V. zu verwerfen, sondern ihn als überhaupt nicht zustande gekommen anzusehen und daher gemäß § 79 A. 1 Nr. 8 das Verf. einzustellen. Kein wesentlicher Mangel, überhaupt kein Mangel, kann in der Ausübung eines zulässigen richterlichen Ermessens gefunden werden, zu welchem Ergebnis sie auch geführt haben mag; daher können insbes. die gemäß § 62 A. 2, 3 ergehenden Entscheidungen über das Stimmrecht zweifellos beteiligter Fdg., gegen die Widerspruch erhoben war, niemals einen Verfahrensmangel darstellen.

d) Auch wesentliche Mängel des weiteren Verf. nach der Eröffn. begründen die Verw. des V. nur dann, wenn das Fehlende nicht ergänzt werden kann. Im Bestätigungsverf. liegt aber der Fall, daß das Fehlende ergänzt werden kann, nur dann vor, wenn der Mangel beseitigt werden kann, ohne daß das vorangegangene Verf. bis zur Beendigung der Abstimmung irgendwie angetastet, rückgängig gemacht und wiederholt werden muß. Daher kommen nur solche Dinge in Betracht wie nachträgliche Beibringung einer Vollmacht oder einer aus irgendwelchen Rechtsgründen erforderlichen Genehmigung, z. B. des Vormundschaftsgerichts. Auch Mängel dieser Art führen übrigens, wenn sie wesentlich sind — dies ist bei Mängeln, welche die Zustimmungserklärungen von Gl. betreffen, nur dann der Fall, wenn es auf die Stimmen dieser Gl. ankommt — und nicht beseitigt werden können, nicht zur Verw. des V., sondern zur Einst. des Verf. gemäß § 79 A. 1 Nr. 8, weil dann der V. nicht wirksam zustande gekommen ist. Völlig ausgeschlossen ist es, im Best.-Verf. etwa noch nachträglich Stimmabgaben von Gl. entgegenzunehmen oder gar zu veranlassen.

e) Wird der V. wegen eines wesentlichen Mangels des Verf. verworfen, so kann der Sch. gerade auf diesen Mangel des Verf. die nach § 71 zulässige sofortige Beschwerde stützen und mit ihr Aufhebung der ergangenen Entscheidung und Wiederholung des Verf. verlangen. Vgl. Bem. III zu § 14. Das Recht des Sch., die Beschwerde auf Verfahrensmängel zu stützen, kann dadurch, daß gerade diese Mängel den Grund zur Verwerfung des V. gebildet haben, nicht ausgeschlossen werden. Die gegenteilige Ansicht würde zu dem höchst unbilligen Ergebnis führen, daß der Sch. für Versehen des Gerichts mit dem K. bestraft wird; dies kann das Gesetz nicht wollen.

III. Die nur auf Antrag zu berücksichtigenden Verwerfungsgründe des § 68 A. 2 entsprechen denen des § 188 KO.

a) Unlauter zustande gebracht ist der V., wenn eine gegen Treu und Glauben verstoßende Handlungsweise des Sch., eines Gl. oder auch einer anderen Person vorliegt, die für das Zustandekommen des V. ursächlich geworden ist. Als Beispiele hierfür werden herkömmlich angeführt der Stimmenkauf (strafbar nach § 96); der Ankauf von Fdg. zu einem die V.-Quote übersteigenden Satz, insbes. durch Angehörige des Sch., um sich in die Sache einmischen und für den V. stimmen zu können; die künstliche Teilung von Fdg. durch Teilabtretungen an Strohmänner, um auf diese Weise die Mehrheit nach Köpfen herzustellen. Derartige unlautere Machenschaften sind Verwerfungsgründe nur, wenn sie für das Zustandekommen des V. ursächlich geworden sind; also nicht, wenn der V. auch ohne die in unlauterer Weise für ihn geworbenen Stimmen zustande gekommen wäre. Ist eine unlautere Bevorzugung eines Gl. im Inhalt des V. zum Ausdruck gekommen, so daß der V. gegen § 5 verstößt, so liegt der von Amts wegen zu beachtende Verwerfungsgrund des Abs. 1 Nr. 1 vor.

b) Dem gemeinsamen Interesse der beteiligten Gl. widerspricht der V. dann, wenn anzunehmen ist, daß die beteiligten Gl. mit dem — als Folge der Verw. des V. zu unterstellenden — K. besser fahren würden als nach dem V. Der zu § 188 A. 1 Nr. 2 KO. häufig angeführte Fall, daß die Erfüllung des V. unsicher, insbes. die Zahlungsfähigkeit des Vergleichsgaranten zweifelhaft erscheint (vgl. RG. 74 S. 262), wird im VVerf., soweit hier der Regel des § 7 entsprechend dem V. die kassatorische Klausel innewohnt, die Anwendung der Vorschrift nicht ohne weiteres rechtfertigen können. Dagegen kann diese gerechtfertigt sein in dem Falle, daß im K., insbes. unter Berücksichtigung der dort möglichen Anfechtung, bei Ausschüttung der Masse eine höhere Dividende als die V.-Quote zu erwarten ist; doch rechtfertigt dies die Anwendung des § 68 A. 2 Nr. 2 nicht unter allen Umständen, vielmehr ist auch zu berücksichtigen, wie lange die Gl. in dem einen und in dem anderen Falle auf die Befriedigung voraussichtlich noch werden warten müssen; die alsbaldige Zahlung einer geringeren Quote kann unter Umständen günstiger oder doch ebenso günstig erscheinen wie die erst in längerer Zeit zu erwartende Zahlung einer größeren. Ferner ist etwa zu denken an den Fall, daß begründete Aussicht auf einen erheblichen künftigen Vermögenserwerb des Sch. besteht, die es ratsam erscheinen läßt, den Gl. die Erzwingbarkeit ihrer Fdg. in voller Höhe zu erhalten. Im allgemeinen werden Fälle, in denen die Verw. des V. auf Grund des § 68 A. 2 Nr. 2 angezeigt erscheint, selten vorkommen, und die Gerichte werden gut tun, nachdem einmal die Mehrheit der beteiligten Gl. durch die Annahme des V. diesen als ihren Interessen entsprechend beurteilt hat, mit der Anwendung der Vorschrift vorsichtig und zurückhaltend zu sein. Vgl. indessen Bem. IV zu § 91.

§ 69. Wird der Vergleich bestätigt, so ist zugleich das Vergleichsverfahren aufzuheben. Die Aufhebung ist nach Maßgabe des § 12 öffentlich bekanntzumachen.

War eine Verfügungsbeschränkung angeordnet worden, so verliert sie für die Zukunft ihre Kraft. § 58 Abs. 2 findet entsprechende Anwendung.

Mit der Aufhebung des Vergleichsverfahrens endet das Amt der Vertrauensperson und der Mitglieder des Gläubigerausschusses. Ein Antrag auf Eröffnung des Konkursverfahrens, über den die Entscheidnug nach § 31 ausgesetzt war, gilt als nicht gestellt.

Begründung zu § 69: „Mit der Best. des V. hat das Verf. sein Ziel erreicht; es ist deshalb aufzuheben. Da die Eröffn. des VVerf. öffentlich bekanntgemacht wird, soll auch die Aufhebung öffentlich bekanntgemacht werden.

Eine etwa angeordnete Verfügungsbeschränkung ist gegenstandslos geworden. Sie verliert daher für die Zukunft ihre Kraft; an der Unwirksamkeit einer Verfügung, die den §§ 54, 55, 57 zuwider vorgenommen worden ist, wird nichts geändert. Der Wegfall der Verfügungsbeschränkung ist in derselben Weise zuzustellen, öffentlich bekannt zu machen und im Grundbuch einzutragen wie die Anordnung (§ 69 A. 2, § 58 A. 2).

Über die im § 69 A. 3 behandelten Folgen der Aufhebung des Verf. ist bereits in anderem Zusammenhange die Rede gewesen.

Mit der Aufhebung des Verf. erlischt die Pflicht des Sch., seiner Firma den Vergleichszusatz beizufügen; der § 37 A. 2 S. 2 bestimmt daher, daß der Gerichtsschreiber dem Registergerichte von der Aufhebung Kenntnis zu geben hat."

Ein Rechtsmittel gegen die Best. des V. und die mit ihr verbundene Aufhebung des VVerf. gibt es nicht. Beides ist in einem und demselben Beschluß auszusprechen, der gemäß § 67 A. 3 zu verkünden ist und sofort mit der Verkündung wirksam wird. Der Beschluß wird öffentlich bekanntgemacht, dagegen niemandem zugestellt. Zu Abs. 3 S. 2 vgl. Bem. II zu § 31.

§ 70. Hat ein Gläubiger später als am dreißigsten Tage vor der Stellung des Antrags auf Eröffnung des Vergleichsverfahrens durch

Zwangsvollstreckung eine Sicherung oder Befriedigung erlangt, so wird, sofern die Voraussetzungen des § 3 Abs. 2 oder 3 zutreffen, mit der Bestätigung des Vergleichs die Sicherung unwirksam und ist das zur Befriedigung Erlangte nach den Vorschriften über die Herausgabe einer ungerechtfertigten Bereicherung herauszugeben. Der Tag der Stellung des Antrags auf Eröffnung des Vergleichsverfahrens wird in die Frist nicht eingerechnet. Zwangsvollstreckung ist auch die Vollziehung eines Arrestes oder einer einstweiligen Verfügung.

I. § 70 behandelt zusammen mit den §§ 3 und 84 die rückwirkende VollstrSp. Die Begr. nimmt bei ihm lediglich auf die Ausführungen zu § 33 Bezug. Hier ist zunächst auf die Bem. zu § 3 zu verweisen. Die rückwirkende VollstrSp. wird in § 70 für den Fall der Best. des V., in § 84 für die Fälle der Eröffn. des AnschlK. durchgeführt. Durch diese Ereignisse werden die von der rückwirkenden VollstrSp. erfaßten ZwVollstr.-Akte endgültig unwirksam. Die nähere Regelung ist verschieden, je nachdem, ob der Gl. durch die ZwVollstr. bisher nur Sicherung oder auch bereits Befriedigung erlangt hatte: die Unwirksamkeit hat im ersteren Fall dingliche Wirkung, im zweiten nur obligatorische, in beiden aber — wie trotz Fehlens eines dahin gehenden ausdrücklichen Ausspruchs im Gesetz angenommen werden muß — Rückwirkung auf den Zeitpunkt der Erlangung der Sicherung oder Befriedigung.

II. Der Gl. hatte nur Sicherung erlangt. Voraussetzung der Anwendung der §§ 70, 84 ist hier, daß die Sicherung vor der Eröffn. des VVerf. innerhalb der Sperrfrist (§§ 3, 70, 84) erlangt worden ist; ist sie erst nach der Eröffn. des Verf. erlangt worden, so gelten nicht §§ 70, 84, sondern § 32 (Bem. V Abs. 2 dort). Soweit § 32 Platz greift, ist die Zwangssicherung von vornherein nichtig; soweit §§ 70, 84 Platz greifen, wird sie mit der Best. des V. oder mit der Eröffn. des AnschlK. (endgültig und absolut unwirksam, also) nichtig, und zwar mit Rückwirkung. Auf Grund der Nichtigkeit kann bei dem Vollstr.-Gericht gemäß § 766 ZPO. die endgültige Einst. der nunmehr unzulässig gewordenen ZwVollstr. begehrt werden, mit der zugleich gemäß §§ 775 Nr. 1, 776 ZPO. die erfolgten Vollstr.-Maßregeln aufzuheben sind. Hiernach ergibt sich allerdings die Rechtslage, daß die im Einzelfall vielleicht streitige Frage, ob der Gl. zu den durch die §§ 3, 70, 84 betroffenen Gl. gehört, nicht nur im Prozeßwege, sondern auch in einem Verf. vor dem Vollstr.-Gericht zum Austrag gebracht werden kann, in letzterem freilich nicht mit Rechtskraftwirkung, aber doch mit der Wirkung der das Sicherungsrecht in jedem Falle beseitigenden Aufhebung der Pfändung; diese Rechtslage ist indessen im Anwendungsbereich der §§ 70, 84 ebenso erträglich wie im Bereich des § 32, wo sie gleichfalls besteht. Die Anrufung des Vollstr.-Gerichts versagt, soweit es sich um ZwVollstr. nicht im engeren, sondern nur im weiteren Sinn handelt; insbes. um durch Eintragung im Grundbuch bewirkte Zwangssicherungen, z. B. die Eintragung einer Sicherungshypothek gemäß § 867 ZPO. oder die Eintragung einer Vormerkung auf Grund einstweiliger Verfügung. In den letzteren Fällen ist auch § 54 A. 1 S. 1 GBO. nicht anwendbar, weil zwar (nachträglich eingetretene) Unrichtigkeit des Grundbuchs, aber keine Verletzung gesetzlicher Vorschriften durch das Grundbuchamt vorliegt; ein Widerspruch kann daher hier nicht von Amts wegen, sondern nur auf Antrag gemäß § 899 BGB. eingetragen werden[1]. Bezüglich einer unter die rückwirkende VollstrSp. fallenden Sicherungshypothek gemäß § 867 ZPO. wird übrigens in zwar wohl nicht unmittelbarer, aber analoger Anwendung des § 868 ZPO. anzunehmen sein, daß sie in den Fällen der §§ 70, 84 VO. nicht nichtig wird, sondern auf den Eigentümer übergeht; das Ziel des Berichtigungsanspr. ist also hier nicht Löschung, sondern Umschreibung in eine Eigentümergrundschuld[2].

III. Der Gl. hatte bereits Befriedigung erlangt. Voraussetzung für die Anwendung der §§ 70, 84 (und nicht des § 32) ist auch hier nur, daß die der Zwangsbefriedigung vorausgegangene Zwangssicherung vor der Eröffn. des Verf. innerhalb der Sperrfrist erlangt worden ist; trifft dies zu, so macht es keinen Unterschied aus, ob die nachfolgende Zwangsbefriedigung vor oder nach Eröffn. des Verf. erlangt worden ist (Bem. V A. 2 zu § 32). Die Zwangsbefriedigung wird nicht mit dinglicher, sondern nur mit obligatorischer Wirkung rückgängig gemacht. Der Gl. hat das zur Befriedigung Erlangte als ungerechtfertigte Bereicherung herauszugeben. Auch hier muß angenommen werden, daß die Rückgängigmachung mit Rückwirkung erfolgt; der Bereicherungsanspr. entsteht zwar erst mit der Best. des V. oder der Eröffn. des AnschlK., gilt aber dann als bereits zur Zeit des Empfangs der Befriedigung entstanden.

a) Der Gl. haftet nur auf das von ihm Erlangte. Für die Frage, ob als erlangt nur der Reinerlös der ZwVollstr. nach Abzug der Vollstr.-Kosten oder der Bruttoerlös ohne solchen Abzug anzusehen ist, ist bei solchen Gl., die durch den V. betroffen werden (vgl. unten unter c), maßgebend, ob die Vollstr.-Kosten der Regel des § 74 A. 2 entsprechend als durch den V. erlassen gelten; trifft dies zu, so hat ein durch den V. betroffener Gl. auch den auf Vollstr.-Kosten verrechneten Betrag herauszugeben.

b) Der nähere Umfang der Herausgabepflicht des Gl. bestimmt sich nach den §§ 818 ff. BGB. Es handelt sich um einen Bereicherungsanspr. wegen Wegfalls des Rechtsgrundes (condictio causa finita). Der Wegfall des Rechtsgrundes tritt erst mit der Best. des V. (§ 70) oder mit der Eröffn. des AnschlK. (§ 84) ein; die Möglichkeit und sogar Wahrscheinlichkeit seines Eintritts wird aber schon vorher begründet, und zwar nicht erst durch die Eröffn., sondern bereits durch die Be-

[1]) Anders im Anwendungsbereich des § 32 (Bem. V Abs. 1 dort).

[2]) Wohl gleichfalls anders im Bereich des § 32. Dort ist die Eintragung von vornherein nichtig, und es entsteht weder ein Gläubiger- noch ein Eigentümerrecht. Vgl. Jaeger Anm. 22 zu § 14 KO. Allerdings nicht unzweifelhaft.

antragung des VVerf. Denn schon von der Antragstellung an besteht folgende Aussicht: der Rechtsgrund wird wegfallen, wenn das durch den Antrag eingeleitete Verf. enden wird entweder mit Best. eines V. oder mit Eröffn. des AnschlK., dagegen nicht wegfallen, wenn das Verf. enden wird entweder damit, daß der Sch. den Antrag vor der Entscheidung über ihn zurücknimmt, oder damit, daß bei Abl. der Eröffn. des Verf., Verw. des V. oder Einst. des Verf. ausnahmsweise der AnschlK. nicht eröffnet wird. Von diesen beiden Gruppen von Möglichkeiten hat die erstere die weitaus größere Wahrscheinlichkeit für sich; jeder Gl. muß mit diesen Ausgängen des Verf., die gerade die Regelfälle bilden, rechnen und darf sich nicht an die Hoffnung klammern, daß das Verf. einen ausnahmsweisen Ausgang nehmen werde. Daher muß für die Frage, von wann an die verschärfte Haftung des Gl. gemäß § 819 A. 1 BGB. eintritt [1]), die Kenntnis dieser Wahrscheinlichkeit des künftigen Wegfalls des Rechtsgrundes der Kenntnis des bereits eingetretenen Wegfalls gleichgestellt werden; freilich ist diese Auffassung nur dann möglich, wenn man gemäß dem oben Gesagten Entstehung des Bereicherungsanspr. mit Rückwirkung annimmt. Zu der Kenntnis der Wahrscheinlichkeit des künftigen Wegfalls des Rechtsgrundes gehört zunächst das Wissen um die Tatsache der Antragstellung oder um die Tatsache der Eröffn. des Verf.; ferner ist aber — da es im Zivilrecht einen allgemeinen Grundsatz dahin, daß Rechtsirrtum unbeachtlich sei, nicht gibt — auch erforderlich, daß der Gl. eine Vorstellung davon hat, daß er infolge dieser Tatsache die Rückgängigmachung seiner ZwVollstr. als leicht möglich zu gewärtigen hat. Von dem Zeitpunkt an, in dem der Gl. diese Kenntnis hat, haftet er nach § 819 A. 1 BGB. Hierdurch wird indessen nur die Anwendung der Vorschriften des BGB. über die Wirkungen der Rechtshängigkeit (§§ 290, 291), nicht derjenigen über die weitergehenden Wirkungen des Verzugs (§§ 286, 287) von diesem Zeitpunkt an geboten; soweit aus § 819 A. 1 BGB. eine Anwendung auch der Verzugsgrundsätze zu folgern ist (vgl. BGB. RGR. Anm. 1 zu § 819), ist die Vorschrift hier nicht anwendbar; denn es ist unmöglich, den Gl. als schon in einem Zeitpunkt in Verzug zu geraten zu betrachten, in dem der Wegfall des Rechtsgrundes und die Entstehung des Bereicherungsanspr. noch gar nicht vorlagen, sondern nur als künftig wahrscheinlich, wenn auch dann mit Rückwirkung, eintreten werdend zu gewärtigen waren.

c) Das notwendige Gegenstück zu der Verpflichtung des Gl. zur Herausgabe des Erlangten ist, daß seine Fdg. wieder auflebt. Auch dieses erfolgt mit Rückwirkung. Daher ergibt sich ohne weiteres, daß solche Fdg., die nach den §§ 73, 74 durch den V. betroffen werden, nur in

[1]) Vgl. darüber, daß § 819 A. 1 BGB. in seiner zweiten Alternative (wenn der Empfänger den Mangel des rechtlichen Grundes später erfährt) nicht nur auf die condictio sine causa, sondern auch auf die condictio causa finita anwendbar ist, BGB. RGR. Anm. 2d zu § 819.

den Grenzen des V. wieder aufleben. Hierzu gehören grundsätzlich alle Fdg., die überhaupt durch die rückwirkende VollstrSp. der §§ 3, 70, 84 betroffen werden, mit alleiniger Ausnahme der Geldstrafen (§ 63 Nr. 3 KO.). — Das Wiederaufleben der Fdg. ist bedingt durch die Entstehung einer Herausgabepflicht des Gl. Entsteht eine solche nicht, weil vor dem Beginn der gemäß § 819 A. 1 BGB. verschärften Haftung die Bereicherung des Gl. fortgefallen ist (§ 818 A. 3 BGB.), so ist auch das Wiederaufleben der Fdg. ausgeschlossen; entsteht die Herausgabepflicht aus dem gleichen Grunde nur zu einem Teil, so lebt auch die Fdg. nur zu einem entsprechenden Teil wieder auf[1]). In Konsequenz dieses Gedankens wird man annehmen müssen, daß auch dann, wenn die Herausgabepflicht ursprünglich in voller Höhe des Erlangten entstanden ist, aber nachträglich durch Fortfall der Bereicherung gänzlich oder teilweise erlischt, dies ein gänzliches oder entsprechendes teilweises Erlöschen auch der wiederaufgelebten Fdg. zur Folge hat.

d) Kann der Gl. mit der wiederaufgelebten Fdg. gegen den Bereicherungsanspr. aufrechnen? § 36 in Verbindung mit § 55 Nr. 1 KO. bildet kein Hindernis; denn diese Vorschriften gelten nur im VVerf., nicht mehr nach seiner Beendigung. Für die von dem V. betroffenen Gl. (vgl. oben unter c) kann aber der V. ein Hindernis bilden, wenn er nämlich eine Skundung enthält; dann ist die wiederaufgelebte Fdg. nicht fällig und daher nicht aufrechenbar. Enthält dagegen der V. keine Stundung oder ist sein Stundungstermin herangekommen, ohne daß der Bereicherungsanspruch vorher realisiert worden wäre, so ist die Aufrechnung in der Tat zulässig, bei einem Erlaß-V. für die von ihm betroffenen Anspr. freilich nur in Höhe der V.-Quote. Für die dem V. nicht unterworfenen Geldstrafen ergibt sich hiernach, daß bei ihnen eine Aufrechnung sofort und in voller Höhe zulässig ist. Man kann auch nicht etwa aus dem Zweck der §§ 70, 84 für Geldstrafen die Unzulässigkeit der Aufrechnung folgern; denn der Fiskus kann wegen der Geldstrafe ja doch alsbald wieder vollstrecken und z. B. den gegen ihn selbst gerichteten Bereicherungsanspr. pfänden; im Vergleich mit einem solchen Verf. ist aber die Aufrechnung nur ein kürzerer Weg zu demselben Ziel. Hiernach ist allerdings festzustellen, daß die Unterwerfung der Geldstrafen unter die Vorschriften der §§ 70, 84 keinen rechten Zweck hat und besser unterblieben wäre. Auf Grund der Möglichkeit der Aufrechnung hat auch — die übrigens zweifellos zu bejahende — Frage, ob auch bei Geldstrafen für den

---

[1]) Beispiel: ein am Verf. gemäß § 3 A. 2 beteiligter Gl. hatte auf eine Fdg. von 1200 1000 erlangt, ist aber in Höhe von 500 durch Wegfall der Bereicherung befreit; der V. bietet 50 %. Dann hat er herauszugeben 1000 — 500 = 500, also ½ des Erlangten. Von seiner Fdg. waren 200 unbefriedigt geblieben; die befriedigten 1000 leben nur zu ½, also in Höhe von 500 wieder auf; die 200 + 500 = 700 mindern sich durch den V. auf 350.

Bereicherungsanspr. gemäß §§ 70, 84 der Rechtsweg zulässig ist, kaum praktisches Interesse.

IV. Die rückwirkende VollstrSp. der §§ 3, 70, 84 erfaßt ebenso wie die VollstrSp. für die Dauer des VVerf. gemäß § 32 (vgl. Bem. II dort) ZwVollstr. jeder Art, und zwar im weiteren Sinne, die zugunsten eines der von diesen Sperren betroffenen Gl. (am VVerf. beteiligte Gl. und nur aus dem Grunde des § 63 KO. nicht beteiligte) stattgefunden haben. Insbes. erfaßt sie auch die Zwangsersetzung einer Willenserklärung. Ist also die Rechtskraft eines den Sch. gegenüber einem durch die Sperre betroffenen Gl. zur Abgabe einer Willenserklärung verurteilenden Urteils vor der Eröffn. des Verf. innerhalb der Sperrfrist eingetreten, so wird die Zwangsersetzung der Willenserklärung (§ 894 ZPO.) als Befriedigung des Gl. zwar nicht dinglich unwirksam, der Gl. hat aber den so erlangten Rechtsvorteil als ungerechtfertigte Bereicherung wieder herauszugeben. Ist vor der Eröffn. des Verf. während der Sperrfrist nur die vorläufige Vollstreckbarkeit des Urteils mit der Vollstr.-Wirkung des § 895 ZPO. eingetreten, so wird diese Wirkung als Sicherung des Gl. dinglich unwirksam, d. h. mit Rückwirkung nichtig; es wird also die durch die vorläufige Vollstreckbarkeit des Urteils ersetzte Bewilligung der Eintragung einer Vormerkung oder eines Widerspruchs und, wie anzunehmen ist, damit auch die Vormerkung oder der Widerspruch selbst, falls schon eingetragen, rückwirkend nichtig[1]).

§ 71. Wird der Vergleich verworfen, so ist zugleich über die Eröffnung des Konkursverfahrens zu entscheiden. Für diese Entscheidung gilt der Antrag auf Eröffnung des Vergleichsverfahrens als Antrag auf Eröffnung des Konkursverfahrens, der nicht zurückgenommen werden kann. Gegen die Entscheidung über die Eröffnung des Konkursverfahrens steht dem Schuldner die sofortige Beschwerde zu. Mit ihr kann auch geltend gemacht werden, daß der Vergleich zu Unrecht verworfen worden sei.

Die Entscheidung, die den Vergleich verwirft, und die Entscheidung über die Eröffnung des Konkursverfahrens werden erst mit der Rechtskraft wirksam.

§ 71 behandelt zusammen mit § 24 und § 80 die Fälle des AnschlK. Vgl. darüber die Einl. unter II 1 (S. 11), die Bem. zu § 14 und § 24 und Bem. IIe zu § 68. Anders als in dem Falle des § 24 tritt in den Fällen der §§ 71, 80 die Wirkung der Beendigung des VVerf. und, falls der K. eröffnet wird, die Wirkung der K.-Eröffn. erst mit der Rechtskraft des Beschlusses ein (vgl. Begr. zu § 14). Das in Bem. III zu § 24 Gesagte gilt daher hier nicht; in den Fällen der §§ 71, 80 kann es nicht vorkommen, daß eine bereits eingetretene Beendigung des VVerf. und Eröffn. des KVerf. wieder rückgängig gemacht wird.

---

[1]) Über den Fall, daß vor der Eröffn. des Verf. innerhalb der Sperrfrist die vorläufige Vollstreckbarkeit eintritt und nach der Eröffn. des Verf. die Rechtskraft nachfolgt, vergl. Bem. V A. 2 Fußnote 1 zu § 32.

§ 72. Der Beschluß, durch den der Vergleich verworfen wird, ist, wenn der Konkurs nicht eröffnet wird, nach Rechtskraft dem Schuldner, der Vertrauensperson und jedem an dem Verfahren beteiligten Gläubiger zuzustellen und nach Maßgabe des § 12 öffentlich bekanntzumachen.

Die Vorschriften des § 69 Abs. 2, Abs. 3 Satz 1 finden entsprechende Anwendung.

Begründung zu § 72: „Wird der V. verworfen und der K. eröffnet, so bestimmt sich die Bek. dieses Beschlusses nach den Vorschriften der KO. . . . . . Daß das Amt der VP. und der GlA.-Mitglieder endet, ergibt sich von selbst; inwieweit sonst die im VVerf. getroffenen Maßnahmen im K. von Bedeutung sind, regeln die §§ 83 bis 87. Dabei ist zu beachten, daß nach § 71 A. 2 die K.-Eröffn. nicht schon mit dem Erlaß des Eröffnungsbeschlusses, sondern erst mit seiner Rechtskraft wirksam wird.

Kommt es nach der Verw. eines V. nicht zum K., so hat das Verf. ebenso sein endgültiges Ende gefunden wie bei der Aufhebung nach bestätigtem V. Für die Bek., die etwa angeordneten Verfügungsbeschränkungen, die Beendigung des Amtes der VP. und der Mitglieder des GlA. sollen daher die bei einer Aufhebung des Verf. geltenden Vorschriften (§ 69) entsprechend angewendet werden. Dabei ist jedoch auf folgende Verschiedenheit hinzuweisen. Der Beschluß, der den V. bestätigt und das VVerf. aufhebt, ist unanfechtbar; er wird daher mit der Verkündung (§ 67 A. 3) wirksam. Deshalb braucht eine Zustellung des Beschlusses an die am Verf. beteiligten Personen nicht vorgesehen zu werden; die Kenntnis, welche sie sich durch Anwesenheit im Verkündungstermine beschaffen können, umfaßt alles, was für sie wesentlich ist. Die Entscheidung über die Eröffn. des KVerf., die sich an die Verw. des V. anschließt, unterliegt dagegen der sofortigen Beschwerde und wird erst mit der Rechtskraft wirksam (§ 71 A. 1 S. 3, A. 2); die am Verf. beteiligten Personen erhalten also durch Anwesenheit im Verkündungstermin (§ 67 A. 3) keine zuverlässige Kenntnis über den Ausgang des Verf. Deshalb soll ihnen der Verw.-Beschluß, wenn es nicht zum K. kommt, nach seiner Rechtskraft zugestellt werden. Auch die öffentliche Bek. der Wegfall der Verfügungsbeschränkungen, die Beendigung des Amtes der VP. und der GlA.-Mitglieder tritt anders als bei der Best. des V. erst mit der Rechtskraft des Verw.-Beschlusses ein."

Daß es bei Verw. des V. nicht zur Eröffn. des AnschlK. kommt, wird kaum vorkommen. Von den 3 Gründen, die im Falle des § 24 eine Abl. der Eröffn. des AnschlK. rechtfertigen können (vgl. Bem. I zu § 24), ist die Unzuständigkeit des Gerichts im Verf. über die Best. des V. nicht mehr zu beachten (Bem. IIa zu § 68). Daß Mangel an Masse (§ 107 KO.) sich erst im Bestätigungsverf. herausstellt, kann kaum vorkommen; dieser wird sich in aller Regel, wenn nicht schon bei der Entscheidung über die Eröffn. des Verf., dann im Laufe des Verf. durch die Tätigkeit der VP. herausstellen und dann zur Einst. des Verf. gemäß § 79 A. 1 Nr. 2 in Verbindung mit § 22 Nr. 5 führen oder aber, falls trotz des Mangels die Verf.-Kosten gleichwohl bereits gedeckt sind oder gedeckt werden, die Gl. veranlassen, den V. abzulehnen. Ebenso ist es wohl kaum denkbar, daß das Nichtvorhandensein der konkursmäßigen Vermögenslage sich erst im Bestätigungsverf. und nicht schon spätestens im V.-Termin durch den Bericht der VP. (§ 47 A. 2 S. 2) herausstellt (vgl. dazu Bem. IIb zu § 79).

§ 73. Der bestätigte Vergleich ist wirksam für und gegen alle an dem Verfahren beteiligten Gläubiger, auch wenn sie an dem Verfahren nicht teilgenommen oder gegen den Vergleich gestimmt haben.

Die Rechte der Gläubiger gegen Mitschuldner und Bürgen des Schuldners sowie die Rechte aus einem für die Forderung bestehenden Pfandrecht, aus einer für sie bestehenden Hypothek, Grundschuld oder Rentenschuld oder aus einer zu ihrer Sicherung eingetragenen Vormerkung werden, unbeschadet der Vorschrift des § 70, durch den Vergleich nicht berührt.

Begründung zu § 73: „Der Abs. 1 spricht den für den V. wesentlichen Grundsatz aus, daß der V. für und gegen alle Gl. wirkt, die überhaupt als beteiligt in Betracht kommen können. Der E. übernimmt damit die Regelung des § 193 S. 1 der KO. Die Regelung im § 60 A. 1 der GAV. wonach der V. nur für und gegen die Gl. wirkt, die in dem vom Sch. vorgelegten Verzeichnis aufgeführt sind, trägt in das Verf. eine durchaus unerwünschte Unsicherheit hinein. Dies gilt besonders dann, wenn auch die Anspr. solcher Gl. unberührt bleiben, die sich absichtlich an dem Verf. nicht beteiligt haben, wie dies in der Auslegung des § 60 der GAV. angenommen wird. Wenn man im K. verlangt, daß der Gl. sich selbst um seine Fdg. kümmere, so läßt sich dieses Verlangen auch im VVerf. aufstellen. Durch die Bek. des Eröffnungsbeschlusses und des V.-Termins sowie durch den Zwang des Firmenzusatzes ist für eine noch über die Vorschriften der KO. hinausgehende Öffentlichkeit des Verf. gesorgt. Auf den Sch. wird durch die Pflicht zur Leistung des Offenbarungseides eingewirkt, daß er keine Gl. verschweigt; tut er es dennoch, so bieten die Bestimmungen der §§ 76, 77 hinreichende Handhaben, um den benachteiligten Gl. zu ihrem Rechte zu verhelfen.

Die Vorschrift des Abs. 2 entspricht dem § 193 S. 2 der KO. und dem § 60 A. 2 der GAV. Durch den Hinweis auf § 70 wird klargestellt, daß sich ein Gl. selbstverständlich dann nicht auf seine Rechte aus einem Pfandrecht, einer Hypothek, Grundschuld oder Rentenschuld oder aus einer Vormerkung berufen kann, wenn diese Sicherung infolge der Best. des V. wirkungslos geworden ist."

I. Die Wirkung des V. tritt mit der Verkündung des Bestätigungsbeschlusses ein und gründet sich auf diesen Beschluß allein; sie ist daher unabhängig davon, ob der V. wirklich zustande gekommen und ob die Bestätigung zu Recht oder zu Unrecht erfolgt ist (vgl. Bem. I und III zu § 67). Sie erstreckt sich auf die Fdg. aller beteiligten Gl., auch unbekannter beteiligter Gl., die in dem GlVerz. nicht aufgeführt waren; außerdem nach Maßgabe des § 74 auch auf gewisse nicht beteiligte Anspr.

II. Die Wirkung des V. besteht vornehmlich darin, daß die von ihm betroffenen Anspr. nach Maßgabe seines Inhalts materiell umgestaltet werden. Der Erlaßvergleich beschränkt die Erzwingbarkeit der Fdg. gegen den Sch. künftig auf die Vergleichsrate, der Liquidationsvergleich (vgl. Begr. zu § 15) beschränkt die Haftung des Sch. auf die durch ihn den Gl. zum Zwecke ihrer Befriedigung überlassenen Vermögensstücke; der Stundungsvergleich begründet für den Sch. die Einrede der Stundung. Vgl. unten Bem. IV.

Besondere Wirkungen hat der V. für solche von ihm betroffenen Fdg., die aufschiebend befristet (betagt), auf eine andere Leistung als Geld oder auf wiederkehrende Leistungen gerichtet sind. Für solche Fdg. gelten im K. wie im VVerf. (§ 2 S. 2 VO.) die §§ 65, 69, 70 KO.; danach gelten betagte Fdg. als fällig, unverzinsliche unter Abzug des Zwischenzinses; nicht auf Geld gerichtete Fdg. sind nach ihrem Schätzungswerte in Geld geltend zu machen; wiederkehrende Leistungen werden gemäß § 70 KO. kapitalisiert. In dieser Gestalt sind die Fdg. bereits von dem Sch. in seinen mit dem Eröffnungsantrage einzureichenden Verzeichnissen (§ 16 A. 1 Nr. 1 und 2), von den Gl. in ihren Anmeldungen (§ 60) anzuführen; gegebenenfalls hat das Gericht auf Berichtigung hinzuwirken. Diese Umwandlung der Fdg. ist zunächst nur eine vorläufige und gilt nur während des Verf. für dessen Zwecke, z. B. für die Bemessung des Stimmrechts. Im K. wird sie zu einer endgültigen durch die Feststellung zur Tabelle mit ihrer Rechtskraftwirkung, vorausgesetzt daß diese auch dem GSch. gegenüber eintritt, weil dieser die Fdg. nicht bestritten hat oder sein Bestreiten durch rechtskräftiges Urteil für unbegründet erklärt worden ist. Eine derartige Feststellung der Fdg. mit Rechtskraft- und gegebenenfalls mit endgültiger Umgestaltungswirkung gibt es im VVerf. nicht; der Vermerk über Anerkennung (§ 62 A. 4) hat diese Wirkungen nicht. Aber im VVerf. tritt — ebenso wie im K. bezüglich der nicht festgestellten Fdg. — die endgültige Umgestaltung dieser Fdg. in der Regel als Vergleichswirkung ein. Es kommt auf den Inhalt und Sinn des V. an. Als solcher ist im Zweifel anzunehmen, daß der V. die Fdg. in ihrer für die Zwecke des Verf. veränderten Gestalt meint und dieser damit dauernde Maßgeblichkeit vorliegt. Dies gilt also nicht nur dann, wenn der V. die geänderte Gestalt der Fdg. klar und unzweideutig voraussetzt, sondern schon dann, wenn er es auch nur zweifelhaft läßt, ob er die Fdg. in der ursprünglichen oder in der geänderten Gestalt erfassen will. Z. B. der Normalvergleich auf Erlaß bestimmter Prozente gibt für unveränderte Sachforderungen keinen Sinn, setzt also deren Umwandelung in Geldforderungen offensichtlich voraus; dagegen gibt er für Forderungen auf wiederkehrende Geldleistungen sowohl in ihrer ursprünglichen Rentengestalt wie auch in ihrer veränderten Kapitalgestalt einen Sinn. Aber auch bezüglich der letzteren Fdg. ist im Zweifel anzunehmen, daß der V. die geänderte Gestalt meint. „Somit bleibt die ursprüngliche betagte Fdg. fällig und bei Unverzinslichkeit um den Zwischenzins gemindert, die in Geld geschätzte Sachforderung auf Geld und der Rentenanspruch auf Kapital gerichtet" (Jäger Anm. 10 zu § 164 KO.); in dieser veränderten Gestalt werden die Fdg. durch den V. festgelegt und betroffen.

Nur das ist anzuerkennen, daß der V. anderes bestimmen kann, soweit nicht eine solche anderweite Bestimmung in sich widersinnig wäre, was insbesondere dann zutreffen würde, wenn ein Vergleich auf Erlaß bestimmter Prozente Sachforderungen unverändert lassen wollte. — Die endgültige Umgestaltung als Vergleichswirkung trifft alle betagten, auf eine andere Leistung als Geld oder auf wiederkehrende Leistungen gerichteten beteiligten Fdg., auch solche unbekannter Gl., die nicht im GlVerz. standen. Bei letzteren muß im Streitfalle das Prozeßgericht die Berechnung gemäß §§ 65, 69, 70 KO. vornehmen; doch kann das gleiche auch bezüglich solcher Fdg. vorkommen, die im GlVerz. standen; denn die dort erfolgte Berechnung hat ja, da es im VVerf. keine Feststellung mit Rechtskraftwirkung gibt, keine unabänderlich maßgebende Bedeutung.

Keine besondere Umgestaltung durch den V. erfahren dagegen von ihm betroffene Fdg., die aufschiebend bedingt sind. Sie bleiben dies und berechtigen gemäß § 2 S. 2 VO., § 67 KO. nur zu einer Sicherung; d. h. was in Erfüllung des V. zu zahlen ist, wird auf aufschiebend bedingte Fdg., solange die Bedingung noch schwebt, nicht gezahlt, sondern nur sichergestellt. Für diese Sicherstellung gelten die §§ 232ff. BGB.; § 108 ZPO. ist nicht anwendbar, da es sich nicht um eine prozessualische Sicherheit handelt.

III. Eine zweite Wirkung, die durch den V. eintritt, ist die Vollstreckbarkeit der anerkannten Fdg. gemäß § 75. Diese Wirkung wird also durch die Anerkennung und den V. zusammen hervorgebracht; ihre eigentliche Ursache liegt freilich mehr in der Anerkennung. Da die Erörterung der Fdg., die allein zu einer Anerkennung führen kann, sich nach § 62 auf die Fdg. der am Verf. beteiligten Gl. beschränkt, können auch nur beteiligte Fdg. zur Vollstreckbarkeit gelangen, dagegen nicht beteiligte Fdg. auch insoweit nicht, als sie nach § 74 von dem V. betroffen werden. Vgl. indessen Bem. IIIb zu § 75.

IV. Der Erlaßvergleich beschränkt nicht den rechtlichen Bestand der Fdg., sondern nur deren Erzwingbarkeit gegen den Sch.; der erlassene Teil erlischt nicht, sondern bleibt als unvollkommenes Schuldverhältnis (naturalis obligatio) bestehen. Dies ist im K. anerkannten Rechtens und muß ebenso für das VVerf. gelten. Das Fortbestehen der natürlichen Restforderungen zeigt sich insbes. in folgendem:

a) Alle dinglichen und persönlichen Sicherungen bleiben in voller Höhe bestehen und ausübbar. Dies bestimmt § 73 A. 2 (entsprechend § 193 S. 2 KO.). Die darin aufgeführten Sicherungsrechte sind nur Beispiele, dasselbe gilt von anderen, z. B. von vorbehaltenem oder zu Sicherungszwecken übertragenem Eigentum. Soweit § 73 A. 2 von dinglichen Sicherungsrechten am Vermögen des Sch. handelt, ist er nur eine Wiederholung und Bestätigung des Grundsatzes, daß der V. gegen solche Berechtigte, die nicht beteiligte Gl. sind (Aussonderungs-, Absonderungs- und Vormerkungsberechtigte), nicht wirkt.

Daß alle Sicherungsrechte durch den V. unberührt bleiben, liegt in dem Zweck solcher Rechte begründet, denn diese sollen den Gl. ja gerade gegen die nachteiligen Folgen einer Zahlungsunfähigkeit des

Sch. sichern. Diese Regelung ist daher kein Beweis dafür, daß die Restforderung als Naturalobligation bestehen bleibt und nicht untergeht; denn auch wenn man letzteres annähme, müßte sie ebenso sein. Aber die näheren technischen Einzelheiten sind verschieden, je nachdem man von der einen oder der anderen Auffassung ausgeht. Die Annahme, daß in Höhe des Erlasses die Fdg. untergeht, würde zu der weiteren zwingen, daß in dieser Höhe bisher unselbständige Sicherungsrechte diesen Charakter abstreifen und selbständig werden; also der Bürge zum Hauptschuldner, die Hypothek zur Grundschuld, das Pfandrecht an einer beweglichen Sache zu einer grundschuldähnlichen, dem BGB. sonst nicht bekannten selbständigen Sachbelastung wird. Diese eigentümliche Rechtslage, deren Annahme ohne Anhalt im Gesetz und in ihren einzelnen Folgerungen bedenklich ist, vermeidet man, wenn man sich den erlassenen Forderungsteil als Naturalobligation weiterbestehend vorstellt. Vom Standpunkt dieser Auffassung aus ergibt sich auch ohne weiteres, daß ebenso, wie früher begründete Sicherungsrechte in voller Höhe bestehen bleiben, auch neue in voller Höhe neu begründet werden können, und zwar auch unselbständige, da auch solche in Höhe des erlassenen Teils in der bestehen gebliebenen Naturalobligation eine ausreichende Unterlage finden.

Diejenigen durch ZwVollstr. erlangten Sicherungen, die von der rückwirkenden VollstrSp. erfaßt und daher gemäß § 70 mit der Best. des V. nichtig werden, können selbstverständlich nicht bestehen bleiben. Zur Sicherheit hebt § 73 dies ausdrücklich hervor.

b) Somit im VVerf. eine Befugnis zur Aufrechnung bestand, bleibt sie von dem V. unberührt; der Gl. kann auch nach der Best. des V. noch in voller Höhe, also auch mit der Naturalforderung, aufrechnen, nicht etwa nur in Höhe der Vergleichsrate. Vgl. § 36 und die Bem. dort.

c) Im übrigen gelten die allgemeinen Grundsätze über unvollkommene Forderungsrechte, die in einzelnen nicht unstreitig sind. Erfüllung des erlassenen Forderungsteils kann nicht als ungerechtfertigte Bereicherung zurückgefordert werden, weil sie einer sittlichen Pflicht entspricht, überdies der leistende Sch. in der Regel auch gewußt haben wird, daß er zur Leistung nicht verpflichtet war (§ 814 BGB.); vgl. indessen Bem. IIId 2 zu § 5. Die Erfüllung der Erlaßprozente ist auch nicht etwa Schenkung. Was von der Erfüllung gilt, gilt auch von der Anerkennung (§ 812 A. 2 BGB.). Leistungsklage ist wohl unter allen Umständen ausgeschlossen; dagegen steht der Zulässigkeit der Feststellungsklage kein grundsätzliches Bedenken entgegen, wenn auch das erforderliche Feststellungsinteresse nur auf Grund besonderer Umstände wird bejaht werden können.

d) Möglich ist es, durch besondere Vereinbarungen in dem V. die Wirkungen der in Höhe der Erlaßprozente verbleibenden Naturalobligation noch weiter zu verstärken, insbes. zu bestimmen, daß in bestimmten Fällen der Erlaß wieder fortfallen und die volle Erzwingbarkeit der Forderungen wieder eintreten soll. Solche Vereinbarungen kommen vor in der Form von sog. Besserungsscheinen, in denen der

Sch. Nachzahlung für den Fall verspricht, daß sich seine Vermögensverhältnisse bessern werden und er zur Nachzahlung imstande sein wird. Ob solche allgemein gehaltene Besserungsscheine einen genügend bestimmten Inhalt haben, um rechtsverbindlich zu sein, ist nicht ganz unzweifelhaft, wird indessen von der herrschenden Lehre bejaht (vgl. Staub Anm. 19 zu § 346 HGB.). Sie verpflichten den Sch. zur Nachzahlung, sobald seine Vermögensverhältnisse sich derart gestalten, daß sie ihm außer der Erfüllung des V. und seiner sonstigen laufenden Verpflichtungen noch die Leistung einer Nachzahlung, sei es auch nur einer nicht ganz unerheblichen Teilzahlung, auf alle durch den V. betroffenen Fdg., nicht nur auf einzelne von ihnen, ermöglichen. Jeder Gl. kann jederzeit mit der von ihm zu beweisenden Behauptung, daß dieser Fall eingetreten sei, gegen den Sch. auf Nachzahlung klagen; dadurch wird allerdings die Erreichung des Zwecks des V., die Verhältnisse zu bereinigen und einen Ruhezustand zu schaffen, nicht unwesentlich beeinträchtigt. Wird ein Besserungsschein nur einzelnen Gl. gegeben, so greift § 5 Platz.

§ 74. Der Vergleich wirkt nach Maßgabe des § 73 auch für und gegen die Forderungen aus einer Freigebigkeit des Schuldners.

Die für die Zeit von der Eröffnung des Verfahrens bis zur Bestätigung des Vergleichs laufenden Zinsen der von dem Vergleiche betroffenen Forderungen sowie die Kosten, welche den von dem Vergleiche betroffenen Gläubigern durch die Teilnahme an dem Verfahren oder eine nach § 70 wirkungslos werdende Vollstreckungsmaßregel erwachsen sind, gelten, wenn nicht der Vergleich etwas anderes bestimmt, mit der Bestätigung des Vergleichs als erlassen.

Begründung zu § 74: „Ähnlich wie der § 62 der GAV. räumt der E. dem V. auch auf Anspr. solcher Gl. einen Einfluß ein, die an dem Verf. um deswillen nicht teilgenommen haben, weil sie auch im K. keine Berücksichtigung finden.

Hierhin gehören zunächst Fdg. aus einer Freigebigkeit des Sch. (§ 63 Nr. 4 der KO.). Abweichend von der GAV. (§ 62 Satz 1) läßt der E. den V. aber nicht nur zuungunsten, sondern auch zugunsten dieser Fdg. wirken. Dies entspricht der Billigkeit, dürfte übrigens, wie die Bestimmung überhaupt, keine wesentliche praktische Bedeutung haben.

Für die während des Verf. laufenden Zinsen und für die Kosten, die den Gl. aus der Teilnahme an dem Verf. erwachsen (§ 63 Nr. 1, 2 der KO.), stellt der E. eine ähnliche Auslegungsregel auf, wie sie der § 62 A. 2 der GAV. für die Kosten allein gibt. Die Anspr. sollen als erlassen gelten, wenn der V. nichts anderes bestimmt. Dabei wird klargestellt, daß zu den Kosten der Beteiligung am Verf. auch die Kosten einer nach § 70 wirkungslos werdenden Vollstreckungsmaßnahme gehören.

Ohne Einfluß bleibt der V. ebenso wie im GAVerf. auf die gegen den Sch. erkannten Geldstrafen (§ 63 Nr. 3 der KO.). Dies entspricht dem Wesen der Geldstrafenforderung, über die ein V. mit dem Bestraften nicht möglich ist."

I. Der V. wirkt grundsätzlich nur für und gegen die an dem Verf. beteiligt gewesenen Anspr. Nicht beteiligt gewesene Anspr., z. B. solche, die erst nach der Eröffn. des Verf. begründet worden sind, bleiben von ihm unberührt und können weiter unbeschränkt gegen den Sch. geltend gemacht werden. Dies werden die beteiligten Gl. bei der Entscheidung über die Annahme des V. sich gegenwärtig halten müssen (vgl. Begr. zu § 2).

II. Ausnahmsweise wirkt der V. nach § 74 auch für und gegen gewisse nicht beteiligt gewesene Anspr. Es handelt sich hier um die Anspr. des § 63 KO. Diese können im K. nicht geltend gemacht werden und sind infolgedessen auch im VVerf. nicht beteiligte Anspr. (Bem. III zu § 2). Für sie gilt aber in mehrfacher Beziehung Sonderrecht (Bem. VI zu § 2), und so auch hinsichtlich der Unterwerfung unter den V. Im einzelnen ist zu unterscheiden:

a) gegen den Sch. erkannte Geldstrafen (§ 63 Nr. 3 KO.). Für sie bleibt es bei der Regel, daß sie von dem V. nicht betroffen werden. Das ist zwingendes Recht.

b) Fdg. aus einer Freigebigkeit des Sch. (§ 63 Nr. 4 KO.). Für sie gilt das Umgekehrte; sie werden von dem V. genau ebenso betroffen wie beteiligte Fdg. Auch dies ist zwingendes Recht. Nach Wortlaut und Sinn der Vorschrift ist anzunehmen, daß sie sich auf alle Fdg. aus einer Freigebigkeit des Sch. ohne Rücksicht auf die Entstehungszeit bezieht, also sowohl auf die schon zur Zeit der Eröffn. des VVerf. begründeten wie auch auf später, jedoch vor dem Wirksamwerden des V. entstandene.

c) die Nebenfdg. der beteiligten Fdg., die gerichtet sind auf seit der Eröffn. des Verf. laufende Zinsen und auf Ersatz der Kosten, welche den einzelnen Gl. durch ihre Teilnahme an dem Verf. entstehen (§ 63 Nr. 1, 2 KO.). Es wäre sonderbar und in der Regel sicher nicht dem Willen der Vergleichsschließenden entsprechend, wenn der V. zwar die Hauptfdg. beschränken, die verhältnismäßig unbedeutenden Nebenfdg. aber unberührt lassen wollte. Daher werden auch sie grundsätzlich von dem V. betroffen, und zwar nicht nur in derselben Weise wie die Hauptfdg., sondern stärker als diese dahin, daß in Ansehung dieser Nebenfdg. der V. stets als vollständiger Erlaß gilt; dies ist indessen nur nachgiebiges Recht, der V. kann anderes bestimmen. Der Erlaß der Zinsen bezieht sich nur auf die Zeit von der Eröffn. des Verf. bis zum Eintritt der Wirkung des V.; für die Folgezeit muß die Frage der Verzinsung in dem V. geregelt werden. Den Kosten der Teilnahme am Verf. stehen gleich die Kosten einer von der rückwirkenden VollstrSp. erfaßten und daher gemäß § 70 unwirksam werdenden ZwVollstr.; der Gl. hat also bei Zustandekommen und Best. eines V. diese Kosten seinerseits zu tragen, was mit dazu dienen soll, die Gl. von ZwVollstr. in letzter Stunde abzuschrecken. Doch gilt dies nur für diejenigen der rückwirkenden VollstrSp. unterworfenen Gl., die von dem V. betroffen werden, also nicht für Geldstrafen.

Keine Wirkung hat der V. für und gegen die im § 3 A. 2 KO. bezeichneten Anspr.

III. Soweit § 74 am Verf. nicht beteiligte Anspr. dem V. unterwirft, wird dadurch an dem Charakter dieser Anspr. als nicht beteiligter nichts geändert. Es bleibt dabei, daß diese Anspr. wie alle nicht beteiligten im V.-Termin nicht erörtert werden; sie begründen kein Stimmrecht, können keine Anerkennung erfahren und daher auch nicht zur Vollstreckbarkeit gelangen (§§ 62, 75; vgl. indessen Bem. IIIb zu § 75).

§ 75. Aus dem bestätigten Vergleich in Verbindung mit einem Auszug aus dem berichtigten Gläubigerverzeichnisse findet wegen der darin als anerkannt vermerkten Forderungen gegen den Schuldner und die Personen, die in dem Vergleiche für seine Erfüllung neben dem Schuldner ohne Vorbehalt der Einrede der Vorausklage Verpflichtungen übernommen haben, die Zwangsvollstreckung unter entsprechender Anwendung der §§ 724 bis 793 der Zivilprozeßordnung statt.

Für Klagen auf Erteilung der Vollstreckungsklausel sowie für Klagen, durch welche eine die Forderung selbst betreffende Einwendung geltend gemacht oder der bei der Erteilung der Vollstreckungsklausel als bewiesen angenommene Eintritt der Voraussetzungen für ihre Erteilung bestritten wird, ist das Amtsgericht, bei dem das Vergleichsverfahren anhängig war, und, wenn der Streitgegenstand die Zuständigkeit des Amtsgerichts übersteigt, das Landgericht ausschließlich zuständig, zu dessen Bezirk das Vergleichsgericht gehört.

Begründung zu § 75: „Die Fdg. der Gl., die im V.-Termine weder der Sch. noch ein am Verf. beteiligter Gl. noch die VP. bestritten hat (§ 62 A. 4 S. 2), sollen auf Grund des bestätigten V. ohne weiteres gegen den Sch. und die V.-Bürgen vollstreckbar sein. Das stimmt überein mit der Regelung des ZwV. im K. und in der GAV. (zu vgl. § 194 der KO., § 61 der GAV.). Da die Vollstr. einen Auszug aus dem GlVerz. zur formellen Voraussetzung hat, so muß der Gl., der sich das Vollstr.-Recht sichern will, dafür sorgen, daß er in das GlVerz., gegebenenfalls gemäß § 60 nachträglich, eingetragen wird. Nach § 7 ist der vergleichsweise Erlaß im Zweifel hinfällig, wenn der Sch. mit der Erfüllung des V. in Verzug kommt oder wenn vor vollständiger Erfüllung des V. das KVerf. über sein Vermögen eröffnet wird. Da die Vollstr.-Wirkung des V. auf der Anerkennung der Fdg. beruht, kommt sie mithin bei Eintritt der Bedingung des § 7 der ganzen Fdg. zugute (zu vgl. auch die Bem. zu § 7). Ob der Gl. für die ganze Fdg. eine Vollstr.-Klausel erlangen kann, wird freilich davon abhängen, ob er den Eintritt der Bedingungen für den Wegfall des Erlasses in der nach § 726 der ZPO. für die Erteilung der Vollstr.-Klausel erforderlichen Weise darzutun vermag. Gl., deren Anspr. erst im Laufe des VVerf. entstanden sind, nehmen an dem Verf. nicht teil und werden von dem V. nicht betroffen. Da ihnen mithin die Vollstreckbarkeit des V. nicht zugute kommt, müssen sie ihre Anspr. im Prozeßweg geltend machen und können dies, ohne im Falle des Obsiegens eine Belastung mit Kosten fürchten zu müssen, auch schon während der Dauer des VVerf. (§ 35).

Gegen ihre ZwVollstr.-Maßnahmen ist der Sch. auch nicht durch das VVerf. geschützt (zu vgl. die Bem. zu § 32)."

I. Wie bereits mehrfach bemerkt, findet im VVerf. keine rechtskräftige Feststellung der beteiligten Fdg. statt, sondern diese können nur zur Vollstreckbarkeit gelangen. Voraussetzung ist zunächst Eintragung im GlVerz.; nicht eingetragene beteiligte Gl., die vom Sch. nicht angegeben waren und auch die rechtzeitige Anmeldung gemäß § 60 versäumt haben, nehmen an der Vollstreckbarkeit nicht teil. Die eingetragenen beteiligten Fdg. werden vollstreckbar durch 2 Ereignisse: die Anerkennung im V.-Termin (§ 62) und den (bestätigten) V. Von diesen beiden ist die eigentliche Ursache der Vollstreckbarkeit die Anerkennung, der eigentliche Vollstr.-Titel also der Anerkennungsvermerk im GlVerz. Aber die Anerkennung bewirkt die Vollstreckbarkeit nur aufschiebend bedingt für den Fall, daß ein V. zustande kommt und bestätigt wird. Der V. ist also nicht Ursache, wohl aber Bedingung des Eintritts der Vollstreckbarkeit. Er wirkt aber gleichzeitig modifizierend auf den Umfang ein, in dem die Vollstreckbarkeit eintritt: beschränkend, indem die Forderung nur in ihrer durch den V. geformten Gestalt unbedingt vollstreckbar wird; erweiternd, indem die Vollstreckbarkeit gegebenenfalls auch gegenüber den Vergleichsgaranten eintritt. Die Vollstr. erfolgt also nicht eigentlich aus dem V., sondern im Falle des Zustandekommens eines bestätigten V. aus der Anerkennung nach Maßgabe des V. Als urkundliche Grundlage notwendig ist eine vollstreckbare auszugsweise Ausfertigung aus dem GlVerz., welche insbes. den Anerkennungsvermerk enthalten muß, und in Verbindung damit je eine Ausfertigung des V.-Protokolls, gegebenenfalls mit Anlagen, soweit diese den Inhalt des V. betreffen, und des Bestätigungsbeschlusses.

II. Daß die Anerkennung die eigentliche Ursache der Vollstreckbarkeit ist, tritt in folgendem zutage. Wenn die der Fdg. durch den V. auferlegte Beschränkung später aus irgendeinem Grunde wieder fortfällt, so bleibt die Vollstreckbarkeit bestehen und besteht nunmehr dem Sch. gegenüber für die unbeschränkte Fdg. In Betracht kommen hier nicht nur die in der Begr. erwähnten Fälle von § 7, sondern auch die der §§ 76, 77. Mit Recht nimmt die Begr. an, daß die gewöhnliche Vollstr.-Klausel sich immer nur auf die Fdg. in ihrer dem V. entsprechenden Gestalt bezieht und daß es daher in den bezeichneten Fällen einer besonderen Vollstr.-Klausel für die ganze Fdg. bedarf; um diese zu erhalten, muß der Gl. entweder den Umstand, der zum Fortfall der V.-Beschränkung geführt hat, durch öffentliche oder öffentlich beglaubigte Urkunden nachweisen oder bei dem nach Abs. 2 sich bestimmenden zuständigen Gericht auf Erteilung der Vollstr.-Klausel Klage erheben (§§ 726 A. 1, 731 ZPO.). Wird solchenfalls der Nachweis gemäß § 726 A. 1 ZPO. als erbracht anzusehen und demgemäß die Klausel für die ganze Fdg. ohne Klage des Gl. erteilt, so hat der Sch. hiergegen sowohl die Einwendung gemäß § 732 ZPO. als auch die Klage aus § 768 ZPO.; Zuständigkeit für letztere gemäß Abs. 2.

III. Wenn man von den unter II. erörterten Fällen des Eintritts einer erweiterten Vollstreckbarkeit für die ganze Fdg. und den in diesen Fällen möglichen besonderen Einwendungen absieht, so können sich im übrigen Einwendungen des Sch. gegen die durch Anerkennung und V. vollstreckbar gewordenen Fdg. in ihrem vergleichsmäßigen Umfange beziehen insbesondere auf:

a) den materiellen Bestand der Fdg., sei es den Bestand überhaupt oder den Betrag. Solche Einwendungen sind durch Klage gemäß § 767 ZPO. zu verfolgen; das zuständige Gericht bestimmt sich nach Abs. 2. Sie sind, da im VVerf. keine rechtskräftige Feststellung der Forderungen stattfindet, unbeschränkt zulässig; § 767 A. 2 ZPO. ist nicht anwendbar. Der Sch. ist also nicht gehindert, auch gegenüber einer durch Anerkennung vollstreckbar gewordenen Fdg. noch durch Vollstr.-Gegenklage geltend zu machen, daß die Fdg. überhaupt nicht zu Recht bestehe. Aber die Tatsache, daß er die Fdg. im VVerf. nicht bestritten hat, muß als Beweismoment verwertet werden und wird es im allgemeinen rechtfertigen, daß die Beweislast umgekehrt und nicht von dem Gl. der Beweis der Entstehung der Fdg., sondern von dem Sch. die Widerlegung der hierauf bezüglichen Behauptungen des Gl. verlangt wird.

b) die Eigenschaft der Fdg. als einer solchen, die an dem VVerf. beteiligt war. Nach § 62 dürfen nur beteiligte Fdg. zu der Erörterung im V.-Termin zugelassen werden, die allein die Möglichkeit der Anerkennung eröffnet. Wenn nun aber eine Fdg. tatsächlich erörtert und anerkannt worden ist, die in Wirklichkeit nicht beteiligt war, ist sie dann gleichwohl nach § 75 vollstreckbar geworden? Grundsätzlich: nein. Denn die Anerkennung bringt die Vollstreckbarkeit nur nach Maßgabe des V. hervor, also nur in den Grenzen der V.-Wirkung; es ist unausführbar, eine Fdg., die von dem V. überhaupt nicht betroffen wird, gleichwohl nach Maßgabe des V. vollstreckbar werden zu lassen. Anders steht es nur mit den Fdg. aus einer Freigebigkeit des Sch., die nach § 74 A. 1, obwohl nicht beteiligt, gleichwohl von dem V. betroffen werden. Ist eine solche Fdg. tatsächlich zur Erörterung und Anerkennung gelangt, so wird man ihr, wenn dies auch ein unrichtiges Verfahren war, gleichwohl die Vollstreckbarkeit nach § 75 nicht versagen können. Im übrigen aber werden nicht beteiligte Fdg. auch durch versehentliche Zulassung zur Erörterung und Anerkennung nicht vollstreckbar. Hieraus ist nicht etwa zu folgern, daß der Gl. einer anerkannten Fdg. zum Empfang der Vollstr.-Klausel immer noch einen besonderen Nachweis dafür zu erbringen hätte, daß seine Fdg. wirklich zu den beteiligten gehörte; dies wird im allgemeinen vermutet. Aber wenn begründete Zweifel bestehen, kann ein Nachweis verlangt werden, und jedenfalls kann der Sch. — mit Einwendung nach § 732, wohl auch mit Klage nach dem hier mindestens entsprechend anwendbaren § 768 ZPO. — Unzulässigkeit der Erteilung der Vollstr-Klausel aus dem Grunde, weil die Fdg. nicht zu den am VVerf. beteiligten gehört habe, geltend machen.

IV. Ist der V. aufschiebend bedingt (vgl. Bem. IIa 1 zu § 15), so darf die Vollstr.-Klausel nicht vor Eintritt der Bedingung erteilt werden. Auch in diesem Falle finden die §§ 726 A. 1, 731, 732, 768 ZPO. in Verbindung mit der Zuständigkeitsregelung in Abs. 2 Anwendung.

V. Der Eintritt der Vollstreckbarkeit gemäß § 75 wird nicht dadurch gehindert, daß der Gl. bereits einen Vollstr.-Titel für die Fdg. besitzt. In diesem Falle tritt zu dem ersten auf die frühere Gestalt der Forderung bezüglichen Titel ein zweiter auf ihre jetzige durch den V. veränderte Gestalt bezüglicher hinzu.

VI. Nicht selten wird der Sch. Fdg. nur bis zu einem gewissen Betrage anerkennen. Dann wird nur der anerkannte Teilbetrag, entsprechend dem V. umgeformt, vollstreckbar. Z. B. ein Gl. hat 2000 Mark angemeldet, der Sch. hat erklärt, davon 1000 Mark anzuerkennen, ein sonstiger Widerspruch ist nicht erfolgt, der V. bietet 60%; dann ist die Fdg. in Höhe von 600 Mark vollstreckbar geworden.

VII. Die Vollstreckbarkeit gemäß § 75 tritt nicht nur gegenüber dem Sch. ein, sondern auch gegenüber den V.-Garanten, d. h. solchen Personen, die sich in dem V. neben dem Sch. als Gesamtschuldner oder Bürgen mitverpflichten. Einer ausdrücklichen Unterwerfung dieser Personen unter die sofortige ZwVollstr. bedarf es nicht. Gegenüber Bürgen tritt die Vollstreckbarkeit nur ein, wenn die Bürgschaft selbstschuldnerisch ist. Aus § 75 Abs. 1 ist indessen (ebenso wie aus § 194 KO.) zu entnehmen, daß die im V. des VVerf. (ebenso wie die im ZwV. des K.) übernommene Bürgschaft grundsätzlich selbstschuldnerisch ist, also nicht nur dann, wenn auf die Einrede der Vorausklage ausdrücklich verzichtet ist, sondern immer dann, wenn diese Einrede nicht ausdrücklich vorbehalten ist. Als Bestandteil des V. unterliegt die V.-Bürgschaft keinen strengeren Formvorschriften als der V. überhaupt; daher genügt zu ihrer Übernahme mündliche Erklärung im V.-Termin, die allerdings wohl der Feststellung im Protokoll bedarf; schriftliche Bürgschaftserklärung (§ 766 BGB., vgl. § 350 HGB.) ist auch bei Nichtkaufleuten nicht erforderlich. Allerdings muß sie, wenn korrekt verfahren worden ist, gemäß § 16 A. 1 Nr. 5 vorhanden sein, und zwar nicht nur dann, wenn schon der ursprüngliche V.-Vorschlag die Verbürgung vorsah, sondern auch dann, wenn die Verbürgung erst nachträglich durch Änderung des V.-Vorschlags (vgl. Bem. IV zu § 15) in diesen hineingekommen ist; denn aus § 16 A. 1 Nr. 5 ist auch zu entnehmen, daß letzterenfalls die Bürgschaftserklärung mit dem geänderten V.-Vorschlag eingereicht werden muß. Aber das sind nur Verfahrensvorschriften, deren Beobachtung nicht Gültigkeitserfordernis der Verbürgung ist. Sieht der V.-Vorschlag die Bürgschaft eines am Verf. beteiligten Gl. vor, so liegt die rechtswirksame Übernahme der Bürgschaft schon darin, daß der Gl. diesem V.-Vorschlag zustimmt. Anders als im K. sind im VVerf. solche V. unzulässig, bei denen die Bürgschaft eines Dritten noch nicht im V. übernommen wird, sondern erst nach seinem Abschluß übernommen werden soll, die also durch die Bürgschaftsübernahme des Dritten bedingt sind; vgl. Bem. IV zu §§ 16—18.

VIII. Tritt nach der Best. des V. einer der Fälle ein, in denen die den beteiligten Fdg. durch den V. auferlegte Beschränkung nach den §§ 7, 76, 77 wieder fortfällt (vgl. Bem. II), so wirkt dies nur gegen den Sch., nicht auch gegen die V.-Garanten. Soweit die Garanten Gesamtschuldner sind, entspricht dies dem § 425 BGB. Soweit sie Bürgen sind, muß trotz des § 767 BGB. das gleiche gelten; denn der Fortfall der V.-Schranken geht über den Begriff einer Änderung in dem Bestande der Hauptverbindlichkeit im Sinn des § 767 BGB. hinaus. Die Garanten haften also auch in diesen Fällen nur nach Maßgabe des V. weiter; in diesem Umfange bleibt auch die Vollstreckbarkeit der anerkannten VFdg. ihnen gegenüber bestehen.

§ 76. Der Vergleich verliert für alle von ihm betroffenen Gläubiger, unbeschadet der ihnen durch den Vergleich gewährten Rechte, seine Wirkung, wenn der Schuldner wegen vorsätzlicher Verletzung der Eidespflicht bei Leistung des ihm nach § 61 auferlegten Eides oder im Zusammenhange mit dem Vergleichsverfahren wegen betrügerischen Bankrotts oder deswegen rechtskräftig verurteilt wird, weil er die im § 15 Abs. 4 vorgeschriebene Versicherung an Eides Statt vorsätzlich falsch abgegeben hat.

Auf Antrag eines von dem Vergleiche betroffenen Gläubigers kann das Gericht, bei dem das Vergleichsverfahren anhängig war, auch schon vor der rechtskräftigen Verurteilung des Schuldners Sicherungsmaßregeln anordnen, insbesondere Verbote nach Maßgabe der §§ 51 bis 58 erlassen.

Begründung zu § 76: „Der Abs. 1 entspricht dem § 65 der GAV. (zu vgl. auch § 197 A. 1 der KO.). Der Auslegung, die der § 197 A. 1 der KO. gefunden hat, entspricht es, daß die Verurteilung wegen betrüglichen Bankrotts dem V. nur dann seine Wirksamkeit nehmen soll, wenn der Bankrott mit dem VVerf. zusammenhängt. Verliert der V. seine Kraft, so lebt das aufgehobene VVerf. nicht wieder auf; auch die erneute Eröffn. eines VVerf. wird regelmäßig nicht in Frage kommen. Das Ergebnis der Verurteilung des Sch. ist vielmehr in der Regel der K. Da der Sch. durch sein Verhalten bewiesen hat, daß er auf die Interessen der Gl. nicht die gebührende Rücksicht nimmt, so ermächtigt der Abs. 2 in Anlehnung an § 197 A. 2 der KO. das V.-Gericht, schon vor der Verurteilung des Sch. Sicherungsmaßregeln zugunsten der Gl. zu treffen. Bestehen sie in Verfügungsverboten, so finden die §§ 51 bis 58 entsprechende Anwendung."

I. § 76 behandelt den Wegfall der V.-Schranken infolge strafgerichtlicher Verurteilung des Sch. Voraussetzung ist rechtskräftige strafgerichtliche Verurteilung des Sch. wegen einer der folgenden Straftaten:
a) betrügerischer Bankrott (§ 239 KO.);
b) wissentlicher Meineid bei Leistung des Offenbarungseides im VVerf. (§ 61 VO.). Diese Verletzung der Eidespflicht ist strafbar nach § 153,

nicht nach § 162 StGB., da der Offenbarungseid des § 61 VO. assertorisch, nicht promissorisch geleistet wird.

c) wissentlich falsche Abgabe der bei der Beantragung des VVerf. nach § 15 A. 4 VO. abzugebenden eidesstattlichen Versicherung, strafbar nach § 156 StGB.

Die Straftaten müssen sich indessen gerade auf das konkrete beendigte VVerf. beziehen, das zu dem V. geführt hat. Die unter b und c erwähnten Verletzungen der Eidespflicht müssen also gerade in diesem Verf. vorgekommen sein; der betrügliche Bankrott muß mit diesem Verf. in Zusammenhang stehen, d. h. im Rahmen desjenigen wirtschaftlichen Verfalls begangen worden sein, der zu dem VVerf. geführt hat und durch dieses behoben werden sollte. Voraussetzung ist stets rechtskräftige Verurteilung; der Wegfall der V.-Schranken tritt also z. B. nicht ein, wenn das Strafverf. wegen Unzurechnungsfähigkeit des Sch. zur Einstellung oder Freisprechung führt. Stellt sich solchenfalls heraus, daß der Sch. zur Zeit des Vergleichsschlusses geschäftsunfähig war, so ist dies auf die Wirksamkeit des bestätigten V. ohne Einfluß (Bem. I zu § 67).

II. Die Wirkung tritt mit der Rechtskraft des Strafurteils ohne weiteres ein, ohne daß es noch einer Vermittlung durch eine Willenserklärung oder eine zivilgerichtliche Entscheidung bedürfte. Sie besteht nicht in einer Aufhebung des V., sondern nur in der Aufhebung der durch den V. den von ihm betroffenen Fdg. auferlegten Beschränkungen, insbesondere des Erlasses und der Stundung; diese fallen rückwirkend fort. Bestehen bleiben dagegen alle den Gl. aus dem V. erwachsenen Rechte, insbes. die auf Grund des V. bestellten Sicherheiten. Diese bestehen indessen nur in dem Umfange fort, in dem sie bestellt worden sind, also nur für die Fdg. in ihrer vergleichsmäßigen Gestalt; der Fortfall der V.-Schranken berührt die Haftung der Sicherheiten nicht. Dies gilt sowohl für reale Sicherheiten wie für V.-Garanten (vgl. Bem. VIII zu § 75). Die Vollstreckbarkeit der anerkannten Fdg. gemäß § 75 besteht künftig dem Sch. gegenüber in voller Höhe, den V.-Garanten gegenüber nur nach Maßgabe des V. (Bem. II, VIII zu § 75). Das VVerf. bleibt beendigt und wird nicht etwa wieder aufgenommen. Die Eröffn. eines neuen VVerf. auf Antrag des Sch. ist im Falle der Verurteilung wegen betrüglichen Bankrotts nach § 22 Nr. 3 unzulässig; in den beiden anderen Fällen greift § 23 Nr. 2 Platz. Auch die Eröffn. eines KVerf. kann nur auf Antrag erfolgen; lag in dem beendigten VVerf. ein K.-Antrag vor, der nach § 69 A. 3 S. 2 hinfällig geworden ist, so lebt er nicht wieder auf.

III. Abs. 2 bietet zu mancherlei Zweifelsfragen Anlaß. Hervorzuheben ist folgendes:

a) Die Sicherungsmaßnahmen dienen dem Zweck, für den wahrscheinlichen Fall des K. die K.-Masse zu sichern. Daraus folgt, daß nur solche Maßnahmen auf Grund dieser Vorschrift zulässig sind, die dem Gesamtinteresse der künftigen KGl., nicht solche, die nur dem Einzelinteresse eines Gl. dienlich sind; für letztere sind vielmehr Arrest und einstweilige Verfügung der gegebene Weg. Als dem Gesamtinteresse dienlich und daher zulässig kommen wohl nur in Betracht allgemeines oder besonderes Veräußerungsverbot und Anordnung der Sequestration bestimmter einzelner Gegenstände. Die Anordnung einer Sequestration des gesamten Schuldnervermögens muß wohl — ebenso wie im Falle des § 106 KO. — als unzulässig gelten, weil damit die Wirkung der K.-Eröffn. zu weitgehend vorweggenommen würde. Unzulässig ist ferner hier — anders als im Falle des § 106 KO., der auch dies ausdrücklich gestattet — jeder Eingriff in die Freiheit der Person des Sch. (Art. 114 RV.).

b) Maßnahmen auf Grund des § 76 A. 2 können nur ergehen, solange noch kein K.-Antrag gestellt ist; ist dies geschehen, so greift an Stelle dieser Vorschrift ausschließlich der § 106 KO. Platz. Ist eine Maßnahme vor dem K.-Antrage angeordnet und wird dann dieser gestellt, so kann das K.-Gericht die angeordnete Maßnahme durch eine solche auf Grund des § 106 KO. ersetzen, was z. B. bei Verfügungsverboten die Wirkung der Erstreckung des Verbots auf Verfügungen im Wege der ZwVollstr. hat (vgl. unter c); geschieht dies nicht, so bleibt die auf Grund des § 76 A. 2 VO. angeordnete Maßnahme auch nach dem K.-Antrage bis zur Entscheidung über die K.-Eröffn. bestehen.

Wesentlich zweifelhafter ist die Frage, von welchem Zeitpunkt an Maßnahmen auf Grund des § 76 A. 2 VO. zulässig sind. Der Wortlaut des Gesetzes: „schon vor der rechtskräftigen Verurteilung" enthält keine deutliche zeitliche Grenze. Man wird annehmen müssen, daß Anhängigsein des Strafverf. bei Gericht oder Staatsanwaltschaft erforderlich und genügend ist, dagegen das Schweben bloßer polizeilicher Ermittelungen nicht genügt. Das Einschreiten des V.-Gerichts setzt begründeten Tatverdacht voraus. Ist in dem Strafverf. bereits das Hauptverf. eröffnet oder ein Haftbefehl erlassen, so kann der V.-Richter diesen ohne weiteres als gegeben ansehen; anderenfalls hat er die Frage unter eigener Verantwortung zu prüfen.

c) Auf gemäß Abs. 2 ergehende Verfügungsverbote finden die §§ 51 bis 58 entsprechende Anwendung. Daraus folgt, daß Verbote auf Grund des § 76 A. 2 VO. — anders als solche auf Grund des § 106 KO. — sich nur gegen rechtsgeschäftliche Verfügungen des Sch., nicht auch gegen Verfügungen im Wege der ZwVollstr. wenden. § 57 ist unanwendbar, weil es nach der Beendigung des VVerf. eine VP. nicht mehr gibt.

d) Verfügungsverbote gemäß Abs. 2 ergehen nicht lediglich zugunsten des Antragstellers, der sie erwirkt hat, aber auch nicht zugunsten der an dem beendigten VVerf. beteiligt gewesenen Gl., sondern — ebenso wie Maßnahmen auf Grund des § 106 KO. — zugunsten aller KGl. des wahrscheinlichen künftigen K. Dies folgt aus ihrem Zweck. Verbotswidrige Verfügungen sind also den künftigen KGl. gegenüber unwirksam. Da aber die Frage, ob es zur K.-Eröffn. kommen und also überhaupt KGl. geben wird, zur Zeit noch ungewiß ist, muß die Unwirksamkeit notwendig eine bedingte sein. Ebenso wie im Falle des § 106 KO. (in dem trotz der Verschiedenheit, daß dort bereits ein K.-Antrag vorliegt, die Rechtslage doch im wesentlichen die gleiche ist) wird anzunehmen sein, daß es sich um eine auflösende, nicht um eine aufschiebende Bedingung handelt (vgl. Jaeger Anm. 4 zu § 106 KO.). Demnach tritt hier die Unwirksamkeit sofort ein; der Schwebezustand dauert so lange, bis entweder der K. eröffnet oder die angeordnete Verfügungsbeschränkung, ohne daß es zur K.-Eröffn. gekommen ist, wieder aufgehoben wird; im ersteren Falle bleibt die Unwirksamkeit weiter bestehen, im zweiten verwandelt sie sich infolge Eintritts der auflösenden Bedingung in Wirksamkeit. Die Aufhebung der Verfügungsbeschränkung hat jedenfalls dann zu erfolgen, wenn ein gestellter K.-Antrag abgewiesen wird; im übrigen gilt dafür § 58, auf den gestützt der Sch. die Aufhebung betreiben kann.

e) Können gemäß Abs. 2 ergehende gerichtliche Entscheidungen angefochten werden? Zunächst scheint § 14 VO. die Verneinung zu erfordern. Aber § 14 meint nur die im VVerf. ergehenden Entscheidungen; der gesetzgeberische Grund, in ihm die Anfechtung weitgehend auszuschließen, ist lediglich das Bestreben, Verzögerungen des VVerf. zu vermeiden. Dieser Grund trifft bei den Entscheidungen gemäß § 76 A. 2 nicht zu; diese ergehen gar nicht im Rahmen eines VVerf., sondern zwischen einem beendigten V.- und einem kommenden K.-Verf., und sind ihrem wirtschaftlichen Zweck nach nicht eine Nachwirkung des ersteren, sondern eine Vorauswirkung des letzteren. Für eine den Sinn der Gesetze erforschende und nicht am Wortlaut haftende Auslegung muß dies genügen, um zu dem Schlusse zu kommen, daß hier nicht § 14 VO., sondern § 73 KO. anwendbar, die Anfechtung also zulässig ist. Sie bestimmt sich in allem nach den Vorschriften der KO.; von § 14 VO. ist auch der Abs. 2 nicht anwendbar.

IV. Der Fortfall der V.-Schranken gemäß § 76 ist zwar eine Wirkung des rechtskräftigen Strafurteils, aber keine Straffolge. Deshalb hat Begnadigung keinen Einfluß. Dagegen fällt die Wirkung wieder fort, wenn das Strafurteil im Wiederaufnahmeverf. rechtskräftig wieder aufgehoben wird. Auf die in einem solchen Fall entstehenden Einzelfragen kann hier nicht näher eingegangen werden.

§ 77. Jeder von dem Vergleiche betroffene Gläubiger kann, unbeschadet der durch den Vergleich gewährten Rechte, den Vergleich anfechten, wenn er durch Betrug zustande gekommen ist und der Gläubiger ohne sein Verschulden außerstande war, den Anfechtungsgrund im Vergleichsverfahren einschließlich des Bestätigungsverfahrens geltend zu machen.

Begründung zu § 77: „Die Vorschrift entspricht dem § 196 der KO. und dem § 64 A. 1 Nr. 1, A. 2 der GAV. Die Anfechtung geschieht nach Maßgabe des § 143 A. 1 des BGB. durch Erklärung gegenüber dem Sch. Sie hat nicht eine Vernichtung des ganzen V. zur Folge, sondern beseitigt nur die dem anfechtenden Gl. nachteiligen Bestimmungen."

I. Betrug ist hier wie im § 196 KO. gleichbedeutend nicht mit Betrug im Sinn des § 263 BGB., sondern mit arglistiger Täuschung im Sinn des

§ 123 BGB. Die arglistige Täuschung braucht nicht notwendig von dem Sch., sondern kann auch von einem Dritten verübt worden sein. Sie muß aber für das Zustandekommen des V. ursächlich geworden sein. Im Gegensatz zu den Fällen des § 76 tritt hier die Wirkung des Fortfalls der V.-Schranken ein:

a) nicht ohne weiteres von Rechts wegen, sondern es bedarf dazu einer Anfechtung, für welche die §§ 124, 143 BGB. gelten. Anfechtungsgegner ist der Sch. Anfechtungsberechtigt ist grundsätzlich jeder von dem V. betroffenen Gl. (§§ 73, 74), nicht etwa nur derjenige, gegen den die arglistige Täuschung sich richtete. Das Anfechtungsrecht steht indessen den betroffenen Gl. nur insoweit zu, als sie ohne Verschulden außerstande waren, den Anfechtungsgrund bereits vor der Best. des V. geltend zu machen, insbes. durch Antrag auf Verw. des V. gemäß § 68 A. 2 Nr. 1. Für die Geltendmachung der arglistigen Täuschung besteht also ebenso wie nach § 196 KO. eine Art Eventualmaxime.

b) nicht zugunsten sämtlicher von dem V. betroffenen Gl., sondern nur zugunsten des oder der Anfechtenden.

Im übrigen ist die Wirkung entsprechend wie in den Fällen des § 76, insbes. auch hinsichtlich der Anspr. gegen V.-Garanten und der Rechte aus realen Sicherheiten. Der V. wird nicht nichtig; § 144 BGB. ist nicht anwendbar.

II. Während die Anfechtung des bestätigten V. wegen arglistiger Täuschung nach Maßgabe des § 77 zulässig ist, ist jede Anfechtung auf Grund eines anderen Willensmangels, insbes. wegen Irrtums, ausgeschlossen. Vgl. Bem. I zu § 67. Dagegen sind, solange der V. noch nicht bestätigt ist, weder der Sch. noch die beteiligten Gl. gehindert, ihre Willenserklärungen (der Sch. den V.-Antrag, der Gl. seine Erklärung darüber) aus irgendeinem nach dem BGB. zulässigen Anfechtungsgrunde anzufechten (Bem. IIa zu § 67).

III. Über die Anwendung des § 77 in dem Falle, daß eine arglistige Täuschung durch heimliche Bevorzugung einzelner durch den V. betroffener Gl. begangen worden ist, vgl. Bem. IVb zu § 5.

§ 78. Es kann nicht deshalb auf Aufhebung des Vergleichs geklagt werden, weil der Vergleich nicht erfüllt wird.

Begründung zu § 78: „Die Vorschrift entspricht dem § 195 der KO. und dem § 63 der GAV. Ihre Bedeutung ist durch § 7 stark eingeschränkt."

Der inhaltlich übereinstimmende § 195 KO. hat eine doppelte Bedeutung:

a) zunächst die, daß konkursrechtlich die Nichterfüllung des ZwV. kein Grund zu seiner Aufhebung ist, daß also dem ZwV. des K. keine kassatorische Klausel innewohnt;

b) ferner die, daß auch außerkonkursrechtliche Rechtsvorschriften, die an die Nichterfüllung eines Vertrages im Rücktrittsrecht knüpfen, insbes. der § 326 BGB., auf den ZwV. des K. nicht anwendbar sind.

Scheinbar übernimmt die VO. in § 78 beide Grundsätze. Tatsächlich wird aber der erste von ihnen für die praktisch hauptsächlich in Betracht kommenden

Erlaßvergleiche durch § 7 in das Gegenteil verkehrt; dem Erlaßvergleich des VVerf. wohnt die kassatorische Klausel inne. **Unter diesen Umständen hat** § 78 **VO.** kaum praktische Bedeutung. **Vergl. Bericht** S. 21.

Sechster Abschnitt.

Einstellung des Verfahrens.

Begründung vor § 79: „Das Verf. wird aufgehoben, wenn es sein Ziel, den bestätigten V., erreicht hat (§ 69 A. 1). Die Einst. bedeutet den regelwidrigen Abschluß des Verf., weil seine Grundlagen nachträglich wegfallen (§ 79 A. 1 Nr. 2) oder sich herausstellt, daß sie nicht vorgelegen haben (§ 79 A. 1 Nr. 2), oder weil der Sch. seine Pflichten im Verf. nicht erfüllt (§ 79 A. 1 Nr. 3—7) oder weil der V.-Versuch scheitert (§ 79 A. 1 Nr. 8). Die Einst. kann auch noch im Best.-Verf. ausgesprochen werden (zu vergleichen die Bem. zu § 68)."

§ 79. Das Vergleichsverfahren ist einzustellen,

1. wenn der Schuldner den Antrag zurücknimmt; die Rücknahme des Antrags ist bis zur Beendigung der Abstimmung über den Vergleichsvorschlag zulässig;
2. wenn vor dem Zustandekommen des Vergleichs (§ 63) das Vergleichsverfahren unzulässig wird (§ 22) oder sich ergibt, daß die Eröffnung des Verfahrens hätte abgelehnt werden müssen und das Fehlende nicht ergänzt werden kann;
3. wenn der Schuldner einem nach § 51 erlassenen Verbote vorsätzlich zuwiderhandelt;
4. wenn der Schuldner der Vertrauensperson oder einem Mitglied des Gläubigerausschusses die Einsicht in seine Bücher und Geschäftspapiere oder ohne genügenden Grund eine Auskunft oder eine Aufklärung verweigert;
5. wenn der Schuldner durch einen nach Lage der Sache unangemessenen Aufwand der Vorschrift des § 38 zuwiderhandelt;
6. wenn der Schuldner in dem Vergleichstermine nicht erscheint und, soweit dies zulässig ist, sich auch nicht vertreten läßt;
7. wenn der Schuldner die Leistung des Offenbarungseides (§ 61) verweigert;
8. wenn sich im Vergleichstermine die zum Abschluß des Vergleichs erforderliche Mehrheit nicht ergibt und ein Antrag auf Vertagung des Termins nicht gestellt oder abgelehnt wird.

In den Fällen der Nr. 6 und 7 kann die Einstellung unterbleiben, wenn drei Vierteile der in dem Termin erschienenen, am Verfahren beteiligten Gläubiger mit der Fortsetzung des Verfahrens einverstanden sind. Wird das Verfahren nicht eingestellt, so ist alsbald ein neuer Vergleichstermin zu bestimmen, der in der Regel nicht über zwei Wochen hinaus anberaumt werden soll.

Im Falle der Nr. 6 darf der Einstellungsbeschluß erst am dritten Werktag nach dem Terminstag erlassen werden. Macht der Schuldner vor dem Erlasse des Beschlusses dem Gerichte glaubhaft, daß er oder, soweit Vertretung zulässig war, sein Vertreter durch einen auch bei äußerster Sorgfalt nicht zu vermeidenden Zufall an der Wahrnehmung des Termins verhindert worden ist und auch keine Möglichkeit hatte, dies dem Gerichte vor dem Termin anzuzeigen, so unterbleibt die Einstellung, und es ist ein neuer Vergleichstermin anzuberaumen, der in der Regel nicht über zwei Wochen hinaus angesetzt werden soll.

Begründung zu § 79: „Die einzelnen Einst.-Gründe sind im allgemeinen bereits früher erörtert worden. Zu bemerken ist noch folgendes:

Zu Nr. 1: Nach § 15 A. 1 setzt die Einleitung des Verf. einen bestimmten V.-Vorschlag voraus. Der Sch. ist nicht gehindert, diesen Vorschlag im Laufe des Verf. zu ändern. Eine solche Änderung stellt mithin, auch wenn sie für die Gl. ungünstiger ist, nicht schlechthin eine Rücknahme des Antrags dar. Ändert der Sch. freilich seinen Vorschlag dahin, daß er von den Gl. einen ziffermäßig bestimmten teilweisen Erlaß ihrer Fdg. verlangt, ihnen aber weniger als 30% der Fdg. bietet, so hört damit das Verf. auf, zulässig zu sein und muß eingestellt werden (§ 79 A. 1 Nr. 1, 2 in Verbindung mit § 22 Nr. 1, § 15 A. 1, § 6). Ist der V.-Vorschlag angenommen, so ergibt sich schon aus allgemeinen Grundsätzen, daß er nicht mehr zurückgenommen werden kann; der zweite Halbsatz der Nr. 1 spricht daher insofern etwas Selbstverständliches aus. Die Rücknahme des Antrags äußert eine Wirkung nur für das VVerf. Die Entscheidung darüber, ob der K. zu eröffnen sei, kann der Sch. durch nachträgliche Rücknahme des Antrags nicht verhindern; dies ist nur so lange möglich, als das Gericht zu dem Antrag überhaupt noch nicht Stellung genommen hat (zu vgl. § 24 A. 1 S. 2, § 71 A. 1 S. 2, § 80 A. 1 S. 2 und die Bem. zu § 24). Andererseits ist, wie zu § 24 bereits hervorgehoben, die Eröffn. des K. nicht unter allen Umständen die Folge der Einst. Das Gericht hat vielmehr zu prüfen, ob die Voraussetzungen für die Eröffn. vorliegen. Das wird z. B. zu verneinen sein, wenn der Sch. dartut, daß er den Antrag zurücknimmt, weil er sich mit seinen Gl. außergerichtlich geeinigt hat; denn hier fehlt es an der Fortdauer der K.-Voraussetzung der Zahlungsunfähigkeit.

Zu Nr. 4: Bei der Entscheidung der Frage, ob ein Grund für die Auskunftsverweigerung genügt, wird auch auf die Wichtigkeit der verlangten Auskunft Rücksicht zu nehmen sein.

Zu Nr. 6: Das Ausbleiben des Sch. oder seines Vertreters kann auf Umständen beruhen, die selbst bei äußerster Sorgfalt nicht zu vermeiden waren. Es handelt sich hier um Fälle, in denen im Prozesse die Wiedereinsetzung in den vorigen Stand gewährt wird. Der E. trägt dem Gedanken, der der Wiedereinsetzung zugrunde liegt, in anderer Weise Rechnung; er lehnt sich dabei an die Regelung an, die der § 251a der ZPO. für die Entscheidung nach Lage der Akten getroffen hat. Der Einst.-Beschluß soll erst am dritten Tage nach dem Terminstage ergehen, damit dem Sch. die Möglichkeit bleibt, dem Gerichte den Wiedereinsetzungsgrund schon vor dem Einst.-Beschlusse glaubhaft zu machen. Tut der Sch. dies, so unterbleibt die Einst. und es wird ein neuer Termin bestimmt (Abs. 3). Ohne Rücksicht auf die Frage der Wiedereinsetzung kann von der Einst. abgesehen werden, wenn drei Vierteile der im Termin erschienenen Gl. mit der Fortsetzung des Verf. einverstanden sind (Abs. 2); denn eine solche Einverständniserklärung steht einem Vertagungsantrage (§ 66) gleich."

I. Die Einst.-Gründe des § 79 gliedern sich in die folgenden Gruppen:

a) Rücknahme des V.-Antrags durch den Sch. (Nr. 1). Diese hat die Einst. des VVerf. nur dann zur Folge, wenn dieses bereits eröffnet war; wird der Antrag zurückgenommen, bevor noch über die Eröffn. des VVerf. entschieden ist, so ergeht überhaupt keine gerichtliche Entscheidung. Vgl. im übrigen Bem. III zu § 15, wegen der in der Begr. erwähnten Änderung des V.-Vorschlags, die etwas anderes ist als die Zurücknahme des Antrags, Bem. IV dort.

b) Nachträgliches Eintreten oder nachträgliches Bekanntwerden eines der Unzulässigkeitsgründe des § 22 (Nr. 2). Diese Unzulässigkeitsgründe sind Einst.-Gründe nur bis zum Zustandekommen des V.; später, also im Best.-Verf., sind sie teils nicht mehr zu beachten, teils Gründe zur Verw. des V. Vgl. im übrigen Bem. IV zu §§ 22, 23.

c) Bestimmte Zuwiderhandlungen des Sch. gegen seine durch das VVerf. begründeten Pflichten (Nr. 3 bis 7, dazu Abs. 2 und 3.) Diese Zuwiderhandlungen wirken, wenn sie einmal vorgekommen sind, für das ganze Verf. einschl. des Best.-Verf. fort; auch in diesem sind sie noch zu beachten und führen auch hier zur Einst. des Verf., nicht zur Verw. des V. (Begr. zu § 68). Vgl. im übrigen die Begr. hier und Satz 4 der Begr. zu § 47.

d) Das Nichtzustandekommen des V. im V.-Termin (Nr. 8). Vgl. hierzu § 63 und die Bem. dort, auch Bem. IIa zu § 67 und Bem. IIc, d zu § 68.

II. Außer diesen Einst.-Gründen kommen noch die folgenden weiteren in Betracht:

a) Unzuständigkeit des Gerichts. Ob diese in dem weiteren Verf. nach der Eröffn. überhaupt noch zu berücksichtigen ist und einen Einst.-Grund abgeben kann, ist nicht unzweifelhaft. Die nachträglich infolge einer Änderung der tatsächlichen Verhältnisse erst eintretende Unzuständigkeit ist gemäß § 8 VO., § 263 A. 2 Nr. 2 ZPO. unbeachtlich. Für die von vornherein vorliegende Unzuständigkeit dagegen wird anzunehmen sein, daß sie auch dann, wenn sie sich erst nach der Eröffn. herausstellt, zu berücksichtigen ist, jedoch nur bis zum Zustandekommen des V. Nach diesem, also im Best.-Verf., ist die

Berücksichtigung der Unzuständigkeit durch § 68 A. 1 Nr. 1 ausgeschlossen. Für das Verf. bis dahin fehlt aber eine entsprechemde Vorschrift, und nicht nur das, sondern der Fall der von vornherein vorliegenden Unzuständigkeit fällt sogar unter den Wortlaut des § 79 A. 1 Nr. 2 (wenn sich ergibt, daß die Eröffn. des Verf. hätte abgelehnt werden müssen), wenngleich bei dieser Bestimmung wohl an diesen Fall nicht gedacht worden ist. Im einzelnen gilt das in Bem. Ib zu den §§ 22, 23 Gesagte hier entsprechend. Erscheint die Zuständigkeit eines anderen Gerichts begründet, so ist dem Sch. stets Gelegenheit zur Stellung eines Verweisungsantrags zu geben, weil auf diese Weise das Fehlende ergänzt werden kann. Bei Verweisung an ein anderes Gericht bleiben alle bisher vorgenommenen Prozeßhandlungen wirksam, auch der Erlaß von Verfügungsbeschränkungen und die Bestellung einer VP. Muß wegen Unzuständigkeit eingestellt werden, so ist gleichzeitig, um dem Sch. die Beschwerdemöglichkeit zu eröffnen, gemäß § 80 über die K.-Eröffn. ablehnend zu entscheiden.

b) Fehlen der konkursmäßigen Vermögenslage, in der Regel also der Zahlungsunfähigkeit, sei es, daß diese nachträglich fortfällt oder daß sich nachträglich herausstellt, daß sie von vornherein nicht vorhanden war. Von diesen beiden Fällen fällt der zweite gleichfalls unmittelbar unter den Wortlaut des § 79 A. 1 Nr. 2. Der erste muß ihm gleichgestellt werden, da die konkursmäßige Vermögenslage unerläßliche Voraussetzung des ganzen VVerf. ist. Fehlt es an ihr, so muß das VVerf. eingestellt werden, und zwar nicht nur auf Antrag, sondern von Amts wegen. Mit der Einst. des VVerf. aus diesem Grunde ist zugleich gemäß § 80 die Abl. der K.-Eröffn. aus demselben Grunde auszusprechen, wodurch der Sch. die Beschwerdemöglichkeit gewinnt (vgl. Bem. Ic zu §§ 22, 23); es bedarf also nicht, wie die Begr. anzunehmen scheint, einer Rücknahme des Antrags durch den Sch. auf Grund des Fortfalls der Zahlungsunfähigkeit, um eine solche Entscheidung herbeizuführen. Nachträglicher Fortfall der Zahlungsunfähigkeit liegt vor, wenn der Sch. bezüglich der sämtlichen fälligen — d. h. der nach bürgerlichem Recht fälligen; § 2 S. 2 VO. in Verbindung mit § 65 KO. bleibt hier außer Betracht — Fdg., der beteiligten wie der nicht beteiligten, entweder die Zahlung in voller Höhe wieder aufgenommen oder sich mit den Gl. außergerichtlich über eine Stundung geeinigt hat (vgl. Bem. II zu § 87).

III. Zweifelhaft ist, welchen Einfluß auf das VVerf. der Tod des Sch. ausübt. Für den K. und die GA. wird überwiegend angenommen, daß der Tod des Sch. weder eine Einst. noch eine Unterbrechung des Verf. zur Folge hat, dieses vielmehr weitergeht und automatisch die Gestalt eines K.- oder GAVerf. über den Nachlaß (§§ 214ff. KO., § 73 GAV.) annimmt, wobei der Erbe in die Rechtsstellung des Verfahrensschuldners einrückt. Ob diese Ansicht für den K. und die GA. zutrifft, mag dahingestellt bleiben; für das VVerf. kann sie jedenfalls nicht gebilligt werden, weil sie mit der durch die §§ 1942ff. BGB. dem Erben garantierten Frist zur Überlegung darüber, ob er die Erbschaft annehmen oder ausschlagen will, unvereinbar sein würde. Das VVerf. erfordert eine fortgesetzte tätige Mitwirkung des Sch.; zu dieser kann der Erbe vor der Annahme der Erbschaft nicht gezwungen werden. Daher ist anzunehmen, daß das VVerf. durch den Tod des Sch. gemäß § 8 VO., § 239 ZPO. unterbrochen wird. Die Aufnahme des unterbrochenen Verf. erfolgt in entsprechender Anwendung des § 239 ZPO. nicht durch Ladung, sondern durch Antrag an das Gericht, dem Verf. Fortgang zu geben; da in dem VVerf. der Amtsbetrieb herrscht, ist anzunehmen, daß das Gericht, sobald die Annahme der Erbschaft feststeht, das Verf. auch von Amts wegen aufnehmen kann. Das aufgenommene Verf. nimmt automatisch die Gestalt eines VVerf. über einen Nachlaß (§ 92) an; der Erbe rückt in die Stellung des Sch. ein, aber sein Privatvermögen und seine persönlichen Gl. haben natürlich mit dem Verf. nichts zu tun. Der Erbe kann den V.-Vorschlag des Erblassers entweder aufnehmen oder ändern oder zurücknehmen; letzterenfalls ist gemäß §§ 79 A. 1 Nr. 1, 80 über die Eröffn. des Nachlaß-K. zu entscheiden. Eine Erklärung hierüber abzugeben braucht der Erbe erst im V.-Termin; sein Schweigen in diesem Termin darf (anders als das Schweigen desjenigen Sch., der selbst den V.-Vorschlag gemacht hatte) nicht ohne weiteres als Aufnahme des Vorschlags aufgefaßt werden.

Zweifelhaft ist auch, wie in einem derart aus einem gewöhnlichen VVerf. entstandenen Nachlaß-VVerf. der Kreis der beteiligten Gl. zu begrenzen ist. Für den entsprechenden Fall im K. nimmt Jaeger (Anm. 21 bis 24 zu § 214 KO.) an, daß die Begrenzung der Teilungs- wie der Schuldenmasse nach Maßgabe des Zeitpunkts der Eröffn. des Verf. (§§ 1, 3 KO.) bestehen bleibt, daß also neuer Erwerb des Erblassers aus der Zeit zwischen Eröffn. des Verf. und Erbfall nicht in die Masse des Nachlaß-K. fällt und andererseits in derselben Zeit oder infolge des Erbfalls neu entstandene Anspr. gegen den Erblasser oder den Nachlaß an dem Nachlaß-K. nicht teilnehmen. Für das VVerf. ist diese Frage bezüglich der Aktivmasse gegenstandslos; denn in ihm gibt es keine Begrenzung der Masse durch den Zeitpunkt der Eröffn. des Verf., es ergreift das ganze Vermögen des Sch., auch Neuerwerb. Bei dieser Sachlage kann man wohl für das VVerf. hier auch bezüglich der Passivmasse keinen Unterschied zwischen alten und neuen Nachlaßgläubigern machen; sonst wären die Bestimmungen des § 92 Nr. 4 über die haftungsbeschränkende Wirkung des Nachlaß-VVerf. in einem aus einem gewöhnlichen VVerf. entstandenen Nachlaß-VVerf. kaum durchführbar. Die von Jaeger für den K. vertretene gegenteilige Meinung erfordert als notwendiges Gegenstück, daß dort neben dem ersten Nachlaß-K., der aus dem gewöhnlichen K. entstanden ist, ein zweiter ergänzender Nachlaß-K. über den Neuerwerb eröffnet werden kann, an dem die alten (an dem ersten Nachlaß-K. beteiligten) Nachlaß-Gl. nur als Ausfall-Gl., die neuen dagegen voll teilnehmen (Jaeger a. a. O. Anm. 23, 24). Diese Möglichkeit fehlt aber im Nachlaß-VVerf.; neben diesem ist weder ein besonderes zweites VVerf. noch ein KVerf. über einen Teil des Nachlasses möglich. Hiernach muß angenommen werden, daß bei Überleitung eines gewöhnlichen VVerf. in ein Nachlaß-VVerf. der Kreis der beteiligten Gl. sich um die Neugläubiger erweitert, also alle diejenigen Nachlaß-Gl. umfaßt, die in einem jetzt neu zur Eröffn. gelangenden Nachlaß-VVerf. beteiligt sein würden (vgl. § 92, insbes. Nr. 6); entsprechend dieser Erweiterung hat der Erbe das von dem Erblasser herrührende Gl.-Verz. zu ergänzen und ist von dem V.-Gericht hierzu anzuhalten. Hiervon muß aber wieder der Fall ausgenommen werden, daß der Tod des Sch. erst zwischen Zustandekommen und Best. des V. erfolgt. Auch in diesem Falle wird das VVerf. unterbrochen[1]); wird es aufgenommen, so bleibt der V. zustandegekommen und kann bestätigt werden; ein solcher V. kann aber naturgemäß nur für und gegen diejenigen Gl. wirken, die bis zu seinem Zustandekommen an dem Verf. beteiligt waren.

§ 80. Wird das Verfahren eingestellt, so ist zugleich über die Eröffnung des Konkursverfahrens zu entscheiden. Für diese Entscheidung gilt der Antrag auf Eröffnung des Vergleichsverfahrens als Antrag auf Eröffnung des Konkursverfahrens, der nicht zurückgenommen werden kann. Gegen die Entscheidung über die Eröffnung des Konkursverfahrens steht dem Schuldner die sofortige Beschwerde zu. Mit ihr kann auch geltend gemacht werden, daß die Einstellung des Vergleichsverfahrens zu Unrecht erfolgt sei.

Die Entscheidung über die Einstellung des Vergleichsverfahrens und die Entscheidung über die Eröffnung des Konkursverfahrens werden erst mit der Rechtskraft wirksam.

Vgl. die Bem. zu § 71 und die dort angeführten früheren Stellen. Bei der Einst. des Verf. kann es weit eher als bei der Verw. des V. vorkommen, daß gleichwohl der AnschlK. nicht zu eröffnen ist; es sind hier dieselben Fälle denkbar wie bei der Abl. der Eröffn. des Verf. (Bem. I zu § 24).

§ 81. Der Beschluß, durch den das Vergleichsverfahren eingestellt wird, ist, wenn der Konkurs nicht eröffnet wird, nach Rechtskraft dem Schuldner, der Vertrauensperson und jedem an dem Verfahren beteiligten Gläubiger zuzustellen und nach Maßgabe des § 12 öffentlich bekanntzumachen. Die Vorschriften des § 69 Abs. 2, Abs. 3 Satz 1 finden entsprechende Anwendung.

Begründung zu § 81: „Für die Vorschrift sind die gleichen Gründe maßgebend gewesen wie für die Bestimmung des § 72. Zu bemerken ist noch folgendes. Wird das Verf. eingestellt, so endet die Pflicht des Sch., seiner Firma einen auf das VVerf. hindeutenden Zusatz beizufügen; die Einst. wird daher dem Registerrichter mitgeteilt (§ 37 A. 2 S. 2). Ob die Vollstr.-Beschränkungen der §§ 32, 33 wirkungslos werden, hängt davon ab, ob sich an die Einst. der K. schließt oder nicht. Hat die Einst. die K.-Eröffn.

---

[1]) Weil auch das Best.-Verf. eine Mitwirkung des Sch. erfordert (§ 67 A. 2), die dem Erben zusteht und ihm vor Annahme der Erbschaft nicht zugemutet werden kann.

zur Folge, so finden die §§ 83, 84 Anwendung. Im anderen Falle fällt die VollstrSp. des § 32 weg, und die nach § 33 A. 1 ausgesprochene einstweilige Einst. einer ZwVollstr. endet, so daß die bis zur einstweiligen Einst. im Vollstr.-Wege erworbenen Rechte weiterverfolgt werden können."

Siebenter Abschnitt.

Überleitung des Vergleichsverfahrens in das Konkursverfahren.

Begründung vor § 82: „Die Vorschriften des Abschnitts gelten, wie § 82 klarstellt, nur für den Fall, daß der V.-Versuch scheitert und infolgedessen im unmittelbaren Anschluß an das VVerf. das KVerf. eröffnet wird. Dagegen enthält der E. keine Vorschriften für den Fall, daß nach Best. eines V. die Eröffn. des K. notwendig wird. Die Verhältnisse können in diesem Falle zu verschieden liegen, als daß eine Sonderregelung mit Rücksicht auf das vorausgegangene VVerf. möglich wäre. Im gewissen Sinne Bedeutung hat für diesen Fall die Anerkennung der Wiederauflebungsklausel (§ 7), da sie die vom V. betroffenen Gl. gegen eine zweimalige Herabsetzung ihrer Fdg. schützt."

Bedeutung für denjenigen K., der nicht AnschlK. im technischen Sinne ist, hat auch § 87 A. 2; vgl. Bem. V dort.

§ 82. Wird bei Ablehnung der Eröffnung des Vergleichsverfahrens, bei der Verwerfung des Vergleichs oder bei der Einstellung des Vergleichsverfahrens das Konkursverfahren eröffnet, so gelten die Vorschriften der §§ 83 bis 87.

Begründung zu § 82: „Die Vorschrift zählt die Fälle auf, in denen das VVerf. in das KVerf. übergeleitet wird (zu vgl. §§ 24, 71, 80)." Nur der auf Grund einer dieser §§ eröffnete K. ist AnschlK. im technischen Sinne. Die Eröffn. des AnschlK. wird wirksam im Falle des § 24 mit dem Erlaß des Eröffn.-Beschlusses (§ 108 KO.), in den Fällen der §§ 71, 80 dagegen erst mit der Rechtskraft dieses Beschlusses; von diesem Zeitpunkt an gelten die Vorschriften der §§ 83—87.

§ 83. Die im § 32 vorgesehene Beschränkung der Rechte der Gläubiger bleibt wirksam. Ein nach § 51 erlassenes Verbot gilt als zugunsten der Konkursgläubiger erlassen.

Die Begründung verweist hier nur auf die Ausführungen zu § 32 und zu §§ 50 bis 58. Der § 83 ist etwas mißverständlich gefaßt. Er will nicht etwa besagen, daß das Vollstr.-Verbot des § 32 und in dem VVerf. gemäß § 51 erlassene Verfügungsverbote über die Eröffn. des AnschlK. hinaus weiter bestehen bleiben. Vielmehr gelten von der Eröffn. des AnschlK. ab — d. h. von dem Zeitpunkt ab, in dem diese wirksam wird; vgl. Bem. zu § 82 — in Zukunft für ZwVollstr. und Verfügungen ausschließlich die Vorschriften der KO. Bestehen bleiben nur die bereits eingetretenen Wirkungen des gesetzlichen Vollstr.-Verbots (§ 32) und der erlassenen gerichtlichen Verfügungsverbote. Ist also während des VVerf. entgegen § 32 eine ZwVollstr. vorgenommen worden, so bleibt deren Nichtigkeit nach § 83 S. 1 über die Eröffn. des AnschlK. hinaus bestehen. Das hätte freilich keines besonderen Ausspruchs bedurft, denn es ist selbstverständlich und auch bei jedem anderen Ausgange des VVerf. ebenso. § 83 S. 2 verordnet nicht nur das Entsprechende für bereits eingetretene Wirkungen von Verfügungsverboten, was gleichfalls selbstverständlich wäre, sondern hat darüber hinaus die Bedeutung, den Kreis der durch die Verfügungsverbote geschützten Personen, denen gegenüber die Wirkungen eingetreten sind und bestehen bleiben, für den Fall des AnschlK. zu verändern. Vgl. hierüber Bem. VIIc zu §§ 50 bis 58.

§ 84. Hat ein Gläubiger später als am dreißigsten Tage vor der Stellung des Antrags auf Eröffnung des Vergleichsverfahrens durch Zwangsvollstreckung eine Sicherung oder Befriedigung erlangt, so wird, sofern die Voraussetzungen des § 3 Abs. 2 oder 3 zutreffen, mit der Eröffnung des Konkursverfahrens die Sicherung unwirksam und ist das zur Befriedigung Erlangte nach den Vorschriften über die Herausgabe einer ungerechtfertigten Bereicherung herauszugeben. Der Tag der Stellung des Antrags auf Eröffnung des Vergleichsverfahrens wird in die Frist nicht eingerechnet. Zwangsvollstreckung ist auch die Vollziehung eines Arrestes oder einer einstweiligen Verfügung.

Vgl. Einl. I S. 8—11 und die Bem. zu den §§ 3 und 70. Als von dem Gl. erlangt kann in den Fällen des § 84 anders als in dem des § 70 stets nur der Reinerlös der ZwVollstr. nach Abzug der Vollstr.-Kosten gelten, da es hier bezüglich der Vollstr.-Kosten an einer dem § 74 A. 2 entsprechenden Vorschrift fehlt.

Die rückwirkende Vollstr.-Sperre soll, wie in der Einl. ausgeführt, sowohl dem Sch. für das außergerichtliche Vorstadium des gerichtlichen Verf., in dem die in § 16 A. 1 Nr. 4 bezeichneten Zustimmungen von Gl. gesammelt werden müssen, einen indirekten Vollstr.-Schutz gewähren als auch im gemeinsamen Interesse der beteiligten Gl. deren gleiche Lage wahren. Zur Erreichung dieser Zwecke war es notwendig, die endgültige Unwirksamkeit der von der rückwirkenden VollstrSp. betroffenen ZwVollstr. nicht nur im Falle der Best. eines V., sondern auch in allen Fällen der Eröffn. des AnschlK. eintreten zu lassen. Darin liegt ein unmittelbarer Eingriff in das Anfechtungsrecht der KO. Künftig gilt danach im K. für die Frage, inwieweit Vollstr.-Akte aus der letzten Zeit vor der K.-Eröffn. rückgängig gemacht werden können, verschiedenes Recht, je nachdem ob es sich um einen AnschlK. (im technischen Sinne) oder um einen anderen K. handelt. Im AnschlK. greift zunächst § 84 VO. platz; in Ansehung der nach ihm unwirksam werdenden ZwVollstr. ist für eine Anfechtung auf Grund des § 30 KO. kein Raum. Ergänzend greift aber auch § 30 KO. platz; denn es ist möglich, daß ZwVollstr. vorliegen, die nicht unter § 84 VO., wohl aber unter § 30 KO. fallen. In jedem anderen

K. greifen dagegen nur die Vorschriften der KO. über die Anfechtung platz. So auch in einem K., dem zwar ein VVerf. oder ein Verf. über einen Antrag auf Eröffn. des VVerf. vorhergegangen ist, der aber gleichwohl nicht AnschlK. im technischen Sinn ist.

§ 85. Die gerichtlichen Kosten des Vergleichsverfahrens sowie der Anspruch der Vertrauensperson auf Ersatz ihrer Auslagen und auf Vergütung (§ 46) gehören zu den Massekosten im Sinne des § 58 Nr. 1, 2 der Konkursordnung.

Begründung zu § 85: „Die Gebühr für das Verf.V wird nach § 99 Nr. 4 — § 48a Abs. 2 des GKG. — auf die K.-Gebühr angerechnet; einer Entscheidung bedarf aber die Frage, wie es mit den im VVerf. erwachsenen Auslagen des Gerichts ist, wenn es zum K. kommt. Der § 85 bestimmt, daß sie ebenso wie der Anspr. der VP. auf Ersatz der Auslagen und auf Vergütung in einem anschließenden K. Massekosten sind."

§ 86. Ansprüche aus Darlehen, die der Schuldner während der Dauer des Vergleichsverfahrens zur Fortführung seines Geschäfts, insbesondere zur Bezahlung von Löhnen oder ähnlichen Forderungen, oder im Interesse des Zustandekommens oder der Ausführung eines Vergleichs, insbesondere zur Befriedigung von Kleingläubigern, mit Zustimmung der Vertrauensperson aufgenommen hat, gehören zu den Masseschulden im Sinne des § 59 Nr. 1 der Konkursordnung.

Begründung zu § 86: „Der Sch. wird häufig während des Verf. Geldmittel gebrauchen, um seinen Betrieb fortzuführen, insbesondere Löhne zu zahlen, oder um Kleingläubigern im Hinblick auf das Zustandekommen oder die Ausführung des V. Abschlagszahlungen zu gewähren. Die Beschaffung solcher Mittel, die ohnehin schon beträchtlich erschwert sein wird, wäre völlig unmöglich, wenn die Kreditgeber damit rechnen müßten, daß sie beim Scheitern des V.-Versuchs lediglich die Stellung gewöhnlicher KGl. haben. Der E. will ihnen daher in einem anschließenden K. die Stellung von Masse-Gl. beilegen, wenn durch die Genehmigung der VP. Gewähr dafür geboten ist, daß die Voraussetzungen für diese Begünstigung vorliegen. Der Vorschlag entspricht einem Gedanken, der sich im § 46 Nr. 2 der österreichischen KO. findet. Für die bevorzugte Stellung ist es ohne Belang, wer der Gl. ist; auch Angehörige des Sch. können also das Vorrecht in Anspruch nehmen, wenn sie seine Bedingungen erfüllt haben."

Die Zustimmung der VP. kann sowohl im voraus (als Einwilligung) wie nachträglich (als Genehmigung) erteilt werden; es gelten für sie die §§ 182 bis 184 BGB. Eine Ersetzung der Zustimmung der VP. durch das V.-Gericht findet nicht statt. Von der Zustimmung hängt lediglich die bevorzugte Stellung des Gl. im AnschlK. ab; für den Sch. verpflichtend ist das Darlehnsgeschäft natürlich auch ohne die Zustimmung. Daß die Darlehnsaufnahme zur Fortführung des Geschäfts oder im Interesse des Zustandekommens oder der Ausführung eines V. erforderlich sein muß, ist Voraussetzung für die Erteilung der Zustimmung der VP., die sich pflichtgemäß hiervon überzeugen muß, dagegen nicht, wenn die Zustimmung einmal erteilt ist, neben ihr eine zweite selbständige Voraussetzung für die bevorzugte Stellung des Gl.; für diesen genügt es, daß die VP. zugestimmt hat. Gemäß § 86 mit Zustimmung der VP. erfolgte Darlehnsaufnahmen sind jeder Anfechtung im AnschlK. entzogen (vgl. Bem. IIIa zu § 87). Nicht ganz unbedenklich ist die Bem. der Begr., der Weg des § 86 könne auch zu dem Zwecke in Frage kommen, um Kleingläubigern Abschlagszahlungen zu gewähren. Wird eine Abschlagszahlung nur Kleingläubigern, also nicht allen Gl., gewährt, so fällt diese Maßnahme unter § 5 und muß gemäß Abs. 2 dort gedeckt sein, widrigenfalls die Rechtsfolgen gemäß Abs. 3 eintreten (Bem. IIId zu § 5).

§ 87. Soweit die Anfechtbarkeit einer Rechtshandlung im Konkurse von der Kenntnis des Antrags auf Eröffnung des Konkursverfahrens abhängt, steht die Kenntnis des Antrags auf Eröffnung des Vergleichsverfahrens der Kenntnis des Antrags auf Eröffnung des Konkursverfahrens gleich.

In die im § 31 Nr. 2, in den §§ 32, 33, 55 Nr. 3 und im § 183 Abs. 2 der Konkursordnung bezeichneten Fristen wird die seit der Eröffnung des Vergleichsverfahrens verstrichene Zeit nicht eingerechnet.

Begründung zu § 87: „Die Vorschrift des Abs. 1 hat vor allem Bedeutung für die Anfechtung auf Grund des § 30 der KO. Der Antrag auf Eröffn. des VVerf. gilt als K.-Antrag, wenn es wegen Erfolglosigkeit des V.-Versuchs zum K. kommt.

Nach § 31 Nr. 2 der KO. können entgeltliche Verträge des GSch. mit seinen Angehörigen, nach § 32 unentgeltliche Verfügungen des GSch. angefochten werden, wenn sie innerhalb gewisser Zeit vor der K.-Eröffn. vorgenommen sind. Andererseits schließt § 33 der KO. die Anfechtung einer Rechtshandlung, die auf die Kenntnis der Zahlungseinstellung gestützt werden soll (§ 30 der KO.), aus, wenn die Rechtshandlung früher als sechs Monate vor der K.-Eröffn. vorgenommen ist. Nach § 55 Nr. 3 der KO. kann der Aufrechnung mit einer vor der K.-Eröffn. erworbenen Forderung der Einwand, der Erwerber habe beim Erwerbe die Zahlungseinstellung des Sch. gekannt, nicht entgegengehalten werden, wenn zwischen dem Erwerb und der K.-Eröffn. mehr als sechs Monate liegen. Der § 183 Abs. 2 Satz 2 der KO.[1]) läßt die Stimme dessen, der von dem Ehegatten des GSch. eine Fdg. erworben hat, auch zugunsten eines ZwV. gelten, wenn der Erwerb auf einem Vertrage beruht, der früher als ein Jahr vor der K.-Eröffn. geschlossen worden ist. In alle diese Fristen soll die Dauer des VVerf. nicht eingerechnet werden, um die Gl. insbes. in ihrer Anfechtungsmöglichkeit nicht zu beeinträchtigen. Eine ähnliche Vorschrift enthält bereits der § 75 Abs. 1 der GAV. Einer Erstreckung der Zehntagefrist des § 30 Nr. 2 der KO. bedarf es mit Rücksicht auf § 84 des E. nicht."

---

[1]) In der Fassung des E. erwähnte § 87 A. 2 von dem § 183 A. 2 KO. nur den S. 2; die Erstreckung auch auf S. 1 ist erst im Reichstage vorgenommen worden

I. Der Inhalt des § 30 KO. II. Die Bedeutung des § 87 A. 1 VO. für die Anfechtung im AnschlK. gemäß § 30KO. III. Folgerungen daraus für während des VVerf. vorgenommene Rechtsgeschäfte und Vollstreckungsakte. IV. Anwendung des Abs. 1 im AnschlK. auch im Bereich des § 55 Nr. 3 KO. V. Die Vorschrift des Abs. 2.

I. Im K. gibt es 3 Arten von Anfechtung: die besondere Konkursanfechtung (§ 30 KO.), die Absichtsanfechtung (§ 31) und die Schenkungsanfechtung (§ 32). Auf die Konkursanfechtung bezieht sich § 87 A. 1, teilweise auch A. 2 VO. Zum Verständnis dieser Bestimmungen muß der § 30 KO. hier in den Grundzügen dargestellt werden.

Jede Anfechtung einer Rechtshandlung setzt voraus, daß durch sie eine Benachteiligung der KGl. verursacht worden ist. Im allgemeinen genügt eine mittelbare Benachteiligung, d. h. eine solche, die nicht allein durch die Vornahme der Rechtshandlung unmittelbar und sofort, sondern erst später im weiteren Verlauf der Dinge infolge der Rechtshandlung unter Mitwirkung anderer hinzutretender Umstände eintritt. Nur in besonderen Fällen ist eine unmittelbare Benachteiligung erforderlich, d. h. eine solche, die allein durch die Vornahme der Rechtshandlung unmittelbar und sofort eintritt. Ein Verkauf z. B. enthält eine unmittelbare Benachteiligung, wenn der Kaufpreis unangemessen niedrig ist; ist er dagegen angemessen, so liegt im allgemeinen (von besonderen Ausnahmefällen abgesehen) keine unmittelbare Benachteiligung vor, wohl aber kann auch in diesem Falle eine mittelbare eintreten, z. B. wenn der Sch. den erhaltenen Kaufpreis in einer Weise verwendet, die seinem Vermögen keinen gleichwertigen Ersatz zuführt, oder wenn nachträglich der Wert der verkauften Wertpapiere steigt. Vgl. hierzu Jaeger Anm. 40, 46, 47 zu § 29 KO.

Nach § 30 KO. unterliegen nun Rechtsgeschäfte des GSch. und bestimmte andere Rechtshandlungen grundsätzlich dann der besonderen K.-Anfechtung, wenn sie — zunächst kurz und ungenau ausgedrückt — in der letzten kritischen Zeit vor der K.-Eröffn. vorgenommen worden sind und der Dritte (Anfechtungsgegner) bei ihrer Vornahme die kritische Lage des GSch. gekannt hat. Dabei wird unterschieden zwischen Deckungsgeschäften und anderen Geschäften. Deckungsgeschäfte sind alle diejenigen Rechtshandlungen, nicht nur Rechtsgeschäfte des GSch., durch welche einem KGl. (also auf eine bereits begründete Fdg. hin, die, wenn das Deckungsgeschäft außer Betracht bleibt, als KFdg. anzusprechen ist) eine Sicherung oder Befriedigung gewährt wird. Innerhalb der Deckungsgeschäfte wird weiter unterschieden zwischen sog. kongruenten und inkongruenten; ein kongruentes Deckungsgeschäft liegt vor, wenn der KGl. die Sicherung oder Befriedigung so, wie sie gewährt worden ist, zu beanspruchen hatte, ein inkongruentes, wenn er sie entweder überhaupt nicht oder nicht in der Art oder nicht zu der Zeit, wie sie bewirkt worden ist, zu beanspruchen hatte. Es gilt nun folgendes:

a) Rechtshandlungen, die keine Deckungsgeschäfte sind, kommen nur dann als anfechtbar in Betracht, wenn sie in Rechtsgeschäften des GSch.

bestehen und eine unmittelbare Benachteiligung der KGl. enthalten. Sie sind anfechtbar unter diesen Voraussetzungen und den weiteren, daß sie nach der Zahlungseinstellung oder dem Antrage auf Eröffn. des K.-Verf. vorgenommen worden sind und daß dem Dritten bei der Vornahme die Zahlungseinstellung oder der K.-Antrag bekannt war, was ihm bewiesen werden muß.

b) Deckungsgeschäfte brauchen, um als anfechtbar in Betracht zu kommen, nicht in Rechtsgeschäften des GSch. zu bestehen, sondern es können auch Rechtshandlungen anderer Art sein, insbes. ZwVollstr.-Akte; ferner ist bei ihnen nicht unmittelbare Benachteiligung erforderlich, sondern es genügt mittelbare. Im übrigen sind die Voraussetzungen der Anfechtung:

1. bei kongruenten Deckungsgeschäften dieselben, wie unter a Satz 2 bezeichnet;
2. bei inkongruenten Deckungsgeschäften nach 3 Richtungen hin erweitert: den nach der Zahlungseinstellung oder dem Eröffnungsantrage vorgenommenen Geschäften dieser Art treten die in den letzten 10 Tagen vor diesen Ereignissen vorgenommenen als anfechtbar hinzu; ferner muß nicht dem Gl. bewiesen werden, daß er die Zahlungseinstellung oder den K.-Antrag gekannt hat, sondern er muß seine Unkenntnis beweisen; endlich muß der Gl. nicht nur dies beweisen, sondern außerdem auch noch seine Unkenntnis von einer Absicht des GSch., ihn vor den übrigen Gl. zu begünstigen [1]).

Nach § 33 KO. können indessen Rechtshandlungen, welche früher als 6 Monate vor der K.-Eröffn. erfolgt sind, aus dem Grunde einer Kenntnis der Zahlungseinstellung nicht angefochten werden.

In Auslegung dieser Vorschriften haben Wissenschaft und Rechtsprechung eine Reihe fester Grundsätze aufgestellt, von denen 2 besonders wichtige die folgenden sind [2]):

a) Sog. Bargeschäfte sind keine Deckungsgeschäfte. Bei den Bargeschäften handelt es sich ebenso wie bei den Deckungsgeschäften um dingliche Leistungsgeschäfte (Befriedigung oder Sicherstellung); ihr näherer Begriff und das Wesen des Unterschiedes zwischen ihnen und den Deckungsgeschäften sind aber noch wenig geklärt. Teils werden für Bargeschäfte diejenigen Geschäfte erklärt, die einen Austausch von Leistung und Gegenleistung Zug um Zug enthalten (RG. 100 S. 64 und im Anschluß hieran Mentzel Anm. 5, 6, 9 zu § 30 KO.); teils scheint verlangt zu werden, daß sich das Leistungsgeschäft mit dem Schuldbegründungsgeschäft unmittel-

---

[1]) Handelt es sich um eine Rechtshandlung, die in den letzten 10 Tagen vor der Zahlungseinstellung oder dem K.-Antrage vorgenommen ist, so braucht der Gl. nur Unkenntnis einer Begünstigungsabsicht zu beweisen (Jaeger Anm. 61 zu § 30 KO.).

[2]) Der Grundsatz unter b unterliegt erheblichen Bedenken. Aber es ist hier nicht der Ort, eine fest eingewurzelte Auslegung der KO. zu bekämpfen.

bar verbinden müsse (so anscheinend Jaeger Anm. 37 zu § 30 KO.). Richtig sind wohl etwa folgende Sätze, deren Formulierung hier der Kürze wegen auf Schuldverhältnisse aus gegenseitigen Verträgen abgestellt wird, weil es sich meist um solche handelt, wenngleich auch Schuldverhältnisse aus anderen Verträgen in Betracht kommen, die aber nach analogen Grundsätzen zu behandeln sind[1]). Der Ausschluß des Bargeschäfts aus dem Begriff des Deckungsgeschäfts wird damit begründet, daß bei ihm die Befriedigung oder Sicherung nicht „einem Gl." oder nicht „einem KGl." gewährt werde. Erstere Formulierung geht offenbar zu weit. Selbst wenn sich Begründung und Erfüllung des Schuldverhältnisses alsbald miteinander verbinden, so ist doch die Gläubigerstellung vorhanden gewesen; auch in einem solchen Falle liegt im Sinne des BGB. Erfüllung eines Schuldverhältnisses, Leistung an einen Gl. vor. Aber die Stellung als KGl. war allerdings noch nicht vorhanden. Wer einen gegenseitigen Vertrag schließt, hat einstweilen im Hinblick auf einen möglichen K. seines Vertragsgegners nicht die Stellung eines KGl., sondern die davon wesentlich verschiedene und günstigere eines Gl. aus einem schwebenden beiderseits noch nicht erfüllten gegenseitigen Vertrage (§§ 17ff., 59 Nr. 2 KO.); diese Stellung vertauscht er mit der eines KGl. erst dann, wenn er leistet, ohne die Gegenleistung entweder gleichzeitig zu empfangen oder schon vorher empfangen zu haben, also durch seine Vorleistung. Hieraus folgt, daß für den Begriff des Bargeschäfts weder Verbindung der Leistung mit der Begründung des Schuldverhältnisses verlangt noch ein grundsätzlicher Unterschied zwischen Leistung Zug um Zug und Vorleistung des GSch. gemacht werden kann; beides wäre auch wirtschaftlich durchaus unbefriedigend, worauf indessen hier nicht näher eingegangen werden kann. Vielmehr sind die Leistungsgeschäfte des GSch., soweit sie sich auf Fdg. aus gegenseitigen oder diesen ähnlichen Verträgen beziehen, einzuteilen in Vorleistungsgeschäfte, Austausch- oder Zug um Zug-Geschäfte und Nachleistungsgeschäfte. Lediglich die Nachleistungsgeschäfte, d. h. solche Geschäfte, durch welche der GSch. nach vorausgegangener Vorleistung seines Vertragsgegners nachleistet, sind Deckungsgeschäfte, vorausgesetzt daß die Eigenschaft des Vortragsgegners als KGl. auch sonst keinen rechtlichen Bedenken unterliegt. Dagegen sind sowohl die Austausch- wie die Vorleistungsgeschäfte, weil sie nicht „einem KGl." Sicherung oder Befriedigung gewähren, keine Deckungsgeschäfte[2]); sie können

[1]) Z. B. Darlehnsaufnahme durch den Sch. Hier ist Sicherheitsbestellung durch den Sch. Bargeschäft, wenn sie im voraus vor Empfang der Darlehnsvaluta oder Zug um Zug gegen deren Empfang erfolgt, dagegen Deckungsgeschäft, wenn sie nach Empfang der Valuta erfolgt. Die Rückzahlung des Darlehns ist natürlich immer Deckungsgeschäft.

[2]) Sondern sog. Bargeschäfte. Diese das Wesen des Unterschiedes wenig treffende zusammenfassende Bezeichnung ist aber entbehrlich.

also nur gemäß § 30 Nr. 1 Halbsatz 1 KO. anfechtbar sein, wozu unmittelbare Benachteiligung gehört. Dieser Satz gilt also für Austausch- wie für Vorleistungsgeschäfte; seine nähere Durchführung führt nun aber allerdings für diese beiden Arten von Geschäften unter Umständen zu verschiedenen Ergebnissen. Bei Austauschgeschäften kann — vorausgesetzt, daß sie sich im Rahmen der normalen Abwickelung des Schuldverhältnisses halten, nicht z. B. eine Leistung an Erfüllungsstatt enthalten — eine unmittelbare Benachteiligung nur darin gefunden werden, daß die gegen die Leistung des GSch. eingetauschte Gegenleistung des Vertragsgegners minderwertiger als jene ist. Ist dies aber der Fall, so ist die Benachteiligung nicht erst durch das Leistungsgeschäft bewirkt worden, sondern bereits durch das obligatorische Geschäft, das die Verpflichtung zu diesem ungünstigen Leistungsaustausch begründet hat. Daher können normale Austauschgeschäfte nicht für sich allein angefochten werden, sondern werden nur, wenn das Schuldbegründungsgeschäft unmittelbar benachteiligend war und anfechtbar ist, durch dessen Anfechtung mit ergriffen. Dieser Gesichtspunkt der Minderwertigkeit der Gegenleistung kann natürlich auch bei Vorleistungsgeschäften nur zu dem gleichen Ergebnis, d. h. nur zu einer Anfechtung des Schuldbegründungsgeschäfts führen. Aber bei den Vorleistungsgeschäften kommt für die Frage, ob das Geschäft unmittelbar benachteiligend war, noch ein anderer Gesichtspunkt in Betracht; nämlich der, daß es stets schon einen gewissen Nachteil bedeutet, die eigene Leistung aus der Hand zu geben, ohne die Gegenleistung zu erhalten, womit der Leistende die Einrede des nicht erfüllten Vertrages aufgibt und sich im Hinblick auf einen künftigen K. seines Vertragsgegners in die Stellung eines KGl. begibt. Für die Frage, inwieweit Vorleistungsgeschäfte unter diesem Gesichtspunkt anfechtbar sein können, wird zu unterscheiden sein, ob die Vorleistung in dem Schuldbegründungsgeschäft ausbedungen oder ohne Verpflichtung von dem GSch. freiwillig geleistet worden ist. Im ersteren Falle liegt die Sache wieder so, daß die Benachteiligung nicht erst durch das Leistungsgeschäft, sondern bereits durch das obligatorische Geschäft herbeigeführt worden ist; daher kann auch hier das Leistungsgeschäft nicht gesondert angefochten, sondern nur durch eine Anfechtung des Schuldbegründungsgeschäfts mit ergriffen werden; bei der Prüfung der Frage, ob das letztere Geschäft unmittelbar benachteiligend war, ist der Umstand, daß es zu einer Vorleistung verpflichtete, mit zu berücksichtigen, aber für sich allein nicht ausschlaggebend, da das Schuldbegründungsgeschäft nach seinem Gesamtinhalt zu würdigen ist. Hat dagegen der GSch. die Vorleistung ohne Verpflichtung freiwillig bewirkt, so wird — in allen Fällen, ohne Rücksicht auf die größere oder geringere Sicherheit des Anspr. auf die noch ausstehende Gegenleistung — anzunehmen sein, daß hier das Leistungsgeschäft eine unmittelbare Benachteiligung bewirkt hat, die dem Schuldbegründungsgeschäft noch nicht innewohnte. Daher kann das freiwillige Vorleistungsgeschäft gesondert angefochten werden, sofern auch die sonstigen Voraussetzungen des § 30 Nr. 1 Halbsatz 1 KO. gegeben sind; diese Anfechtung läßt indessen das Schuldbegründungsgeschäft unberührt und stellt lediglich den Zustand wieder her, daß ein beiderseits noch nicht erfüllter Vertrag vorliegt. — Übrigens sind alle vorstehend erörterten Fragen, wie bereits erwähnt, bisher wenig geklärt und zweifelhaft.

b) Sicherung einer Geldforderung durch ZwVollstr., insbes. Pfändung, ist inkongruente Deckung, unterliegt also, wenn für einen KGl. erfolgt, der erleichterten Anfechtung gemäß § 30 Nr. 2 KO. Ist hiernach die Zwangssicherung anfechtbar, so wird dadurch, daß die Zwangsvollstr. im weiteren Verlauf zu einer Zwangsbefriedigung geführt hat, hinsichtlich der Anfechtbarkeit nichts geändert. Ist dagegen die Zwangssicherung vor der kritischen Zeit (d. h. mehr als 10 Tage vor der Zahlungseinstellung oder dem K.-Antrage) erfolgt, so ist auch eine anschließende Zwangsbefriedigung, die in die kritische Zeit fällt, unanfechtbar. Denn diese ist dann Befriedigung nicht eines KGl., sondern eines Absonderungsberechtigten, also nicht Deckungsgeschäft und auch aus § 30 Nr. 1 Halbsatz 1 KO. nicht anfechtbar, weil weder ein Rechtsgeschäft des GSch. noch — da die KGl. die Befriedigung von Absonderungsberechtigten auch im K. dulden müssen — unmittelbare Benachteiligung vorliegt. Vgl. Jaeger Anm. 55—57 zu § 30 KO.

II. Soweit es nach diesen Vorschriften der KO. auf den K.-Antrag und die Kenntnis von ihm ankommt, verordnet § 87 A. 1, daß als solcher im Anschl.-K. bereits der V.-Antrag gilt[1]). Daraus muß gefolgert werden, daß entsprechend insoweit, als es nach § 30 KO. auf die Zahlungseinstellung und die Kenntnis von ihr ankommt, als solche im AnschlK. grundsätzlich diejenige Zahlungseinstellung gilt, die dem V.-Antrage vorausging und ihn veranlaßt hat. Dies ist auch aus der Bestimmung des § 87 A. 2 zu folgern, daß in die im § 33 KO. bestimmte Frist die seit der Eröffn. des VVerf. verstrichene Zeit nicht einzurechnen ist. Für die GA. ist, obwohl § 75 GAV. eine dem § 87 A. 2 VO. sehr ähnliche Vorschrift enthielt, vielfach das Gegenteil angenommen worden. Insbes. hat RG. 100 S. 62 ungefähr folgendes ausgeführt: die GA. komme zwar nicht rechtlich, aber doch tatsächlich auf eine Stundung der am Verf. beteiligten Fdg. hinaus; daher bedeute in Ansehung dieser Fdg. nicht ihre Nichtbezahlung während der Dauer der GA. eine Fortdauer der Zahlungsunfähigkeit, sondern umgekehrt die Anordnung der GA. eine Beseitigung der Zahlungsunfähigkeit; während der Dauer der GA. könnten Zahlungseinstellung und Zahlungsunfähigkeit nur dann angenommen werden, wenn der Sch.

---

[1]) Die Formulierung des § 87 A. 1 ist nicht ganz korrekt. Sie ist abgestellt nur auf diejenigen Teile des § 30 KO., die von der Kenntnis des K.-Antrags handeln; dasselbe muß aber natürlich auch insoweit gelten, als § 30 KO. Vornahme der Rechtshandlung nach dem K.-Antrage oder in den letzten 10 Tagen vorher erfordert.

die fälligen nicht beteiligten Fdg. nicht zu befriedigen imstande sei; erst nach Aufhebung der GA. könne die Nichtbefriedigung der fälligen beteiligt gewesenen Fdg. eine neue Zahlungseinstellung und -Unfähigkeit bedeuten. Von diesen Grundsätzen ist das RG. bereits in 114 S. 206 merkbar wieder abgerückt. Für die VO. wären sie jedenfalls unhaltbar. Das VVerf. bedeutet keineswegs eine Stundung der beteiligten Fdg.; nur gegen ihre zwangsweise Beitreibung ist der Sch. geschützt; seine Verpflichtung zu sofortiger Zahlung und auch sein Verzug bleiben aber bestehen (Bem. III zu § 35). Das VVerf. beseitigt also nicht hinsichtlich der beteiligten Fdg. die Zahlungseinstellung, sondern ist im Gegenteil gerade der Beweis für ihre Fortdauer. Sie hört erst auf, wenn der Sch. seine Zahlungen wieder aufnimmt. Dazu gehört Befriedigung nicht nur der fälligen nicht beteiligten, sondern auch der fälligen beteiligten Fdg.[1]); und zwar der letzteren nicht etwa nur in Höhe der wahrscheinlichen Vergleichsquote[2]), da die Wirkung des V. nicht vorweggenommen werden darf, zumal ja noch gar nicht feststeht, ob er zustande kommen wird, sondern in voller Höhe. Ist der Sch. aber hierzu imstande, so ist der Grund zum VVerf. fortgefallen und dieses ohne Eröffn. des AnschlK. einzustellen (Bem. IIb zu § 79); derartige Fälle können also überhaupt nicht zum AnschlK. führen.

In einem K., der bald nach Beendigung des VVerf., aber nicht als AnschlK. eröffnet wird, z. B. auf den K.-Antrag eines Gl., über den die Entscheidung gemäß § 31 ausgesetzt war (vgl. Bem. II zu § 31), ist K.-Antrag im Sinn des § 30 KO. nicht der V.-Antrag, sondern derjenige K.-Antrag, auf den hin eröffnet worden ist. Dagegen kann auch in einem solchen K. sehr wohl Zahlungseinstellung im Sinn des § 30 KO. diejenige sein, die dem VVerf. vorausging; es ist davon auszugehen, daß diese Zahlungseinstellung bis zur Beendigung des VVerf. fortgedauert hat; ob sie seitdem beseitigt worden ist, ist Tatfrage.

III. Die unter II. dargestellten Grundsätze des § 87 A. 1 haben für das VVerf. schwerwiegende Folgen, die indessen von der VO. bewußt beabsichtigt sind[3]). Im VVerf. bildet es die Regel, daß Dritte, die mit dem Sch. Rechtsgeschäfte vornehmen oder gegen ihn vollstrecken, von der Tatsache des VVerf. und damit von dem als K.-Antrag geltenden V.-Antrage, in der Regel auch von der Zahlungseinstellung, Kenntnis haben; in dieser Richtung wirken die öffentliche Bek. des § 27 und der Firmenzusatz des § 37. Diese Rechtshandlungen sind daher später im AnschlK. weitgehend anfechtbar. Im einzelnen ist folgendes hervorzuheben:

a) Neue Rechtsgeschäfte mit dem Sch. können Dritte, die von dem VVerf. Kenntnis haben, mit einiger Sicherheit gegen die Anfechtung

---

[1]) D. h. der nach bürgerlichem Recht fälligen; die besondere Fälligkeit, die nach § 2 S. 2 VO., § 65 KO. nur für das VVerf. eintritt, kommt hier nicht in Betracht.

[2]) So mit Unrecht ein Vertreter des Reichsjustizministeriums im Bericht S. 23.

[3]) Vgl. Bericht S. 23f.

des AnschlK. nur als sog. Bargeschäfte, am besten als Austauschgeschäfte, abschließen und abwickeln. Auch solche Geschäfte sind im AnschlK. dann anfechtbar, wenn sie eine unmittelbare Benachteiligung enthalten. Wer in Kenntnis des VVerf. dem Sch. Kredit gibt, begibt sich damit für den AnschlK. in die Stellung eines KGl.; dann ist aber jede Befriedigung, die ihm gewährt wird oder die er sich durch ZwVollstreckung erzwingt, im AnschlK. als Deckungsgeschäft anfechtbar. Die hierin liegende Beschränkung der geschäftlichen Bewegungsfreiheit des Sch. ist mit dem Zweck des VVerf. durchaus vereinbar. Der Geschäftsbetrieb des Sch. soll weitergehen, sich aber während der verhältnismäßig kurzen Zeit des VVerf. auf die zur Fortführung unumgänglich notwendigen Geschäfte beschränken; hierzu reicht die Möglichkeit von Bargeschäften aus. Braucht der Sch. notwendig neuen Kredit, so soll er ihn nicht bei Lieferanten, sondern gemäß § 86 bei Geldgebern suchen. Gemäß § 86 mit Zustimmung der VP. aufgenommene Darlehen sind, wie aus dem Zweck dieser Vorschrift ohne weiteres zu entnehmen ist, jeder Anfechtung entzogen. Im übrigen — von dem Fall des § 86 abgesehen — bewirkt dagegen auch die Zustimmung der VP. zu einer Verfügung oder einem sonstigen Rechtsgeschäft des Sch. keinen Schutz gegen die Anfechtbarkeit.

b) Befriedigt der Sch. während des VVerf. durch Rechtsgeschäft einen beteiligten Gl. oder bestellt er einem solchen Gl. eine rechtsgeschäftliche Sicherung, so wird dies in der Regel, weil bevorzugend, gegen § 5 verstoßen; gleichwohl sind aber solche Akte aber nicht dinglich richtig, sondern es findet nur unter Umständen, keineswegs immer, ein Bereicherungsanspr. auf Rückgabe statt (Bem. III d zu § 5). Unabhängig hiervon sind alle derartigen Akte im AnschlK. als (kongruente oder inkongruente) Deckungsgeschäfte anfechtbar. Verschafft sich ein beteilligter Gl. während des VVerf. durch ZwVollstr. Sicherung mit oder ohne nachfolgende Zwangsbefriedigung, so verstößt das gegen § 32 und ist nichtig; hier ist also für die Anfechtung kein Raum.

c) Die Rechtsstellung der am VVerf. nicht beteiligten Gl. im Hinblick auf die Frage, inwieweit ihnen während des VVerf. zugeflossene Befriedigungen im AnschlK. angefochten werden können, ist verschieden. Die Befriedigung von Aussonderungsrechten ist, mag sie freiwillig oder durch ZwVollstr. erfolgt sein, niemals anfechtbar, weil sie weder Deckungsgeschäft ist noch, soweit rechtsgeschäftlich vorgenommen, eine unmittelbare Benachteiligung der KGl. enthält, übrigens auch keine mittelbare. — Das gleiche gilt für die Befriedigung von Absonderungsberechtigten, vorausgesetzt, daß sie erfolgt ist in den Grenzen des Absonderungsrechts entweder aus dem Gegenstande, welcher mit diesem Recht belastet war, oder zwar aus sonstigem Vermögen des Sch., die KGl. jedoch durch diese Art der Befriedigung nicht schlechter gestellt worden sind, als sie es wären, wenn die Befriedigung aus dem belasteten Gegenstande erfolgt wäre (vgl. Jaeger Anm. 41 zu § 30 KO.). — Die Befriedigung von Vorrechtsgläubigern (vgl. Bem. IV zu § 2) ist Deckungsgeschäft, da diese Gl. KGl. sind, wenn auch bevorrechtigte. Die kongruente Deckung von Vorrechtsforderungen, z. B. wenn der Sch. fällige Löhne (§ 61 Nr. 1 KO.) auszahlt, enthält indessen keine auch nur mittelbare Benachteiligung derjenigen Gl., die den befriedigten nachstehen, insbes. keine Benachteiligung der gewöhnlichen KGl.; sie kann daher nur dann anfechtbar sein, wenn sie andere gleich oder besser berechtigte Vorrechtsgläubiger verkürzt (Jaeger Anm. 38 zu § 30 KO.). So kann z. B. eine Bezahlung öffentlicher Abgaben (§ 61 Nr. 2 KO.) durch den Sch. während des VVerf. im AnschlK. wegen Benachteiligung der Lohngläubiger (§ 61 Nr. 1 KO.) anfechtbar sein. Dagegen kann eine inkongruente Deckung von Vorrechtsgläubigern auch eine Benachteiligung nachstehender Gl., insbes. der gewöhnlichen KGl., enthalten und ist dann anfechtbar; dahin gehört auch der Fall, daß Vorrechtsgläubiger sich nach dem im § 30 Nr. 2 KO. bezeichneten Zeitpunkt durch ZwVollstr. Sicherung und Befriedigung verschaffen[1]). — In Ansehung solcher Anspr., die nach § 63 KO. im K. nicht geltend gemacht werden können, ist die rechtsgeschäftliche Befriedigung Deckungsgeschäft und als solches nach § 30 Nr. 1 Halbsatz 2 oder Nr. 2 KO. anfechtbar, die Zwangsbefriedigung nach § 32 VO. während des VVerf. unzulässig; es gilt hier dasselbe wie für die beteiligten Gl. (oben unter b). Bei den Anspr., die nach § 3 A. 2 KO. im K. nicht geltend gemacht werden können, gilt das erstere — Deckungsgeschäft, anfechtbar nach Maßgabe von § 30 Nr. 1 Halbsatz 2 oder Nr. 2 KO. — sowohl für die freiwillige wie für die — bei diesen Anspr. auch während des VVerf. zulässige — Zwangsbefriedigung. — Über die Stellung der sog. Neugläubiger, d. h. der Gl. aus vom Sch. während des VVerf. abgeschlossenen neuen Rechtsgeschäften, ist das Wesentliche bereits unter a gesagt. Erhalten sie durch Rechtsgeschäft oder durch ZwVollstr. Sicherung oder Befriedigung, so kommt es darauf an, ob dieser Akt sich als Vorleistung des Sch., als Leistung Zug um Zug oder als Nachleistung des Sch. darstellt. Nur in dem letzten dieser 3 Fälle liegt ein anfechtbares Deckungsgeschäft vor; in den beiden anderen ein sog. Bargeschäft, dessen Anfechtung nur auf § 30 Nr. 1 Halbsatz 1 gestützt werden kann, der oft (immer bei ZwVollstr.-Akten, weil es hier an dem Erfordernis eines Rechtsgeschäfts des Sch. fehlt) eine Anfechtung des dinglichen Geschäfts nicht isoliert für sich, sondern nur in Verfolg der Anfechtung des Schuldbegründungsgeschäfts, wenn schon dieses unmittelbar benachteiligend war, gestatten wird.

IV. Abs. 1 bezieht sich seinem Wortlaut nach nur auf die Anfechtung, also nur auf die Anwendung des § 30 KO. im AnschlK., muß aber analog auch auf die Anwendung des § 55 Nr. 3 KO. im AnschlK. bezogen werden;

[1]) Folgt man den Grundsätzen, die Jaeger in Anm. 18 zu § 37 KO. für die Anfechtung von ZwVollstr.-Akten aufstellt, so wird sich allerdings in diesem Falle die Erstattungspflicht des durch ZwVollstr. befriedigten Vorrechtsgläubigers in der Regel auf den Betrag der von dem Versteigerungserlös abgezogenen Vollstreckungskosten beschränken.

denn § 30 und § 55 Nr. 3 KO. sind verwandte Vorschriften, die denselben Zweck verfolgen und von denen die zweite die erste ergänzt. Diese Erweiterung des Abs. 1 wird auch dadurch geboten, daß Abs. 2 den § 55 Nr. 3 KO. ausdrücklich mit erwähnt. Seine Erwähnung dort besagt unmittelbar nur, daß die Erstreckung der Frist des § 33 KO. durch § 87 A. 2 VO. auch insoweit stattfindet, als § 33 KO. im Falle des § 55 Nr. 3 KO. gemäß Abs. 1 S. 2 dort zur Anwendung gelangt; damit wird die Anwendung auch des § 87 A. 1 VO. auf den Fall des § 55 Nr. 3 KO. nicht angeordnet, aber offenbar vorausgesetzt. Über Inhalt und Zweck des § 55 Nr. 3 KO. vgl. Bem. II zu § 36.

V. Was Abs. 2 seinem Wortlaut nach bedeutet, ist aus der Begr. ersichtlich. Der ihm zugrunde liegende Gedanke ist der: den KGl. soll daraus, daß durch das VVerf. die K.-Eröffn. und damit auch die Anfechtung gehemmt ist, kein Nachteil entstehen, insbes. kein Verlust des Anfechtungsrechts durch Zeitablauf. Aus diesem Gedanken folgt, daß die Vorschrift über ihren Wortsinn hinaus erweiternd ausgelegt werden muß, und zwar nach 3 Richtungen hin:

a) Der Zeitraum, der nach Abs. 2 in die dort bezeichneten Fristen nicht einzurechnen ist, kann nicht erst mit der Eröffn. des VVerf., sondern muß bereits mit seiner Beantragung beginnen; denn bereits diese bewirkt nach § 31 die Hemmung der K.-Eröffn. und damit der Anfechtung. Statt: „seit der Eröffn. des VVerf." muß es also heißen: „seit der Stellung des Antrags auf Eröffn. des VVerf." § 87 A. 2 ist daher auch in dem gemäß § 24 eröffneten AnschlK. anwendbar.

b) Abs. 2 gilt seinem Wortlaut nach wie die ganzen §§ 83—87 nur für den AnschlK. im technischen Sinn. Er muß aber sinngemäß auch in jedem anderen K. angewendet werden, der einem erfolglosen VVerf. oder auch nur der erfolglosen Beantragung eines VVerf. nachfolgt. Denn die Gefahr, vor der er die KGl. schützen will, wird durch das VVerf. (und zwar nicht erst durch seine Eröffn., sondern schon durch seine Beantragung) nicht nur für den AnschlK., sondern für jeden nachfolgenden K. begründet. Für diese erweiternde Auslegung des Abs. 2 sprechen ferner sowohl der Zusammenhang mit § 75 der GAV., nach dem es ebenso war (die GAV. kannte ja überhaupt keinen AnschlK. im technischen Sinne), als auch der Vergleich mit § 98 VO., der für die Anfechtung außerhalb des K. eine Fürsorge trifft, der die in § 87 A. 2 für die Anfechtung im K. getroffene nur dann entsprechend und gleichwertig ist, wenn man sie auf alle einem erfolglosen VVerf. oder V.-Antrage nachfolgenden K. bezieht. Der Zeitraum, der nach § 87 A. 2 in die Fristen nicht einzurechnen ist, endet mit der Beendigung des VVerf. oder des Verf. über den V.-Antrag; dieser Zeitpunkt ist im AnschlK. mit demjenigen der K.-Eröffn. identisch, in einem anderen nachfolgenden K. fallen beide auseinander.

c) Abs. 2 muß auch für die im § 342 HGB. bezeichnete Frist gelten.

8. Abschnitt.

Besondere Bestimmungen.

§ 88. Bei Aktiengesellschaften, Gesellschaften mit beschränkter Haftung, anderen juristischen Personen und Vereinen, die als solche verklagt werden können, ist die Einleitung des Vergleichsverfahrens nach der Auflösung unzulässig.

Begründung zu § 88: „Das VVerf. über eine AG., eine GmbH., eine andere juristische Person, insbes. also einen rechtsfähigen Verein (§§ 21 bis 23 des BGB), sowie über einen nichtrechtsfähigen Verein (§ 54 des BGB.) soll nur bis zur Auflösung zulässig sein. Dem Ausgangspunkte, die wirtschaftliche Existenz eines in Schwierigkeiten geratenen Sch. zu sichern, würde es widersprechen, das VVerf. auch für Rechtspersönlichkeiten zuzulassen, die ohnehin erlöschen sollen. Aus der Erwähnung der nichtrechtsfähigen Vereine folgt zugleich, daß sie, ebenso wie sie passivparteifähig und konkursfähig sind, auch vergleichsfähig sind.

Sch. im VVerf. ist die AG. usw. vertreten durch ihren Vorstand. Den Antrag können nur die zur Vertretung berechtigten Vorstandsmitglieder stellen. Ist zur Vertretung die Mitwirkung mehrerer Vorstandsmitglieder erforderlich, so müssen sie auch den Antrag gemeinschaftlich stellen. Kommt keine Einigung zustande, so muß der Antrag unterbleiben. Diese Regelung, die aus dem Fehlen einer dem § 208 A. 1 der KO. entsprechenden Vorschrift folgt, ist notwendig, weil mit dem prozessualen Antrag auf Eröffn. des Verf. eine rechtsgeschäftliche Erklärung der AG. usw., nämlich der V.-Vorschlag, verbunden sein muß. Die Regelung ist auch unbedenklich, weil, anders als beim K., eine besondere strafrechtlich gesicherte Pflicht zur Stellung des V.-Antrags nicht besteht; unterlassen die Vorstandsmitglieder die gebotene Stellung des Antrags, so sind sie der Gesellschaft usw. in dem gleichen Umfang wie für andere Handlungen verantwortlich (zu vgl. § 241 des HGB., § 43 des GmbHG., § 27 Abs. 3 des BGB.).

Das VVerf. ist auf den Fortbestand der Gesellschaft usw. ohne Einfluß. Die Pflichten des Sch. liegen, soweit sie von ihm persönlich zu erfüllen sind (zu vgl. z. B. § 61), jedem einzelnen der zur Vertretung berechtigten Vorstandsmitglieder ob. Zurückgenommen werden kann der Antrag nur in der Weise, in der er gestellt werden kann."

§ 89. Für offene Handelsgesellschaften, Kommanditgesellschaften und Kommanditgesellschaften auf Aktien gelten folgende besonderen Vorschriften:

1. Die Einleitung des Vergleichsverfahrens ist unzulässig, wenn die Gesellschaft aufgelöst ist.
2. Der Vergleichsvorschlag muß von allen persönlich haftenden Gesellschaftern gemacht werden.

3. Soweit es für die Eröffnung oder die Fortsetzung des Verfahrens auf das Verhalten des Schuldners ankommt, genügt es, wenn ein die Ablehnung der Eröffnung, die Verwerfung des Vergleichs oder die Einstellung des Verfahrens rechtfertigender Grund in der Person eines persönlich haftenden Gesellschafters, in den Fällen des § 79 Abs. 1 Nr. 3 bis 7 in der Person eines zur Vertretung berechtigten Gesellschafters vorliegt; dies gilt insbesondere von der Rücknahme des Antrags.
4. Der Vergleich begrenzt, soweit er nichts anderes festsetzt, zugleich den Umfang der persönlichen Haftung des Gesellschafters.

§ 90. In dem Vergleichsverfahren über das Privatvermögen eines persönlich haftenden Gesellschafters einer offenen Handelsgesellschaft, einer Kommanditgesellschaft oder einer Kommanditgesellschaft auf Aktien sind die Gesellschaftsgläubiger, wenn über das Gesellschaftsvermögen das Vergleichsverfahren oder das Konkursverfahren eröffnet worden ist, nur in Höhe des Betrags beteiligt, für den sie in dem Verfahren über das Gesellschaftsvermögen keine Befriedigung erhalten. § 62 Abs. 3 findet entsprechende Anwendung.

Das Vergleichsverfahren über das Vermögen einer offenen Handelsgesellschaft, einer Kommanditgesellschaft oder einer Kommanditgesellschaft auf Aktien steht im Sinne des § 212 der Konkursordnung dem Konkursverfahren gleich.

Begründung zu §§ 89—90: „Die Vorschriften für die oHG., die KG. und die KGaA. lehnen sich an die entsprechenden Bestimmungen der §§ 209 bis 212 der KO. an.

Aus dem zu § 88 erörterten Grunde soll das VVerf. auch für diese Gesellschaften nach ihrer Auflösung unzulässig sein. Die Eröffn. des VVerf. selbst ist, anders als das KVerf., für den Bestand der Gesellschaft ohne Bedeutung. Den Antrag haben die zur Vertretung der Gesellschaft berechtigten Personen in der zur Vertretung der Gesellschaft erforderlichen Verbindung zu stellen. Ein Anlaß, entsprechend dem § 210 Abs. 1 der KO. jedem persönlich haftenden Gesellschafter ein Antragsrecht beizulegen, besteht nicht, weil, anders als beim K.-Antrage, die Unterlassung des Antrags auch für die persönlich haftenden Gesellschafter der KGaA. keine strafrechtlichen Folgen hat. Da die persönlich haftenden Gesellschafter als Gesamtschuldner für die Verbindlichkeiten der Gesellschaft haften, muß der V.-Vorschlag von ihnen gemeinschaftlich ausgehen; andererseits entlastet der V. sie aber auch von ihrer Haftung, soweit er nicht ein anderes bestimmt. Beides entspricht der Regelung beim ZwV. im K. (§ 211 der KO.). Die Pflichten des Sch. treffen grundsätzlich jeden persönlich haftenden Gesellschafter; einen Grund zur Einst. des Verf. soll eine Pflichtverletzung aber nur dann darstellen, wenn sie von einem vertretungsberechtigten Gesellschafter ausgeht. Nur die Rücknahme des Antrags soll die Einst. des Verf. auch dann zur Folge haben, wenn sie von einem nicht vertretungsberechtigten persönlich haftenden Gesellschafter erklärt wird; denn diese Erklärung stellt die Ernstlichkeit des V.-Vorschlags, den die persönlich haftenden Gesellschafter nur gemeinschaftlich machen können, in Frage.

Trifft ein VVerf. über das Privatvermögen eines Gesellschafters mit einem VVerf. oder einem KVerf. über das Gesellschaftsvermögen zusammen, so sollen die Gesellschaftsgläubiger zunächst aus dem Gesellschaftsvermögen ihre Befriedigung suchen (§ 90 A. 1). Dies entspricht dem § 72 A. 2 der GAV. Für das Zusammentreffen von Gesellschafter-K. und Gesellschafts-K. enthält § 212 der KO. eine gleiche Bestimmung. Der § 90 A. 2 des Entwurfs ergänzt sie dahin, daß sie auch gelten soll, wenn ein Gesellschafter-K. mit einem VVerf. über das Gesellschaftsvermögen zusammentrifft."

§ 91. Für eingetragene Genossenschaften, die den Vorschriften des Gesetzes, betreffend die Erwerbs- und Wirtschaftsgenossenschaften, unterliegen, gelten folgende besonderen Vorschriften:

1. Die Einleitung des Vergleichsverfahrens ist unzulässig, wenn die Genossenschaft aufgelöst ist.
2. Zur Stellung des Antrags ist jedes Mitglied des Vorstandes berechtigt. Wird der Antrag nicht von allen Vorstandsmitgliedern gestellt, so hat das Gericht vor der Entscheidung die Vorstandsmitglieder, welche den Antrag nicht gestellt haben, zu hören.
3. In dem Verzeichnis der Gläubiger und der Schuldner (§ 16 Abs. 1 Nr. 1) ist anzugeben, wenn ein Gläubiger Mitglied der Genossenschaft ist; das gleiche gilt für eine Anmeldung gemäß § 60. In dem Antrag ist weiter anzugeben, welchem Revisionsverbande die Genossenschaft angehört oder innerhalb der letzten drei Jahre vor der Stellung des Antrags angehört hat; hat die Genossenschaft innerhalb dieser Zeit keinem Revisionsverband angehört, so ist der Revisionsverband anzugeben, in dessen Bezirke die Genossenschaft ihren Sitz hat. Der Antrag und seine Anlagen sollen in drei Stücken eingereicht werden.
4. Der Revisionsverband, dem die Genossenschaft angehört, ist vor der Entscheidung über den Antrag auf Eröffnung des Vergleichsverfahrens nach Maßgabe des § 20 sowie vor der Entscheidung über die Bestellung einer von der Gläubigermehrheit vorgeschlagenen Vertrauensperson (§ 41 Abs. 2) zu hören. Die Eröffnung des Vergleichsverfahrens kann gemäß § 23 Nr. 1 abgelehnt werden, wenn der Revisionsverband das Angebot als unzureichend bezeichnet.

Gehört die Genossenschaft keinem Revisionsverband an, so stehen die im vorstehenden Absatz bezeichneten Rechte dem

Revisionsverbande, dem die Genossenschaft innerhalb der letzten drei Jahre vor der Stellung des Antrags angehört hat, oder, wenn sie auch in dieser Zeit keinem Revisionsverband angehört hat, dem Revisionsverbande zu, in dessen Bezirke die Genossenschaft ihren Sitz hat. Kommen hiernach mehrere Revisionsverbände in Betracht, so steht die Auswahl dem Gerichte zu.

5. Zum Abschluß eines Vergleichs ist erforderlich, daß die Gläubiger, die Mitglieder der Genossenschaft sind, und die Gläubiger, die nicht Mitglieder der Genossenschaft sind, dem Vergleich gesondert mit den im § 63 festgesetzten Mehrheiten zustimmen.

6. Hat ein Genosse seinen Austritt aus der Genossenschaft erklärt oder der Gläubiger eines Genossen das Kündigungsrecht ausgeübt, so scheidet der Genosse nicht vor dem Schlusse des Geschäftsjahrs aus, in dem das Vergleichsverfahren endet oder, wenn in einem Vergleich eine Stundung bewilligt wird, die Stundung abläuft. Die Erklärung des Genossen oder des Gläubigers über den Austritt oder die Kündigung ist spätestens sechs Wochen vor dem Ende des Geschäftsjahrs, mit dessen Schlusse der Genosse ausscheidet, oder, wenn das Vergleichsverfahren innerhalb der letzten sechs Wochen dieses Jahres endet, unverzüglich zu der Liste der Genossen einzureichen. Der Jahresschluß, zu dem der Genosse ausscheidet, ist erst nach Beendigung des Vergleichsverfahrens in die Liste der Genossen einzutragen; ist er bereits früher eingetragen, so ist nachträglich zu vermerken, daß ein Vergleichsverfahren eröffnet worden ist.

I. Nach § 116 GenG. ist im K. einer Gen. ein ZwV. unzulässig. Die GAV. (§ 35 A. 2) ließ die Gen. zwar zum Stundungs-V., auch mit Zinserlaß für die Dauer der Stundung, nicht aber zum Kapitalerlaß-V. zu. Dasselbe schlug auch der E. der VO. vor. Im Reichstage ist jedoch auf überwiegenden Wunsch der Gen.-Verbände der § 91 so geändert worden, daß er den Gen. jetzt auch den Kapitalerlaß-V. zugänglich macht[1]).

Die Gen. ist keine Kapitalgesellschaft. Finanzielle Grundlage ihrer Geschäftsführung und ihres Kredits ist weniger ihr Eigenvermögen, das häufig gering ist, als die Haft- oder Nachschußpflicht der Genossen, die zwar nur im K. der Gen. in einem langwierigen Verf. realisiert werden kann, dann aber in der Regel den Gl. auch Befriedigung zu 100% verschafft. Aus dieser eigenartigen Struktur der Gen. erklären sich die Bedenken, die der Gesetzgeber gegen ihre Zulassung zum Erlaß-V. bisher gehegt hat. Ein solcher hat natürlich nur dann einen Sinn, wenn er nicht nur für die Genossenschaft, sondern auch für die Genossen wirkt.

[1]) Vgl. Bericht S. 24—26, 37—46, 49f.

Dann bedeutet seine Zulassung aber die Eröffnung der Möglichkeit, daß bei einer Krisis der Gen. Gl., sei es auch nur eine dissentierende Minderheit der Gl., wider ihren Willen an dem Zugriff auf die eigentliche Kreditgrundlage gehindert und trotz deren Unversehrtheit zu einer Reduktion ihrer Fdg. gezwungen werden. Dies zuzulassen hielt man bisher für bedenklich; nicht nur im Interesse der Gl., sondern auch im Interesse der Gen. selbst, für welche — insbes. für die im wirtschaftlichen Wettbewerb mit den Sparkassen stehenden Kreditgen. — von einer solchen Rechtslage eine Gefährdung ihrer Kreditfähigkeit befürchtet wurde. Die Mehrheit der Gen.-Verbände hat indessen den Ausschluß der Gen. vom Kapitalerlaß-V. als ein zurücksetzendes Sonderrecht empfunden, dessen Aufhebung — vielleicht mehr aus Prestigegründen als zur Erreichung sachlicher Vorteile — angestrebt wurde und in der VO. erreicht worden ist. Wie sich die Neuerung bewähren wird, bleibt abzuwarten. Es ist anzuerkennen, daß bei ihrer Einführung durch die Nr. 5 des § 91 eine Sicherung eingebaut worden ist, die die Gl. wenigstens vor der Gefahr eines groben Mißbrauchs der Erlaßvergleichsfreiheit schützt.

II. Der im VVerf. der Gen. zustande kommende V. wirkt auch für die Haft- oder Nachschußpflicht der Genossen. Dies widerspricht zwar eigentlich dem Wesen einer jeden adjektizischen Haftung, die ja gerade dazu bestimmt ist, den Gl. für den Fall der Zahlungsunfähigkeit des Hauptschuldners zu sichern, kann aber gleichwohl nicht bezweifelt werden. Aus § 73 A. 2 kann nicht das Gegenteil gefolgert werden. Die Haftung der Genossen für die Verbindlichkeiten der Gen. ist weder Mitschuld noch Bürgschaft, sondern eine eigenartige adjektizische Haftung, die neben anderen Besonderheiten auch diejenige aufweist, daß sie nur im K. der Gen. nach Maßgabe der §§ 105—118, 122—125, 128—130, 141 GenG. verwirklicht werden kann. Wenn der Erlaßvergleich nicht für die Haftung der Genossen wirken sollte, so hätte für die Gl. eine Möglichkeit geschaffen werden müssen, die Erlaßprozente, die der Gen. gegenüber nicht mehr erzwingbar sind, unabhängig von dem K. der Gen. von den Genossen beizutreiben. Eine solche Möglichkeit ist nicht gegeben, und hierin liegt, daß der V. auch für die Haftung der Genossen wirkt. Wird der V. erfüllt, so haben hiernach die Gl. die Erlaßprozente nicht nur gegenüber der Gen., sondern auch gegenüber den Genossen verloren. Wird der V. nicht erfüllt, so greift gemäß § 7 die kassatorische Klausel platz; vermöge ihrer wird dann der Erlaß hinfällig, was sich nicht nur gegenüber der Gen., sondern auch für die Haftung der Genossen in dem dann entweder bereits eröffneten oder zu erwartenden K. der Gen. auswirkt. Anders nur dann, wenn die kassatorische Klausel in dem V. wegbedungen ist; dann sind die Erlaßprozente auch in einem nachfolgenden K. der Gen. endgültig verloren, auch den Genossen gegenüber, denn diese haften nur für Schulden der Gen. Daß Gl. einer Gen. sich auf einen solchen V. einlassen, wird aber wohl kaum vorkommen.

III. Die wesentlichste Sicherung gegen die von der Zulässigkeit des Erlaßvergleichs den Gl. der Gen. drohende Gefahr liegt in der Nr. 5 des § 91. Gl., die zugleich Genossen sind, sind in doppelter Eigenschaft interessiert und natürlich keine objektiven Wahrnehmer der reinen Gl.-Interessen. Sie werden im allgemeinen immer geneigt sein, dem V. zuzustimmen; denn durch diesen verlieren sie zwar als Gl., ersparen aber als haftende Genossen nicht nur das, was sie selbst als Gl. verlieren, sondern noch mehr, nämlich auch das, was die Nurgläubiger verlieren. Daher mußte für die Abstimmung eine itio in partes vorgesehen werden, um einer sonst unter Umständen möglichen Entrechtung weniger Nurgläubiger durch zahlreiche Genossen-Gl. vorzubeugen.

IV. Eine weitere wesentliche Sicherung liegt in der Anwendbarkeit des § 68 A. 2 Nr. 2. Stellt auch nur ein beteiligter Gl. den Antrag auf Verw. des V. aus diesem Grunde, so hat das Gericht zu prüfen, ob die Gl. im K. der Gen. besser fahren würden als nach dem V. Bei dieser Prüfung muß dasjenige Interesse an dem V., das die Genossen-Gl. vermöge ihrer Doppelstellung besitzen, außer Betracht bleiben. Denn dieses Interesse ist kein gemeinsames der beteiligten Gl., sondern nur ein Sonderinteresse eines Teils von ihnen; selbst wenn einmal der Fall vorkommen sollte, daß die bekannten Gl. sämtlich Genossen sein sollten, muß doch mit der Möglichkeit des Vorhandenseins unbekannter Nurgläubiger gerechnet werden. Es sind also lediglich Höhe und Zeitpunkt der Befriedigung in dem einen und dem anderen Falle miteinander zu vergleichen. Bezüglich der ersteren kann das Gericht im allgemeinen annehmen, daß im K. volle Befriedigung zu erwarten ist; bei einer Gen.mbH. kann theoretisch eine andere Annahme dann gerechtfertigt sein, wenn die Summe der Haftsummen (abzüglich einer auf Uneinbringlichkeit abzurechnenden schätzungsweisen Quote) hinter der Summe der Passiven zurückbleibt, derartige Fälle werden aber mit Rücksicht auf § 140 GenG. (vgl. Bem. V zu § 1) kaum vorkommen. Bezüglich der Höhe wird also der K. wohl immer den Vorzug verdienen. Dem steht gegenüber, daß erfahrungsgemäß die Realisierung der Genossenhaftung im K. der Gen. sehr lange Zeit in Anspruch nimmt. Dies kann aber wieder dadurch ausgeglichen werden, daß auch der V. eine längere Stundung vorsieht, und auch wenn dies nicht der Fall ist, wird man im allgemeinen annehmen müssen, daß die V.-Quote schon ziemlich nahe an 100% herankommen muß, damit lediglich auf Grund der im Konkursfalle zu gewärtigenden Verzögerung der Befriedigung der V. als dem gemeinsamen Gl.-Interesse ebenso dienlich wie der K. gelten kann. — Es erscheint zweifelhaft, ob dieses Ergebnis der Anwendung des § 68 A. 2 Nr. 2 auf den Erlaßvergleich der Gen. bei dessen Zulassung erkannt und beabsichtigt worden ist; da indessen § 91 eine den § 68 A. 2 Nr. 2 für diesen Fall modifizierende Bestimmung nicht enthält, kann man das Gesetz wohl nicht anders auslegen.

V. Die Rechte, die Nr. 4 dem Revisionsverband einräumt, berühren die aus den allgemeinen Vorschriften des Gesetzes folgenden gleichen Rechte der amtlichen Berufsvertretung nicht; beide bestehen nebeneinander. Deshalb ist in Nr. 3 Einreichung des Antrags und seiner Anlagen in 3 statt 2 Stücken vorgeschrieben (je 1 Stück für das Gericht, die Berufsvertretung und den Revisionsverband). Welche Berufsvertretung zuständig ist, bestimmt sich nach dem Tätigkeitsgebiet der Gen.

§ 92. Für das Vergleichsverfahren zur Abwendung des Nachlaßkonkurses gelten folgende besondere Vorschriften:

1. Zur Stellung des Antrags ist mit Ausnahme der Nachlaßgläubiger berechtigt, wer die Eröffnung des Konkurses beantragen kann. Die Vorschriften des § 217 Abs. 3 und des § 218 Abs. 2 der Konkursordnung gelten entsprechend. Mehrere Erben können den Antrag nur gemeinschaftlich stellen.
2. Der Antrag kann vor der Annahme der Erbschaft gestellt werden.
3. Der Antrag kann nicht mehr gestellt werden, wenn der Erbe oder einer der Erben für die Nachlaßverbindlichkeiten allen oder einzelnen Nachlaßgläubigern gegenüber unbeschränkt haftet oder wenn der Nachlaß geteilt ist.
4. In Ansehung der Haftung des Erben für die Nachlaßverbindlichkeiten wirkt das Vergleichsverfahren und ein in dem Verfahren geschlossener Vergleich wie der Nachlaßkonkurs und ein in dem Konkursverfahren geschlossener Zwangsvergleich.
5. Soweit es für die Eröffnung oder die Fortsetzung des Verfahrens auf das Verhalten des Schuldners ankommt, genügt es, wenn ein die Ablehnung der Eröffnung, die Verwerfung des Vergleichs oder die Einstellung des Verfahrens rechtfertigender Grund in der Person eines von mehreren Miterben vorliegt.
6. Die im § 226 Abs. 2 und 4 der Konkursordnung genannten Gläubiger sind an dem Vergleichsverfahren nicht beteiligt und werden von einem Vergleiche nicht betroffen; sie können jedoch während der Dauer des Vergleichsverfahrens in den Nachlaß keine Zwangsvollstreckung vornehmen, insbesondere Arreste und einstweilige Verfügungen nicht vollziehen.
7. Die Beteiligung der Nachlaßgläubiger an einem Vergleichsverfahren über das Vermögen des Erben oder des Ehemanns der Erbin bestimmt sich nach den im § 234 der Konkursordnung für die Beteiligung an einem Konkursverfahren gegebenen Vorschriften.

Begründung zu § 92: „Die Frage, ob man ein VVerf. auch zur Abwendung des Nachlaß-K. zulassen soll, kann zweifelhaft sein. Dagegen läßt sich anführen, daß der Nachlaß nicht dazu bestimmt ist, dauernd als solcher erhalten zu bleiben, und daß es daher sachgemäß ist, ihn bei Überschuldung durch den K. abzuwickeln. Auf der anderen Seite fällt ins Gewicht, daß es unter Umständen nur mit Hilfe des vorkonkurslichen V. möglich ist, ein im Nachlaß vorhandenes Erwerbsgeschäft oder einen dazu gehörenden landwirtschaftlichen Betrieb den Erben zu erhalten. Der E. folgt daher dem § 73 der GAV. und läßt auch für den Nachlaß das VVerf. zur Abwendung des K. zu. Die Regelung schließt sich mit einigen Besonderheiten, die sich aus dem VVerf. ergeben, der für die GA. getroffenen Regelung an.

Der Antrag kann auch bei Überschuldung des Nachlasses gestellt werden (§ 1 A. 1, 2 des E. in Verbindung mit § 215 der KO.). In der Stellung des Antrags wird in der Regel die Annahme der Erbschaft liegen. Nötig ist es aber nicht; um eine Untersuchung darüber zu ersparen, wird in der Nr. 2 der Antrag, ebenso wie der K.-Antrag (§ 216 der KO.), ohne Rücksicht auf die Annahme der Erbschaft zugelassen. Abweichend von der Regelung beim Nachlaß-K. (§ 216 der KO.) kann der Antrag nicht mehr gestellt werden, wenn der Erbe für die Nachlaßverbindlichkeiten allen oder einzelnen Nachlaß-Gl. unbeschränkt haftet oder wenn der Nachlaß geteilt ist (Nr. 3). Haftet der Erbe unbeschränkt, so könnten nur noch die Nachlaß-Gl. ein Interesse an dem Antrag haben, um den Nachlaß aus dem sonstigen Vermögen des Erben auszusondern und sich zur Befriedigung vorzubehalten. Es müßte also folgerichtig auch den Nachlaß-Gl. ein Antragsrecht gewährt werden. Dies stände aber mit dem Grundgedanken des E. in Widerspruch und wäre auch praktisch bedeutungslos, wenn der Erbe keinen V.-Vorschlag macht, zu dem er nicht gezwungen werden kann. Das Interesse der Nachlaß-Gl. an der Absonderung ist genügend durch die Möglichkeit gewahrt, den Nachlaß-K. oder die Nachlaßverwaltung herbeizuführen (§ 216 der KO., § 2013 A. 1 S. 1 in Verbindung mit § 1981 A. 2 des BGB.). Ist der Nachlaß geteilt, so steht fest, daß die in ihm enthaltenen Vermögenswerte als wirtschaftliche Einheit keinen weiteren Bestand mehr behalten sollen; das VVerf. würde zudem in diesem Falle nur unter großen Weitläufigkeiten durchzuführen sein. Nach § 73 A. 4 S. 2 der GAV. kann das VVerf. erst beantragt werden, wenn das Aufgebot der Nachlaß-Gl. erfolgt ist. Der E. hält diese Vorschrift für entbehrlich. Die Bek. der Eröffn. des VVerf. und des V.-Termins kommt im Ergebnis auf ein Gl.-Aufgebot hinaus.

Antragsberechtigt ist der Erbe (Vorerbe, Nacherbe, Erbschaftskäufer), der Nachlaßpfleger (Nachlaßverwalter), der verwaltende Testamentsvollstrecker und, wenn eine Ehefrau Erbin ist und der Nachlaß zum eingebrachten Gute oder zum Gesamtgut gehört, der Ehemann der Erbin (§ 92 Nr. 1 S. 1 des E. in Verbindung mit §§ 217, 218, 231 bis 233 der KO.). Der V.-Vorschlag, der mit dem Antrag zu verbinden ist, muß auch dann, wenn nicht der Erbe den Antrag stellt, von dem Erben ausgehen; denn er ist der Sch. der Nachlaßverbindlichkeiten. Läßt sich der Erbe dazu nicht bereit finden, so fehlt es an dem Erfordernisse des § 15; der Antrag ist also gemäß § 22 Nr. 1 abzulehnen und über die Eröffn. des K. zu entscheiden. Mit Rücksicht auf diese Sachlage ist im § 92 Nr. 1 S. 3 des E. bestimmt, daß mehrere Erben auch schon den Antrag nur gemeinschaftlich stellen können (zu vgl. auch § 230 A. 1 der KO., § 73 A. 4 S. 1 der GAV.). Der Antrag kann aus den gleichen Gründen abgelehnt und das Verf. aus den gleichen Gründen eingestellt werden, wie beim gewöhnlichen VVerf.; soweit es für die Eröffn. oder die Fortsetzung des Verf. auf die Person des Sch. ankommt, entscheidet die Person des Erben und bei mehreren Erben eines jeden Erben.

Am VVerf. beteiligt und von dem V. betroffen sind nur Personen, die im Nachlaß-K. nicht bevorrechtigte und auch nicht minderberechtigte KGl.

wären (§ 2 und § 92 Nr. 6). Da für die Frage des Absonderungsrechts nach dem gemäß § 2 des E. anwendbaren § 221 der KO. der Zeitpunkt des Erbfalls entscheidet, so wird im Nachlaß-VVerf. die Bedeutung des § 3 und der §§ 33, 70, 84 des E. wesentlich beschränkter sein als im gewöhnlichen VVerf. Beteiligt als Gl. kann mit Rücksicht auf § 225 der KO. auch der Erbe sein. Um zu verhüten, daß die im Nachlaß-K. regelmäßig ganz ausfallenden minderberechtigten Gl. des § 226 A. 2 und 4 der KO. sich während der Dauer des VVerf. als nicht beteiligte Gl. voll befriedigen, verbietet ihnen Nr. 6 Halbs. 2 die ZwVollstr. während der Dauer des VVerf. ebenso wie den beteiligten Gl. (zu vgl. hierzu die Bem. zu § 32).

Das VVerf. hat für den Erben nur dann Wert, wenn er während seiner Dauer nicht Gefahr läuft, die beschränkte Haftung zu verlieren, und wenn er sich durch das VVerf. auch die Stellung eines beschränkt haftenden Erben verschaffen kann. Deshalb bestimmt § 92 Nr. 4, daß das VVerf. und ein in ihm geschlossener V. für die Erbenhaftung wie das KVerf. und ein ZwV. im K. wirken sollen. Die Haftung des Erben beschränkt sich danach mit der Eröffn. des VVerf. auf den Nachlaß (§ 1975 des BGB.); der beim Nachlaß-K. mögliche Fall, daß der Erbe bei der Eröffn. des Verf. bereits unbeschränkt haftet und daher seine Haftung durch den Nachlaß-K. nicht mehr beschränken kann (§ 216 A. 1 der KO. in Verbindung mit § 2013 A. 1 S. 1 des BGB.), kann nach § 92 Nr. 3 des E. nicht vorkommen. Während des VVerf. kann dem Erben keine Inventarfrist gesetzt werden und eine laufende Inventarfrist verliert ihre Wirkung; kommt ein V. zustande, so beschränkt sich die Haftung des Erben endgültig auf den Nachlaß nach Maßgabe des V. (§§ 2000, 1989, 1973 des BGB.). Wird die Eröffn. des VVerf. mangels Masse abgelehnt oder das Verf. deshalb eingestellt (§ 22 Nr. 5, § 79 Nr. 2 des E.), so steht dem Erben die Einrede des unzureichenden Nachlasses nach Maßgabe der §§ 1990, 1991 des BGB. zu."

I. Während der Nachlaß-K. Überschuldung des Nachlasses voraussetzt (§ 215 KO.), findet das Nachlaß-VVerf. gemäß § 1 VO. sowohl bei Zahlungsunfähigkeit wie bei Überschuldung des Nachlasses statt (Bem. III zu § 1). Daraus folgt, daß in einem wegen Zahlungsunfähigkeit beantragten Nachlaß-VVerf. in den Fällen der Abl. der Eröffn., der Verw. des V. und der Einst. des Verf. bei den gemäß §§ 24, 71, 80 zu treffenden Entscheidungen stets zu prüfen ist, ob der Nachlaß überschuldet ist; trifft dies nicht zu, so ist die Eröffn. des Nachlaß-K. abzulehnen.

Beantragt der Erbe das Nachlaß-VVerf. vor Annahme der Erbschaft, so ist in diesem Antrage sowie in der anschließenden Betätigung des Erben in dem VVerf. eine Annahme der Erbschaft nicht zu erblicken; sonst gäbe die Bestimmung in Nr. 2 keinen Sinn. Etwas anderes wollen wohl auch die Sätze 2, 3 in Abs. 2 der Begr. nicht besagen.

II. Der Kreis der beteiligten Gl. des Nachlaß-VVerf. deckt sich gemäß § 2 grundsätzlich mit dem der einfachen (nicht bevorrechtigten) KGl. im Nachlaß-K.; jedoch mit der aus § 92 Nr. 6 ersichtlichen Ausnahme. Durch diese Ausnahme wird § 226 A. 1 KO., nach dem im Nachlaß-K. jede Nachlaßverbindlichkeit geltend gemacht werden kann, für das Nachlaß-VVerf.

bedeutungslos. Denn diese Vorschrift bezweckt nur, für den Nachlaß-K. von dem Verbot der Geltendmachung gemäß § 63 Nr. 1, 3 und 4 KO. zu dispensieren; die dort bezeichneten Anspr. können im Nachlaß-K. geltend gemacht werden, sind aber gemäß § 226 A. 2 KO. minderberechtigt. Gerade diese Anspr. gehören aber zu denjenigen, die nach § 92 Nr. 6 im Nachlaß-VVerf. nicht beteiligt sind. Bei dem Verbot der Geltendmachung gemäß § 63 Nr. 2 KO. bewendet es trotz des § 226 A. 1 auch im Nachlaß-K. (Jaeger Anm. 17 zu §§ 226 bis 229 KO.) und folgeweise auch im Nachlaß-VVerf. Die im § 3 A. 2 KO. bezeichneten Anspr. können, soweit sie nicht durch den Tod des Erblassers erloschen sind, im Nachlaß-K. wie im Nachlaß-VVerf. auch für die Zukunft geltend gemacht werden; dies folgt nicht aus § 226 A. 1, sondern unmittelbar aus § 3 A. 2 KO., weil der Fall gegeben ist, daß der Sch. als Erbe des Verpflichteten haftet. Die im § 224 KO. genannten besonderen Masseansprüche des Nachlaß-K. sind im Nachlaß-VVerf. selbstverständlich nicht beteiligt. Auch der Erbe kann im Nachlaß-VVerf. Gl. sein, denn in diesem Verf. gelten nach § 92 Nr. 4, § 1976 BGB. die infolge des Erbfalls durch Vereinigung von Recht und Verbindlichkeit (oder von Recht und Belastung) erloschenen Rechtsverhältnisse als nicht erloschen.

III. Gemäß § 92 Nr. 4 (vgl. Nr. 3) beschränkt die Entscheidung über die Eröffn. des Nachlaß-VVerf. die Haftung des Erben für die Nachlaßverbindlichkeiten auf den Nachlaß in folgenden Fällen:

a) wenn das VVerf. eröffnet wird (§ 1975 BGB.);
b) wenn die Eröffn. des VVerf. abgelehnt und dabei gemäß § 24 VO. der Nachlaß-K. eröffnet wird (§ 1975 BGB.);
c) sofern die Eröffn. sowohl des VVerf. wie des K. über den Nachlaß abgelehnt wird, nur dann, wenn die Abl. der K.-Eröffn. aus dem Grunde der mangelnden Masse erfolgt (§ 1990 BGB.).

Die durch die Eröffn. des VVerf. herbeigeführte Haftungsbeschränkung wirkt zunächst nur für die Dauer des VVerf. Endet das Verf. mit der Best. eines V., so gelten dieselben Grundsätze wie nach Beendigung eines Nachlaß-K. durch einen ZwV. (unter IV). Endet das VVerf. mit Verw. des V. oder Einst. des Verf. unter Eröffn. des AnschlK., so bleibt die Haftungsbeschränkung weiter bestehen und bestimmt sich künftig nach den Vorschriften über die Wirkungen des Nachlaß-K. Endet das VVerf. mit Verw. des V. oder mit Einst. ohne Eröffn. des AnschlK., so fällt die durch das VVerf. herbeigeführte Haftungsbeschränkung wieder fort; es kann aber ein anderer Grund für beschränkte Haftung bestehen, insbes. auch hier, wenn die Abl. der Eröffn. des AnschlK. mangels Masse erfolgt ist, der Grund des § 1990 BGB.

IV. Im Falle der Best. eines V. ist für die Gestaltung der Haftung des Erben zu unterscheiden:

a) Den durch den V. betroffenen Gl. (sog. V.-Gl.) haftet der Erbe künftig nach Maßgabe des V. Die V.-Verpflichtungen übernimmt der Erbe im Zweifel persönlich; will er auch für sie nur beschränkt haften, so muß er dies zum Bestandteil des V. machen. Ein solcher V. kann einen guten Sinn haben als Liquidations-V., wenn der

Erbe gleichzeitig den Nachlaß den Nachlaß-Gl. herausgibt; dabei ist es seine Sache, vorher für Befriedigung oder Sicherstellung der Massegl. und der bevorrechtigten KGl. zu sorgen. Dagegen wird ein V. auf bestimmten teilweisen Erlaß mit Haftungsbeschränkung wohl kaum von den Gl. angenommen werden, in der Regel auch auf Antrag gemäß § 68 A. 2 Nr. 2 verworfen werden müssen; denn wenn den Gl. nur der Nachlaß zur Verfügung gestellt wird, auf den sie durch den Nachlaß-K. ohnehin zugreifen können, so ist nicht abzusehen, warum sie, um lediglich dies zu erreichen, auf einen ziffermäßig bestimmten Teil ihrer Fdg. verzichten sollen.

b) Nur den von dem V. nicht betroffenen Gl. haftet der Erbe gemäß § 92 Nr. 4 nach Maßgabe der §§ 1989, 1973 BGB. Dazu gehören insbes.:

1. die bevorrechtigten Gl. des Nachlaß-K., d. h. diejenigen Gl., die aus dem Grunde an dem VVerf. nicht beteiligt waren, weil sie im Nachlaß-K. Massegl. (§§ 58, 59, 224 KO.) oder bevorrechtigte KGl. gewesen sein würden. Diese Gl. gehen den V.-Gl. vor; der Erbe kann also nicht ihnen gegenüber von dem Nachlaß das zur Befriedigung der V.-Gl. Erforderliche abziehen, sondern muß umgekehrt bei dem V.-Abschluß berücksichtigen, daß diese Gl., soweit sie noch nicht befriedigt sind, Befriedigung ohne Rücksicht auf die V.-Gl. beanspruchen können.

2. die minderberechtigten Gl. des Nachlaß-K., d. h. diejenigen Gl., die im Nachlaß-K. nach § 226 A. 2 bis 4 KO. KGl. minderen Ranges und von der Teilnahme am Nachlaß-VVerf. durch § 92 Nr. 6 VO. ausgeschlossen sind. Diese Gl. stehen sowohl den bevorrechtigten Gl. (Nr. 1) wie den V.-Gl. nach; der Erbe braucht ihnen also nur dasjenige herauszugeben, was nach Deckung aller dieser Anspr. aus dem Nachlaß etwa noch als Überschuß verbleibt, wobei freilich die Fdg. der V.-Gl. nur mit der V.-Quote, nicht voll angesetzt werden dürfen.

3. Für den Nachlaß-K. nehmen Jaeger Anm. 18 zu § 230 KO., Planck Anm. 3d zu § 1989 BGB. u. a. mit Recht an, daß solche Gl., die an sich gewöhnliche (weder vor- noch minderberechtigte) KGl. waren, ihre Fdg. aber im Nachlaß-K. nicht oder nicht rechtzeitig angemeldet haben, entgegen der Regel des § 193 KO. von dem ZwV. nicht betroffen werden und im Aufgebotsverf. ausgeschlossenen Gl. gleichstehen, also nicht zu der Gruppe oben unter a, sondern zu derjenigen unter b 2 gehören. Diese Ansicht begründet sich so: im Nachlaß-K. weiß der Erbe über die Nachlaßverbindlichkeiten in der Regel nicht genau Bescheid; er kann bei der Aufstellung des V.-Vorschlags nur mit den Gl. rechnen, die ihm bekannt sind oder sich gemeldet haben; nur diesen will er sich durch den V. persönlich verpflichten; es wäre unbillig, wenn er auch nachträglich auftauchenden Gl. nach dem V. persönlich haften sollte und damit vielleicht einen bedeutend höheren Betrag würde bezahlen müssen als den, den er seiner V.-Kalkulation

zugrunde zu legen berechtigt war; einen besonderen Behelf gegen unbekannte Gl. hat aber er nicht, denn das sonst diesen Zwecken dienende Aufgebotsverf. (§§ 1970 bis 1973 BGB.) ist nach § 993 ZPO. während des Nachlaß-K. unzulässig; daher muß angenommen werden, daß das KVerf. zugleich die Funktion des Aufgebotsverf. übernimmt, daß also Verschweigung eines Gl. im KVerf. diesen in die Rolle eines im Aufgebotsverf. ausgeschlossenen Gl. hinein- und damit gemäß §§ 226 A. 2, 230 A. 2 KO. aus dem Kreise der V.-Gl. hinausdrängt. Entsprechend wird man auch für das Nachlaß-VVerf. annehmen müssen, daß an ihm beteiligte unbekannte Gl., die weder im GlVerz. stehen noch sich gemäß § 60 anmelden, von dem V. nicht betroffen werden und als im Aufgebotsverf. ausgeschlossen gelten. Diese Annahme, auf welche übrigens auch die letzten Sätze des Abs. 1 der Begr. hindeuten, ist mindestens dann unabweisbar, wenn man, wie wohl richtig, den § 92 Nr. 4 dahin auslegt, daß er das Nachlaß-VVerf. auch mit Wirkung für § 993 ZPO. dem Nachlaß-K. gleichstellt, also ein neben dem Nachlaß-VVerf. einhergehendes besonderes Aufgebotsverf. ausschließt.

V. Über den Fall des Todes des Sch. in einem gewöhnlichen VVerf. vgl. Bem. III zu § 79.

§ 93. Auf das Vergleichsverfahren zur Abwendung des Konkurses über das Gesamtgut einer fortgesetzten Gütergemeinschaft finden die Vorschriften des § 92 entsprechende Anwendung. Vor der Entscheidung über den Antrag auf Eröffnung des Verfahrens sind die anteilsberechtigten Abkömmlinge, soweit tunlich, zu hören.

Begründung zu § 93: „Die gleichen Gründe, aus denen das VVerf. für den Nachlaß zugelassen worden ist, sprechen dafür, das VVerf. für das Gesamtgut einer fortgesetzten Gütergemeinschaft (§§ 1483, 1557 des BGB.) offenzuhalten. Die Vorschriften, die für das Nachlaß-VVerf. gelten, sollen in diesem VVerf. entsprechende Anwendung finden (zu vgl. § 73 A. 5 der GAV., § 236 der KO.). Antragsberechtigt ist nur der überlebende Ehegatte (§ 92 Nr. 1 S. 1 des E. in Verbindung mit § 236 der KO.). Am Verf. nehmen nur solche Gesamtguts-Gl. teil, die schon beim Eintritt der fortgesetzten Gütergemeinschaft Gesamtguts-Gl. waren (§ 92 Nr. 1 in Verbindung mit § 2 A. 1 des E. und § 236 S. 2 der KO.)."

§ 94. Ein Vergleichsverfahren zum Zwecke der Abwendung des Konkursverfahrens über das Vermögen einer Versicherungsunternehmung, die der Beaufsichtigung nach Maßgabe des Gesetzes über die privaten Versicherungsunternehmungen vom 12. Mai 1901 (Reichsgesetzbl. S. 139) unterliegt, findet nicht statt.

Begründung zu § 94: „Das Reichsgesetz über die privaten Versicherungsunternehmungen vom 12. Mai 1901 (RGBl. S. 139), ergänzt durch das Reichsgesetz über die privaten Versicherungsunternehmungen vom 19. Juli 1923 (RGBl. I S. 684), enthält für die ihm unterstellten Versicherungsunternehmungen eine Reihe von Vorschriften (zu vgl. besonders die §§ 67 bis 69), die den gleichen Zweck wie der E. verfolgen. Die Anwendung des von dem E. vorgeschlagenen VVerf. ist daher für diese Unternehmungen entbehrlich."

Neunter Abschnitt.

Strafvorschriften.

§ 95. Wer in einem Verfahren auf Herbeiführung eines Vergleichs zur Abwendung des Konkurses erdichtete Forderungen geltend macht, um sich oder einem anderen einen Vermögensvorteil zu verschaffen, wird mit Zuchthaus bis zu zehn Jahren, bei mildernden Umständen mit Gefängnis oder mit Geldstrafe bestraft.

§ 96. Ein Gläubiger, der sich besondere Vorteile dafür gewähren oder versprechen läßt, daß er bei der Abstimmung über den Vergleichsvorschlag in einem bestimmten Sinne stimmt, wird mit Gefängnis bis zu einem Jahre oder mit Geldstrafe bestraft.

Begründung zum 9. Abschnitt: „Die Strafdrohungen der §§ 239 bis 241 und des § 242 Nr. 1 der KO. setzen zu ihrer Anwendung voraus, daß der Sch. entweder seine Zahlungen eingestellt habe oder daß über sein Vermögen der K. eröffnet worden ist. Da die Zahlungseinstellung nach § 1 des E. auch die Voraussetzung des VVerf. ist, so finden die angeführten Strafdrohungen auch im VVerf. Anwendung. Nicht anwendbar sind dagegen die Tatbestände des § 242 Nr. 2 und des § 243 der KO.; denn sie erfordern, daß die strafbare Handlung im KVerf. begangen worden ist. Der E. füllt diese Lücke aus, indem er im § 95 den Tatbestand des § 242 Nr. 2 und im § 96 den Tatbestand des § 243 für das VVerf. übernimmt."

Zehnter Abschnitt.

Schluß- und Übergangsvorschriften.

§ 97. Das Gerichtsverfassungsgesetz in der Fassung der Bekanntmachung vom 22. März 1924 (Reichsgesetzbl. I S. 299) wird dahin geändert:

Der § 202 erhält die Fassung:

Auf das Kostenfestsetzungsverfahren, das Mahnverfahren, das Zwangsvollstreckungsverfahren, das Konkursverfahren und das Vergleichsverfahren zur Abwendung des Konkurses sind die Ferien ohne Einfluß.

§ 98. Das Gesetz, betreffend die Anfechtung von Rechtshandlungen außerhalb des Konkursverfahrens, in der Fassung der Bekanntmachung vom 20. Mai 1898 (Reichsgesetzbl. S. 709) wird dahin geändert:

Der § 3 erhält folgenden zweiten Absatz:

In die Fristen wird die Zeit nicht eingerechnet, während der ein Verfahren auf Herbeiführung eines Vergleichs zum Zwecke der Abwendung des Konkursverfahrens anhängig war.

Begründung zu § 98: „Die Vorschrift beruht auf der gleichen Erwägung wie § 87 A. 2 des E. Im Interesse der Vereinfachung der Rechtslage ist davon abgesehen worden, nach dem Vorgang des § 75 A. 2 der GAV. die verhältnismäßig geringfügige Fristerstreckung auf die an dem Verf. beteiligten Gl. zu beschränken."

---

§ 98 beruht darauf, daß während des VVerf. die Anfechtung außerhalb des K. gehemmt ist (Bem. VIII zu § 32). Allerdings nur für die von der VollstrSp. des § 32 betroffenen Gl., und es wäre daher an sich folgerichtig gewesen, nach dem Vorbilde des § 75 GAV. auch die Fristerstreckung des § 98 auf diese Gl. zu beschränken. Aber hiergegen sprachen, abgesehen von dem in der Begr. hervorgehobenen Interesse der Vereinfachung, auch sachliche Gründe. Die durch § 32 nicht betroffenen Gl. können zwar während des VVerf. vollstrecken und daher auch Anfechtungsrechte ausüben. Daß sie dies weitgehend tun, ist aber im Interesse des Erfolgs des VVerf. nicht gerade erwünscht und unter Umständen auch für sie selbst nicht ungefährlich, da ihre ZwVollstr. im AnschlK., falls es zu diesem kommt, nicht selten anfechtbar sind (vgl. § 87 und die Bem. dort). Es war daher sachlich gerechtfertigt, für sie den Anreiz zur ZwVollstr., der in dem drohenden Verlust eines Anfechtungsrechts durch Zeitablauf liegen würde, auszuschließen. Wie § 87 A. 2 (vgl. Bem. Va dort), muß auch § 98 dahin ausgelegt werden, daß der in die Fristen nicht einzurechnende Zeitraum bereits mit der Beantragung, nicht erst mit der Eröffn. des VVerf. beginnt. Für § 98 wird — anders als für § 87 A. 2 — diese Auslegung schon durch den Wortlaut geboten; denn „ein Verf. auf Herbeiführung eines V. zum Zwecke der Abwendung des KVerf." ist auch das Verf. über den V.-Antrag bis zur Entscheidung über die Eröffn. Sachlich ist das Bedürfnis nach dieser Auslegung für § 98 geringer als für § 87 A. 2, aber immerhin auch hier anzuerkennen, da der Antrag auf VVerf. die Einzelvollstreckung und damit die Einzelanfechtung zwar nicht (wie die K.-Eröffn. und damit die K.-Anfechtung) ausschließt, aber doch vermöge der Vorschriften über die rückwirkende VollstrSp. (§§ 3, 70, 84) gefährdet und unerwünscht erscheinen läßt.

§ 99. Das Gerichtskostengesetz (Reichsgesetzbl. 1923 I S. 12, 135, 813, 1186; 1924 I S. 135, 662; 1927 I S. 53) wird dahin geändert:

1. Im § 1 treten an die Stelle der Worte „oder die Konkursordnung" die Worte „die Konkursordnung oder das Gesetz über den Vergleich zur Abwendung des Konkurses".

2. Der dritte Abschnitt erhält die Überschrift:

Gebühren im Konkursverfahren und im Vergleichsverfahren zur Abwendung des Konkurses.

3. Im § 40 werden hinter den Worten „im Konkursverfahren" die Worte eingefügt „und im Vergleichsverfahren zur Abwendung des Konkurses".

4. Hinter § 48 werden folgende Vorschriften eingestellt:

§ 48a.

Für das Vergleichsverfahren zur Abwendung des Konkurses wird die volle Gebühr (§ 8) erhoben. Die Gebühr ermäßigt sich auf die Hälfte, wenn das Verfahren sich ohne Anberaumung eines Vergleichstermins erledigt.

Wird das Vergleichsverfahren in das Konkursverfahren übergeleitet (§ 82 des Gesetzes über den Vergleich zur Abwendung des Konkurses), so wird die im Vergleichsverfahren gemäß Abs. 1 entstandene Gebühr auf die im § 42 bestimmte Gebühr angerechnet. Wird bei Beendigung des Vergleichsverfahrens die Eröffnung des Konkursverfahrens abgelehnt, so wird die Gebühr des § 41 nicht erhoben.

Für das Verfahren zur Abnahme des Offenbarungseids gemäß § 61 Abs. 3 des Gesetzes über den Vergleich zur Abwendung des Konkurses wird eine Gebühr nicht erhoben.

§ 48b.

Die in dem § 48a Abs. 1 bestimmten Gebühren werden nach dem Werte der Aktiven (§ 18 des Gesetzes über den Vergleich zur Abwendung des Konkurses) zur Zeit der Stellung des Antrags auf Eröffnung des Vergleichsverfahrens erhoben. Übersteigt det Wert der Aktiven den Gesamtbetrag der Forderungen der am Verfahren beteiligten Gläubiger, so ist der letztere maßgebend.

§ 48c.

Für das Verfahren in der Beschwerdeinstanz findet § 38 Abs. 2 mit der Maßgabe entsprechende Anwendung, daß nur die halbe Gebühr erhoben wird.

5. Im § 74 werden hinter den Worten „in bürgerlichen Rechtsstreitigkeiten" die Worte eingefügt „im Vergleichsverfahren zur Abwendung des Konkurses".

6. Hinter § 78 wird folgende Vorschrift eingestellt:

§ 78a.

Im Vergleichsverfahren zur Abwendung des Konkurses ist Schuldner der Gebühren und Auslagen der Vergleichsschuldner.

Aus der Begründung zu § 99: „Kommt es infolge des Mißlingens des V.-Versuchs zum K., so soll die im VVerf. bereits entstandene Gebühr auf die K.-Gebühr angerechnet werden (§ 48a A. 2 S. 1). Wird die Eröffn. des K. abgelehnt, so bewendet es bei den im VVerf. erhobenen Gebühren (§ 48 A. 2 S. 2). Der § 48a A. 3 überträgt die für das KVerf. geltende Bestimmung des § 46 des GKG. auf das VVerf.

Der § 48b regelt die Wertberechnung ähnlich wie im KVerf. (§ 43 des GKG.). Aus Zweckmäßigkeitsgründen soll aber nicht die Beendigung, sondern der Beginn des Verf. für die Wertberechnung maßgebend sein.

Für das Verf. in der Beschwerdeinstanz wird, wie die Anführung des § 38 A. 2 des GKG. im § 48c ergibt, eine Gebühr nur erhoben, wenn die Beschwerde keinen Erfolg hat.

Sch. der Gebühren und Auslagen ist der V.-Sch. (§ 78a), weil nur auf seinen Antrag das VVerf. eingeleitet werden kann. Wer im Beschwerdeverf. Kostenschuldner ist, entscheidet sich danach, wem das Beschwerdegericht die Kosten auferlegt."

Bisher wurden für das durchgeführte GAVerf. mit VVerf. 2 volle Gebühren erhoben (§ 78 GAV., Fassung der Verordn. vom 14. Juni 1924). Das machte bei der oft bedeutenden Höhe der Objekte im GAVerf. beträchtliche Summen aus, über deren Auferlegung die Wirtschaft nicht unbegründete Beschwerde geführt hat. Diesem Zustande gegenüber bedeutet die Regelung des § 99 VO. bereits eine Ermäßigung um die Hälfte. Die Ermäßigung wird aber für alle Objekte über 2000 Mark dadurch noch erheblich größer, daß für diese Objekte gleichzeitig durch das Gesetz über die Gerichtskosten und die Gebühren der Rechtsanwälte vom 28. Januar 1927 (RGBl. I S. 53, in Kraft seit 1. April 1927) der Satz der vollen Gebühr erheblich herabgesetzt worden ist. Daß durch beide Maßnahmen zusammen den Wünschen der Wirtschaftskreise, soweit sie berechtigt sind und nicht eine übermäßige Entlastung auf Kosten der Steuerzahler begehren, vollauf Genüge geschieht, veranschaulicht folgende Zusammenstellung der Gebühren für das durchgeführte Verf.:

Objekt	10000	20000	50000	100000	200000	300000	500000	1000000
Gebühr bisher (2 volle G. nach dem alten Satz)	320	520	1120	2120	4120	6120	10120	20120
Gebühr künftig (1 volle G. nach dem neuen Satz)	130	180	330	580	1080	1580	2580	5080

§ 100. Die Gebührenordnung für Rechtsanwälte (Reichsgesetzbl. 1898 S. 692; 1909 S. 475; 1910 S. 767; 1916 S. 1263; 1919 S. 2115; 1921 S. 910; 1923 I S. 1, 813, 1188; 1924 I S. 135, 662; 1927 I S. 53) wird dahin geändert:

1. Im § 1 treten an die Stelle der Worte „oder die Konkursordnung" die Worte „die Konkursordnung oder das Gesetz über den Vergleich zur Abwendung des Konkurses".

2. Der dritte Abschnitt erhält die Überschrift:

Gebühren im Konkursverfahren und im Vergleichsverfahren zur Abwendung des Konkurses.

3. Im § 53 werden hinter den Worten „im Konkursverfahren" die Worte eingefügt „und im Vergleichsverfahren zur Abwendung des Konkurses".

4. Hinter § 61 wird folgende Vorschrift eingestellt:

§ 61a.

Der Rechtsanwalt erhält für die Tätigkeit im Vergleichsververfahren zur Abwendung des Konkurses die Sätze des § 9. Die Gebühr verringert sich um die Hälfte, wenn sich die Vertretung vor dem Vergleichstermin erledigt.

Für die Vertretung in der Beschwerdeinstanz erhält der Rechtsanwalt den Satz des § 41 Nr. 1.

Die Gebühren werden bei der Vertretung des Schuldners nach dem Betrage der Aktiven (§ 48b des Gerichtskostengesetzes) und bei der Vertretung eines Gläubigers nach dem Werte der Forderung unter entsprechender Anwendung des § 148 der Konkursordnung berechnet.

§ 101. Dieses Gesetz tritt mit dem 1. Oktober 1927 in Kraft.

Mit dem Inkrafttreten dieses Gesetzes treten die Verordnung über die Geschäftsaufsicht zur Abwendung des Konkurses vom 14. Dezember 1916 (Reichsgesetzbl. S. 1363) in der Fassung der Verordnungen vom 8. Februar und 14. Juni 1924 (Reichsgesetzbl. I S. 51, 641) sowie das Gesetz zur Änderung der Bekanntmachung des Bundesrats über die Geschäftsaufsicht zur Abwendung des Konkurses vom 14. Dezember 1916 in der Fassung der Verordnung vom 8. Februar 1924, vom 12. Juni 1924 (Reichsgesetzbl. I S. 641) außer Kraft.

Die beim Inkrafttreten dieses Gesetzes anhängigen Geschäftsaufsichten werden nach den bisherigen Vorschriften weitergeführt. Wird nicht binnen einem Monat nach dem Inkrafttreten dieses Gesetzes oder, wenn die Geschäftsaufsicht nicht früher als einen Monat vor dem Inkrafttreten dieses Gesetzes angeordnet worden ist, binnen zwei Monaten nach dem Inkrafttreten dieses Gesetzes ein Vergleich abgeschlossen, so ist die Geschäftsaufsicht aufzuheben und, auch wenn ein solcher Antrag nicht vorliegt, von Amts wegen zu entscheiden, ob das Konkursverfahren zu eröffnen sei. Die Vorschriften der §§ 50 bis 58, des § 69 Abs. 1 Satz 2, Abs. 2 finden mit dem Inkrafttreten dieses Gesetzes auf die anhängigen Geschäftsaufsichten Anwendung.

Begründung zu § 101: „Der V. zur Abwendung des K. soll die GA. ersetzen. Daraus ergibt sich die Aufhebung der Gesetze und Verordn., auf denen die gegenwärtige GA. beruht. Der übergangslose Wegfall der GA. wäre jedoch bedenklich. Der E. bestimmt daher, daß eine angeordnete GA. erst aufgehoben werden soll, wenn sie so lange gedauert hat, daß mindestens zwei Monate, also etwa die Höchstfrist des VVerf., für den Abschluß eines V. zur Verfügung gestanden haben. Wird die GA. wegen Fristablaufs aufgehoben, so ist zugleich von Amts wegen über die Eröffn. des KVerf. zu entscheiden; die Vorschriften der §§ 82ff. des E. finden auf dieses KVerf. naturgemäß nur insoweit Anwendung, als die Maßnahmen, die sie voraussetzen, auch in dem vorhergehenden GAVerf. möglich waren. Zu diesen Maßnahmen gehören insbesondere die Verfügungsverbote des § 51, denn nach Abs. 3 Satz 3 sollen sie auch in dem fortgesetzten GAVerf. statthaft sein."

K.-Eröffnungen auf Grund des § 101 A. 3 S. 2 erfolgen — anders als die AnschlK.-Eröffnungen gemäß §§ 24, 71, 80 — von Amts wegen ohne Vorliegen eines K.-Antrags. Daher sind in solchen K. die §§ 30, 55 Nr. 3 KO. insoweit, als in ihrem Tatbestand der K.-Antrag und die Kenntnis von ihm eine Rolle spielen, unanwendbar. Die Entscheidungen über die Aufhebung der GA. und die Eröffn. des K. werden alsbald wirksam. Erstere Entscheidung ist unanfechtbar; ebenso die zweite, wenn sie auf Abl. der K.-Eröffn. lautet; dagegen steht gegen die K.-Eröffn. dem Sch. nach § 109 KO. die sofortige Beschwerde zu; für diese Beschwerde gelten die Vorschriften der KO., § 14 A. 2 VO. ist nicht anwendbar.

Sachverzeichnis.

(Ziffern ohne den Zusatz § oder §§ bedeuten die Seiten.)

H.

J.

K.

L.

M.

Gesetz über die Aufwertung von Hypotheken und anderen Ansprüchen (Aufwertungsgesetz) vom 16. Juli 1925 und **Durchführungsverordnung** vom 29. November 1925 unter besonderer Berücksichtigung der Rechtsprechung des Kammergerichts erläutert von **Carl Gribel,** Kammergerichtsrat zu Berlin. Zweite, neu bearbeitete Auflage. XVI, 356 Seiten. 1926. RM. 12.—

Durch die Stellung des Verfassers als Mitglied des Aufwertungssenats am Kammergericht wird sein Standpunkt, den er den brennend gewordenen Fragen des Aufwertungsrechts gegenüber einnimmt, von besonderer Bedeutung.

Die zweite Auflage ist völlig umgearbeitet und erweitert. Sie befaßt sich mit allen strittigen Fragen und enthält die gesamte, sonst nirgends abgedruckte neueste Rechtsprechung des Kammergerichts.

Der Kommentar ist unentbehrlich für die Praxis

Die Aufwertung. Systematische Einführung. Vorträge von **C. Gribel, H. Neufeld, O. Mügel, H. Wunderlich.** Herausgegeben von der **Verwaltungsakademie Berlin.** IV, 78 Seiten. 1926. RM. 3.60

Die Aufwertungskrise. Ein Ergebnis der Lehre vom Nominalismus des Geldes und des Rechtes. Von Dr. **James Goldschmidt,** ord. Professor der Rechte an der Universität Berlin. Vortrag, gehalten im Berliner Anwaltverein am 7. Juni 1926. 36 Seiten. 1926. RM. 2.70

Eingabe der Juristischen Arbeitsgemeinschaft für Gesetzgebungsfragen zu dem **Entwurfe eines Aufwertungsgesetzes.** 19 Seiten. 1925. RM. 1.50

Die Verwaltungsaktie. Herrschafts- und Vorratsaktie. Ihre rechtlichen und wirtschaftlichen Grundlagen. Von Dr. jur. **Maximilian Schmulewitz.** („Rechtsvergleichende Abhandlungen", Band III). VIII, 189 Seiten. 1927. RM. 15.—

Die Gefahrtragung beim Kaufvertrag in rechtsvergleichender Darstellung. Von Dr. jur. **Georg Eisser,** Gerichtsassessor, Privatdozent an der Universität Gießen. („Rechtsvergleichende Abhandlungen", Band IV.) III, 61 Seiten. 1927. RM. 4.50

Handelsrecht mit Wechsel- und Scheckrecht. Von Dr. **Karl Heinsheimer,** Geh. Hofrat, Professor an der Universität Heidelberg. („Enzyklopädie der Rechts- und Staatswissenschaft", Band 12.) Zweite, erweiterte Auflage. VIII, 160 Seiten. 1927. RM. 7.50

GPSR Compliance

The European Union's (EU) General Product Safety Regulation (GPSR) is a set of rules that requires consumer products to be safe and our obligations to ensure this.

If you have any concerns about our products, you can contact us on ProductSafety@springernature.com

In case Publisher is established outside the EU, the EU authorized representative is:

Springer Nature Customer Service Center GmbH
Europaplatz 3
69115 Heidelberg, Germany

Batch number: 10844623

Printed by Printforce, the Netherlands